U0560275

名著阅读学历案系列丛书

主编 贾龙弟

名著深度阅读

IN-DEPTH READING OF
FAMOUSWORKS

第三辑

分册主编 钱诤 沈移 范兢

浙江大学出版社
ZHEJIANG UNIVERSITY PRESS

· 杭州

图书在版编目（CIP）数据

　　名著深度阅读.第三辑/钱诤，沈移，范兢分册主编.—
杭州：浙江大学出版社，2022.9
　　（名著阅读学历案系列丛书 / 贾龙弟主编）
　　ISBN 978-7-308-22819-0

　　Ⅰ.①名… Ⅱ.①钱… ②沈… ③范… Ⅲ.①阅读课
－初中－教学参考资料 Ⅳ.①G634.333

　　中国版本图书馆CIP数据核字（2022）第118318号

名著深度阅读（第三辑）

MINGZHU SHENDU YUEDU DISANJI

钱 诤 沈 移 范 兢 分册主编

责任编辑	赵　静
责任校对	胡　畔
封面设计	林智广告
出版发行	浙江大学出版社
	（杭州市天目山路148号　　邮政编码　310007）
	（网址：http://www.zjupress.com）
排　　版	杭州林智广告有限公司
印　　刷	杭州高腾印务有限公司
开　　本	787mm×1092mm　1/16
印　　张	23.25
字　　数	520千
版 印 次	2022年9月第1版　2022年9月第1次印刷
书　　号	ISBN 978-7-308-22819-0
定　　价	80.00元

版权所有　翻印必究　　印装差错　负责调换

浙江大学出版社市场运营中心联系方式：0571-88925591；http://zjdxcbs.tmall.com

丛书主编

贾龙弟

本册主编

钱净 沈移 范兢

本册编委

陈靖艳 陈瑜 方晓萍

郭文嘉 李权 李雪芳

刘园园 沈昱 宋佳凤

汤亚文 王程燕 王立立

王雅红 严昕晨 杨曙

易敏华 张慧丽 章世杰

朱丽艳 朱敏艳 朱晓露

朱跃光

目 录

《艾青诗选》

☉ 推荐版本

作者：艾青著，王家新选编

出版社：人民教育出版社

出版时间：2018 年 6 月

☉ 作品梗概

　　《艾青诗选》收集了艾青从 20 世纪 30 年代到 70 年代末的作品，是一部集历史性、思想性和艺术性于一体的诗集，它真实反映历史，高度浓缩作者思想，蕴含着强烈深沉的情感。新中国成立前，艾青以深沉、激越、奔放的笔触诅咒黑暗，讴歌光明；新中国成立后，又一如继往地歌颂人民，赞扬光明，思考人生。

　　诗选按照不同年代，尽可能多地收录艾青的代表性诗作。比如，30 年代的代表诗作《大堰河——我的保姆》《雪落在中国的土地上》；40 年代的代表诗作《黎明的通知》《播种者》；50 年代的代表诗作《给乌兰诺娃》《维也纳》；70 年代的代表诗作《鱼化石》《光的赞歌》等。可以说，本诗选将艾青的优秀诗篇尽数收入，是一本全面反映诗人艺术成就的精选诗集。

❀ 思维导图

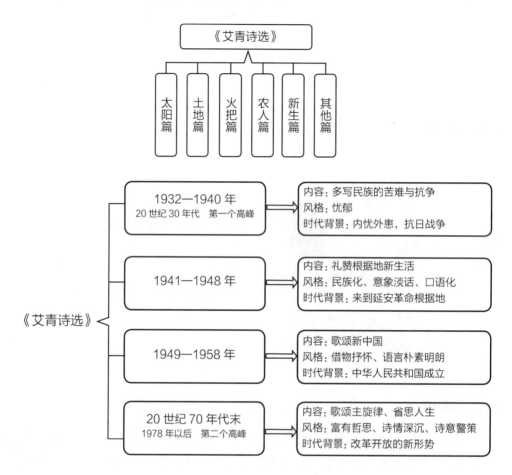

❀ 作者介绍

艾青（1910—1996），原名蒋正涵，字养源，号海澄。曾用笔名莪加、克阿等。他出生于浙江金华，是现当代文学家、诗人、画家。1928年中学毕业后考入国立杭州西湖艺术院，后到巴黎勤工俭学，学习绘画，接触欧洲现代派诗歌。1932年回国，在上海加入中国左翼美术家联盟，从事革命文艺活动，不久被捕，在狱中写了不少诗。1933年，第一次使用笔名"艾青"，发表了长诗《大堰河——我的保姆》。1935年出狱，翌年出版了第一本诗集《大堰河》。抗战全面爆发后，任《文艺阵地》编委、育才学校文学系系主任等。1941年赴延安，任《诗刊》主编。他在遍地的抗日烽火中受到时代精神的鼓舞，并从中汲取诗情，全面抗战时期成为他创作的高潮期，《北方》《向太阳》等9部诗集相继出版。1948年后，相继发表《在浪尖上》《光的赞歌》等200余首诗作。1957年被错划为"右派"，曾赴黑龙江、新疆生活和劳动，创作中断了20余年。1979年平反后，任中国作家协会副主席、国际笔会中心副会长等职。1985年获法国文学艺术最高勋章。1996年因病逝世，享年86岁。

笔名艾青的由来得追溯到 1931 年，"九一八"事变爆发时，艾青在法国留学。一天，艾青到旅馆住宿登记时，对方将他的名字误听为"蒋介石"，便嚷嚷开了。艾青气愤之余就在"蒋"的草字头下面打了个"×"，又取"澄"的家乡口语谐音为"青"，填上"艾青"。

文学地位

艾青在 20 世纪 30 年代初走上诗坛，他作品中深沉而忧郁的抒情风格受到了人们的普遍注意。抗战全面爆发后，艾青事实上已成为最具代表性的诗人之一，20 世纪 30 年代末到 40 年代中期，可以称为"艾青的时代"，他的作品不仅开创了一代诗风，且深刻影响了这一时期乃至 40 年代后期的诗界。艾青的诗在起点上是与我们民族多灾多难的土地和人民有着深刻联系的，且明显地受到西方近代诗人凡尔哈仑、波特莱尔的影响，他被称为"吹芦笛的诗人"，他的诗一开始就汇入了世界近现代诗歌的潮流之中。1939 年，他的第二本诗集《北方》和长诗《向太阳》出版之后，其历史地位被大家一致确认，艾青成为新诗第三个十年最有影响的代表诗人之一。抗战时期国统区最有影响的诗歌流派"七月诗派"的青年诗人们一再申明："我们大多数人是在艾青的影响下成长起来的。"穆旦在写作起点上也明显受到艾青的影响。艾青的《大堰河——我的保姆》发表后不久即被译为日文，在以后的几十年间，它一直在世界范围内广泛流传，至今已传遍英、法、德等十多个国家。

核心价值

◎ 核心知识

（一）现代诗歌

现代诗歌又称新诗，是指五四运动至中华人民共和国成立以来的诗歌。它是适应时代的要求，以接近群众的白话语言反映现实生活，表现科学民主的革命内容，以打破旧体诗格律形式束缚为主要标志的新体诗。

《艾青诗选》是现代诗人艾青的诗歌选集，他的诗歌通常都富有五四运动战斗精神和饱满的进取精神，饱含着作者的思想感情与丰富的想象，语言凝练，形象性强，具有鲜明的节奏、和谐的音韵，富于音乐美，语句一般分行排列，注重结构形式的美。

（二）意象

意象是诗歌中寄寓了作者主观情感的事物，每一个有独创性的诗人一般都有属于自己的意象，意象凝聚着诗人对生活的独特感受、观察与认识，凝聚着诗人独特的思想与感情。艾青诗歌的中心意象是：土地与太阳。

"土地"的意象里，凝聚着诗人对大地母亲——祖国最深沉的爱；爱国主义是艾青作品中永远唱不尽的主题。诗人关注的中心始终是与中国土地合而为一的普通农民的命运。他写出了"土地—农民"受蹂躏的痛苦，更写出了"游动于地心的热气""土地—农民"的复活，也写出了"土地—农民"的翻身与解放。这正是对农民的痛苦、复活与解放的描绘，真实地写出了中国农村现实的灵魂。

"太阳"的意象表现了诗人灵魂的另一面：对光明、理想、美好生活热烈不息的追求。诗人几十年如一日地热情讴歌着：太阳、光明、春天、黎明、生命与火焰。这正是他诗歌的"永恒主题"。

◎ 核心能力

阅读《艾青诗选》，完成相应的阅读活动，培养阅读能力。

（一）把握诗歌意象

诗人总会选择富有表现力的意象，传达出独特的情感。读诗要透过诗歌中的形象，理解诗歌的深层内涵，艾青的诗中有许多独特的意象，阅读时要注意把握特定意象，在历史发展的特定环境中去理解意象，入诗、入境、入情，体会不同意象所富有的内涵，体会诗人各个时期的不同情感指向，体会诗中蕴含的思想感情。

"土地"意象贯穿了艾青的创作始终，"土地"中凝聚着诗人对祖国母亲深沉的爱，以及对祖国前途命运深切的忧患意识。艾青对土地的情感是复杂的。他的诗歌中既有对土地慷慨激昂的赞美，也表达出对土地落后愚昧的伤感。

永恒的"太阳"是中国光明前途的象征，是燃烧的生命，它能够照亮前途的黑暗，指引美好的未来。从另一个角度说，太阳也是革命的象征，包含了艾青在战争年代对民族复兴的强烈渴望。太阳是艾青激情的释放对象，它用光和热使每一个犹豫不决的心灵变得坚决。

"火把"是富有政治性的意象。在西方神话中，普罗米修斯盗取太阳神阿波罗的天火并传给了人类，火把也成为反叛精神和进步的象征。可以说，火把是诗人的呼唤，也是革命的呼告。

（二）探索诗歌创作特色

艾青以对诗歌艺术的敏感、深厚的创作积淀，在诗歌上显示出不俗的成就，呈现出质朴自然、坚实厚重的艺术风格。

首先，擅长绘画的艾青，在他的诗歌创作中明显地表现出"诗中有画"的特点，其诗作具有鲜明的色调，清晰的线条，素描一般的简练、凝重。艾青的诗歌创作，不是简单地就诗论诗，而是把绘画艺术应用到诗歌创作与理论中。艾青在不少诗篇中运用了绘画法则，用语言写画，他不重在描写事物变化的过程，而重在表现事物的画面，力求通过时间上的一点，描绘出事物的空间结构和形状。

其次，艾青的诗采用自由体形式。到20世纪三四十年代之交，艾青树起了诗歌散文美的旗帜，将自由体诗推向了一个新的高峰。艾青指出新的自由诗具有"散文的不修饰的美，不需要涂抹脂粉的本色，充满了生活气息的健康"，充满了生命力。

最后，艾青的诗歌成功运用象征手法。艾青尝试着冲破现实主义诗歌创作中太胶着于现实的藩篱，他认为诗人应用象征手法，去创造鲜活的意象，去映射、暗示和譬比事物与真理。

（三）品味诗歌语言

与日常语言相比，诗歌语言更为精练优美，利于抒情。诗人从日常生活中提炼语言，加以"陌生化"的处理，使诗歌语言"能量"更大，表意更为新颖别致。如在《大堰河——我的保姆》中，艾青以"紫色的灵魂"来赞颂大堰河，紫色是深沉、不显眼、不张扬的，但又给人以高贵的感觉，与大堰河卑微、艰难却又伟大无私、淳朴善良的形象十分贴合。阅读时应多关注这种"陌生化"的语言，体会诗人的情感。

（四）体味诗歌情感

艾青本人曾说过，诗歌是时代的产物，诗歌艺术应当真实地表达出时代的特征，而其内容表达和审美创造两方面应当是统一的。内容表达的工具是意象，而审美创造的本质是情感。艾青用意象和情感，反映了时代的特征。

"如果逐一去掉诗歌的要素，那么最后剩下的，不能再去掉的一定是情感。"抒发情感是诗歌与其他文学样式的主要区别。艾青的作品一般是描写太阳、火把、黎明等有象征性的事物，表现其对旧社会黑暗恐怖的痛恨及对黎明、希望的向往与追求。

◎ 核心策略

（一）批注策略

批注式阅读是指学生在自主阅读时，对文章的语言进行感知，对文章的内容、层次、思想感情、表现手法、语言特色、精彩片段、重点语句，在思考、分析、比较归纳的基础上，用符号或简洁的文字加以标注的读书方法。阅读《艾青诗选》时，学生可从诗歌的表现形式、语言品析、意象把握、情感体味等方面进行批注。另外，批注阅读还要体现诗歌阅读整体性的特点，一本书的批读要考虑到"这一首诗歌"的整体性、艾青"这一时期诗歌"的整体性、艾青"这个诗人"一生创作的整体性。

（二）外化输出

外化输出是指在阅读过程中，在学生内化理解的基础上，用各种策略，以口头或书面的形式，把对文本的理解外显出来。如选取《艾青诗选》的代表作品：赏析一篇自己喜欢的诗歌；创造性地设计朗诵脚本，准备诗歌朗诵会；体味艾青诗歌"诗中有画"的独特性，以用诗配画的方式展示自我的理解，也可为诗歌朗诵会集体创作一幅画报。这样的任务群注重了任务的综合性、关联性、情境性，既注重在语文学科内部形成听、说、读、写的联动，也注重将言语实践引向生活实践，在生活实践中学习诗歌。

（三）剖"点"学"法"

对初中生来说，直接进行《艾青诗选》的整本阅读有较大难度，可精选其中一首或几首进行深入剖析，了解、掌握新诗的特点；然后将同类诗歌勾连成线，把握整本书的脉络；进而阅读全书，探究诗人的旨趣；最后逐渐将阅读所得融入学生的语文知识体系中。"点"，指整本书中的一首诗；"法"，指本书的写法与读法。剖"点"学"法"就是深入理解一首诗，以此掌握此类文本的特点及读法，让学生迈进这本书的世界。如《刈草的孩子》，开头一句"夕阳把草原燃成通红了"，结尾一句"和在夕阳里闪着金光的镰刀"，以鲜明的色调，给全诗笼上一层阔达、凄美的气氛，反衬出"低着头，弯曲着身子，忙乱着手"的割草孩子的渺小，寥寥几笔，形神毕现。阅读同类诗歌可以发现，艾青的诗歌多以色彩和线条构成图画，呈现独特的意境，进而展现诗人的情思。

◎ **精神文化**

艾青的诗政治态度鲜明，表达的是对祖国、对人民、对生活、对大自然的热爱。他抒发的爱是人间大爱，关注的是整个中国乃至整个人类的命运。艾青将抽象的情绪、感觉化为具体的、具有质感的审美意象，创造了富于艺术个性的、新颖的、富有独特艺术魅力与张力的审美意象：土地——对劳动人民、祖国之爱与劳动人民、祖国命运的隐喻；太阳——希望、光明、理想及战斗精神的隐喻。艾青始终坚信光明一定会战胜黑暗，中华民族通过英勇无畏的战斗会获得民族的胜利，迎接中国人民的是光辉灿烂的明天。对于成长中的中学生来说，读艾青的诗歌能一步步地填充个人"小宇宙"中的"大爱"能量，能健全"大爱"的人格，恰当地表达"大爱"。

艾青既是一位驾驭语言的语言巨匠，又是一位用色如神的绘画大师。诗歌是语言的艺术，诗人借助语言的色彩功能，诉诸人们的想象，使诗的画面充满鲜明而生动的色彩。艾青在语言的海洋里，精心地鉴别着、挑选着那些最具色彩的词句、最富情感的语言，好像画家把众多的颜色在调色板上调匀后，勾勒、涂抹，挥洒为一幅幅栩栩如生的神形兼备的图画。读艾青的诗，好像是在观赏一幅幅流动的、变化的文字绘画，这种美的熏陶也能给予学生精神上的滋养。

自主初读

◎ **阅读规划**

阅读进程	阅读章节	阅读时间	阅读该部分感受最深的一点	阅读该部分最大的疑惑	自我评价（优、中、一般）	教师评价（优、中、一般）
进程一						
进程二						
进程三						
……						

◇ 任务伴读

◎ 进程一

任务推进

阅读规划	任务单	重点能力指向
范围: 艾青诗歌创作第一阶段——20 世纪 30 年代(1932—1940 年)。时间: 5 天阅读完毕。	1. 诗眼是作品中点睛传神之笔, 有时是诗词中最精练传神的某个字或某个词, 有时是全篇最精彩和最关键的某个句子, 它们是一篇诗词的主旨所在。这个字、词或句子, 能使形象鲜活, 神情飞动, 意味深长, 也可帮助我们更好地理解诗歌主题。请找出下列诗篇的诗眼并体会诗歌的主题思想。 | 篇目	诗眼	主题理解 | |---|---|---| | 《那边》 | | | | 《煤的对话》 | | | | 《我爱这土地》 | | | | 《秋晨》 | | | | …… | | | 2. 阅读艾青诗歌创作第一阶段的诗歌, 体会"诗中有画""画中有情"的特点。 | 篇目 | 分析 | |---|---| | | | | | | 3. 诵出内心的澎湃。选取艾青 20 世纪 30 年代的一首诗歌进行朗读设计。	1. 艾青的诗歌不乏"诗眼"的存在。找到这些"诗眼", 会使形象鲜活, 神情飞动, 意味深长, 对主题的理解也就顺理成章了。 2. 一首诗新鲜、有色调、有光彩, 就有形象。理解艾青深厚的美术功底及对事物镜头化的构建和对景色与意象高度色彩化的把握, 体会艾青诗歌作品中对诗歌意象的描摹。 3. 艾青的自由体诗形象鲜明, 雄浑昂扬, 特别适合朗诵。"感人心者, 莫先乎情", 通过把握诗歌重音、节奏和情感等方面来体会诗歌的内涵。

阶段性检测

1.阅读《大堰河——我的保姆》(节选), 回答问题。

①我是地主的儿子;

也是吃了大堰河的奶而长大了的

大堰河的儿子。

大堰河以养育我而养育她的家,

而我, 是吃了你的奶而被养育了的,

大堰河啊, 我的保姆。

②大堰河, 今天我看到雪使我想起了你:

你的被雪压着的草盖的坟墓,

你的关闭了的故居檐头的枯死的瓦菲,

你的被典押了的一丈平方的园地，

你的门前的长了青苔的石椅，

大堰河，今天我看到雪使我想起了你。

（1）"我"既是地主的儿子，又是大堰河的儿子，这样说是否矛盾？为什么？

（2）第②节中写了哪些意象？有什么作用？

2.阅读《煤的对话》，回答问题。

你住在哪里？

我住在万年的深山里

我住在万年的岩石里

你的年纪——

我的年纪比山的更大

比岩石的更大

（1）结合这首诗的主旨，说说诗人为什么以煤作意象。

（2）有人在评价这首诗的艺术特点时说："强烈的反差，激起读者感情的波澜。"对此，你是怎样认识的？

◎ 进程二

任务推进

阅读规划	任务单	重点能力指向
范围：艾青诗歌创作第二阶段——20世纪40年代（1941—1948年）。时间：每天6首诗，共3天阅读完毕。	1.艾青诗歌的灵魂在于"忧郁"的诗绪，体会其诗歌中的"忧郁"，结合艾青20世纪40年代创作的诗歌中的一首，进行赏析。 2.回顾艾青诗歌创作第一阶段的诗歌《我爱这土地》《我们的田地》，自主学习《土地》，比较三首诗，完成下面的表格。 | 诗歌	主要意象	主要情感	变化过程
---	---	---	---
《我爱这土地》			
《我们的田地》			
《土地》			
结论			| 3.读艾青诗歌创作第二阶段的诗歌，谈谈其诗的散文美。	1.艾青诗歌的灵魂在于"忧郁"的诗绪，体会和感悟诗中表现人民生活的痛苦时营造出的悲悯和忧郁的气氛，通过特有的诗歌意象、凄苦的意境、沉郁的语言表达体会诗人对祖国、人民的同情和怜悯。 2.前后勾连，在阅读过程中将艾青前后有关诗歌进行比较、对照欣赏，既可开阔眼界，活跃思想，使认识更加充分、深刻，又可看到差别，把握特点，提高鉴赏力，感受诗人对土地日益丰富的情感。 3.诗的散文美理论是艾青美学思想的核心。读诗的过程中，体会艾青诗句中的散文美特点。

阶段性检测

1.阅读《黎明的通知》选段，回答问题。

①为了我的祈愿

诗人啊，你起来吧

②而且请你告诉他们

说他们所等待的已经要来

③说我已踏着露水而来

已借着最后一颗星的照引而来

④我从东方来

从汹涌着波涛的海上来

⑤我将带光明给世界

又将带温暖给人类

⑥借你正直人的嘴

请带去我的消息

⑦通知眼睛被渴望所灼痛的人类

和远方的沉浸在苦难里的城市和村庄

⑧请他们来欢迎我——

白日的先驱，光明的使者

（1）用文中原话回答。

①"黎明"的任务是：＿＿＿＿＿＿＿＿＿＿＿＿＿＿＿＿＿＿＿

②诗人的任务是：＿＿＿＿＿＿＿＿＿＿＿＿＿＿＿＿＿＿＿＿＿

（2）借助联想和想象来理解③④两节的意境，填空。

"露水""最后一颗星"形象地表明了"黎明"到来的＿＿＿＿＿＿，"东方""海上"则具体说明了"黎明"到来的＿＿＿＿＿＿，"汹涌着波涛"则说明了"黎明"历经＿＿＿＿＿＿＿＿＿而来的情状。

（3）简要分析"通知眼睛被渴望所灼痛的人类 / 和远方的沉浸在苦难里的城市和村庄"的含义。

2.下列关于《树》的理解与分析，说法错误的一项是（　　　）

A."树"象征着那些在抗日战争时期不屈于敌人的威逼利诱，顽强抗争，紧密团结在一起的革命者。他们正如诗中的"树"——虽"彼此孤离地兀立着"，但"在看不见的深处 / 它们把根须纠缠在一起"。

B.这首诗热情地赞美了革命者刚正不屈、坚强勇敢、团结互助、心系祖国的革命精神，鼓舞着人们肩负起解救国家的重任。

C.写法上，这首诗运用了比喻的手法，写地面上树的间隔、地面下根的纠缠，这更体现了革命者们在敌人的威胁下不出卖同伴的品质，他们的心紧密相连。

D. 本诗的动词生动地表现出革命者的神态与行为，如"兀立""生长""纠缠"等词语。

◎ 进程三

任务推进

阅读规划	任务单	重点能力指向
范围：艾青诗歌创作第三阶段——20世纪50年代（1949—1958年）。 时间：每天6首诗，共2天阅读完毕。	1. 初读后完成下面的读书笔记卡。 <table><tr><td>诗篇</td><td>语句批注</td><td>阅读感受</td></tr><tr><td>《给乌兰诺娃——看芭蕾舞〈小夜曲〉后作》</td><td></td><td></td></tr><tr><td>《新的年代冒着风雪来了》</td><td></td><td></td></tr><tr><td>《维也纳》</td><td></td><td></td></tr><tr><td>《在智利的海岬上——给巴勃罗·聂鲁达》</td><td></td><td></td></tr><tr><td>《礁石》</td><td></td><td></td></tr></table> 2. 意象是解开诗意的钥匙，在《下雪的早晨》和《雪落在中国的土地上》两首诗中，诗人都借助了雪这一意象，请阅读这两首诗，比较雪在两诗中的不同内涵。 3. 摘抄你认为值得品味的诗句，探究这些诗句中呈现的多种艺术形式。 <table><tr><td>诗篇</td><td>诗句摘抄</td><td>艺术形式</td></tr><tr><td></td><td></td><td></td></tr><tr><td></td><td></td><td></td></tr><tr><td></td><td></td><td></td></tr></table>	1. 借助表格提升阅读鉴赏的效率。通过批注、撰写阅读感受等方式，体会艾青诗歌的内在情感，提高学生语言的敏感度。 2. 借助同一意象，通过对艾青前后期诗作的比较，感受诗人不同时期抒发的情感。 3. 探究诗句的艺术形式，理解艾青诗作形式多样的特点，并掌握形式与情感抒发的联系。

阶段性检测

1. "属于你的是／光明与黑暗交替／黑夜逃遁／白日追踪而至的时刻"此节选自艾青的诗作_____。

2. 请阅读《下雪的早晨》（节选），完成下题。

内容呈现	任务单	阅读策略
看着雪花在飘飞， 我想得很远，很远， 想起夏天的树林， 树林里的早晨 到处都是露水， 太阳刚刚上升， 一个小孩，赤着脚， 从晨光里走来， 他的脸像一朵鲜花……	具体分析艾青诗歌的特点	为了完成这个任务，我将用_____策略，因为_____ _____ _____ _____ _____ （结合诗歌进行分析）

◎ **进程四**

任务推进

阅读规划	任务单	重点能力指向
范围：艾青诗歌创作第四阶段——20世纪70年代末（1978年后）。 时间：每天8首诗，共2天阅读完毕。	1. 初读后完成下面的读书笔记卡 | 诗篇	佳句摘录	蕴含诗意
《鱼化石》		
《伞》		
《镜子》		
《盆景》		
《虎斑贝》		| 2. 艾青很重视诗歌的语言艺术，比如对画面感的渲染，结合《古罗马的大斗技场》品一品语言艺术与主题呈现的关联。 3. 艾青诗歌中的情感分外鲜明，爱恨都充满了力量，结合《光的赞歌》与《听，有一个声音》分析诗人的创作动机。	1. 通过探究同类诗篇的内在意蕴，把握20世纪70年代艾青诗歌创作中诗情深沉、诗意警策的特点。 2. 借助对诗中画面感的品读，感受诗人运用画面呈现主题的语言艺术。 3. 探究诗歌的内在意蕴、情感表达，借助背景链接，深入诗人的内心，理解诗人饱经磨难后，在痛苦中生发思考的胸襟。

阶段性检测

1. 艾青诗歌创作的另一个高峰是在1978年以后。经过20年的沉寂，诗句变得更 _____，诗情变得更 _____，诗意变得更 _____，如《鱼化石》《_____》《_____》等。擅长绘画的艾青，在他的诗歌创作中还明显表现出"_____"的特点。

2. 阅读诗歌《盼望》，说说诗中所描述的海员们的两种"盼望"表达了什么。

◎ **课型推进**

◎ **阅读课规划**

教学阶段	主要内容	教学资源	设计意图
导读课	1. 了解诗人生平及作品，把握诗人的爱国形象。 2. 掌握现代诗的阅读方法，指导学生制订阅读计划，整体阅读《艾青诗选》。	1. 艾青相关资料 2. 相关诗篇及节选	通过课堂设计，了解诗人在各个创作时期的诗作内容和大致的诗歌特色，感受作品的魅力，激发学生阅读的兴趣。
推进课1	1. 比较诗人不同时期的创作风格，把握诗歌的经典意象。 2. 结合时代背景体味诗歌的情感特征。	相关诗篇及节选	通过为艾青诗歌设计插画，解读艾青不同时期诗歌的情感特征。抓住中心意象进行比读和归类，让学生感受艾青的爱国主义情怀。

续表

教学阶段	主要内容	教学资源	设计意图
推进课2	1.赏析艾青诗作朴素、单纯、多样、统一的艺术形式。 2.把握象征意，挖掘语言背后的人生哲思。	相关诗篇及节选	通过为艾青诗歌做批注，探究艾青诗作的多种艺术形式，帮助学生深入诗歌阅读，领会诗歌的象征意义，感悟人生哲思。
成果分享课	1.创作诗歌朗诵脚本。 2.举办诗歌朗诵会。	1.脚本知识 2.诗歌朗诵知识	通过诗歌朗诵脚本的设计，激发学生对诗歌演绎的深入思考。通过表演，进一步让学生体会蕴藏于文字中的情感，并获得新的体会。

◎ 专题探究信息一览表

专题	探究指向	阅读策略	思维层次
专题1：质朴多样的艺术手法	1."诗中有画"的创作特点 2.散文美的诗歌形式 3."陌生化"的诗歌语言	通过批注阅读，了解艾青诗歌语言风格、艺术形式的多样性。	理解、分析、评价、创造
专题2：热烈而深沉的爱国情怀	艾青诗歌中的情感	1.通过设计插画，理解艾青不同时期诗歌的情感特征。 2.通过抓住中心意象进行比读和归类，感受艾青的爱国主义情怀。	理解、分析、评价

燃起一个"火把"

——《艾青诗选》导读课

【教学目标】

1.了解诗人生平及作品，理清艾青创作的几个时期，整体把握诗人的爱国形象。

2.通过回顾《我爱这土地》，初步掌握现代诗的阅读方法。

【教学重点】

理清艾青创作的几个时期，整体把握诗人的爱国形象。

【教学难点】

初步掌握现代诗的阅读方法。

【课时安排】

1课时

【教学过程】

一、激趣导入

同学们，今天我们一起来认识一位具有时代精神的诗人，请大家根据提示，猜猜他是谁？

1. 他年少赴法国学习绘画，回国后却以诗歌创作扬名。

2. 他被称为"一生追求光明的作家"。

3. 他在成名作里深情怀念自己的保姆——大堰河，诅咒黑暗的社会。

4. 他满怀对祖国大地的深沉爱意，写下许多动人的诗篇，为这片土地和人民的苦难悲号呼喊。

大家心中是否已有了答案？没错，他就是中国现代著名诗人——艾青。

二、艾青画像

请同学们根据自己的了解和提示，补充完成"艾青画像"。

作者生平：＿＿＿＿＿＿＿

创作背景：＿＿＿＿＿＿＿

相关作品及特点：＿＿＿＿

文学成就：＿＿＿＿＿＿＿

小结：艾青出生在动荡的年代。幼年时被寄养的经历，让艾青与劳动人民结下血肉相连的情分。他归国时，中国正处在空前的民族危机下。他用一支笔肩负起时代责任，用诗歌作为呼喊的号角，激励被压迫的人民反抗黑暗现实，追求光明。当祖国大地迎来新生，他又深情地歌颂新时代，表达对美好生活的期盼和热爱。深厚的爱国情怀、对人民生活的忧思贯穿艾青的诗作。那些含泪的哀歌兼赞歌，激起人们的爱与希望，在中国大地上不断回响。

这节课，我们就走进艾青的诗歌世界。在时空的殿堂里，感受他不同时期的作品的魅力，体会他对祖国大地和人民那厚重、真挚、执着的情感。

三、追寻艾青的足迹

艾青的诗歌，总能把个人的悲欢融合到时代的悲欢里，奏出别具特色的乐章。《艾青诗选》选编了诗人从20世纪30年代到70年代末的主要诗作，通过序言和目录，我们了解到艾青的诗歌创作可分为四个时期，现在我们分成八个小组，每两组选定《艾青诗选》中一个时期的诗进行略读，并联系历史知识和艾青创作的时代背景，说说这一时期艾青的诗歌特色。

●第一个时期

回顾时代背景：

艾青的成名作《大堰河——我的保姆》写于1933年，作者当时被囚狱中。让我们回顾一下20世纪三四十年代，中国的大地上发生着什么。

预设：这个时期的中国陷入内忧外患的民族危机之中。抗日战争全面爆发后，日本侵略军连续攻占华北、华东、华南广大地区，所到之处疯狂肆虐。中国人民奋起抵抗，进行不屈不挠的斗争。诗人在国土沦丧、民族危亡的关头，满怀对祖国的挚爱和对侵略者的仇恨，写下了大量慷慨激昂的诗歌。

探究诗歌特色：

有人将艾青的诗歌称为"大地哀歌"，联系刚刚了解的历史背景，我们可以理解："大地"是苦难深重的祖国，"哀歌"是为祖国和人民的不幸而唱的歌。在这样的背景下，同学们想想，艾青的诗歌会有怎样的特点呢？

预设：悲伤、忧郁、抗争、愤怒、希望……

小结：这一时期艾青的诗歌，总是充满"土地的忧郁"，多写国家和民族的苦难、悲伤与反抗，具有凝重、深厚而大气的风格。诗歌中的主要意象是"土地"和"太阳"，歌唱民族的痛苦与希望。

板书：

成名——第一次创作高峰：20世纪三四十年代（1932—1940年）

主要风格：土地的忧郁

代表作品：《向太阳》《火把》《雪落在中国的土地上》《北方》

●第二个时期

回顾时代背景：

艾青向往民主政治，历史推动着他走向延安。1941年3月来到延安后，艾青开始以根据地的新生活为题材进行诗歌创作。

探究诗歌特色：

这段时间，艾青的诗歌主要赞颂新生活。他歌颂"把历史的重载驮在自己的身上"，创造光明新世界的革命领袖毛泽东；他满怀喜悦与信心，以"黎明"的口吻，向"眼睛被渴望所灼痛的人类"发出"通知"，他呼唤着"一切爱生活的人"、所有的"城市和村庄"做好准备，迎接"白日的先驱，光明的使者"的到来。

由于读者群转变为工农兵群众，艾青诗歌的语言更加口语化，减少了意象的运用。

板书：

走向延安后：1941—1948年

主要风格：歌颂新生活，意象淡化，民族化和口语化

代表作品:《黎明的通知》

●第三个时期

回顾时代背景:

1949年,中华人民共和国成立了,人民迎来当家做主的新时代。

探究诗歌特色:

这段时间艾青的诗歌多借物抒怀,为美好的时代和光明的未来而唱;对处在困扰和挤压中的祖国感到忧思,赞美顽强执着的生命,鼓舞民众;赞美国际友谊。这一阶段的诗具有明显的时代特色。

板书:

新时代来临后:1949—1958年

主要风格:歌颂新中国、主旋律,借物抒怀,语言明朗朴素

代表作品:《新的时代冒着风雪来了》《礁石》《给乌兰诺娃——看芭蕾舞〈小夜曲〉后作》

●第四个时期

回顾时代背景:

1957年后,艾青先后在北大荒、新疆劳动,沉寂近20年。1978年,中国迎来改革开放的大好形势,"归来"的诗人久被压抑的情感澎湃高涨,其诗歌创作达到另一个高峰。

探究诗歌特色:

坎坷的经历往往促使人思想成长与成熟。经历浩劫的诗人,内心更加沉淀,对人生的反思益发深刻,对生活的态度更为豁达。

板书:

归来——第二次创作高峰:20世纪70年代末

主要风格:歌颂主旋律,富有人生哲思,诗情深沉、诗意警策

代表作品:《光的赞歌》《鱼化石》

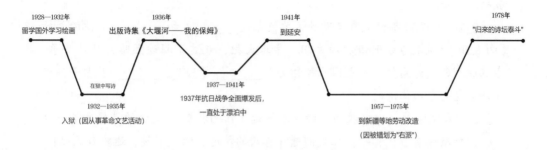

艾青作品时间轴

小结:以诗歌为媒介,我们跟随艾青走过民族危亡的动荡年月,走进社会主义的新时代。在艾青自由、朴素的歌唱里,我们感受到大地的哀鸣、人民

的苦难、新生的祖国的蓬勃……阅读诗歌时，联系作品的时代背景和诗人的生平，能让我们更好地感受诗歌的魅力，与诗人的灵魂更加亲近。

四、阅读方法点拨

我们学习了九年级上册课本中艾青的诗《我爱这土地》，同学们对读现代诗的阅读方法有了一定的认识，请结合课文中的读诗经验，谈谈你对阅读《艾青诗选》方法的建议。

预设：

1.阅读序言，初步了解诗人生平、创作背景、作品特色及历史影响等。

2.阅读目录，了解艾青创作的主要年代及主要作品，在历史背景下感知诗人情感。

3.阅读时，可为诗歌划分节奏、标注重音，借助诗歌韵律去体会诗人的情感。

4.做读书笔记，可以做评注、写心得，也可以勾画或抄录喜欢的诗句。

5.抓住诗歌意象、语言、表现手法等鉴赏诗歌。在阅读的基础上学会鉴赏，才能真正领悟诗歌的内涵，可以从这几个方面进行：把握诗歌的意象；品味诗歌的语言；探究诗歌的艺术手法；体味诗歌的情感。

【课堂小结】

艾青的诗歌与社会现实、与中国的命运有着紧密的关联，多反映贫苦大众的生活。现在社会上仍有不少生活困苦的劳动者，但社会环境不同，他们的境遇与近代贫民的境遇已然不同。学生可观察生活，搜集素材，联系个人与家国的关系来思考，在阅读诗选时可加深对诗歌的理解。

【配套练习】

1.艾青（1910—1996），原名_____，中国现代诗人。成名作《_____》，发表于1933年，这首诗奠定了他诗歌的基本艺术特征和他在现代文学史上的重要地位。他的诗作《_____》被选入人教版中学语文教材。

2.20世纪30年代艾青诗歌的主要意象是_____和_____。他的长诗《向太阳》《火把》分别借歌颂太阳、索求火把，表达了驱逐黑暗、坚持斗争、争取胜利的美好愿望，他也因此被称为"_____"和"_____"的歌手。这些诗歌也是自由体诗的代表。

3."我生活着，故我歌唱。诗，永远是生活的牧歌。"艾青的诗鼓励了一代人，同样激励着当代青年，让我们选择喜欢的诗句，做成书签，送给自己吧！

4.根据诗作的节选判断，下列作品不属于艾青早期的诗作的一项是（ ）

A.《铁窗里》。只能通过这唯一的窗 / 我才能—— / 看见熔铁般红热的奔流着的朝霞 / 看见潮退后星散在平沙上的贝壳般的云朵

B.《芦笛》。今天 / 我是在巴士底狱里 / 不，不是那巴黎的巴士底狱 / 芦笛并不在我的身边 / 铁镣也比我的歌声更响 / 但我要发誓——对于芦笛 / 为了它是在痛苦的被辱着 / 我将像一七八九年似的 / 向灼肉的火焰里伸进我的手去

C.《马赛》。马赛啊 / 你这盗匪的故乡 / 可怕的城市

D.《无题》。秤和砣不可分离 / 轮和轴必须相连 / 舵和桨扬帆千里 / 天和地人在中间

5.在学校的阅读节上，小平设计了一幅《艾青诗选》的推荐海报，但尚未完成，请你根据诗选的主要内容，在A、B中任选一处添加一个核心意象，并结合相关诗作说明理由。

我在 ＿＿＿＿＿＿＿ 处添加 ＿＿＿＿＿＿＿ （意象），

理由是：＿＿＿＿＿＿＿＿＿＿＿＿＿＿＿

＿＿＿＿＿＿＿＿＿＿＿＿＿＿＿＿＿＿＿

＿＿＿＿＿＿＿＿＿＿＿＿＿＿＿＿＿＿＿

＿＿＿＿＿＿＿＿＿＿＿＿＿＿＿＿＿＿＿

＿＿＿＿＿＿＿＿＿＿＿＿＿＿＿＿＿＿＿

"土地与太阳"的歌者

——《艾青诗选》推进课1

【教学目标】

1. 通读全书，具体感知艾青几个主要创作时期诗歌的特色。

2. 比较艾青不同时期的创作风格，把握诗歌经典意象。

3. 通过意象解读，结合时代背景体味诗歌的情感特征。

【教学重点】

具体感知艾青几个主要创作时期诗歌的特色。

【教学难点】

把握诗歌经典意象，结合时代背景体味诗歌的情感特征。

【课时安排】

1课时

【教学过程】

一、导入

准确把握诗歌的情感，是读懂诗歌的关键。抓住意象，领会作者情感，是诗歌鉴赏中的重要方式。艾青在进行诗歌创作时，善于准确地捕捉感觉，并在主客观的融合中提炼生动的意象来传达深刻的感情。阅读艾青诗歌时，可通过把握意象来体会诗人的情感。

二、为诗歌设计插画

经过前期的阅读，相信你已经发现了艾青诗歌在表达上情感饱满强烈、想象丰富的特点，艾青也多用意象来烘托意境、塑造生动丰满的形象。请小组合作，每个组选择一个创作时代，为提供的诗篇设计合适的插画，并说明理由。

知识卡片

《辞海》对"插画"的解释是："指插附在书刊中的图画。有的印在正文中间，有的用插页方式，对正文内容起补充说明或艺术欣赏作用。"

创作年代	诗歌篇目	插画设计（用图或文字表达）	挑选理由（从插画内容选择和意境呈现方面来阐述）
20世纪30年代	《雪落在中国的土地上》		
	《手推车》		
	《我爱这土地》		
20世纪40年代	《旷野》		
	《黎明的通知》		
20世纪50年代	《新的年代冒着风雪来了》		
	《礁石》		
20世纪70年代	《光的赞歌》		
	《鱼化石》		

三、解读中心意象

任务一：读懂艾青诗歌中的主要意象——土地

（一）有关"土地"意象的诗歌

"土地"这一意象在艾青的诗歌中多次出现，对出现"土地"的诗歌进行归纳。

出现"土地"意象的诗歌	20 世纪 30 年代	《雪落在中国的土地上》《复活的土地》《北方》《我爱这土地》《我们的田地》《死地》《低洼地》……
	20 世纪 40 年代	《旷野》《土地》《旷野（又一章）》《村庄》……

（二）运用抓意象的方法，对比阅读两首诗歌

阅读《雪落在中国的土地上》和《复活的土地》，根据表格进行比读。

作　品	《雪落在中国的土地上》	《复活的土地》
读出意象		
读懂形象		
体会情感		
探究关联		

创作背景：1937 年 12 月，诗人抱着急切投入战斗的决心来到了抗战的中心城市——武汉，但是在这里他并没有看到民族存亡关头应有的昂奋和紧张的气氛，权贵们仍在作威作福，处处是穷困和饥饿，他感到异常失望，于是在武昌一间阴冷的屋子里写下了《雪落在中国的土地上》。

1937 年 7 月 6 日，艾青在沪杭线车厢里写下《复活的土地》。第二天在古老的卢沟桥响起了划破历史长空的枪声。

预设：

作　品	《雪落在中国的土地上》	《复活的土地》
读出意象	土地	土地
读懂形象	被寒冷封锁的中国，被烽火啃啃的地域，饥馑的土地。	到处是繁花与茂草的河岸，孕育金色颗粒的大地。
体会情感	对中国土地所遭遇的民族危机的忧虑与愤懑。	对民族美好未来的热切憧憬。
探究关联	无论是对国家民族的忧虑还是对祖国未来的憧憬，都凝聚了诗人对祖国深沉的爱。	

任务二：读懂艾青诗歌中的主要意象——太阳

列举出现"太阳"意象的诗篇，进而归类。

"太阳"系列	光芒类	《阳光在远处》《太阳》《向太阳》《太阳的话》《给太阳》《光的赞歌》……
	火焰类	《火把》《篝火》……
	黎明类	《当黎明穿上了白衣》《黎明》《黎明的通知》《晨歌》……

　　著名作家、文艺理论家唐弢曾说过："我以为世界上歌颂太阳的次数之多，没有一个诗人超过艾青的。"请同学们借助表格，分小组合作探究艾青"太阳"系列诗歌，感受"艾青式的光芒"。

光芒类	意象	
	推荐的诗句	
	推荐理由（形象、情感、启示）	
火焰类	意象	
	推荐的诗句	
	推荐理由（形象、情感、启示）	
黎明类	意象	
	推荐的诗句	
	推荐理由（形象、情感、启示）	

　　虽然意象不同，但是它们都凝聚着诗人对光明、理想、美好生活的向往，表达着诗人驱逐黑暗、追求光明、坚持斗争、迎接胜利的美好愿望。

【课堂小结】

　　读诗，要透过诗歌中的意象，理解诗歌的深层内涵。意象，即诗中包含诗人主观情感的事物，诗人总会创造出富有表现力的意象，传达独特的情感。同学们在阅读《艾青诗选》时要注意抓住主要意象。

【配套练习】

　　1. 你认为下面这幅画最适合为以下哪首诗作插画？请简要说明理由。

A.《北方》

B.《我爱这土地》

C.《旷野》

　　2. 阅读诗歌《树》回答：

树

一棵树，一棵树　　　　　　但是在泥土的覆盖下

彼此孤离地兀立着　　　　　它们的根生长着

风与空气　　　　　　　　　在看不见的深处

告诉着它们的距离　　　　　它们把根须纠缠在一起

　　诗人通过对比的手法，从表面看，树与树之间没有联系，但在"泥土的覆盖下"，根须其实是纠缠在一起的，这就给我们启示：

　　①＿＿＿＿＿＿＿＿＿＿＿＿＿＿＿＿＿＿＿＿＿＿＿＿＿＿＿＿＿＿。

　　1939 年，艾青到湖南任教，感受到长期奴化的人们都为自己活，彼此没有联系，同时他感受到有些人在白色恐怖下积蓄着力量，于是他创作了《树》这首诗，所以，这首诗歌的深刻主题应该是②＿＿＿＿＿＿＿＿＿＿＿＿＿＿＿＿。

3.《雪落在中国的土地上》一诗中，"雪"这一意象有何深层含义？

4.艾青诗歌的中心意象是土地和太阳，请结合具体的诗歌说说土地凝聚了作者怎样的情感，太阳表现了作者怎样的追求。

多样艺术形式的探究
——《艾青诗选》推进课2

【教学目标】

1.赏析艾青诗作朴素、单纯、多样统一的艺术形式。

2.把握象征义，挖掘语言背后的人生哲思。

【教学重点】

赏析艾青诗作朴素、单纯、多样统一的艺术形式。

【教学难点】

把握象征义，挖掘语言背后的人生哲思。

【课时安排】

1课时

【教学过程】

一、导入

所有的诗歌最终都是表情达意的。读懂诗歌，就是把握诗情；要把握诗情，可借助背景、语言、意象、艺术手法等进行分析。想更深层次地理解《艾青诗选》，就需要我们深入阅读，可以从代表作品入手，分析艾青诗歌的语言特色和艺术手法。

二、专题探究

以艾青的成名作《大堰河——我的保姆》和《雪落在中国的土地上》为例，做探究示范。

读《大堰河——我的保姆》（关注背景、意象、修辞、语言等），说说这首诗的思想情感是如何表现的。（小组交流）

补充背景资料：艾青出生时母亲难产，算命先生说他会"克死父母"，他因此被家人歧视，后被寄养在大堰河家。直到五岁，艾青才被领回家，却仍然受到歧视，他不能叫父母为爸爸妈妈，而要叫叔叔婶婶。因此在艾青的情感世界里，对保姆大堰河的爱远远超过对父母的爱。

探究〔示例〕

大堰河，是我的保姆。

她的名字就是生她的村庄的名字，

她是童养媳，

大堰河，是我的保姆。

（从"名字""童养媳"两个词，可以体会出大堰河身世的悲苦——无名而卑微）

大堰河，今天我看到雪使我想起了你：

你的被雪压着的草盖的坟墓，

你的关闭了的故居檐头的枯死的瓦菲，

你的被典押了的一丈平方的园地，

你的门前的长了青苔的石椅，

大堰河，今天我看到雪使我想起了你。

（反复和排比的运用，排列出一系列凄惨荒凉的意象：坟墓、瓦菲、园地、石椅；这些意象前的修饰语，通过色调的调配，呈现出一幅萧索斑驳的景象，映射出大堰河生活的贫苦，她苍凉悲惨的身世由此倒叙展开）

她含着笑，洗着我们的衣服，

她含着笑，提着菜篮到村边的结冰的池塘去，

她含着笑，切着冰屑悉索的萝卜，

她含着笑，用手掏着猪吃的麦糟，

她含着笑，扇着炖肉的炉子的火，

她含着笑，背了团箕到广场上去……

（运用反复与排比及一系列神态、动作的描写生动地表现出大堰河坚强持家、艰辛地以劳动维持生计的品质，她心酸却"含着笑"，对生活感到满足，"含着笑"这个词表现出劳苦大众的顽强乐观）

读《雪落在中国的土地上》，教师指导学生边读边做批注。这首诗体现了艾青长于发挥丰富的想象力的特点，学生在阅读时添加批注，探究这首诗用了哪些艺术手法，表达了诗人怎样的情感。（完成后小组交流，推荐一人到台前展示批注）

诗歌原文（节选）	批注示例
雪落在中国的土地上， 寒冷在封锁着中国呀……	这是诗人的悲吟，悲痛之情力透纸背。
风， 像一个太悲哀了的老妇， 紧紧地跟随着 伸出寒冷的指爪 拉扯着行人的衣襟， 用着像土地一样古老的话 一刻也不停地絮聒着…… ……	两个比喻，使读者感到无法躲避的侵袭以及它古老的、哀伤的气息，传递出历史的沉重。
而我 也并不比你们快乐啊 ——躺在时间的河流上 苦难的浪涛 曾经几次把我吞没而又卷起—— 流浪与监禁 已失去了我的青春的 最可贵的日子， 我的生命 也像你们的生命 一样的憔悴呀 ……	运用联想与想象的手法，从对农民的关注联想到自己，这是诗人内心的痛苦与挣扎。 从"土地""风""河流"这些意象中，可体会出诗人经历的坎坷辛酸，对祖国和人民、对土地的深爱。
透过雪夜的草原 那些被烽火所啮啃着的地域， 无数的，土地的垦殖者 失去了他们所饲养的家畜 失去了他们肥沃的田地 拥挤在 生活的绝望的污巷里： 饥馑的大地 朝向阴暗的天 伸出乞援的 颤抖着的两臂。	极力渲染悲伤凄惨的气氛，表现诗人对时代命运的关切，对人民苦难的感同身受。

小结：诗歌的语言与日常语言相比，更为精练优美，更利于抒发情感。艾青的诗歌中，大量运用比喻、排比、反复、设问、呼告、对话、引语等手法，极大地增强了诗歌的真切感和表现力。在阅读过程中要注意做批注。

三、合作探究

艾青通过丰富的艺术手法、朴素自由而奔放热情的语言，写出许多震撼人心的诗歌。请同学们分组展开讨论，积极探寻作品中的艺术亮点。

小组	鉴赏诗歌原文或节选	批注示例	语言特色及主要艺术手法
一组	灰黄而曲折的道路 /……在广大的灰白里呈露出的 / 到处是一片土黄，暗赭 / 与焦茶的颜色的混合啊……/……灰黄的道路的两旁……/灰黄而曲折的道路啊！ 1940 年《旷野》	"灰黄而曲折的道路"，象征当时进入相持阶段的僵持战局，诗人为之悲伤、忧虑。他多次使用"灰黄""土黄"等色彩来表现"道路"意象，用暗淡的颜色显示出惨遭荼毒的土地的绝望。"广大的灰白"，意指笼罩大地的雾气，"雾"这一意象压抑窒息，是黑暗社会与险恶环境的象征。这片被雾笼罩着的大地显得毫无生机，正是当时遭受日本侵略，国内反动势力反共亲日，局势如一片迷雾的中国的写照。"灰黄""灰白""土黄""暗赭""焦茶"，一系列色彩意象的运用，让读者产生生动鲜明的画面联想。	艾青将意象组合为有空间距离、有丰富层次的连续性画面，使其发挥暗示、对比、烘托等作用，以传递思想感情；他还把绘画中的色彩、光影技法作为把握意象、塑造形象的手段，使其与诗歌的主题情绪统一。
二组	说我已踏着露水而来 / 已借着最后一颗星的照引而来 / 我从东方 / 从汹涌着波涛的海上来 / 我将带光明给世界 / 又将带温暖给人类……/ 请叫醒殷勤的女人 / 和那打着鼾声的男子 / 请年轻的情人也起来 / 和那些贪睡的少女 / 请叫醒困倦的母亲 / 和她身边的婴孩 / 请叫醒每个人 / 连那些病者与产妇 / 连那些衰老的人们 / 呻吟在床上的人们 / 连那些因正义而战争的负伤者 / 和那些因家乡沦亡而流离的难民 / 请叫醒一切的不幸者 / 我会一并给他们以慰安 1942 年《黎明的通知》	当黎明到来的时候，人们是无比欢悦的，并做出各种行动来迎接黎明。诗人在诗中写了许多生动的生活细节，而这些细节却是通过黎明之口说出，显得和蔼可亲。诗人写了这么多"请叫醒"的人，是有着很深的含义的。就是说，黎明的到来，将给所有被压迫、被剥削的劳苦大众以慰安。把黎明到来的意义，生动而深刻地揭示出来了。"黎明"本身就是一种象征，即象征革命的胜利，全国的解放。	艾青刻画的细节亲切感人，不仅在于这些细节真实生动，更在于通过这些细节所传达出的革命的意义。诗人从很高的立意上来写这首诗，但又不是直白地、标语口号式地表达这一最高义，而是以真情实感，以生动的描绘、巧妙的构思来实现的。
三组			
……			

四、总结思考

1. 本节课探究了几首艾青的代表诗作，同学们有什么收获或启示？可以任选一个角度来谈。

〔示例〕

在课文《我爱这土地》中，我们看到一个（对人民爱得深沉）的艾青。

透过《大堰河——我的保姆》，我们又看到一个（对平民保姆怀有无限敬爱及深切怀念之情）的艾青。

　　阅读《雪落在中国的土地上》，我们看到一个（对祖国大地遭受涂炭感到痛心，对侵略者无比愤恨）的艾青。

　　2. 艾青是"人民诗人"，他的诗里流淌的是知识分子的担当和情怀。你能联想到哪些通过诗作表达家国情怀的历史人物？

　　〔示例〕

　　范仲淹"先天下之忧而忧，后天下之乐而乐"，陆游"位卑未敢忘忧国"，林则徐"苟利国家生死以，岂因祸福避趋之"，鲁迅"横眉冷对千夫指"……

　　他们跟艾青一样，"为天地立心，为生民立命，为往圣继绝学，为万世开太平"，他们有良知、有风骨、有担当、有情怀。我们读诗，正是为了领略诗人的大爱情怀！

【配套练习】

前面只隐现着
一条渐渐模糊的
灰黄而曲折的道路，
和道路两旁的
乌暗而枯干的田亩……
……
在广大的灰白里呈露出的
到处是一片土黄，暗赭，
与焦茶的颜色的混合啊……
……
而雾啊——
灰白而混浊，
茫然而莫测，
它在我的前面
以一根比一根更暗淡的
电杆与电线，
向我展开了
无限的广阔与深邃……

——《旷野》（节选）

　　1. 请对所节选的《旷野》诗句选择一个角度进行赏析。

　　（赏析角度：①色彩；②画面；③语言）

　　2. 为了让同学们更好地了解现代诗歌，九年级（1）班举办了"轻叩诗歌的大门"综合性学习活动，请你一起参加。

（1）为了开展好这次活动，班委会拟定了两个活动项目，请你再补充两个。

①搜集喜欢的诗歌　　　②整理搜集的诗歌

③＿＿＿＿＿＿＿　　　④＿＿＿＿＿＿＿

（2）下面是一位同学设计的"我最喜爱的诗歌"推荐表，请将表格填写完整。

诗歌（长的诗可以只填诗歌题目和作者）	推荐理由
礁石 一个浪，一个浪， 无休止地扑过来， 每一个浪都在它脚下 被打成碎沫、散开…… 它的脸上和身上 像刀砍过的一样 但它依然站在那里 含着微笑，看着海洋……	

3. "语言陌生化"在诗歌中比较常见，因为诗歌创作的要义是去探索全新的、令人惊异的表达方式，使语言尽可能陌生化。请你结合加点词和标点，联系整首诗的内容，就语言陌生化的特点，对以下《北方》一诗的节选部分进行赏析。

在风沙里／困苦地呼吸／一步一步地／挣扎着前进……／几只驴子／——那有悲哀的眼／和疲乏的耳朵的畜生／载负了土地的／痛苦的重压／它们厌倦的脚步／徐缓地踏过／北国的／修长而又寂寞的道路……

> **知识卡片**
>
> 陌生化手法，是在文学创作中通过对常规与常识的偏离，实现语言理解与感受上的陌生化。陌生化使那些司空见惯的语法、规则具有新的形态、新的审美价值。比如穆旦《我看》中"让欢笑和哀愁洒向我心里，像季节燃起花朵又把它吹熄"一句，说季节把花朵"燃起"又"吹熄"，虽然看似不合事理，但诗人使用了这种语言陌生化的手法，让读者形象地感受到花朵的自然荣枯，感受到生命的不断变化，增强了表意的丰富性。

以"声"传情，表"情"达意

——《艾青诗选》成果分享课

【教学目标】

1. 展示阅读成果，在诵读中感受艾青诗歌饱含的家国深情。

2. 能联系背景与生活表达阅读诗歌的感受，提升对作品的认知与理解，并从中获得新的体会。

【教学重点】

在诵读中感受艾青诗歌饱含的家国深情。

【教学难点】

联系背景与生活表达阅读诗歌的感受，提升对作品的认知与理解，并从中获得新的体会。

【课时安排】

1课时

【教学过程】

一、情境导入

聆听艾青诗歌，《大堰河——我的保姆》少年朗读音频，配上舒缓悲凉的背景音乐，感受艾青诗歌的节奏和情味。

"我听到了，但可能忘记；我看到了，就可能记住；我做过了，才会真正理解。"有感情地诵读诗歌，能够让我们对诗歌中的感情感同身受，从而更好地去记忆、去理解。

二、分小组讨论，写诗歌感想，设计朗诵脚本

1.确定内容，讨论决定朗诵的具体诗作。

2.讨论对诗歌的感悟，写出选择这首诗歌的理由，阐述对诗意和情感的理解。

3.小组内设计朗诵脚本：朗诵形式可丰富多样，如个人朗诵、男女对诵、小组合诵等，也可以配音乐、配视频朗诵。

4.组织分工，力求每个同学或小组都有任务，如书写感悟、编排朗诵形式、研究朗诵的技巧方法、完成朗诵指导表。

知识卡片

朗诵脚本从感情基调，朗读的语速、语调、语气、节奏等方面对文章某个片段进行朗读设计，解决怎样读、为什么这样读的问题。

学生探讨完成朗诵指导表。

朗诵技巧		简要说明	举例
重音		朗诵时，为适应传情达意的需要，对语句中的某些词或短语以重读的形式加以强调，包括重音轻读、拖长语调等特殊的处理方式。	"假如我是一只鸟，我也应该用嘶哑的喉咙歌唱"一句，应该重读"鸟""歌唱"，因为"鸟"是这首诗的核心意象，"歌唱"则是后面具体内容的中心词。
停连	停顿	与文章思想感情发展变化的要求相适应，声音中断、停顿可分为逻辑停顿、结构停顿和语法停顿。	
	连接	与文章思想感情发展变化的要求相适应，声音延续，可表达激动或连贯的情绪。	

续表

朗诵技巧	简要说明	举例
节奏	根据诗歌的情感基调，进行抑扬顿挫、轻重缓急的处理。	
语速	与情感表达相契合，一般情况下，快速表示激越、向上，慢速表示舒缓、哀伤。	

朗诵艾青诗歌时，一要把握好诗歌的节奏、停顿、重音，注意语速；二要在朗读中学会情景代入，表现出诗中的感情和思想。自由体的新诗，不同于旧体诗，字数、停顿、押韵没有严格限制，随感情的表达，句子可长可短，字数可多可少，自由灵活。在艾青的诗歌中，我们能够明显感受到"自由"这一特点。

三、朗诵展示

1.每组按商定的表演形式，推选代表参加比赛。

2.比赛内容包括说明选择诗歌的理由、表达诗歌感悟和朗诵原诗作。朗诵时情绪饱满、声情并茂，面部表情与肢体动作和谐。

3.比赛结束后，由学生推选的评委为得奖组撰写颁奖词。颁奖词要从对诗歌感悟的角度、深度，朗诵形式的亮点，朗诵者的语音语调、肢体动作、面部表情的控制与表达等方面，写出具体的得奖理由。

朗诵会流程：

1.主持人串场。

2.每组成员上台比赛，评委打分。

3.评委撰写颁奖词，教师颁奖。

建议：表演过程中可以录制视频通过网络发布。

【课堂小结】

诗传情，诗言志，同学们的诵读为诗歌增添了一层外在表达的美，愿我们将这种美继续传递下去，成为你内心的信仰。

【配套练习】

1.选择一首艾青的诗，设计朗诵脚本。

〔示例〕诗歌《沁园春·雪》

朗诵脚本：开篇三句"北国风光，千里冰封，万里雪飘"以沉稳大气之声高唱而入，语速缓慢。"冰""万""雪"三字重读，"飘"字延长，向听众铺展开茫茫北国白雪飘飘的景象。

北国风光，千里冰封，万里雪飘⌒

2.尝试创作一首小诗，用诗歌抒发情感，记录生活。在写作中，注意诗歌的立意、意象、句式和节奏等，并将自己的小诗录制成一段朗诵视频。

☯ 中考链接

真题 ①

原题呈现（2021 年江苏宿迁卷）

下列有关名著的表述正确的两项是（　　）

A.《骆驼祥子》中虎妞难产而死后，虽然小福子愿意与祥子过日子，但祥子因负不起养她两个弟弟和一个醉爸爸的责任，狠心拒绝了她。

B.《西游记》第七十六回中，悟空故意不扯救命索，让八戒被二魔象怪卷走，气得三藏大骂悟空无情无义，这体现了悟空自私狭隘的一面。

C.法布尔的《昆虫记》是研究昆虫的科普巨著。透过昆虫世界折射出关于人类社会与人生的思考。语言平实，通俗易懂，但缺少幽默感。

D.《艾青诗选》主题鲜明，意象丰富。其中"土地"凝聚着诗人对祖国母亲最深沉的爱，"太阳"表现了诗人对光明、希望的追求和向往。

E.《水浒传》善用"穿针引线"的方式构思情节。如晁盖派吴用报恩，引出宋江杀阎婆惜的故事；宋江避难柴进庄园，又引出武松的故事。

思维层次：识记、思考、分析。

阅读能力：了解作品的情节，分析作品的主要内容、语言风格。

命题特点及解题策略：选择题，多种信息混合在一起，解题要圈画题干中的关键词，排除错误项。

参考答案：

A D

真题 ②

原题呈现（2021 年贵州黔东南苗族侗族自治州卷）

《艾青诗选》是课本名著导读里要求阅读的书籍，在这次建党 100 周年活动上，你将朗诵一首艾青的诗。请根据要求完成下面两个相关活动。

（1）请你从下列诗句中，选出不是艾青创作的一项（　　）

A.所有的叶是这一片 / 所有的花是这一朵 / 繁多是个谎言 / 因为一切果实并无差异。

B.大堰河 / 是我的保姆 / 她的名字就是生她的村庄的名字 / 她是童养媳 / 大堰河 / 是我的保姆。

C.中国的路 / 是如此的崎岖 / 是如此的泥泞呀 / 雪落在中国的土地上 / 寒冷在封锁着中国呀……

D.连羽毛也腐烂在土地里面 / 为什么我的眼里常含泪水？ / 因为我对这土地爱得深沉……

（2）你将朗诵艾青的诗歌《毛泽东》，下面是诗歌节选，你认为选择哪种语气语调来朗诵，才能表达出诗人对毛主席的爱戴、敬仰之情。（　　）

毛泽东在哪儿出现／哪儿就沸腾着鼓掌声——／"人民的领袖"不是一句空虚的颂词／他以对人民的爱博得人民的信仰！

　A.沉痛、伤感　　B.忧愁、哀婉　　C.激昂、深情　　D.惆怅、婉转

思维层次：识记、理解、分析。

阅读能力：识记作家作品，了解作品的主要内容，把握诗歌的感情基调。

命题特点及解题策略：从文本内容识记入手考查名著内容，需要了解作品的相关内容和作者的语言风格，并结合作品的创作主题来分析。

参考答案：

（1）A　（2）C

真题 ❸

原题呈现（2019年浙江嘉兴卷）

徐志摩"完全诗意的信仰"，让他最终等到了彩虹；保尔为人类解放而斗争的信仰，使他成为钢铁战士。信仰，是人永恒的精神支柱。同学们在红船边重读经典，开展以"信仰"为主题的阅读活动。请你从下列名著中任选一部，说说你从作品中读出了作家或人物怎样的信仰，并结合名著的特点和相关内容阐述你运用了怎样的阅读方法。

　A.《艾青诗选》　　B.《红星照耀中国》　　C.《西游记》

思维层次：综合、比较、评价、分析。

阅读能力：分析名著阅读策略及运用策略阅读具体作品的能力。

命题特点及解题策略：选择自己熟悉的、有把握的名著回答。学生应结合名著不同文体的特点和相关内容有理有据地来谈，可以对自己在阅读过程中的经验方法进行归纳总结，针对不同文本采用不同的阅读策略，并结合文本实例围绕主题展开分析。

参考答案：

我选《艾青诗选》。从作品中我读出了诗人有着崇高的共产主义信念，为共产主义事业而奋斗。阅读时，可以抓住重点意象进行精读，圈画出重点词句，细品味诗歌的语言和情感，或者有感情地诵读，认真做好摘抄和批注，体会诗人的爱国情怀。如《我爱这土地》《复活的土地》《雪落在中国的土地上》等诗歌，以"土地"为主要意象，表达了诗人悲悯下层人民的困苦，忧伤祖国的命运的情感，体现了他崇高的信仰。

真题 ❹

原题呈现（2021年浙江杭州卷）

阅读名著，要有合适的关注点，如下表所列。参照示例，选择一项举例分析。

序号	作品	关注点
①	《朝花夕拾》	"回忆中的我"和"写作时的我"两种叙述视角下表达的不同情感
②	《名人传》	传主的典型事例反映的精神品质
③	《艾青诗选》	意象的鲜明特点及其表达的情感

〔示例〕《昆虫记》：科普作品的科学性和文学性

如写蝉蜕壳时皮从背上裂开等内容，观察仔细，描述准确，具有科学性。蜕壳之后，蝉享受阳光和空气，语言生动，富有文学性。

思维层次：综合、比较、评价、分析。

阅读能力：运用策略阅读具体作品的能力。

命题特点及解题策略：本题考查对名著内容的把握。从三部名著中任选一部，根据关注点，联系相关的故事情节，结合示例特点举例分析即可。结合《艾青诗选》的意象特点，深入分析"土地"意象所体现的作者对祖国及对大地母亲深沉的爱，对祖国命运深沉的忧患意识。或"太阳"意象所呈现的诗人灵魂的另一面：对于光明、理想、美好生活热烈不息的追求。

参考答案：

选③，诗人创造了"太阳""火把""光"等明朗、热烈的意象，表达了诗人驱逐黑暗、争取胜利的美好愿望。

真题 **❺**

原题呈现（2020 年四川眉山卷）

请在下面两题中任选一题作答。

（1）《骆驼祥子》一书中祥子最终走向毁灭的命运悲剧无疑会给人强烈的震撼。请结合具体事例分析造成他人生悲剧的自身原因。（100 字左右）

（2）家国情怀是一个人对自己国家和民族所表现出来的深情大爱，《艾青诗选》和《傅雷家书》都体现了这一主题。请在两部作品中任选一部，结合作品内容分析其是如何体现家国情怀的。要求：《艾青诗选》举出具体篇目（不少于两首）;《傅雷家书》结合具体内容。（100 字左右）

思维层次：综合、比较、评价、分析。

阅读能力：分析作品的主要内容、情感内涵。

命题特点及解题策略：本题考查对名著主题的分析。解答时，选择两本名著中的一本，结合具体内容，分析作品的家国情怀，内容充实，语言流畅。

参考答案：

我选择《艾青诗选》。《大堰河——我的保姆》中，诗人一方面写自己对乳母的感情；另一方面，把人民栖息的"土地"作为一种意象，反映出诗人希望周围的所有人能够团结一致，继而为自己的祖国尽一份力的愿望。《黎明的通知》里"我"化身成光明的使者，为祖国大地带去了胜利的消息，让所有的人民都被唤醒，争相传递这条喜讯。家国情怀表露得淋漓尽致。

真题 **❻**

原题呈现（2019 年江西省卷）

班级拟开展"走进名著，与作者对话"的综合性学习活动，请从下面"专题探究"中选择一个专题，以"一位忠实的读者"的名义，给作者写一封信，交流你的探究成果。

200 字左右。

【专题探究】

专题一：孙悟空的"不变"（《西游记》）

专题二：跟法布尔学观察（《昆虫记》）

专题三：探讨诗歌的意象（《艾青诗选》）

思维层次：综合、比较、评价、分析。

阅读能力：深入解读名著内容以及运用策略阅读具体作品的能力。

命题特点及解题策略：选择自己熟悉的名著内容进行回答。学生应结合名著的文体特点和有针对性的话题进行深入探讨，充分阐释自我的阅读经验，并结合文本实例进行分析。

参考答案：

[示例]

尊敬的艾青先生：

您好！

我是您的一位忠实读者，最近拜读了您的作品《艾青诗选》，收获良多！

我很喜欢您的诗作风格，尤其对您诗作中竭力讴歌的意象"土地"与"太阳"印象颇深。

您在诗作中通过赞美"土地"表达对大地母亲的热爱，对勤劳的中国人民的赞扬，凝聚着您对美好生活的向往，令我无限憧憬。

您在诗作中通过赞美"太阳"表达对希望、光明、理想、美好生活的热烈不息的追求，令我热血沸腾，志气高昂。

感谢您为我们带来了这么优秀的作品，让我们看到您对生活的态度，也让我们学会了热爱生活，全心全意投入到生活中去。

此致

敬礼

一位忠实的读者

X 年 X 月 X 日

模拟题 ❶

阅读下面关于《艾青诗选》的思维导图，完成下列小题。

（1）填入下图①②③④处正确的一组诗篇是（　　　）

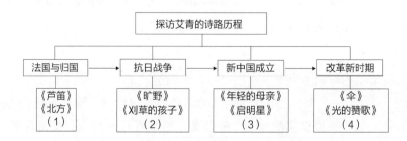

A.①《我爱这土地》 ②《大堰河——我的保姆》 ③《鱼化石》 ④《礁石》
B.①《大堰河——我的保姆》 ②《我爱这土地》 ③《礁石》 ④《镜子》
C.①《大堰河——我的保姆》 ②《鱼化石》 ③《我爱这土地》 ④《礁石》
D.①《我爱这土地》 ②《大堰河——我的保姆》 ③《礁石》 ④《镜子》

（2）随着时代的变化，艾青诗歌的风格也有所不同。请借助上面的思维导图，结合下面的两首诗，从内容和形式两方面探究艾青诗歌风格的变化。

河 （二） 沿着寒夜的河边 我听见河水哗哗地流着 好像一群喧闹的夜行者 一边行走，一边歌唱 它们在这冷寂的夜晚 从冰层的下面 不止地奔向远方…… 一切都已入睡了 但河水依然兴奋地流着 经过广大黑暗的地域 一直奔向黎明	鱼化石 （节选） 动作多么活泼， 精力多么旺盛， 在浪花里跳跃， 在大海里浮沉； 不幸遇到火山爆发， 也可能是地震， 你失去了自由， 被埋进了灰尘； …… 你绝对的静止， 对外界毫无反应， 看不见天和水， 听不见浪花的声音。 …… 活着就要斗争， 在斗争中前进， 即使死亡， 能量也要发挥干净。

思维层次：综合、比较、评价、分析。

阅读能力：关联比读名著的阅读策略以及运用策略阅读具体作品的能力。

命题特点及解题策略：根据艾青不同时期诗作的内容和手法，感受作者各阶段情感宣泄的差别，进而探究作者不同时期的创作风格。

参考答案：

（1）D

（2）《河（二）》是艾青在抗战时期写的一首自由体诗，呈现出散文化、口语化的风格，语言简洁明快；句式长短错落，不求押韵。全诗感情真挚，展现出诗人对于光明、理想和美好生活的热烈追求。

《鱼化石》是艾青在"文革"后写的一首哲理诗，诗歌自觉追求音乐性，出现了格律化倾向，诗句变得更整齐，注重押韵。与《河（二）》相比，诗情更深沉，诗意更警策。诗歌通过鱼化石引发对生命本质的思考，字里行间饱含哲理。

模拟题 ❷

艾青诗歌往往不拘泥于形式，极具自由体诗的特点。结合《刈草的孩子》，说说诗歌

在形式上有哪些自由之处。（至少两点）

刈草的孩子

夕阳把草原燃成通红了。

刈草的孩子无声地刈草，

低着头，弯曲着身子，忙乱着手，

从这一边慢慢地移到那一边……

草已遮没他小小的身子了——

在草丛里我们只看见：

一只盛草的竹篓，几堆草，

和在夕阳里闪着金光的镰刀……

1940 年

思维层次：综合、比较、评价、分析。

阅读能力：深入理解名著创作手法以及多角度鉴赏具体作品的能力。

命题特点及解题策略：结合艾青诗歌创作手法上的特点，从句式、节奏、选景、结构等角度进行分析。

参考答案：

①句式自由，长短句交错，标点符号根据情感内容多变；②韵律自由而灵动，没有押韵；③镜头多变，在夕阳、孩子、草原、竹篓、镰刀之间转变跳跃；④诗体自由多变，语言自然朴素，富有散文之美。

模拟题 ③

你的好朋友小文要参加县里的诗歌朗诵比赛，发来信息向你求助。现请你回复信息为他出谋划策。

小墨，急！急！急！我要参加县里"我爱您，祖国"诗歌朗诵比赛，我们最近不是在读《艾青诗选》吗，我就从中挑了三首作为备选，分别是《北方》《树》和《礁石》，但实在难以决定最后挑选哪一首。你能帮我从中确定一首吗？选定后，我该用怎样的感情朗读这首诗？语速、语调、重音、停连等该如何把握？我现在好紧张，只能拜托你啦！

北方	树	礁石
……	一棵树，一棵树	一个浪，一个浪，
我爱这悲哀的国土，	彼此孤离地兀立着	无休止地扑过来，
它的广大而瘦瘠的土地	风与空气	每一个浪都在它脚下
带给我们以淳朴的言语	告诉着它们的距离	被打成碎沫、散开……
与宽阔的姿态，	但是在泥土的覆盖下	它的脸上和身上
我相信这言语与姿态，	它们的根生长着	像刀砍过的一样
坚强地生活在大地上	在看不见的深处	但它依然站在那里
永远不会灭亡；	它们把根须纠缠在一起	含着微笑，看着海洋……
我爱这悲哀的国土，		
古老的国土	1940 年春	1954 年 7 月
——这国土		

养育了为我所爱的
世界上最艰苦
与最古老的种族。

1938 年 2 月 4 日　潼关

思维层次：综合、比较、评价、分析。

阅读能力：结合具体诗作深入鉴赏的能力。

命题特点及解题策略：选择自己熟悉的，有把握的诗作回答。学生依据阅读《艾青诗选》过程中所领会的诗人特定时期的情感倾向，赏读具体诗作的意象，揣摩诗人的情感；再结合朗读的具体要求，进行朗读设计。

参考答案：

［示例1］小文别急，我推荐你诵读《北方》。这首诗创作于抗战年代，作为南方人的艾青来到北方，诗人既悲叹北方的贫瘠落后及战争给北方民众带来的苦难，又讴歌北方民众自古具有的不屈的生存意志和保家卫国的决心，具有浓郁的爱国主义情怀。你可以用深沉的语调、缓慢的语速、坚定的语气表达对祖国的爱，对祖国的贫瘠及苦难的悲哀。别紧张，加油，你一定行！

［示例2］小文，别急，我推荐你诵读《树》。这首诗创作于抗日战争艰苦的相持时期。诗人托志于树，赞颂了一种独立向上，又根须相连的团结战斗的精神。朗读时语速稍慢，你可以先以深沉中带着昂扬的语调为树的独立蓄势，再用骄傲而坚定的情绪抒发对根须纠缠团结的赞叹。别紧张，加油，你一定行！

［示例3］小文，别急，我推荐你诵读《礁石》。它是艾青于1954年7月创作的新诗。诗人借礁石经受海浪打击，表达了对坚韧顽强的生命的由衷赞美，亦给正处在种种困扰和挤压中的祖国人民以深切的鼓舞。语速稍慢，读海浪扑打、礁石受苦的语句时，从骄横到略带颤音，而礁石的"站""笑""看"等句要读出从容、傲然、无畏的气度，读得平静而坚定。别紧张，加油，你一定行！

模拟题 ④

阅读了《艾青诗选》后，相信你对读诗有了一定的经验，请结合《艾青诗选》的相关内容，为刚升入初中的学弟学妹提供一条阅读建议。

思维层次：综合、比较、评价、分析。

阅读能力：分析名著阅读策略以及运用策略阅读具体作品的能力。

命题特点及解题策略：学生应结合《艾青诗选》的文体特点和相关内容有理有据地来谈，可以从意象、语言、情感等不同角度来谈自我的阅读经验，并结合文本实例围绕所选主题展开分析。

参考答案：

［示例1］阅读诗歌要注意把握意象。意象是饱含诗人主观情感的事物，我们可以透过意象，去理解诗歌的内涵。例如艾青的诗歌中经常出现"土地""太阳"等意象，在《我爱这土地》一诗中，"土地"是"被暴风雨所打击着的"，是掩埋着诗人的"羽毛"的，这个意象凝聚着艾青对祖国和人民深沉的爱，对民族危难和人民疾苦深切的忧愤。

［示例2］阅读诗歌要注重语言品味。诗人常将语言进行"陌生化"处理，例如艾青的诗句"呈给你黄土下紫色的灵魂"，"紫色的灵魂"中紫色不像红色那么抢眼，它深沉，不显眼，不张扬，但又给人以高贵的感觉，就像大堰河，她是一个没有什么地位的农村妇女，甚至没有正式的名字，是个童养媳，但她一样拥有伟大无私的母爱和淳朴善良的高贵品质。诗人就是用这种"陌生化"的手法，把对大堰河的情感和评价，巧妙地借助于色彩，表达自己对勤劳淳朴、宽厚善良的大堰河最高贵、最神圣的赞美。

［示例3］诗歌往往在凝练的语言中蕴含丰富的情感。例如艾青的诗句"为什么我的眼里常含泪水？因为我对这土地爱得深沉……"凝聚了艾青对祖国和人民最深沉的爱，对民族危难和人民疾苦深切的忧愤。

《泰戈尔诗选》

◎ 推荐版本

作者：[印]泰戈尔著，郑振铎等译，
孙宜学选编

出版社：人民教育出版社

出版时间：2018年6月

◎ 作品梗概

　　《泰戈尔诗选》是印度著名诗人泰戈尔的一部具有世界影响力的诗歌巨作。作品关注"自然、生命、民族、自由、哲理"，收录了诗人从起步时期到晚年的一些重要诗篇，包括《吉檀迦利》《新月集》《园丁集》《飞鸟集》《采果集》。这五部诗集的主要内容如下：

　　《吉檀迦利》这部宗教抒情诗集是泰戈尔在20世纪世界文坛影响最为广泛的一部诗集，共收入诗歌103首。吉檀迦利的意思是"献歌"，它是诗人献给一位神的诗集。诗人对自然、人生、欢乐和光明的歌颂洋溢着奋发热烈的情绪。

　　《新月集》是一部"童心之歌"，诗人采用了三重叙述视角——孩子、母亲、诗人。每一首小诗都是一个纯粹的视角，或者母亲，或者孩子，又或者是诗人自己的俯视和全知视角。依照儿童的逻辑，以朴素的语言、明快的格调、瑰丽的譬喻，描绘出儿童的种种动人情态和奇思妙想。

　　《园丁集》以歌咏爱情和人生为对象，是一部"青春之歌"。它更多地融入了诗人青春时代的体验，细腻地描述了爱情的幸福、烦恼与忧伤。在回味青春的同时诗人又进行了理性而深刻的思考，通常是寓意深刻的寓言诗和言简意赅的哲理诗。

　　《飞鸟集》中都是富含哲理的格言小诗，作者将寻常的自然事物与人完美地契合在一起，赋予它们生命，赋予它们感情，与人类完全相通，有机相融，读来能让人感受到广阔博大的天空。

《采果集》韵味幽雅，哲理深妙，可以说是《吉檀迦利》的后续，是诗人对生命本质所做的生存思索。诗人以充满激情的语言赞颂生命，思索着生命的本质，盎然生机跃然纸上。

⤸ 思维导图

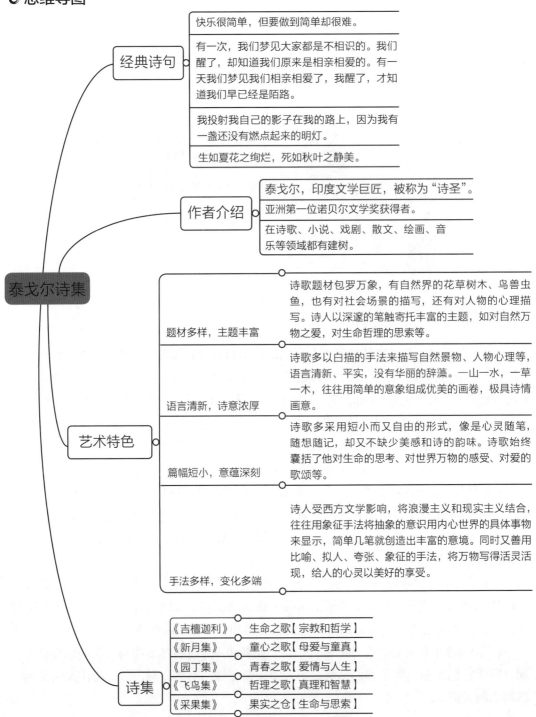

泰戈尔诗集

经典诗句
- 快乐很简单，但要做到简单却很难。
- 有一次，我们梦见大家都是不相识的。我们醒了，却知道我们原来是相亲相爱的。有一天我们梦见我们相亲相爱了，我醒了，才知道我们早已经是陌路。
- 我投射我自己的影子在我的路上，因为我有一盏还没有燃点起来的明灯。
- 生如夏花之绚烂，死如秋叶之静美。

作者介绍
- 泰戈尔，印度文学巨匠，被称为"诗圣"。
- 亚洲第一位诺贝尔文学奖获得者。
- 在诗歌、小说、戏剧、散文、绘画、音乐等领域都有建树。

艺术特色
- 题材多样，主题丰富：诗歌题材包罗万象，有自然界的花草树木、鸟兽虫鱼，也有对社会场景的描写，还有对人物的心理描写。诗人以深邃的笔触寄托丰富的主题，如对自然万物之爱，对生命哲理的思索等。
- 语言清新，诗意浓厚：诗歌多以白描的手法来描写自然景物、人物心理等，语言清新、平实，没有华丽的辞藻。一山一水，一草一木，往往用简单的意象组成优美的画卷，极具诗情画意。
- 篇幅短小，意蕴深刻：诗歌多采用短小而又自由的形式，像是心灵随笔，随想随记，却又不缺少美感和诗的韵味。诗歌始终囊括了他对生命的思考、对世界万物的感受、对爱的歌颂等。
- 手法多样，变化多端：诗人受西方文学影响，将浪漫主义和现实主义结合，往往用象征手法将抽象的意识用内心世界的具体事物来显示，简单几笔就创造出丰富的意境。同时又善用比喻、拟人、夸张、象征的手法，将万物写得活灵活现，给人的心灵以美好的享受。

诗集
- 《吉檀迦利》 生命之歌【宗教和哲学】
- 《新月集》 童心之歌【母爱与童真】
- 《园丁集》 青春之歌【爱情与人生】
- 《飞鸟集》 哲理之歌【真理和智慧】
- 《采果集》 果实之仓【生命与思索】

作者介绍

拉宾德拉纳特·泰戈尔（1861—1941），印度著名诗人、文学家、社会活动家、哲学家。1913年他凭借宗教抒情诗《吉檀迦利》获得诺贝尔文学奖，是首位获得诺贝尔文学奖的印度人（也是首位亚洲人）。他与黎巴嫩诗人纪伯伦齐名，并称为"站在东西方文化桥梁上的两位巨人"。泰戈尔生于加尔各答市的一个富有哲学和文学艺术修养的家庭，13岁即能创作长诗和颂歌体诗集。他是具有巨大世界影响力的作家，共写了50多部诗集，被称为"诗圣"。他多才多艺，在很多领域都卓有建树，著有12部中长篇小说，100多部短篇小说，20多部剧本及大量的文学、哲学、政治论著，并创作了1500多幅画，著写了难以计数的歌曲。印度和孟加拉国的国歌均出自他之手，他创建的学校后来成为国际性大学。他了解诸多不同文化及其区别，对东西方文化的描述迄今仍是此类描述中最为细腻者之一。

泰戈尔的作品反映了印度人民在帝国主义和封建种姓制度压迫下要求改变自己命运的强烈愿望，描写了他们不屈不挠的反抗斗争，充满了鲜明的爱国主义和民主主义色彩。同时其作品又被赋予民族风格和民族特色，具有很高的艺术价值，深受人民群众喜爱。

文学地位

《泰戈尔诗选》所选录的诗作，都是最能体现泰戈尔"真善美"思想的上乘之作。泰戈尔的诗歌受印度古典文学、西方诗歌和孟加拉民间抒情诗歌的影响，多为不押韵、不雕琢的自由体诗和散文诗，富有民族风格和民族特色，在国内具有很高的艺术价值，深受人民群众的喜爱。在印度，泰戈尔被称为"诗圣"。据说当年凡是讲孟加拉语的地方没有人不日日歌咏他的诗歌。

泰戈尔的诗集不仅深受印度人民的喜爱，而且在世界上享有很高的声誉。诗歌在被译成英文后获得了世界性的赞扬。吉尔伯特·默里教授称泰戈尔"是个真正的诗人，而且是个新型的诗人，他能使东方和西方的想象互相理解。他的天才是抒情的"。1923年诺贝尔文学奖得主叶芝说道："每天读一句泰戈尔的诗，让我忘记人世间所有的苦痛。"现代著名诗人、翻译家、文学家冰心说："泰戈尔！谢谢你以快美的诗情，救治我天赋的悲感；谢谢你以超卓的哲理，慰藉我心灵的寂寞。"

在中国现代文学史上，泰戈尔的散文诗可以说影响了中国一代文学先驱，熏陶了一批中国最有才华的诗人和作家，其中郭沫若、冰心受到的影响最深。郑振铎译的《飞鸟集》出版后，诗坛上随感式的小诗十分流行。冰心在受了《飞鸟集》的影响后，写出了《繁星·春水》，让她在文学界又迈开了一大步。不仅如此，郭沫若、冰心等人又以他们的作品，影响了一代又一代的中国读者。

✪ 核心价值

◎ 核心知识

（一）生命的哲学性

泰戈尔的诗歌中蕴含着对生命本体和生命归宿的思考，他称自己为"诗人哲学家"。他用诗歌看似感性的语言抒发了对以"人"为核心的大生命体系的尊敬，形成了"泰戈尔"式的生命美学，它不同于近代西方的生命哲学，是有着显著东方神韵的美学体系，闪耀着东方的智慧之光。

读泰戈尔的作品，人们总能感受到一种振奋人心和进取奋斗的精神鼓舞。读他的诗歌，可以感受到他对生动的生命个体体验的深情吟咏，对美丽纯洁、和谐完整事物的真诚追求和赞颂，对生与死深刻的觉悟是泰戈尔在诗歌创作中最具活力的一种心理体验。这种复杂深刻的心理体验体现在他的诗歌作品中，成了他诗歌作品的鲜明特色，具有强烈的感染力。

泰戈尔的哲学思想，既不同于尼采哲学上的生命意识观，也不同于西方现代文学中的生命意识感，他对生命的理解是独特的。泰戈尔指出："生命的悲剧猛烈地震撼着我们的感情，但生命从整体上看是极其乐观的。悲剧只是生命的欢乐赖以表现自己韵律的一部分。"诗人对什么都看得开，因此就能够摆脱生活压在他心头的重荷，在猝然来临的打击面前泰然自若，表现在作品上无疑是积极豁达的精神追求。

（二）人格化的意象

泰戈尔在吸收传统文学精华的基础上，于平淡无奇的事物中发掘自然的美和生活中的诗意。他常常将自然人格化，赋予各种事物以生命。《吉檀迦利》是为他赢得诺贝尔文学奖的作品。这是一部典型的宗教性的文学作品，它是献给神的歌，是一部充满了哲学思想的颂神色彩的抒情诗。这神是从印度哲学中玄而又玄的"梵"这个抽象概念演化而来的，具有人格的、有形的、具体的神的形象。事实上，我们也可以说泰戈尔的哲学思想受到古希腊文化的深刻影响，它把印度宗教崇拜的那个单一的神，变换为人神合一的形象，这样一个宗教神的形象包含了诗人的哲学思考、内心向往和仰慕，他被赋予了各种可感的具体的形体：上帝、天父、朋友、同志、父亲、国王、主人。诗人使这个形象在现实中活动，在人群中歇足，在阳光下、阴雨中生活，具有和人相同的生命、思想和灵魂，而这些都明显受到希腊神话的影响，而他描写的这个神有时又幻化为太阳、光明、云、风等自然形象，表现出神的无限威力、无上人格，深深烙上了希腊神话和传说的印记。实际上，他所创造的这个神的形象，正是他所宣传的人格、人心和人性的抽象概念的形象化，在这里贯穿了他的宗教哲学思想，即人神是同一的，可以互换。

（三）语言的艺术性

泰戈尔的语言具有艺术性。他十分注意语言的形象性，为此，他常常借助于比喻。

他的比喻每每别出心裁，千变万化，富于艺术的美丽。他在写到自然风光时，力求将所写的对象画面化，染上种种不同的色彩。他写景，喜欢用白描的手法，这在叙事诗中尤为明显。他还十分注重语言的音乐性。孟加拉语本来就是一种富于音乐性的语言，泰戈尔在诗歌中又巧妙地运用了各种拟声词，用以模拟大自然中的各种声响，使语言音韵铿锵，悦耳动听。泰戈尔又十分注意语言的情感色彩，使语言表现出强烈的抒情性，从而增强了语言的艺术感染力。

◎ **核心能力**

（一）理性思考生命的价值

泰戈尔诗歌的魅力在于告诉你如何看待生命，如何去对待人生中所遇到的种种困难。泰戈尔说"群星不怕显得像萤火虫那样"，这说明了人的本质力量的永恒性。尽管"曾经受过苦，曾经失望过，曾经体会过'死亡'"，人们也仍然会以生活在这个世界里为乐，因为生活唤起了人们对人生的热爱。阅读《泰戈尔诗选》要结合阅读体验及生活经历，引导学生理性思考生命的价值，唤醒学生的生命价值观。

（二）善于捕捉意象及分析意象作用

《泰戈尔诗选》中，有诸多内涵丰富的意象。阅读时，要善于捕捉意象，并结合创作背景，利用联想和想象分析意象的具体内涵及作用。宗教和哲学是泰戈尔诗歌的核心主题，阅读时可以将意象归类，感受诗人是如何将深奥抽象的印度宗教哲学观念融于诗歌中的，还可以试着用这些意象模仿着进行诗歌创写。

（三）品析语言艺术

泰戈尔的诗歌，以其高度的语言艺术吸引、感染着一代又一代的读者。和所有大诗人一样，泰戈尔也是个"语不惊人死不休"的语言艺术巨匠。阅读时，要注重培养学生品析语言艺术的能力，引导学生多角度、全方位地赏析语言艺术；要理解诗人将主观情愫贯注于具象，形成别具情味的意象的特点；要重点体会象征、比喻等修辞手法的妙处；要关注诗歌中画面色彩的变化、语言的音乐美等。

◎ **核心策略**

（一）外化输出策略

外化输出是指在阅读过程中，以口头或书面的形式，把对文本的理解外显出来。以学生内化理解为基础，用各种策略促进学生外化输出，内化、外化相结合能够促进理解的深入。如在阅读《泰戈尔诗选》时，组织学生进行阅读分享会，用诗歌分享会的形式来表现自己对诗歌内容、情感的把握。对同一首诗歌的解读也是多样的，可以引导学生发表对同一首诗歌的不同见解。正是这一系列的外化输出，使学生在与同伴交流的过程中，能进一步加深对文本的理解，实现内化、外化、深化的立体化阅读，促进阅读效果的最优化。

（二）建立联接策略

泰戈尔的诗取材于生活。将学生的诗歌阅读体验与学生的生活经历建立联接，引导学生走向高阶思维层次的深度阅读。可以让学生进行诗歌创作，尝试仿照泰戈尔诗歌的语言特色，将自己对生命、生活的思考用诗歌的形式表达出来，进而通过各种方式分享给班级的同学。

（三）对比阅读策略

《泰戈尔诗选》有诸多翻译版本，尝试着比较不同翻译家翻译的版本，进一步品析泰戈尔诗歌语言的艺术特色，思考东西方文学语言的差异。另外，泰戈尔基于印度传统文化思考世界，又以东西方文化相互参照反思世界，其作品既具有东方文化的空灵含蓄，又推崇西方文化的个性主义和生命至上精神。阅读时，要注意对比东西方文化的差异。

（四）融入策略

诗歌的赏读一方面是沉浸式阅读，注重语言文字的理解，另一方面要有声朗读，引导学生有感情地朗读诗歌。要创设真实情境，让学生融入其中，通过朗读感知语言的魅力，感受文字的内核。

◎ 精神文化

泰戈尔的诗歌最大的艺术特点主要表现在纯朴感情的自然流露和对日常生活的形象捕捉上，整个作品弥漫着一种恬淡、静谧、飘逸、肃穆的意境，如珍珠般闪耀着深邃的哲理光芒。其中蕴含的精深博大的人生哲理，总能令人感到一种振奋人心和进取奋斗的精神鼓舞，在唤起人们对大自然、对人类、对世界上一切美好事物的爱心的同时，也启示着人们要执著于现实人生的理想追求，让整个人生充满欢乐和光明，可以作为当代中学生的"精神生活的灯塔"。

从艺术上看，泰戈尔的作品常常富有激情，诗人通常会在诗歌中注重自我的表达，使得这部作品具有非常浓厚的浪漫主义色彩。从题材上看，诗人将神秘的宗教引入到诗歌作品中，使这一古老的艺术题材焕发出新的青春活力，影响一代又一代的读者。

✐ 自主初读

◎ 阅读规划

阅读进程	阅读章节	阅读时间	阅读该部分感受最深的一点	阅读该部分最大的疑惑	自我评价（优、中、一般）	教师评价（优、中、一般）
进程一						
进程二						
进程三						
进程四						
进程五						
……						

⊙ 任务伴读

◎ 进程一

任务推进

阅读规划	任务单	重点能力指向
范围：阅读《吉檀迦利》。时间：每天30回，2天时间完成。	1. 在整部《吉檀迦利》中，诗人不断地呼告的"你"指什么？强调了"你"与"我"之间的一种什么关系？ 2.《吉檀迦利》是一部献给神的诗集，诗集的结构犹如一部交响乐。请按照提示完成表格。	1. 在阅读中思考，把握诗歌主题。 2. 借助表格梳理诗歌内容，体会诗歌创作的意义。

表格：

诗篇	主题	诗歌内容
1—2	诗人作歌的缘由	以"永新的旋律"唱出生命的献歌，实现自己与神合一的愿望。
3—31	（1）	（2）
32—34	与神的会见	（3）
35—52	（4）	先纵情歌唱神给世界带来欢乐和光明，接着低吟人与神分离的痛苦。
53—60	死亡颂	（5）
61	尾声	概括了诗集的内容和意义。

阶段性检测

1.《吉檀迦利》是_____作家泰戈尔创作的一部宗教抒情诗集，凭借该作品泰戈尔获得 1913 年的_____。他的诗歌表达了人们要求改变自己命运的愿望，描写了人民的反抗和斗争，充满了_____精神，同时又富有_____和民族特色，具有很高的艺术成就。

2.《吉檀迦利》以欢唱之笔歌唱生命的枯荣、现实生活的欢乐和悲哀、_____，抒发了对_____的向往。

3. 以下是对《吉檀迦利》的评价，有误的一项是（　　　）

A.《吉檀迦利》是泰戈尔的代表作，"吉檀迦利"在印度语中是"献歌"之意，即"献给神的歌"。

B.《吉檀迦利》，满纸跃动的文字都洋溢着人世间最美的情感——爱，不仅有颂扬神的恩泽的献诗，也有寄寓诗人灵魂的抒情诗。

C.《吉檀迦利》是一部"青春之歌"，也是表达诗人的向往与追求的哲理诗篇及描摹童真纯美的诗篇。

D.《吉檀迦利》的语言质朴、自然、鲜活灵动，我们仿佛是在和诗人进行一场心灵的对话，如同和我们最亲密的朋友在一起。

4.《吉檀迦利》是献给神的歌，诗人写自己思念神、与神合为一体、与神分离。结合下列诗句，简析神的形象特征。

他是在锄着枯地的农夫那里，在敲石的造路工人那里。太阳下，阴雨里，他和他们同在，衣袍上蒙着尘土。脱掉你的圣袍，甚至像他一样地下到泥土里去吧！

我的欲望很多，我的哭泣也很可怜，但你永远用坚决的拒绝来拯救我；这刚强的慈悲已经紧密地交织在我的生命里。

尘世上那些爱我的人，用尽方法拉住我。你的爱就不是那样，你的爱比他们的伟大得多，你让我自由。

在你的广厅里有许多名家，一天到晚都有歌曲在唱。但是这初学的简单的音乐，却得到了你的赏识。一直忧郁的小调，和世界的伟大音乐融合了，你还带了花朵作为奖赏，下了宝座停留在我的草舍门前。

◎ 进程二

任务推进

阅读规划	任务单	重点能力指向
范围：阅读《新月集》。 时间：每天 10 页，3 天阅读完毕。	1.泰戈尔被冠以"孩子的天使"这一称号，请结合《新月集》中有关诗句说说为什么。 2.把你认为好的诗句或段落摘抄下来，积累更多的语言素材。	感受泰戈尔诗歌的语言特点，体会诗歌中表现出的儿童生活的情趣，感受母亲和孩子间浓浓的爱和依恋。

阶段性检测

1.完成对应诗句的填写。

以他人眼光感受儿童世界，深入到孩子的心灵中去	〔示例〕①只要孩子愿意，他此刻便可飞到天上去。 ②他爱把他的头倚在妈妈的胸间，他即使是一刻不见她，也是不行的。 ③＿＿＿＿＿＿＿＿＿＿＿＿＿＿＿＿
以儿童纯真无邪的眼光看待自然和社会	④＿＿＿＿＿＿＿＿＿＿＿＿＿＿＿＿ ⑤＿＿＿＿＿＿＿＿＿＿＿＿＿＿＿＿
以母亲的口吻，倾诉对儿童的关心和挚爱之情	⑥＿＿＿＿＿＿＿＿＿＿＿＿＿＿＿＿ ⑦＿＿＿＿＿＿＿＿＿＿＿＿＿＿＿＿

2.下列关于《新月集》说法不正确的一项是（　　　）

A.《新月集》是一部富有哲理的诗集，明确地表达了诗人对社会和人生的态度，艺术地回答了人为什么生活、应该怎样生活等重大的人生问题。

B.泰戈尔认为，宇宙最根本的原则是和谐与协调，人与自然在本质上是相互依存、和谐一致的。

C.泰戈尔"以我观物""以爱观物"的生存态度，使诗集《新月集》中的自然景观带上了诗人强烈的主观色彩。

D.从艺术表现来说，《新月集》意境轻盈、优美，语言隽永，节奏鲜明，富于音乐美，其总体形式是新颖活泼的散文式。

3.阅读下面的散文诗，完成学习任务。

告　别

泰戈尔

是我要走的时候了，妈妈，我走了。

当清寂的黎明，你在暗中伸出双臂，要抱你睡在床上的孩子时，我要说道："孩子不在那里呀！"——妈妈，我走了。

我要变成一股清风抚摸着你；我要变成水中的涟漪，当你沐浴时，把你吻了又吻。

大风之夜，当雨点在树叶上渐沥时，你在床上会听见我的微语；当电光从开着的窗口闪进你的屋里时，我的笑声也偕了它一同闪进了。

如果你醒着躺在床上，想你的孩子直到深夜，我便要从星空向你唱道："睡呀！妈妈，睡呀。"

我要坐在各处游荡的月光上，偷偷地来到你的床上，乘你睡着时，躺在你的胸上。

我要变成一个梦儿，从你眼皮的微缝中钻到你的睡眠的深处。当你醒来吃惊地四望时，我便如闪耀的萤火似的，熠熠地向暗中飞去了。

当杜尔伽节（印度十月间的"难近母祭日"），邻家的孩子们来屋里游玩时，我便要融化在笛声里，整日价在你心头震荡。

亲爱的阿姨带了杜尔伽节礼物来，问道："我们的孩子在哪里，姊姊？"妈妈，你将要柔声地告诉她："他呀，他现在是在我的瞳仁里，他现在是在我的身体里，在我的灵魂里。"

"我"为什么一直没有回来？结合链接材料，说说诗歌表达的情感。

> **链接材料**
>
> 1902年，泰戈尔的妻子逝世。1903年，他的一双儿女又相继夭亡，在这段悲痛的日子里，泰戈尔创造了《新月集》。

（2）结尾句"他呀，他现在是在我的瞳仁里，他现在是在我的身体里，在我的灵魂里"无论在写法上、情感上还是结构上都可圈可点，试着对其中一方面进行分析。

◎ 进程三

任务推进

阅读规划	任务单	重点能力指向
范围：阅读《园丁集》。 时间：每天10页，4天阅读完毕。	1.下列诗句出自《园丁集》的是（　　　） A.世界以痛吻我，要我报之以歌。 B.你微微地笑着，不同我说什么话。而我觉得，为了这个，我已经等待很久了。 C.生如夏花之绚烂，死如秋叶之静美。 D.眼睛为她下着雨，心却为她打着伞，这就是爱情。 2.作者在这部诗集中，采用了象征、比喻等手法，细腻、含蓄地表现了恋爱中的多种情绪，请以一节诗为例简要分析。	1.指向诗歌内容和情感，了解《园丁集》是有关爱情和人生的抒情诗。 2.把握诗集象征、比喻等特色。

阶段性检测

1.《园丁集》中诗人采用 _____ 等手法，细腻而含蓄地表现了恋爱中的种种情绪。

2.以下是对《园丁集》的阅读感受，其中有误的一项是（　　）

A.《园丁集》是一部关于"爱情和人生"的抒情诗集，诗体为散文诗，共收录诗歌85首。

B.《园丁集》中，诗人通过寓意诗和言简意赅的哲理诗，明确地表达了自己对社会人生的态度，艺术地回答了人为什么生活、应该怎样生活等重大的人生问题。

C.1905年，印度掀起了民族解放运动的第一个高潮，泰戈尔积极投身其中并创造了许多爱国诗篇，但不包括《园丁集》。

D.泰戈尔生活在19世纪和20世纪之间，由于时代和阶级的局限，《园丁集》中也表现了一些消极的思想。

2.请在下列词语中选择一个，概括《园丁集》的内容，并简述理由。

生命　爱情　青春　人生

我认为《园丁集》是一部关于_____的诗集。因为：_____

_____

_____

_____

◎ 进程四

任务推进

阅读规划	任务单	重点能力指向
范围：阅读《飞鸟集》。 时间：每天40首，7天阅读完毕。	1. 相较于其他诗集，《飞鸟集》中的诗歌更加短小精悍，哲理深刻。选择你喜欢的若干小节，高声朗读，并背诵下来。 2. "一千个人眼中有一千个哈姆雷特"，在阅读诗歌的时候，不同的人会有不同的理解。试着和同学们围绕一小节内容谈谈自己的理解。 3.《飞鸟集》中反复出现"生命"这一字眼，请结合相关诗句概括出泰戈尔推崇并追求的生命价值是什么。	1. 多角度解读诗歌，开拓思路，拓宽视野。 2. 理解诗歌内涵，感受诗人对生命真谛的歌颂。

阶段性检测

1.下列有关名著的说明，不正确的一项是：（　　）

A.拉宾德拉纳特·泰戈尔，印度诗人、哲学家和印度民族主义者，1913年获得诺贝尔文学奖，是第一位获得诺贝尔文学奖的亚洲人，获奖作品是《飞鸟集》。

B.《飞鸟集》由325首短小精悍的小诗组成，诗的形式自由，语言精湛，笔法清隽朴素。诗大部分只有一两行，极少数是三四行。该诗集既是泰戈尔的代表作之一，也是世界上最杰出的诗集之一。

C.在泰戈尔的诗里，世界是人性化的，自然也是人性化的。万物都有它们自己的生长和思考，而他只是为它们的人性化整理思想碎片而已。这便是飞鸟集名字的由来。

D.《飞鸟集》创作于1913年，这部思绪点点的散文诗集，乍眼看来，其内容似乎包罗万象，涉及的面也比较广。然而，就是在这种对自然、对人生的点点思绪的抒发之中，诗人用抒情的彩笔写下他对自然、宇宙和人生的哲理思索。

2.独立阅读下表中的诗句，写下你的初读感受。

序号	诗句	初读感受
004	是大地的泪水，使她的微笑花儿般的鲜活。	
005	强悍的沙漠火热地追求一棵小草的爱情，可她摇了摇头，莞尔一笑飞走了。	
006	你要是一直落泪，看不见夕阳，也会看不见繁星的。	
008	她那布满思念的秀脸，好像夜雨，萦绕在我的梦境里。	
010	犹如幽静树林里的黄昏，忧思在我的心田里慢慢平静下来。	

3.《飞鸟集》中有很多含义隽永的诗句，给予读者思考、感动和指引。请阅读诗句完成下列任务。

（1）世界以它的痛苦同我接吻，而要求以歌声做报酬（也译为：世界以痛吻我，要我报之以歌）。

请结合以下一位人物的经历，谈谈你对这句话的理解。

备选人物：史铁生　海伦·凯勒　苏轼

（2）真理之川从它的错误之沟渠中流过。

下列选项中可以从正面佐证这句话的是（　　　）

A.哥白尼发表日心说。

B.爱迪生发明电灯。

C.曹雪芹耗费多年心血写成《红楼梦》。

◎ 进程五

任务推进

阅读规划	任务单	重点能力指向
范围：阅读《采果集》。时间：每天15页，2天阅读完毕。	"每天读一句泰戈尔的诗，让我忘记人世间所有的苦痛"，这是英国作家叶芝对泰戈尔诗歌的评价，你在读了《采果集》后有何感想？请就《采果集》中的某一片段做简要赏析。	指向诗歌阅读自身的阅读体会。

阶段性检测

1.《采果集》是"_____"，是诗人对人与自然、_____、人与社会关系持续深入思考的结果。

2.请你写出以下内容分别出自泰戈尔的哪一部诗集。

诗集	诗句
（　　）	"海水呀，你说的是什么" "是永恒的疑问。" "天空呀，你回答的话是什么？" "是永恒的沉默。"
（　　）	你帮我的心穿上褴褛的衣裳，送她上路去乞讨，这时天上布满欢悦的微笑。 她挨家挨户地行乞，好几回，她的碗快要盛满时，被人抢光了。 疲乏的一天快要消逝时，她走到你的宫门前，捧着可怜的瓷碗，你出来拉着她的手，让她和你并肩坐在宝座上。
（　　）	我旅行的时间很长，旅途也是很长的。 天刚破晓，我就驱车起行，穿遍广漠的世界。 在许多星球之上，留下辙痕。 离你最近的地方，路途最远。最简单的音调需要最艰苦的练习。 旅客要在每个生人门口敲叩，才能敲到自己的家门，人要在外面到处漂流，最后才能走到最深的内殿。 我的眼睛向空阔处四望，最后才合上眼说："你原来住在这里！" 这句问话和呼唤"呵，在哪儿呢？"融化在千股的泪泉里，和你保证的回答"我在这里！"的洪流一同泛滥了全世界。
（　　）	我每天把纸船一个个放在急流的溪中。 我用大黑字写我的名字和我住的村名在纸船上。 我希望住在异地的人会得到这纸船，知道我是谁。 我把园中长的秀利花载在我的小船上， 希望这些黎明开的花能在夜里被平平安安地带到岸上。 我投我的纸船到水里，仰望天空， 看见小朵的云正在张着满鼓着风的白帆。 我不知道天上有我的什么游伴把这些船放下来同我的船比赛！ 夜来了，我的脸埋在手臂里， 梦见我的船在子夜的星光下缓缓地浮泛前去。 睡仙坐在船里，带着满载着梦的篮子。

课型推进

阅读课规划

教学阶段	主要内容	教学资源	设计意图
导读课	1.了解泰戈尔生平及其创作背景。 2.了解《泰戈尔诗选》所涉及的不同内容，增加阅读的亲切感。 3.制订阅读计划，合理安排阅读时间，提升阅读品质。	1.泰戈尔的介绍及相关资料。 2.制订阅读计划的相关知识。	了解泰戈尔的生平经历，激发学生的阅读兴趣，了解《泰戈尔诗选》所涉及的内容，增加亲切度，自主设计阅读进程规划表，提升阅读《泰戈尔诗选》的品质。
推进课	1.引导学生读整本书，对《泰戈尔诗选》有整体感知。 2.品读《泰戈尔诗选》中有哲思的话。 3.感受泰戈尔高尚的精神品质。	1.朗读技巧的相关知识。 2.学生推荐的有哲思的话。	通过探究《泰戈尔诗选》的内容构成，对其有整体的感知；培养学生的语言品析能力；通过品析有哲思的语言来体会泰戈尔语言的魅力。

续表

教学阶段	主要内容	教学资源	设计意图
成果分享课	1.分类展示学生创作的作品,具体为"创写形象"和"创写哲思"。 2.评选最佳作品。 3.模仿泰戈尔诗的风格,以诗歌的形式撰写读后感。	1.学生作品。 2.《泰戈尔诗选》。	通过学生诗歌作品展示和评选促进学生阅读名著后的知识内化;通过诗歌形式撰写读后感,让学生体会泰戈尔诗风的精妙之处。

专题探究信息一览表

专题名称	探究指向	阅读策略	思维层次
泰戈尔诗歌语言艺术	发现、朗读、品析《泰戈尔诗选》中有物象、哲思的文字,感受泰戈尔利用联想来写物象的方式,以及用物象来表达哲思的方式。	1.选择性阅读 2.联结阅读	理解、分析、评价

为阅读《泰戈尔诗选》引航
——《泰戈尔诗选》导读课

【教学目标】

1.了解泰戈尔生平及其创作背景。

2.了解《泰戈尔诗选》的内容,增加阅读的亲切感。

3.制订阅读计划,合理安排阅读时间,提升阅读品质。

【教学重点】

1.通过查阅资料了解泰戈尔生平经历及其创作的时代背景。

2.学会制订阅读计划的方法策略。

【教学难点】

根据自身情况,学会如何制订阅读计划,并编制合理的读书计划。

【课时安排】

1课时

【教学过程】

一、走近泰戈尔

拉宾德拉纳特·泰戈尔（1861—1941）,印度著名诗人、作家、哲学家、艺术家和社会活动家,代表作有《吉檀迦利》《飞鸟集》《眼中沙》《四个人》《家庭与世界》《园丁集》《新月集》《最后的诗篇》《戈拉》《文明的危机》等。

1861年5月7日,拉宾德拉纳特·泰戈尔出生于印度加尔各答一个富有的贵族家庭,13岁即能创作长诗和颂歌体诗集。1878年赴英国留学,1880年回国专门从事文学活动。1884—1911年担任梵社秘书,20世纪20年代创办国际大学。1913年,他以《吉檀迦利》成为第一位获得诺贝尔文学奖的亚洲人。1941年写作控诉英国殖民统治和相信祖国必将获得独立解放的遗言《文明的危机》。

泰戈尔的家庭属于商人兼地主阶级，是婆罗门种姓，在英国东印度公司时代财运亨通，成为柴明达地主。他的祖父和父亲都是社会活动家，在当时积极赞成孟加拉的启蒙运动，支持社会改革。他的父亲对吠陀和奥义书颇有研究，是哲学家和宗教改革者，富有民族主义倾向，由于与社会上的传统习俗格格不入，他的父亲被习惯势力视为没有种姓的外化之人。由于生长在这样一个印度传统文化与西方文化和谐交融的书香门第，泰戈尔从小就受到家庭环境的熏陶。

二、名人眼中的泰戈尔

郭沫若声称他的文学生涯开始阶段为"第一个阶段泰戈尔式"。

"泰戈尔是个真正的诗人，而且是个新型的诗人，他能使东方和西方的想象互相理解。他的天才是抒情的。"（英国政治家吉尔伯特·默里教授评）

"泰戈尔不仅是对世界文学做出了卓越贡献的天才诗人，还是憎恨黑暗、争取光明的伟大印度人民的杰出代表。"（无产阶级革命家周恩来评）

"泰戈尔是歌颂自然的诗人，也是改革现实的健将；是东方精神的号兵，也是国际主义的旗手；是印度的儿子，也是亚洲文化的卫士、世界文明的前驱；他曾为印度不合作运动而愤怒，他曾为中国反侵略战争而呐喊，他曾为东方兄弟的命运而忧思，他曾为西方朋友的学术而奔驰。"（国际反侵略运动中国分会评）

"泰戈尔是一个人格洁白的诗人，一个怜悯弱者，同情于被压迫人们的诗人，一个鼓励爱国精神，激起印度青年反抗英国帝国主义的诗人。"（中国现代作家茅盾评）

"冰心体"小说、诗歌、散文烙上泰戈尔的深刻影响，冰心语"泰戈尔的诗名远远超过了他的国界"。

罗曼·罗兰称誉《民族主义》（泰戈尔三篇演讲稿合集）的报告为"人类历史的转折点"。

三、泰戈尔与中国的深厚友谊

1881年，20岁的泰戈尔发表著名论文《在中国的死亡贸易》，严厉谴责英国在中国倾销鸦片，用文字这种特殊的武器，表达了自己对中国人民的支持。1916年，泰戈尔访日期间，在日本东京大学发表演讲，公开谴责日本军国主义者侵略山东的恶劣行径。

1924年，受梁启超等人的邀请，泰戈尔来到中国访问。泰戈尔访华历时一个半月有余，回国后，他将在华期间发表的多次演说编辑成册，于1925年以《在中国的演说》为题出版。

1938年，为支持中国抗战，泰戈尔曾以五百卢比发起捐款活动，并书写长信《致人民书》，鼓舞士气。

1956年，周恩来总理曾这样评价泰戈尔："泰戈尔不仅是对世界文学做出了卓越贡献的天才诗人，还是憎恨黑暗、争取光明的伟大印度人民的杰出代表……中国人民永远不能忘记泰戈尔对他们的热爱，中国人民也不能忘记泰戈尔对他们的艰苦的民族独立斗争所给予的支持。"

四、《泰戈尔诗选》阅读计划及阅读策略指导

阅读阶段	阅读内容	阅读目标	阅读方法
第一阶段：甜蜜的情爱	《吉檀迦利》《园丁集》	1. 把握诗歌主题。 2. 品味诗歌散文化的语言特色。 3. 比较两本书的情爱观。 4. 学习鉴赏诗歌的方法。	主要采用通读的方式，中间采用批注阅读、比较阅读等多种方式。
第二阶段：童心的吟唱	《新月集》	1. 整理《新月集》在内容主题和艺术手法上的突出特征。 2. 解读《新月集》中的诗歌叙述视角。 3. 学习从诗歌的角度鉴赏诗歌，朗诵诗歌。	
第三阶段：智慧的火花	《飞鸟集》《采果集》	1. 品读耐人寻味的富有人生感悟的诗句，感受富有哲思的语言魅力。 2. 把握诗歌情感与意境。 3. 仿写哲理化的小诗。	
第四阶段：吟唱泰戈尔	回读《泰戈尔诗选》	1. 整理泰戈尔诗歌的特点。 2. 走进泰戈尔的心灵世界。	联读《泰戈尔诗选》中有代表性的多首诗歌，整理泰戈尔诗歌的特点。

【配套练习】

一、填空题

1. 被称为泰戈尔中期诗歌创作的高峰，也是最能代表他思想观念和艺术风格的作品是_____。

2. 泰戈尔"以我观物"、"以爱观物"的生存态度使诗集_____中的自然景观带上了诗人强烈的主观色彩。

3. _____是一部富于哲理的诗集，泰戈尔用简洁的语言，构造了一个真理的殿堂。

4. 1913年，他以_____（填作品）成为第一位获得诺贝尔文学奖的亚洲人。

5. 泰戈尔在《新月集》中采用了以下三重叙述视角：_____、_____、_____。

二、选择题

6. 下列不属于泰戈尔代表作的是（　　　　）

A.《新月集》　B.《园丁集》　C.《吉檀迦利》　D.《摩诃婆罗多》

7. 下列关于泰戈尔生平的描述不正确的是（　　　　）

A. 1861 年，泰戈尔出生于印度加尔各答一个富有的贵族家庭。

B. 1913 年，他以《飞鸟集》成为第一位获得诺贝尔文学奖的亚洲人。

C. 1919 年，发生了"阿姆利则惨案"，泰戈尔为此放弃英国国王给他的"爵士"称号。

D. 1941 年，泰戈尔在加尔各答祖居宅第里平静地离开人世。

8. 下列关于新月集的说法不正确的是（　　　　）

A.《新月集》是一部富于哲理的诗集，明确地表达了诗人自己对社会人生的态度，艺术地回答了人为什么生活、应该怎样生活等重大的人生问题。

B. 泰戈尔认为，宇宙最根本的原则是和谐与协调，人与自然在本质上是相互依存、和谐一致的。

C. 泰戈尔"以我观物""以爱观物"的生存态度使诗集《新月集》中的自然景观带上了诗人强烈的主观色彩。

D. 从艺术表现来说，《新月集》意境轻盈、优美，语言隽永、浅近，节奏鲜明，富于音乐美，其总体形式是新颖活泼的散文式。

9. 下列关于《吉檀迦利》的描述正确的是（　　　　）

A.《吉檀迦利》是"亚洲第一诗人"泰戈尔后期诗歌创作的高峰。

B. 这部宗教哲理诗集，是一份"奉献给神的祭品"。

C.《吉檀迦利》是泰戈尔向神敬献的"生命之歌"，他以轻快、欢畅的笔调歌唱生命的枯荣、现实生活的欢乐和悲哀，表达了对祖国前途的关怀。

D.《吉檀迦利》是 1912—1913 年，泰戈尔本人从英文诗作《吉檀迦利》《渡船》和《奉献集》里，选择部分诗作集结而成。

10. 下列说法正确的是（　　　　）

A. 泰戈尔是具有巨大世界影响力的作家，他共写了 60 多部诗集，被称为"诗圣"。

B. 泰戈尔在 1912 年获诺贝尔文学奖。

C. 泰戈尔的诗风对中国现代文学产生过重大影响，启迪了郭沫若、徐志摩、梁启超等一代文豪。

D. 泰戈尔的《飞鸟集》影响冰心，使她写出了《繁星·春水》，让她在文学界迈出了一大步。

三、简答题

11. 请简要描述泰戈尔的生平。

阅读《泰戈尔诗选》感受别样品质

——《泰戈尔诗选》推进课

【教学目标】

1. 引导学生读整本书，对《泰戈尔诗选》内容有整体感知。

2. 感受泰戈尔高尚的精神品质。

【教学重点】

1. 运用诗歌阅读策略，阅读《泰戈尔诗选》。

2. 通过阅读，归纳《泰戈尔诗选》的主题及泰戈尔的精神品质。

【教学难点】

运用诗歌阅读策略，阅读并理解《泰戈尔诗选》。

【课时安排】

1课时

【教学过程】

一、加点创意，点燃热情

如果泰戈尔有朋友圈，他在创作《新月集》的时候肯定感触良多。有想法的你，请结合《新月集》，选择适合的配图为他发一条朋友圈。

设计意图：转变身份发朋友圈，打通书籍与现实的壁垒，打破一人独享诗歌的常规，让阅读真正沟通彼此的心灵。

二、打通情感，链接生活

《飞鸟集》中只言片语的小诗蕴含了丰富的思想、深奥的哲理，表现出一种清新明快、优美隽永的风格，可以说每读必受益。作为九年级毕业生的你在学业与生活中尽享专属青春的欢乐，也拥有少年的忧愁……请你从《飞鸟集》中摘录诗句，附上有温度的文字，写一张明信片邮寄给自己想倾诉的人。

设计意图：书写、投递明信片，将阅读过程中的点滴感动诉诸笔端，让情感交流充满仪式感。

【配套练习】

一、填空题

1. 泰戈尔认为，爱创造了世界，世界的本质就是_____，而_____、_____，则是人类最真诚、最纯朴的情感。

2. 在《吉檀迦利》中泰戈尔向神敬献的歌是"_____"，他以轻快、欢畅的笔调歌唱生命的枯荣、现实生活的欢乐和悲哀，表达了对祖国前途的关怀和沉思。

二、简答题

阅读下列诗句，选择你喜欢的诗句进行赏析。

1. 生如夏花之绚烂，死如秋叶之静美。

2. 只有经历过地狱般的磨砺，才能练就创造天堂的力量；只有流过血的手指，才能弹出世间的绝响。

3. 世界以痛吻我，要我报之以歌。

4. 当你没胃口时，不要抱怨食物。

5. 根是地下的枝，枝是空中的根。

6. 压迫着我的，到底是我的想要外出的灵魂呢，还是那世界的灵魂，敲着我心的门，想要进来呢？

7. 鸟儿愿为一朵云，云儿愿为一只鸟。

8. 如果错过了太阳时你流泪了，那么你也要错过群星了。

9. 我不能选择那最好的，是那最好的选择我。

10. 错误经不起失败，但是真理却不怕失败。

我的选择是_____。理由是_____

跟着泰戈尔写诗
——《泰戈尔诗选》成果分享课

【教学目标】

　　1. 引导学生了解泰戈尔的诗风。

　　2. 了解泰戈尔对生命、生活有哲理的思考，进行诗歌创写。

【教学重点】

　　1. 通过深度阅读，了解泰戈尔的诗歌创作风格。

　　2. 仿照泰戈尔的诗歌创作风格，尝试诗歌创写。

【教学难点】

　　激发学生的哲学思辨性思维，促使学生对生命、生活进行自己的思考。

【课时安排】

　　1 课时

【教学过程】

　　一、解构诗歌

　　泰戈尔在《文学意义》这篇文章中提到，文学为做好自己的事应借助于修饰、形象、韵律、含蓄和暗示。像哲学和科学那样毫无修饰，是不行的。以有形表现无形，作品中应有只可意会不可言传之美。如同女人拥有柔美和羞涩，文学应有不可言传的慰藉。在泰戈尔的诗歌创作中，他也是践行这个理念的。阅读《飞鸟集》，我们发现他有两种典型的诗歌创作模式：一是先有哲思，然后辅以物象；二是先有物象，然后引发联想。

　　模式一：哲思＋物象

　　〔示例〕鸟儿愿为一朵云，云儿愿为一只鸟。

诗人有了灵感的哲思：人们在羡慕他人的生活时别忘了珍惜自己已经拥有的一切。

然后辅以物象：鸟和云，也许鸟儿的梦想是变成一朵云，而云的梦想是化为一只鸟。这样的比喻将抽象的哲思形象化、诗意化，使人产生美的感受。

模式二：物象＋联想

〔示例〕狂风暴雨像是在痛苦中的某个天神的哭声，因为他的爱情被大地所拒绝。

诗人看到狂风暴雨突发联想，难道是某个天神因为爱情被大地拒绝而产生的痛苦的哭声。在诗人的世界里，万物有灵，万物有爱。

二、分类理解

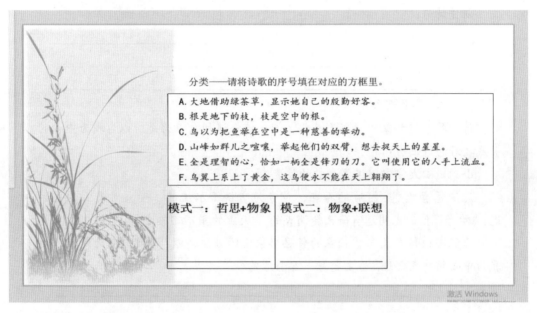

分类——请将诗歌的序号填在对应的方框里。

A. 大地借助绿茶草，显示她自己的殷勤好客。
B. 根是地下的枝，枝是空中的根。
C. 鸟以为把鱼举在空中是一种慈善的举动。
D. 山峰如群儿之喧嚷，举起他们的双臂，想去捉天上的星星。
E. 全是理智的心，恰如一柄全是锋刃的刀。它叫使用它的人手上流血。
F. 鸟翼上系上了黄金，这鸟便永不能在天上翱翔了。

模式一：哲思+物象	模式二：物象+联想

三、仿写创作

类型一：创作哲思

泰戈尔面对世间万物，都有独特的联想和哲思。看到奔流的河水，他吟唱：河岸对河流说道，我不能留住你的波浪，让我保存你的足印在我的心里吧。看到山峰，他吟唱：花瓣似的山峰在饮着日光，这山岂不像一朵花吗？

那么，你面对这些山山水水，又会有怎样的哲思呢？

请选择下面其中一幅图片，根据图片的意境，流淌下你的灵感。

【甲】 【乙】

　　我选择图片_____

　　创作诗句：

_____

_____

_____

　　类型二：创作形象

　　诗人善于将抽象的哲思形象化，例如诗人讽刺自以为是、以自我为中心的井底之蛙的诗篇有：

　　小狗疑心大宇宙阴谋篡夺它的位置。

　　沟渠总喜欢想：河流的存在，是专为它供给水流的。萤火对天上的星说道："学者说你的光明总有一天会消灭的。"天上的星不回答它。

　　你能否模仿泰戈尔将抽象的哲思形象化的方法，以"讽刺自以为是、以自我为中心的井底之蛙"为主题写一首小诗呢？

_____

_____

_____

_____

　　四、自由写作

　　读完《飞鸟集》，你的心中是否也有哲思，请用泰戈尔式的语言，写一首小诗。

【配套练习】

　　假如史铁生与泰戈尔相遇，两人相谈甚欢，后来聊到了死亡这一人生重大话题。请化用参考资料提供的《吉檀迦利》中的诗句，写出泰戈尔的答话。

　　史铁生：活着的时候，因为身体残疾，极为痛苦，后来在地坛里慢慢思考，才想明白，死是人生一个必然降临的节日。

泰戈尔听了，说：_____

_____

_____

史铁生：天人合一，人是宇宙的一部分，任何整体之于部分、部分之于整体，都必定密切吻合。

泰戈尔听了，说：_____

_____

_____

知识链接

（1）当死神来叩你门的时候，你将以什么贡献他呢？

呵，我要在我客人面前，摆上我的满斟的生命之杯——我决不让他空手回去。（《吉檀迦利》第90首）

（2）弟兄们，祝我一路平安罢！我向你们大家鞠了躬就启程了。……现在天已破晓，我黑暗屋角的灯光已灭。召命已来，我就准备启行了。（《吉檀迦利》第93首）

（3）不要问我带些什么到那边去。我只带着空空的手和企望的心。我要戴上我婚礼的花冠。我穿的不是红褐色的行装，虽然间关险阻，我心里也没有惧怕。（《吉檀迦利》第94首）

（4）现在我渴望死于不死之中。我要拿起我的生命的弦琴，进入无底深渊旁边，那座涌出无调的乐音的广厅。我要调拨我的琴弦，和永恒的乐音合拍，当它呜咽出最后的声音时，就把我静默的琴儿放在静默的脚边。（《吉檀迦利》第100首）

⏺ 中考链接

模拟题 ❶

下列有关名著的说明，不正确的一项是（　　　）

A.《简·爱》这一故事主要发生在洛伍德学校、桑菲尔德庄园、圣·约翰家里三个地方。小说以罗切斯特的第一次婚姻及其与英格拉姆小姐的交往，讽刺了以金钱为主的爱情和婚姻。

B.泰戈尔《飞鸟集》歌颂了自然、生命和爱情，诗句如格言般短小精致，具有浓郁的抒情性和隽永的哲理性，语言清新，意象美妙。

C.《儒林外史》不仅以讽刺作为主要的艺术手段，而且在结构上与通常的长篇小说以中心人物、中心事件架构故事的方式不同，其以连缀的故事、相互衔接的人物，既独立又前后呼应地结成艺术整体。

D.作为我国四大名著之一,《水浒传》是一部以北宋末年宋江起义为题材的长篇章回体白话小说。小说塑造了李逵、鲁智深、魏延、林冲等一大批栩栩如生的人物形象。

思维层次:低阶思维,考查名著内容的记忆能力。

阅读能力:完成此题需要对名著内容及具体情节有一定的记忆能力。

命题特点及解题策略:此题需要学生对名著内容有所把握,可以自行判断,D项中的魏延不是《水浒传》中的人物,而是《三国演义》中的。

参考答案:

D

模拟题 ❷

品味句子,按要求答题。

我的昼间之花,落下它那被遗忘的花瓣。

在黄昏中,这花成熟为一颗记忆的金果。

（选自泰戈尔《飞鸟集》）

（1）用平实的语言表述这两句诗的含义。（不超过20个字）

_____

（2）这两句诗使我们想起鲁迅先生的哪一部散文集?请写出这部散文集的名称。

_____

思维层次:高阶思维。

阅读能力:学生需要对诗歌内容有所理解,能联系其他名著。

命题特点及解题策略:（1）本题考查对诗句的品味、理解能力。诗句比较形象,要由形象的语言体会要表达的含义,抓住"这花成熟为一颗记忆的金果"一句进行分析,解答时要使用平实的语言。（2）注意思考的方向,以鲁迅的散文集为方向,很容易就可以想到答案。

参考答案:

（1）人生美好的往事,都会成为珍贵的回忆。

（2）《朝花夕拾》

《唐诗三百首》

推荐版本

作者：《唐诗三百首》编写组编

出版社：人民出版社

出版时间：2020 年 4 月

作品梗概

民间素来有俗语"熟读唐诗三百首，不会作诗也会吟"，足见唐诗深入人心。唐诗的选本在唐、宋、元、明、清各个朝代就有不少类型的版本。初中语文统编教材九年级上册名著导读中提及的《唐诗三百首》是清代孙洙选编的版本，共选入 77 位唐代诗人的三百余首作品。按照诗歌体裁的不同对《唐诗三百首》进行分类，更有助于学生对唐诗的了解和认识，本书选用的版本按照绝句、律诗、古诗、乐府进行分类，与孙洙版本有先后顺序上的不同。这样编排，既遵循了大家对唐诗的分类习惯，又有助于学生由浅入深自主学习。

《唐诗三百首》选编脍炙人口的作品，为中学生呈现唐朝登高、聚散、羁旅、边塞等社会生活场景。本版本涉及 72 位诗人共 297 首古诗，有部分选入的古诗是我们中学语文教材中选用的，有耳熟能详的"李杜"这样的唐代著名诗人的诗歌，也有像颜真卿这样的书法家、李隆基这样的帝王的诗歌。相信同学们可以在云蒸霞蔚的唐诗中，感受唐朝的风流与热情，提升自己对于诗歌、对于生活、对于美的感受力。

我们的全程阅读就是用小问题、小任务、小专题、大专题，陪伴学生从不同角度去体悟诗歌，感受诗歌之美，让我们一起开启感受唐诗之美的旅程。

☺ 思维导图

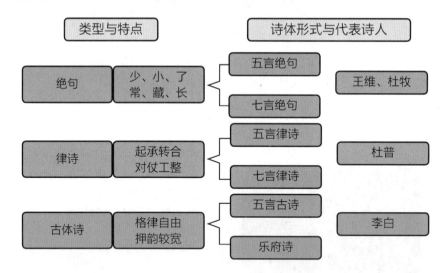

☺ 文学地位

唐代，中国古典诗歌发展的最强音时代；唐诗，中国最灿烂珍贵的文学遗产。诗人如夜空中的群星，耀眼璀璨，诗歌数以万计，浩如烟海。"诗圣""诗仙""诗鬼""诗佛"这些雅号别称足以说明这些诗人的成就斐然及他们所创作的诗歌的丰富多样、风格迥异。

唐诗取材广泛，全面呈现了唐代的生活，有反映阶级矛盾的，有抒发爱国热情的，有描绘壮丽秀美河山的，有抒写个人羁旅别离的，有刻画儿女爱慕之情的，等等，不一而足，蔚为大观。诗人们以细腻的内心、敏锐的目光、敏感的笔触记录了唐朝的全貌。

唐诗，不是几个诗人的卓越，而是贯穿整个唐朝的繁华；唐诗，不是绝句格律的绝奏，而是古诗、绝句、律诗、乐府诗共同演奏的交响乐。丰富的题材、多样的形式、独立的创新，共同缔造了这最辉煌的时代。

☺ 核心价值

◎ 核心知识

（一）浅显的格律知识

1. 用韵

韵是唐诗的基本要素，我们平时习惯用押韵来表示诗歌中的用韵现象，就是把同韵的字放在句尾，又叫韵脚。押韵的目的是声韵和谐，这样可以构成韵律回环往复之美。

2. 平仄

《康熙字典》中有《分四声法》：

平声平道莫低昂，上声高呼猛烈强。

去声分明哀远道，入声短促急收藏。

这里的四声和我们现在的四声有所不同，但还是可以感受到平仄。平仄使诗歌声调多样不单调，这也就是读古诗往往抑扬顿挫的原因。

3. 对仗

诗词中的对偶叫对仗。诗歌特别是律诗中的对仗尤其工整。对仗的两句中，平仄是相对的，词性相同，字数相同，字不重复。本书为了帮助同学们朗读、感受、品味这些诗，所以就参照王力先生的《诗词格律》，择其一二供大家参考。

（二）常见的写作手法

1. 古典诗歌中的修辞手法

诗歌中修辞手法的使用是非常广泛的，这里只列举一二。

（1）比喻、拟人。在写景状物时使用比喻、拟人的修辞手法可以突出景物的特点，强化意象的渲染；在议论抒情时使用比喻、拟人的修辞手法可以使抽象的情感形象化。王维《竹里馆》中的"深林人不知，明月来相照"中，一个"照"字将明月拟人化，"明月"洞察了诗人的内心，诗人因为有明月相伴而不感到寂寞与孤独。

（2）借代。诗歌中的借代常用地名或者官名等来代称一个事物，突出事物的明显特征，简洁明了。王维《逢雪宿芙蓉山主人》中的"天寒白屋贫"，诗人用"白屋"指代穷苦人家，"白"字读来让人顿觉一穷二白，倍感凄凉。

2. 古典诗歌中的表现手法

（1）情景交融。诗人将主观情感融入景物，使得客观景物带有诗人的主观感情色彩。"诗人将时空景物作为抒发自己心中块垒的机缘罢了"，王国维的"一切景语皆情语"也表达了相同的观点。

（2）动静结合。诗歌在写景状物时，往往将动态描写与静态描写结合起来，以静写动，以动衬静，形成意境和形象的和谐统一。化动为静，将运动的事物当作静止的事物来写。有的是以动写静，描写出静态事物运动时的形态。有的是以动衬静，通过渲染动态，反衬静态。有的是诗歌画面中同时有动态和静态的描写，使得画面活泼生动、相映成趣。

（3）虚实相生。虚实结合，开拓了诗歌的意境，从尽收眼底的实景落笔，通过联想和想象虚景，丰富了诗歌的意象，拓宽了眼前的时空，提供了更为广阔的审美空间。实景与虚景，时而相对照，使不同景物形成强烈的对比；时而互相映衬，烘托出某种气氛。

3. 古典诗歌中的抒情方式

（1）直抒胸臆。诗人在诗歌中直接表达对人、事的态度和看法。如王昌龄在《闺怨》中写道"悔教夫婿觅封侯"，一个"悔"字将女主人公的后悔、埋怨表达无遗。

（2）借景抒情。通过对景物的描摹刻画、对意境画面的描绘来抒发诗人内心的情感，使情感的表达含蓄委婉、富有诗意。如李白在《黄鹤楼送孟浩然之广陵》中描绘了"孤帆远影碧空尽，唯见长江天际流"的画面，即朋友乘船渐渐远去，只剩滚滚长江水，借送行舟的滚滚江水，表达了对朋友的牵挂。

（3）托物言志。即寄意于物，是指诗人通过描绘客观事物某一个方面的特征来表达作者的情感。托物言志诗将"物品"与"志向""感情"进行联系，用某一物品来比拟或象征某种精神、品格、思想、感情等。

（三）诗歌中常见的意象

在古代诗歌中，诗人常借用景、物来表达思想和情感。其中有一些景、物被赋予意义而形成特定的内涵，故又称其为意象。在阅读过程中，准确感受意象，可以更好地理解诗歌。诗歌中往往不是单一的意象，而是多个意象组成一个整体的画面，构成一个表情达意的意境。如下表所示：

意象	情感
柳	惜别、留恋、祝愿
松柏、梅、竹、菊	高洁、坚贞不屈、坚韧刚强，往往用来象征气节、志向
大雁	思乡怀人
子规、猿啼	伤感、悲苦、凄婉
流水、落花	感慨、惆怅
夕阳、暮色	凄凉、失落
明月	思念家乡、思念亲人
春水	愁绪
春花、燕子	希望、憧憬、美好

◎ 核心能力

阅读《唐诗三百首》，完成相应的阅读活动，培养学生阅读诗歌、欣赏诗歌的能力。

（一）朗读

古诗中的朗读有其独特的作用，一来是因为古诗本身的格律与平仄使得古诗具有音乐美，所以用声音来体会古诗是一种有效的方法。朗读就如唱歌一样，都是用声音来打动别人也打动自己。为了培养学生这种朗读的能力，老师可以用音乐、画面、表演来给朗读古诗营造氛围。在朗读的时候要注意语速的快慢、轻重停顿、语气语调。在反复地朗读中了解诗歌的内容，体会诗人的情感。在诗歌中，形容词、动词、修饰语、疑问指示词等一般都会重读。

（二）理解

透过意象去理解。首先，"一切景语皆情语"，所有的景、物都不是单纯的景、物，而是融入了作者的情感和志趣。

透过对比去理解。这里的对比，不只是一种修辞手法，更是古诗常用的一种写法，包括高低、远近、大小、动静、冷暖，以及色彩的对比。形成对对比的敏感度有助于我们更为全面地理解诗歌。

透过修辞手法与句式去理解。诗歌中运用夸张、拟人、比喻修辞手法的情况比比皆是，如果我们对这种诗歌陌生化的处理方式敏感，就会对诗歌有更准确的理解。诗歌中常常会出现问句，欣赏诗歌时顺着诗歌的发问感受诗人的想法，还可以引发思考。

（三）鉴赏

学会鉴赏诗歌是我们学习诗歌的重要目标，也是最核心的能力。如果拥有良好的鉴赏能力，那么对诗歌的朗读也就能准确地把握情感，对古诗的理解自然也就是正确的。如果鉴赏能力一般，那对于诗歌的理解也会粗浅，无法全面深入地理解诗歌内容和把握情感。

◎ **核心策略**

（一）朗读

古典诗词的韵律感特别强，读出节奏尤为重要，所以通过反复诵读，可以增强语感，从而获得初步的感性知识。诵读时加入自己对诗歌的理解，能更好地把握诗歌。配上音乐朗读，想象画面诵读，则会使艺术和诗歌相得益彰。音乐美是诗歌与生俱来的特质，所以抑扬顿挫地朗读是理解诗歌的不二法门。

（二）炼字

古人创作，常常"吟安一个字，捻断数茎须"，因此我们读诗歌的时候，就要注意炼字，通过对诗歌中极富表现力的词语，如动词、形容词、叠词、数词及表示色彩的词语与很不合常理的词语进行品味，把握诗歌意趣。

（三）联想与想象

诗歌创作离不开联想与想象，阅读时也需要借助联想，跨越时间与空间，去再现形象，丰富诗歌内涵。

（四）知人论世

每一首唐诗背后都有一个个性格鲜明的唐代诗人。时代、境遇、生活背景、成长经历塑造了诗人，影响了他们创作的诗歌。所以，我们要深入全面地了解作者所生活的环境和朝代，这样才能更好地欣赏他的诗歌，才能"知人论世"（《孟子·万章下》）。

◎ **精神文化**

《唐诗三百首》绝不是唐诗的全部，只是浩瀚唐诗中的一朵浪花，而这朵浪花因为精心的选择而折射出唐诗的光芒。唐诗中有着我们中华民族共同的情感和表达方式。

①积极乐观，永不放弃。读唐人之诗，总会有一种酣畅淋漓的感觉，生命是如此的美好，不管生命中有怎样的坎坷，都要热爱美好的生命，不断追寻希望。

②纵横捭阖，心胸开阔。唐诗中也有小桥、流水、人家，但是更多的是大江大河、边塞落日。唐朝诗歌中这种充沛的力量、遒劲的生命之气让后人感受到大唐大气磅礴的气象。

③宁静致远，情真意切。翻开唐诗，情真意切的诗歌扑面而来，真诚成就了唐诗最美的样子。唐诗中有"千山鸟飞绝，万径人踪灭"的孤寂，有"行到水穷处，坐看云起时"的平静闲适，有"涧户寂无人，纷纷开且落"的自在自得，让后人在读诗时获得心灵的慰藉。

✍ 自主初读

◎ 阅读规划

阅读进程	阅读章节	阅读时间	寻找你最爱的古诗	发现最难懂的古诗	自我评价（优、中、一般）	教师评价（优、中、一般）
进程一	绝句	一周				
进程二	律诗	一周				
进程三	绝律诗中的怀古诗	一周				
进程四	绝律诗中的数字	一周				
进程五	古诗乐府	三周				

✍ 任务伴读

◎ 进程一

任务推进

阅读规划	任务单	重点能力指向
范围：浏览所有绝句（129首）。时间：7天阅读完毕。	1.请根据诗歌题目，推测诗歌内容可能涉及的主题（仿照示例梳理）。 | 内容主题	举例
---	---
咏物抒怀	罗隐《蜂》、李峤《风》、虞世南《蝉》
	| 2.后人说虞世南《蝉》是清华人语，而称李商隐的《蝉》是牢骚人语，你认同这样的说法吗？ 3.不同时空的对比映照，使得诗歌情感的表达更为强烈。请赏析《题都城南庄》这首诗。 去年今日此门中，人面桃花相映红。 人面不知何处去，桃花依旧笑春风。	1.能深入理解诗歌内容，把握诗歌主题。 2.能运用比较的手法分析意象在不同诗歌中的含义。 3.能够用对比的手法来欣赏诗歌。

阶段性检测

1.黄巢在《不第后赋菊》这首诗中给菊花赋予了_____新的意味。

2.唐代很多诗歌，从题目中就可以看出诗的主题，下面可以从题目推测诗歌主题的是（　　）。

　A.杜甫《绝句》　　B.白居易《夜雪》　　　C.柳宗元《重别梦得》　D.杜牧《泊秦淮》

3. 重点阅读杜牧的诗歌，从丰富的意象中感受诗人营造的意境。

诗句	意象及意境
清明时节雨纷纷，路上行人欲断魂	
远上寒山石径斜，白云深处有人家。	
千里莺啼绿映红，水村山郭酒旗风。	

◎ 进程二

任务推进

阅读规划	任务单	重点能力指向
范围: 浏览所有律诗（74首）。 时间: 7天阅读完毕。	1. 品读律诗中的名句，感受诗人的情感。 <table><tr><td>名句摘录</td><td>情感</td></tr><tr><td>海内存知己，天涯若比邻。</td><td></td></tr><tr><td>海上生明月，天涯共此时。</td><td></td></tr><tr><td>气蒸云梦泽，波撼岳阳城。</td><td></td></tr><tr><td>身无彩凤双飞翼，心有灵犀一点通。</td><td></td></tr><tr><td>行到水穷处，坐看云起时。</td><td></td></tr></table>2. 体会下列律诗中的对仗。 <table><tr><td>诗句</td><td colspan=2>对仗</td></tr><tr><td rowspan=2>孤灯闻楚角，残月下章台。</td><td>孤灯对（　　）</td></tr><tr><td>闻楚角对（　　）</td></tr><tr><td rowspan=2>槲叶落山路，枳花明驿墙。</td><td>（　　）对（　　）</td></tr><tr><td>（　　）对（　　）</td></tr></table>3. 阅读李白《登金陵凤凰台》，在"无理"中体会隐喻的作用。	1. 能准确体会诗歌情感。 2. 能准确明晰律诗中的对仗。 3. 抓住诗歌的"无理"，探究艺术张力。

阶段性检测

1. 唐代很多诗歌，从题目中就可以看出诗的类别，下面可以从题目基本判断类别的是（　　）。

A. 柳宗元《渔翁》　B. 韩愈《山石》　C. 王之涣《凉州词》　D. 张九龄《感遇》

2. 阅读下面两首诗歌，分析诗中拟人的表达效果。

蜀道后期

张说

客心争日月，来往预期程。

秋风不相待，先至洛阳城。

赠别（其二）

杜牧

多情却似总无情，唯觉樽前笑不成。

蜡烛有心还惜别，替人垂泪到天明。

◎ 进程三

任务推进

阅读规划	任务单	重点能力指向
范围：怀古诗歌主题阅读。 时间：7天阅读完毕。	1.一次和亲，两种态度：戎昱《咏史》、杜甫《咏怀古迹》。对于昭君出塞，诗人们有怎样的态度呢？试做比较分析。 咏史 唐·戎昱 汉家青史上，计拙依和亲。社稷依明主，安危托妇人。 岂能将玉貌，便拟静胡尘。地下千年骨，谁为辅佐臣。 2.一个英雄，两种评价：杜牧《题乌江亭》、李清照《夏日绝句》。关于项羽，不同的诗人有怎样不同的评价？试做比较分析。 夏日绝句 宋·李清照 生当作人杰，死亦为鬼雄。 至今思项羽，不肯过江东。 3.根据对前面两组诗歌的分析，你对欣赏怀古诗有怎样的发现？	真实阅读的角度可以来自历史背景，可以结合自身经历。

阶段性检测

1.关于赤壁之战，史书早有记录，杜牧借这段历史表达了怎样的想法？

赤壁

唐·杜牧

折戟沉沙铁未销，自将磨洗认前朝。

东风不与周郎便，铜雀春深锁二乔。

2.在《泊秦淮》中，诗人杜牧看似埋怨商女不知亡国恨，但其背后又有怎样的言外之意？

泊秦淮

唐·杜牧

烟笼寒水月笼沙，夜泊秦淮近酒家。

商女不知亡国恨，隔江犹唱后庭花。

◎ 进程四

任务推进

阅读规划	任务单	重点能力指向
范围：绝句律诗中的数字。 时间：2天阅读完毕。	1.欣赏李峤《风》，感受数字的魅力。 风 唐·李峤 解落三秋叶，能开二月花。 过江千尺浪，入竹万竿斜。 2.欣赏王之涣《登鹳雀楼》，感受数字的魅力。 登鹳雀楼 唐·王之涣 白日依山尽，黄河入海流。 欲穷千里目，更上一层楼。 3.欣赏柳宗元《江雪》，感受数字的魅力。 江雪 唐·柳宗元 千山鸟飞绝，万径人踪灭。 孤舟蓑笠翁，独钓寒江雪。	对诗歌中的特殊词语保持敏感，可以打开诗歌的大门。

阶段性检测

1.张祜的《宫词》中每句都含数字，一个个数字背后表达了诗人怎样的情感呢？

宫词

唐·张祜

故国三千里，深宫二十年。

一声何满子，双泪落君前。

2. 李白在《望庐山瀑布》中也用了"三千""九天"这样极其夸张的数字，李白又表达了怎样的情感呢？

望庐山瀑布

唐·李白

日照香炉生紫烟，遥看瀑布挂前川。

飞流直下三千尺，疑是银河落九天。

◎ 进程五

任务推进

阅读规划	任务单	重点能力指向
范围：浏览所有五七言古诗（70首）和乐府诗（27首）。时间：2天阅读完毕。	1. 在阅读本部分内容时，重点关注诗歌的标题，并根据标题和所学的古诗推测这些古体诗的共同特点。 标题的语言特点 / 你的阅读推测 带"歌"字 带"行"字 带"曲"字 2. 欣赏陈子昂的《登幽州台歌》，根据创作背景说说诗中的"古人""来者"分别指谁。 3. 阅读孟浩然的《夜归鹿门歌》，它看似是七言律诗，为何被归为七言古诗？ 中间两联 / 找一找押韵平仄 颔联：人随沙岸向江村，余亦乘舟归鹿门。 颈联：鹿门月照开烟树，忽到庞公栖隐处。	1. 从具体和形象的诗歌中发现古体诗的基本特点。 2. 运用知人论世的方法来体会诗歌表达的意趣与诗人的情感。 3. 通过对诗歌押韵、句式、标题的比较，发现古体诗的外在形式。

阶段性检测

1. 七言古诗和五言古诗并不像绝句与律诗那样规范和严谨，正如《登幽州台歌》，四句诗歌，没有一句是七言，却也被归入七言古诗。在五言古诗中也有这样的诗篇存在，请找出一例：_____。

2. 唐代很多诗歌，从题目中就可以看出诗的类别，下面可以从题目基本判断类别的是（　　　）。

A. 李商隐《夜雨寄北》　B. 张籍《秋思》　C. 杜牧《赠别》　D. 韦庄《台城》

3. 诗歌因为短小，常常描写一个片段、一个侧面。在王维的《陇西行》里，诗人如何运用这一方法来写形势紧急的，请结合诗句进行阐述。

◎ 进程六

任务推进

阅读规划	任务单	重点能力指向
范围：《春江花月夜》。时间：4天阅读完毕。	1. 这首诗歌的标题就让人心驰神往，五种事物集中表现了人生最动人的良辰美景：_____、_____、_____、_____、_____。 2. 开篇就题生发，勾勒出一幅春江花月夜的壮丽景象，请结合诗句，体会前八句在写景上的独特之处。 3. "海日生残夜，江春入旧年"引发的是万物新旧交替的哲思。诗人在这样的月夜又引发了怎样的思考呢？ 4. 这首诗以其丰富的意象来构成画面，"诗中有画"，给人带来强烈的画面感。请结合诗歌体会这种画面感。	1. 通过押韵感受诗歌的音乐之美。 2. 通过意象的体会，感受诗歌的意境之美。 3. 通过诗歌的脉络整理，感受诗歌的哲思之美。

阶段性检测

1. 在本书的五七言古诗中，选入了多首同题诗，分别是张九龄的《_____》、杜甫的《_____》、李绅的《_____》。

2. 张九龄在两首《感遇》中，都用了托物言志的手法表达自己的志向，请完成下列表格，体会这种含蓄而典雅的手法。

诗中之物	物与志的共性	诗人之志
春兰、秋桂		
草木		
丹橘		

3. 李白与杜甫是唐诗中的经典 CP，年长的李白被流放夜郎时，杜甫不知中途李白遇赦，所以就有了《梦李白》（其一、其二）。虽同是写给李白的诗，在抒发情感的方式上有所不同。请根据诗歌内容加以阐述。

4.《悯农》是耳熟能详的诗作，篇章虽短，但无论取材还是写法都体现了"不虚为文"的写实诗风。请结合诗歌体会此特色。

◎ **进程七**

任务推进

阅读规划	任务单	重点能力指向
范围：唐代乐府诗。 时间：7 天阅读完毕。	1. 查找资料，梳理唐代新乐府运动的主要诗人和基本创作理念。 新乐府运动 主要诗人 / 创作理念 2. 阅读下面的诗歌，从情感、写法等角度做阅读批注，从而获得对诗人、乐府诗的具体感受。 诗歌 / 批注 元结《石鱼湖上醉歌》 张籍《节妇吟》 王翰《凉州词》 王昌龄《从军行（其四）》 王昌龄《采莲曲》 无名氏《金缕衣》	1. 通过梳理诗人和作品，对乐府诗有整体的感受和理解。 2. 重点阅读部分诗歌，从具体诗歌中感受乐府诗的特点。 3. 通过对重要诗作的剖析，从阅读能力和方法入手，进一步感受乐府诗的特质。

阶段性检测

1. 用谐音双关来表情达意，在乐府诗中极其常见。请用这个方法学习刘禹锡的《竹枝词》。

2.韦应物的《送杨氏女》朴实无华，感情真挚，表达了诗人复杂的情感，请品读诗歌，体会一个父亲的复杂感受。

◎ 进程八

任务推进

阅读规划	任务单	重点能力指向
范围：杜甫《兵车行》、白居易《琵琶行》。 时间：1天阅读完毕。	1.杜甫的诗歌具有纪录片的功能，杜甫从客观而冷静的角度，通过具体的事件来记录时代生活，杜甫的诗被后人称为"诗史"。请以《兵车行》为例，想象故事场景，体会这种现实主义诗歌的创作风格。 2.如何用文学来描绘音乐，共同感受文字与音乐塑造人物的魅力，《琵琶行》会给我们极大的美的享受和震撼。	1.将诗歌放入时代背景进行思考。 2.通过故事场景的想象还原，激发学生的阅读兴趣。 3.体会乐府诗歌中精致的描摹，感受乐府诗的魅力。

阶段性检测

1.请发挥想象，通过崔颢《长干行》中描写的片段，感受女子人物形象。

2.诗歌中运用铺陈手法（赋的手法），可以使描写与叙事都显得充分和从容，也可以更加充分地塑造人物形象。请品味杜甫《佳人》这首诗，感受这种写法的妙处。

3.请尝试运用《琵琶行》的赏析方式来学习杜甫《观公孙大娘弟子舞剑器行》中描写的一段舞剑艺术。

◎ 课型推进

教学阶段	主要内容	教学资源	设计意图
导读课	探究诗歌中的经典意象	1.相关作品语段	通过课堂设计，能够体会诗歌中"一切景语皆情语"的魅力，增强对诗歌中的意象的敏感度。
推进课1	探究王维的诗歌	1.相关诗歌作品 2.王维生平和创作风格	通过对王维经典诗歌的学习与体会，感受"诗佛"的诗歌魅力。
推进课2	探究杜甫的诗歌	1.相关诗歌作品 2.杜甫生平和创作风格	通过对杜甫经典诗歌的学习与体会，感受"诗圣"的诗歌魅力。
推进课3	探究李白的诗歌	1.相关诗歌作品 2.李白生平和创作风格	通过对李白经典诗歌的学习与体会，感受"诗仙"的诗歌魅力。
成果分享课	多种文学样式的综合	1.经典诗歌 2.综合性学习、小组合作	以多种方式诠释古诗词，让古典诗词焕发时代的魅力。

唐诗中的意象的魅力

——《唐诗三百首》导读课

【群诗篇目】

《静夜思》、《闻王昌龄左迁龙标遥有此寄》、《秋词》、《绝句》(杜甫)、《江畔独步寻花》

【教学目标】

1. 通过圈画意象，想象意象构成的画面。

2. 通过意象比较，发现单个意象和意象群表达的情感。

3. 通过归类整理，发现经典意象的文化内涵。

【教学重点】

能准确圈画意象，并掌握经典意象的文化内涵。

【教学难点】

能利用意象构成画面，并体会其中的情感。

【教学方法】

朗读，比较分析，合作探究

【课时安排】

1课时

【教学过程】

1. 大声朗读这五首诗，想一想，这些诗歌有哪些共同的特点，引出意象。

意象即主观之景，与之相对的就是客观之景，那就是世间万物中的物象。

2. 探究入诗的意象呈现的方式。

再读诗歌，体会意象构成的画面。物象入诗的最重要条件是诗人欲抒发的情感与物象的某一特征或某几个特征相合或相反，诗人构思时就将外物形象与意趣、情感融合起来，通过描摹其形、色、味、触等特征，来寄寓诗人之情感，若不做任何描摹，一般较难表现出诗人所要表达之情感。

3. 发挥想象，用现代汉语描述诗歌所展现的画面。

小组合作，确定主要意象，用语言描摹意象的特点。

4. 说说这些画面中的意象有哪些相似点和不同点。

相似点：这些意象都来自大自然，而且是生活中常见的事物。

不同点：有的诗歌以单个意象来表达情感，情感把握只要抓住主意象就可以；有的诗歌有很多意象，它们共同构成画面，情感把握需要关注多个意象，在画面整体中把握情感。

5. 在中国诗歌发展的历史长河中，因为有一些意象被诗人们广为使用，所以这些意象具有了文化共性。请同学们利用书本，找出经典意象，并说说它们有怎样独特的文化内涵。

借助下列表格完成诗歌经典意象的整理。

意象	诗 篇	含 义
梅	和晋陵陆丞早春游望 唐·杜审言 独有宦游人，偏惊物候新。 云霞出海曙，梅柳渡江春。 淑气催黄鸟，晴光转绿蘋。 忽闻歌古调，归思欲沾巾。	"梅柳"句是写初春正月的花木。同是梅花柳树，同属初春正月，在北方是雪里寻梅，遥看柳色，残冬未消，而江南已经梅花缤纷，柳叶翩翩，春意盎然。正如诗人在同年正月作的《大酺》中所形容的，"梅花落处疑残雪，柳叶开时任好风"，所以这句说梅柳渡过江来，江南就完全是花发木荣的春天了。
莲	和袭美木兰后池三咏·白莲 唐·陆龟蒙 素花多蒙别艳欺， 此花真合在瑶池。 无情有恨何人觉， 月晓风清欲堕时。	莲，又称荷、水芙蓉、水华等，溪客、玉环是其雅称，未开的花蕾称菡萏。周敦颐的《爱莲说》对莲的特点做了准确的概括，"出淤泥而不染，濯清涟而不妖，中通外直，不蔓不枝，香远益清，亭亭净植"，故莲为"花之君子"，博得了文人雅士的青睐，成为咏物诗中君子表现自己坚贞纯洁的热门意象。 前两句写白莲因为色白多不被人待见，但这种花真的应该在西王母的瑶池里生长。后两句写白莲含恨却无人知晓，但月晓风清时，它那含恨欲坠未坠的姿态是多么惹人怜爱啊。这首诗把莲拟人化，写出了白莲的神韵，委婉地表现了诗人怀才不遇、孤芳自赏的隐幽心理，"月晓风清"与莲之白组合在一起，空灵中突显一种高洁，别有一番意趣。
菊	菊 唐·罗隐 篱落岁云暮，数枝聊自芳。 雪裁纤蕊密，金折小苞香。 千载白衣酒，一生青女霜。 春丛莫轻薄，彼此有行藏。	菊的品种繁多，入诗的多为秋菊和冬菊，因其开放时多霜雪，而此时百花多凋零，故其傲霜斗雪、独立寒秋、不畏严寒的品质深受诗人喜爱，诗人用其表现自己坚贞无畏、不向恶势力低头的高贵品质。 该诗首联将时令的迟晚、环境的孤冷和神情的自若相糅合，展现白菊从容不迫、自珍自爱的情韵。颔联从色、味、形等方面刻画白菊的神韵。颈联以王弘送酒的典故和仙女司霜的神话，写出其高蹈遗世的情怀和驾霜御雪的能耐。尾联警告春花不要自我狂妄，指出群花应各自尊重本来的生长规律和特定禀性。
松	咏松（其一） 清·陆惠心 瘦石寒梅共结邻， 亭亭不改四时春。 须知傲雪凌霜质， 不是繁华队里身。	松树能于峭壁上生存，但一般植物是不容易在峭壁上存活的，且松树一年四季常青。这种特点很容易让人联想到有节之士在恶劣的社会环境中保持自己的节操而傲然于世的品格。 这首诗首句点明松与梅是志同道合之士，第二句写松亭亭之貌与长青之色，第三句写松无惧雪霜，第四句写松并非繁华世界的俗物，成功塑造了松的高洁形象，且颇具浪漫主义情怀。
竹	竹 清·郑板桥 举世爱栽花，老夫只栽竹， 霜雪满庭除，洒然照新绿。 幽篁一夜雪，疏影失青绿， 莫被风吹散，玲珑碎空玉。	竹与松一样，四季常青，与松不同的地方在于竹有节，古人认为这是一语双关，故可颂气节；竹有韧性，风吹不倒，雪压不折，所以咏竹以示高洁坚贞也就在情理之中了。 这首诗开篇两句运用对比的手法，指出世人爱艳丽的花，而他则喜欢劲竹。第三、第四句以霜雪反衬竹绿，第七、第八句进一步以风雪衬竹，正是一夜风雪才雕刻出了玲珑空玉般的惊世之美。整诗未说自己追求气节，却洋溢着强烈的浪漫主义情怀。

【配套练习】

1. 说说下列含月意象的诗歌抓住了月的什么特征来寄寓怀乡思亲的情感。

同从弟南斋玩月忆山阴崔少府

唐·王昌龄

高卧南斋时，开帷月初吐。

清辉澹水木，演漾在窗户。

苒苒几盈虚，澄澄变今古。

美人清江畔，是夜越吟苦。

千里共如何，微风吹兰杜。

月夜

唐·杜甫

今夜鄜州月，闺中只独看。

遥怜小儿女，未解忆长安。

香雾云鬟湿，清辉玉臂寒。

何时倚虚幌，双照泪痕干。

2. 指出下面两首咏物诗中所咏之物及诗人所寄寓的情感。

严郑公宅同咏竹

唐·杜甫

绿竹半含箨，新梢才出墙。

色侵书帙晚，阴过酒樽凉。

雨洗娟娟净，风吹细细香。

但令无剪伐，会见拂云长。

蝉

唐·李商隐

本以高难饱，徒劳恨费声。

五更疏欲断，一树碧无情。

薄宦梗犹泛，故园芜已平。

烦君最相警，我亦举家清。

王维群诗阅读

——《唐诗三百首》推进课1

【群诗篇目】

《鹿柴》《竹里馆》《山中》《鸟鸣涧》《终南别业》《辋川闲居赠裴秀才迪》

【教学目标】

1. 反复诵读，读准字音，体会诗歌的节奏和韵律。

2. 细读品味，体会诗歌"诗中有画，画中有诗"的写作艺术。

3. 通过对意象、意境的把握，感受文字背后诗人的人生境界。

【教学重点】

能够感受诗歌的押韵，在诗画中把握诗歌。

【教学难点】

感受文字背后诗人的人生境界。

【教学方法】

朗读法，合作探究，对比阅读

【课时安排】

1课时

【教学过程】

一、新课导入

辋川山谷中有很多在王维诗歌中广为熟知的地点：鹿柴、竹里馆、辛夷坞。

"木末芙蓉花，山中发红萼。涧户寂无人，纷纷开且落。"从容淡定、且开且落的芙蓉花就出自王维的辋川山谷。这个辋川到底有怎样的风景？怎样的故事呢？

二、辋川所见

《鹿柴》《竹里馆》《山中》《鸟鸣涧》《终南别业》《辋川闲居赠裴秀才迪》

1. 朗读这些诗歌，读准字音，读出节奏。

鹿柴（zhài）　返景（yǐng）　幽篁（huáng）　值林叟（sǒu）　潺湲（yuán）

基本遵循二三节奏。

2. 用简洁的语言分别概括下列诗句中的风景特点。

诗歌	景物特点
空山不见人，但闻人语响。	空旷渺远，人烟稀少
深林人不知，明月来相照。	幽深空明
山路元无雨，空翠湿人衣。	苍翠欲滴
月出惊山鸟，时鸣春涧中。	幽静却生机无限
行到水穷处，坐看云起时。	云起云涌
渡头余落日，墟里上孤烟。	山村温馨安详

三、辋川所感

1. 在这些诗歌中，出现频率最高的词语有哪些？

2. 结合整首诗，这些高频词透露出诗人怎样的心境？

四、辋川之交

比较《辋川闲居赠裴秀才迪》与《山中与裴秀才迪书》。

背景资料

裴迪何许人也？裴迪比王维小 15 岁，与王维是山西老乡。相识之时，王维声名在外，裴迪只是一个秀才，两人虽身份悬殊却志趣相投。王维移居辋川后，裴迪一直陪着他，《辋川集》中的作品大多是王维与裴迪唱和之作。安史之乱期间，王维被叛军捉住被迫任了伪官。当时王维被叛军囚禁于洛阳寺庙。裴迪冒险前来探望，王维写成表达亡国之痛的诗歌《凝碧池》，裴迪记录下来，最终成为证明王维清白的关键证据。

《山中与裴秀才迪书》是王维独自外出写给裴迪的散文，诗人笔下的春山是怎样的？他的心情又有怎样的变化？

山中与裴秀才迪书

近腊月下，景气和畅，故山殊可过。足下方温经，猥不敢相烦，辄便往山中，憩感配寺，与山僧饭讫而去。

北涉玄灞，清月映郭。夜登华子冈，辋水沦涟，与月上下。寒山远火，明灭林外。深巷寒犬，吠声如豹。村墟夜春，复与疏钟相间。此时独坐，僮仆静默，多思曩昔，携手赋诗，步仄径，临清流也。

当待春中，草木蔓发，春山可望，轻鲦出水，白鸥矫翼，露湿青皋，麦陇朝雊，斯之不远，倘能从我游乎？非子天机清妙者，岂能以此不急之务相邀！然是中有深趣矣，无忽。因驮黄檗人往，不一一，山中人王维白。

1. 用横线画出文中描写风景的句子，看看第二、第三段的风景各有怎样的特色。

2. 请找出文中诗人情绪的波折变化。

3.《辋川闲居赠裴秀才迪》一诗中，又可以看出两人怎样的情谊呢？

五、辋川之人生境界

终南别业

中岁颇好道，晚家南山陲。

兴来每独往，胜事空自知。

行到水穷处，坐看云起时。

偶然值林叟，谈笑无还期。

1. 请用一个简洁的词语来概括每一联的主要内容。

2. 你认为诗歌哪一联最能反映王维的人生态度？

【课堂小结】

王维，虽有"诗佛"之名，但是他的诗歌中蕴含的不是消极避世，而是用心去感知花开花落、水穷云起的自然之道。他的山水田园诗不是精雕细刻，而是自然流露。

【配套练习】

阅读诗歌，完成后面的练习。

使至塞上

唐·王维

单车欲问边，属国过居延。

征蓬出汉塞，归雁入胡天。

大漠孤烟直，长河落日圆。

萧关逢候骑，都护在燕然。

1. "大漠孤烟直，长河落日圆"一联，王国维称之为"千古壮观"的名句。请结合关键词赏析诗歌写景之妙处。

汉江临眺

唐·王维

楚塞三湘接，荆门九派通。

江流天地外，山色有无中。

郡邑浮前浦，波澜动远空。

襄阳好风日，留醉与山翁①。

注释：①山翁：指晋代"竹林七贤"山涛之子山简，他镇守襄阳，好饮酒，每饮必醉。

2. 王维在尾联提及"山翁"，与他在《辋川闲居赠裴秀才迪》尾联中提及"接舆""五柳"一样，都是运用典故来表达心情，请根据诗作进行分析。

相思（又名江上赠李龟年）

唐·王维

红豆生南国，春来发几枝。

愿君多采撷，此物最相思。

江南逢李龟年

唐·杜甫

岐王宅里寻常见，崔九堂前几度闻。

正是江南好风景，落花时节又逢君。

3. 同是写李龟年的诗，两位诗人抒发的情感有怎样的不同？

过香积寺

唐·王维

不知香积寺，数里入云峰。

古木无人径，深山何处钟。

泉声咽危石，日色冷青松。

薄暮空潭曲，安禅①制毒龙②。

注：①安禅：佛家术语。

②毒龙：佛家比喻俗人的邪念妄想（《涅槃经》："但我住处有一毒龙，想性暴急，恐相危害。"）。

4. 诗尾联中的"空"字，不是指什么都没有，而是体现了什么？

5. 诗歌构思奇妙，炼字精巧，颈联中的"咽"和"冷"二字被称为经典，赏析二字的妙处。

杜甫群诗阅读

——《唐诗三百首》推进课2

【群诗篇目】

《月夜忆舍弟》《登岳阳楼》《春望》《登高》《野望》《望岳》《石壕吏》

【教学目标】

1. 反复诵读，读准字音，体会诗歌的节奏和韵律。

2. 细读品味，结合诗人的人生经历和诗歌创作背景，感受诗人忧国伤时、思亲念家的情感。

3. 通过比较阅读杜甫不同时期的作品，了解杜甫的人生经历对其诗歌创作的影响，感悟杜甫仁民爱物、忧国忧民的情怀。

【教学重点与难点】

准确把握诗歌节奏韵律，结合背景感受诗人独特的抒情方式。

能从不同时期的作品中，感受杜甫忧国忧民的情怀。

【教学方法】

朗读法，知人论世，合作探究，对比阅读

【课时安排】

1课时

【教学过程】

一、"望"字导入

杜甫生于盛唐，亲历安史之乱，见证了唐朝由盛而衰的局面。他年少时立志"致君尧舜上，再使民风淳"，成年后仕途不顺，生活也日渐贫困。这样的经历让杜甫不同时期的诗歌作品在风格和情感上略有差异。今天，我们先一同来学习杜甫的《春望》，看一看在这首诗中，杜甫望见了何景，抒发了何情。

二、"望"中所见

1. 自由朗读，扫清障碍（读准字音、读出节奏和韵律）。

烽（fēng） 搔（sāo） 胜（shēng） 簪（zān）

五言诗的朗读节奏：二一二、二二一或二三。

2. 学生展示，找出"望"景（诗人望见了哪些景物）。

3. 齐读诗歌，感受诗境（用一个四字词语概括景物特点）。

三、"望"中所感

1. 哪两个词语指明了社会背景？诗人有怎样的命运遭际？

2. 任选一联诗，结合对景物和人的具体描写，分析诗人情感。

3. 再读诗歌，融入情感。

四、所"望"为何

1. 联读诗歌，完成表格。

同样写"望"景，抒"望"情的，还有诗人的《望岳》和《登岳阳楼》。学生齐读《望岳》和《登岳阳楼》，根据预习成果和诗歌注释，完成下表：

序号	诗歌	时间	地点	经历	景物	情感
1	《望岳》	公元 736 年（诗人 24 岁）	北游齐、赵	举进士不第	高大巍峨、神奇秀丽的泰山之景	热爱祖国山河、_____的雄心壮志
2	《春望》	公元 757 年（诗人 45 岁）	长安	安史之乱	_____的长安春景	忧伤国事，思念家人
3	《登岳阳楼》	公元 768 年（诗人 56 岁）	岳阳	漂泊无定、年老体衰	_____的洞庭湖之景	怀才不遇，心忧家国

小组合作，探究结论。

小组合作，根据表格中的诗歌和预学中的诗歌，回答以下问题。

（1）诗人的情感为何由昂扬进取转为潦倒悲痛？诗人在不同时期情感有何相同之处？

（2）根据预习时读的诗歌，具体说说诗人在不同时期创作风格的特点。

（3）杜甫的所"望"和经历会影响他的思想情感，请你们小组说说杜甫始终期望着什么。

（4）说说你们小组得出的其他结论。

【课堂小结】

齐读《望岳》《春望》《登岳阳楼》三首诗，读出青年时的雄心壮志，读出中年时的沉郁悲痛，读出老年时报国无门的凄伤与无可奈何。

【配套练习】

月夜忆舍弟

唐·杜甫

戍鼓断人行，边秋一雁声。露从今夜白，月是故乡明。

有弟皆分散，无家问死生。寄书长不达，况乃未休兵。

1. 普天之下月亮明明是一样的，诗人为何偏偏说"月是故乡明"？

【甲】登高

唐·杜甫

风急天高猿啸哀，渚清沙白鸟飞回。

无边落木萧萧下，不尽长江滚滚来。

万里悲秋常作客，百年多病独登台。

艰难苦恨繁霜鬓，潦倒新停浊酒杯。

【乙】登岳阳楼

唐·杜甫

昔闻洞庭水，今上岳阳楼。

吴楚东南坼，乾坤日夜浮。

亲朋无一字，老病有孤舟。

戎马关山北，凭轩涕泗流。

2. 这两首诗是杜甫漂泊南方时所作，甲作于四川夔州，乙作于湖南。两首诗中反映诗人颠沛流离生活的诗句分别是：

【甲】_____ ；

【乙】_____ 。

3. 两首诗歌表达的情感同中有异，试结合诗歌内容分析。

4. 下面是对两首诗歌的分析，其中错误的一项是（　　　）

A. 两首诗都很好地体现了杜诗"沉郁顿挫"的风格。

B. 【甲】在空间上很阔大，【乙】在时间上颇久远，各具雄浑之韵。

C. 两首诗的语言都非常精粹传神，动态感十足，还有对举之美。

D. 诗人即使在漂泊也仍然心系国事，这点在两首诗中均能找到注脚。

旅夜书怀

唐·杜甫

细草微风岸，危樯独夜舟。

星垂平野阔，月涌大江流。

名岂文章著，官应老病休。

飘飘何所似，天地一沙鸥。

5. 诗的前四句写"旅夜"的情景，最能体现作者情感的景物有哪些？你认为哪个动词用得最好，为什么？

6. 诗的后四句是"抒怀"，试运用"知人论事"的方法进行赏析。

诗仙的深情
——《唐诗三百首》推进课3

【群诗篇目】

《南陵别儿童入京》《宣州谢朓楼饯别校书叔云》《行路难》《将进酒》《月下独酌》

【教学目标】

1. 反复诵读，圈画韵脚，体会诗歌的节奏和韵律。

2. 细读品味，结合诗人的人生经历和诗歌创作背景，感受诗人的浪漫与孤独。

3. 了解李白不同时期的作品，通过李白一生钟爱的"酒"来感受一个诗人的情怀。

【教学重点】

结合诗人的创作背景，感受李白的浪漫与孤独。

【教学难点】

对比阅读诗人不同时期的作品，以独特的角度感受李白的情怀。

【教学方法】

朗读法，知人论世，合作探究，对比阅读

【课时安排】

1 课时

【教学过程】

一、导入

唐朝作为诗歌的鼎盛时期，出现了大批杰出的诗人，其中就有将唐诗推向巅峰的"诗仙"与"诗圣"：李白和杜甫。严羽在《沧浪诗话》中如此评价这两位：子美不能为太白之飘逸，太白不能为子美之沉郁。

二、阅读以下李白的诗歌，了解诗歌的创作时间和创作诗歌时的境况

诗　歌	大致创作时间	诗人境遇	诗人的心情	诵读体验
《南陵别儿童入京》	天宝元年	应召赴长安	得意与憧憬	易懂、轻松
《将进酒》	天宝三年	第一次离开长安	狂放不羁	酣畅淋漓
《行路难》	天宝三年	离开长安	失意与自信	感受突破的力量
《月下独酌》	天宝三年	身处长安，官场失意	孤独	及时行乐的旷达
《宣州谢朓楼饯别校书叔云》	天宝末年	壮志难酬，饯别朋友	心烦意乱、忧愤	大气磅礴、一气呵成

三、送别诗是李白诗歌中的一个重要内容，请同学们比较这些诗歌形式和内容上的区别

诗　歌	内　容	形式（句式）
《宣州谢朓楼饯别校书叔云》	借与友人告别抒发自己内心的忧愤	古体，句式自由， 押韵（留、忧、楼、愁、舟）
《闻王昌龄左迁龙标遥有此寄》 《送友人》	牵挂与担忧 依依惜别的深情	绝句，律诗，句式工整 前一首押韵（溪、西） 后一首押韵（城、征；情、鸣）

四、在《月下独酌》《宣州谢朓楼饯别校书叔云》《行路难》《将进酒》这些诗歌中，你感受到李白是一个怎样的人？（突出真实的阅读感受）

【难点探讨】

一、重点阅读《将进酒》《宣州谢朓楼饯别校书叔云》

1. 自由朗读，扫清障碍（读准字音和韵律）。

2. 利用诗歌注解和大意，整体感受诗歌。

小组讨论：作者是如何让诗歌拥有磅礴的气势的？

（可以从意象、句式、修辞手法、用词、表现手法等角度进行探讨）

总结：两首诗歌都是先声夺人，一开篇就以宏大壮阔的背景吸引读者。

两首诗用到的意象都是非常开阔、极有气势的：黄河、月亮（《将进酒》）；万里长风、青天、明月（《宣州谢朓楼饯别校书叔云》）。

两首诗都运用了极其夸张的修辞手法：《将进酒》的"黄河之水天上来"，《宣州谢朓楼饯别校书叔云》的"长风万里送秋雁"；运用对比的修辞手法，使得情感的表达、意象的特点更加突出；用词上的反复，强化了诗人强烈的感受，如《宣州谢朓楼饯别校书叔云》的"昨日之日""今日之日"及《将进酒》的两个"君不见"。

情感表达上，两首诗都有一种难以遏制的悲愤；但是诗歌并不沮丧，而是将悲伤写得淋漓尽致。

3. 李白在诗歌中钟情用典，他对这些典故信手拈来，请从这两首诗歌中找出运用的典故，从中发现用典的妙处。

诗　歌	用　典	作　用
《将进酒》	陈王昔时宴平乐	借曹植备受猜忌，有志难展，表达自己的忧愤。
《宣州谢朓楼饯别校书叔云》	蓬莱文章建安骨，中间小谢又清发	不仅暗合了标题"谢朓楼"，又借建安风骨犹存，表达对自己才华的自信，为下文抛却烦恼、情绪昂扬做了铺垫。

二、学以致用

运用以上办法来读《月下独酌》《行路难》《南陵别儿童入京》，体会诗人的情感，以及独特的语言表达方式。

《月下独酌》：运用独特的想象力，使得孤独幻化成一幅画。

《行路难》："闲来垂钓碧溪上，忽复乘舟梦日边"一句用典，表达了诗人自己渴望得到重用的期待及自信。

《南陵别儿童入京》：诗人运用"朱买臣"的典故，既委婉批评了当时目光短浅的世俗小人，又自比朱买臣，对自己的前途踌躇满志。

【课堂小结】

唐代之前早已流行乐府与歌行这一类古体诗，在唐代，这些诗因为李白而获得新的生命。李白将这些古体诗的创作推到了无与伦比的高峰。

【配套练习】

李白的乐府诗等古体诗有时豪放俊逸，有时细腻委婉，但是他的绝句却常常明白晓畅、清新飘逸，情与境往往浑然一体，让人感觉诗歌是自然流露出来的。请赏析李白《黄鹤楼送孟浩然之广陵》的最后两句，体会其抒情的妙处。

黄鹤楼送孟浩然之广陵
唐·李白

故人西辞黄鹤楼，烟花三月下扬州。

孤帆远影碧空尽，唯见长江天际流。

"跟着唐诗去游学"项目式学习设计
——《唐诗三百首》成果分享课

项目名称："跟着唐诗去游学"项目式学习

学科：语文

年级：九年级

相关学科：语文、地理、历史、音乐、美术

项目描述：本项目基于《唐诗三百首》中的五首唐诗，以"如何策划方案能吸引学生参加'跟着唐诗去游学'项目"为驱动问题，培养学生鉴赏唐诗的能力，激发学生对中华优秀传统文化的热爱。利用九年级上册教材中的诗五首《钱塘湖春行》《黄鹤楼》《野望》《使至塞上》《渡荆门送别》进行项目的学习设计。

教材和相关资料：名著阅读推荐书目《唐诗三百首》。

核心知识：①知人论世的阅读方式；②唐诗的章法结构（起承转合）；③唐诗锤炼的语言；④唐诗的现代意义。

技能：①在深入理解诗歌的基础上，能有感情地朗读诗歌，领略诗歌的韵律之美；②借助联想和想象，进入诗文描绘的意境，描述诗文的画面，领略诗歌的意境美；③品味语言，鉴赏名篇名句，理解诗歌创作的妙处；④知人论世，学会结合诗歌的背景知识，更好地领会诗人在诗中所要表达的情感。

本质问题与驱动性问题：

（1）本质问题：唐诗之美在何处？

（2）驱动性问题：如何策划方案能吸引学生参加"跟着唐诗去游学"项目

学校欲组织一次基于《唐诗三百首》的"跟着唐诗去游学"研学活动，现向各班征集活动策划方案。假如你是班级策划团队成员，你将如何策划本次研学活动，使它既能让同学们领略与古诗相关的人文风光，又能让同学们在研学活动中学习唐诗的相关知识，领略唐诗的风采。请你设计一个活动方案，大致涵盖路线规划、风景介绍、主要活动安排、研学问题、研学意义等。

成果与评价：

（1）个人：作为一名资深策划，选择团队最终确定的策划方案中某个板块下的一个具体任务，写一份400字左右的解说词，说明自己的策划理念和策划理由。

（2）团队：小组一起策划本次"跟着唐诗去游学"项目中的某个板块，要求完成本板块的完整策划方案，并做好宣讲PPT和文字版展示册。

（3）汇报要素：游学路线与游学景色介绍、当地的游学活动安排与对应的诗歌内容趣味讲解、游学研学问题确定及游学意义说明。

（4）形式：采用演示文稿＋口头讲解的形式。

（5）要求：①演示文稿的内容图文并茂，特别是游学路线和沿途景色的介绍要与诗歌内容契合并给人直观的感受；②游学活动的安排要具有可操作性，对当地游学故事的解读要准备好文稿并提供给策划组；③研学问题的确定要符合学生的研究水平，要和选定的研究内容有关并具有操作性和研究价值；④就为何要策划基于唐诗学习的游学活动的意义阐述要具有说服性，能够打动人心。

☻ 中考链接

真题 ❶

原题呈现（2021年浙江宁波卷）

【甲】子夜吴歌·秋歌

唐·李白

长安一片月，万户捣衣声①。

秋风吹不尽，总是玉关情。

何日平胡虏，良人罢远征。

【乙】中吕·朝天子·秋夜客怀

元·周德清

月光，桂香，趁着风飘荡。砧声②催动一天霜，过雁声嘹亮。叫起离情，敲残愁况。梦家山身异乡，夜凉，枕凉，不许愁人强。

注释：①捣衣声：用木棒捶打丝织品或衣物发出的声音。②砧声：这里指捣衣声。

（1）两首诗在意象选择上有相同之处，都用了_____、_____、捣衣声等。

（2）两首诗表达的情感有什么异同？请作简要说明。

思维层次：辨识分析。

阅读能力：发现诗歌中的意象，分析借意象表达的情感。

命题特点及解题策略：宁波卷中唐诗与元曲的组合考法，是一种唐诗理解的拓展考法，两道考题都是从诗歌的意象入手，第一题属于基础的理解题，第二题考查意象构成的意境所表达的情感。在学习唐诗的过程中，可以丰富自己的意象库来加深对意象多样性的理解，从而体会诗歌的意象及其蕴含的情感，这样才能从整体上准确把握诗歌。

参考答案：

（1）月　秋风（风）

（2）同：都表达了一种思念之情。

异：【甲】还表达出对和平生活的渴望；【乙】则还有一种游子客居他乡的羁旅之苦。

真题❷

原题呈现（2020年浙江杭州卷）

温习课内所学，完成古诗赏析任务。

【甲】闻王昌龄左迁龙标遥有此寄

唐·李白

杨花落尽子规啼，闻道龙标过五溪。

我寄愁心与明月，随君直到夜郎西。

【乙】于郡城送明卿之江西

明·李攀龙

青枫飒飒雨凄凄，秋色遥看入楚迷。

谁向孤舟怜逐客，白云相送大江西。

【知背景】

【甲】诗略。

【乙】诗中明卿指吴国伦，因违忤奸相严嵩，被贬至江西（古属楚地）。当时诗人正在郡城济南养病，吴国伦赴江西途经济南时，诗人写下这首诗为其送行。

【析场景】

【甲】诗首句以暮春时节漂泊无依的"杨花"和啼声哀切的"子规"，营造了悲惋的氛围，流露出诗人叹飘零、感离恨的特定感情。

（1）【乙】诗前两句_____。

【赏写法】

【甲】诗后两句想象奇特，诗人将自己的"愁心"寄托于"明月"这一意象。以明月随君到夜郎，表达对朋友的牵挂；借"明月"光明的形象表示对朋友的理解和支持。

（2）【乙】诗后两句_____。

思维层次：思考分析。

阅读能力：分析诗歌中的意境，分析借意象表达的情感。

命题特点及解题策略：《唐诗三百首》，历来是教材及考试诗歌鉴赏的首选。杭州市中考的诗歌鉴赏充分体现了知识迁移与运用的重要性。两道考题都是从诗歌的意象入手，或体会意象组合成的画面和意境，或考查借意象表达的情感。唐诗的学习需要充分挖掘创作背景，体会诗歌的意象和情感，这样才能从整体上准确把握诗歌。

参考答案：

（1）点明了送别的时节和地点，以飒飒青枫和凄凄秋雨营造了一种迷蒙凄凉的氛围，映衬出离别时的不舍之情，也暗含了诗人对朋友前途命运的担忧。

（2）想象奇特，诗人将自己对朋友的情感寄托于"白云"，"白云相送"既表达了对朋友的同情和宽慰，又借"白云"高洁的形象隐含着对友人的赞赏和激励。

真题 ❸

原题呈现（2019 年浙江宁波卷）

古诗阅读。

牧童词

唐·李涉

朝牧牛，牧牛下江曲。

夜牧牛，牧牛度村谷。

荷蓑出林春雨细，芦管卧吹莎草绿。

乱插蓬蒿箭满腰，不怕猛虎欺黄犊。

牧童

唐·栖蟾

牛得自由骑，春风细雨飞。

青山青草里，一笛一蓑衣。

日出唱歌去，月明抚掌归。

何人得似尔，无是亦无非。

两位诗人向往的生活一样吗？请结合牧童形象进行分析。

思维层次：分析、理解。

阅读能力：比较阅读能力，对人物形象的理解能力。

命题特点以及解题策略：《唐诗三百首》中不同的诗人对生活有着不尽相同的感受和理解，他们有的使用的表现手法独特，有的抒发的情感独特，所以在诗歌阅读中，需要关注诗歌表达的共性，更要注重每一首诗歌的独特性，那样才能真正体会每一个诗人的风格和每一首诗歌的精妙。对诗歌的理解是多元的，唐诗的凝练和含蓄更要求我们阅读诗歌时尊重自己独特的阅读体验，寻找属于自己的理解和感受。多元的答案就是对我们真实阅读的最好鼓励。

参考答案：

［示例1］一样。《牧童词》"芦管卧吹莎草绿"中的牧童卧吹芦管，自得其乐；《牧童》"牛得自由骑，春见细雨飞"中的牧童自由自在，骑牛闲游。两首诗都表达了诗人对悠然自得、闲适自由生活的向往。

［示例2］不一样。《牧童词》中牧童"乱插蓬蒿""不怕猛虎"表现了牧童的可爱顽皮、率性天真。诗人描写这种可贵的童稚之心，表达了对生命本真状态的渴慕。《牧童》中"自由骑""唱歌去""抚掌归"写出牧童的悠闲自在、怡然自得，表现了诗人对远离俗世纷争生活的向往。

模拟题 ❶

寄李儋①元锡②
唐·韦应物③

去年花里逢君别，今日花开又一年。

世事茫茫难自料，春愁黯黯独成眠。

身多疾病思田里④，邑有流亡愧俸钱。

闻道欲来相问讯，西楼望月几回圆。

注释：①李儋（dān）：曾任殿中侍御史，为诗人密友。②元锡：字君贶，为作者在长安鄠县时旧友。③韦应物：历任滁州、江州、苏州刺史，颇有政绩，当时长安发生叛乱，唐德宗仓皇出逃。④思田里：想念田园乡里，即想到归隐。

（1）颔联诗人"春愁黯黯"，联系全诗看，他的"春愁"有前途渺茫之愁、_____和_____等。

（2）范仲淹称颂其诗为"仁者之言"，朱熹盛称其"贤矣"，请结合诗歌颈联分析。

_____

思维层次：分析、综合运用。

阅读能力：通过意象把握情感，感受诗人的志向和情怀。

命题特点及解题策略：诗歌的情感有单纯清晰的，也有复杂而百感交集的，需要在诗歌的展开中细细体味。

参考答案：

（1）思念朋友、前途迷茫、有志无奈、为官愧拿俸禄

（2）诗人有志而无奈，多病更促使他想辞官归隐，但因为他忠于职守，看到百姓贫穷逃亡，自己未尽职责，于国于民都有愧，所以他不能一走了之，诗歌真实地披露了一个清廉正直的封建官员的思想矛盾和苦闷。

模拟题 ❷

根据所给示例，完成古诗赏析任务。

【甲】归园田居·其三

东晋·陶渊明

种豆南山下，草盛豆苗稀。

晨兴理荒秽，带月荷锄归。

道狭草木长，夕露沾我衣。

衣沾不足惜，但使愿无违。

【乙】溪居

唐·柳宗元

久为簪组①束②，幸此南夷③谪。

闲依农圃邻，偶似山林客。

晓耕翻露草，夜榜④响溪石。

来往不逢人，长歌楚天⑤碧。

注释：①簪组：古代官吏的服饰，此指官职。②束：约束、束缚。③南夷：这里指永州。④夜榜：夜里行船。⑤楚天：永州原属楚地。

【知背景】

【甲】诗：陶渊明从二十九岁起开始出仕，任官十三年，一直厌恶官场，向往田园生活。他在义熙元年（405年）四十岁时，最后一次出仕，做了八十多天的彭泽县令即辞官回家，以后再也没有出来做官。《归园田居》是他归隐后创作的一组诗，共五首，此诗是其中的第三首。

【乙】诗：元和五年（810年），诗人贬官永州已有五年之久，他在公余游览时发现风景秀丽的愚溪，于是在溪水东南筑屋居住，写下愚溪诸咏，这首诗为其中一首。

【赏场景】

【甲】诗"晨兴理荒秽，带月荷锄归"两句写诗人为不使田地荒芜，每天一大早下地，晚上月亮出来了才扛着锄头回家，工作辛劳，但从"带月荷锄归"这一美景的描述中可以看出诗人并无抱怨之意，而是洋溢着愉快的心情和归隐的自豪。

①【乙】诗"晓耕翻露草，夜榜响溪石"两句_____。

【析情感】

【甲】诗"衣沾不足惜，但使愿无违"两句以议论的方式直抒胸臆，表达了只要不违背躬耕隐居的理想愿望，农活再苦再累也不惧，体现出归隐的坚定决心。

②【乙】诗"来往不逢人，长歌楚天碧"两句_____。

思维层次：分析，比较。

阅读能力：掌握借景抒情和直抒胸臆的抒情方式。

命题特点及解题策略：课内诗歌与课外诗歌结合，很好地实现了课内外的对比阅读，扩大了思维面，又可以实现阅读迁移。赏析这样的诗歌最主要的就是审题要清晰，对课内古诗的理解要全面、深刻，要找到课内古诗和课外古诗之间的衔接并进行比较。

参考答案：

①【乙】诗"晓耕翻露草，夜榜响溪石"两句写诗人早晨耕田，翻锄带着露水的野草，傍晚伴着水激溪石的声响撑船回家，虽然辛劳，但并无抱怨之意，有着不受官场束缚的轻松。（"响溪石"声音衬托环境的寂静，有淡淡的孤独寂寞之情）

②【乙】诗"来往不逢人，长歌楚天碧"以记叙结尾，诗人整日独行碰不到一个行人，放声高歌，声音回荡在广阔的碧空中，自由自在中有一种孤独无奈之情。

模拟题 ❸

阅读下面两首古诗。

行军九日思长安故园①

唐·岑参

强欲登高去，无人送酒来。

遥怜故园菊，应傍战场开。

过故人庄

唐·孟浩然

故人具鸡黍，邀我至田家。

绿树村边合，青山郭外斜。

开轩面场圃，把酒话桑麻。

待到重阳日，还②来就③菊花。

注释：①"安史之乱"中长安被攻陷，岑参写作此诗时长安尚未被收复。②还（huán）：返，来。③就：靠近，这里指饮菊花酒或赏菊的意思。

这两首诗都有"菊"这个意象，它们表达的情感有什么不同？

思维层次：分析，比较。

阅读能力：理解经典意象的独特含义。

命题特点及解题策略：唐代诗歌中积累和沉淀了众多的经典意象，这些经典意象，对学生来说既是一种阅读上的帮助和提示，又是一种阅读上的羁绊，学生容易先入为主。本题中菊的意象就有不同的含义，如果加入陶渊明的菊花意象，则会让学生打开另一种思路。

参考答案：

岑诗诗人联想到故园的菊花，它们在沦陷的都城，虽然没有主人欣赏，但也一定不负秋阳，在断壁残垣间绽放，这里除了思乡之外，更寄托了对饱经战乱的人民的同情和对和平的渴望；孟诗中的菊花开在环境优美、生活富足的农家小院中，作者期待重阳日再去赏菊喝菊花酒，表达了作者对恬静闲适的田园生活的喜爱之情。

《水浒传》

☙ 推荐版本

作者：[明]施耐庵著

出版社：人民出版社

出版时间：2020年4月

☙ 作品梗概

《水浒传》主要记述了梁山好汉从起义到兴盛，最终失败的全过程。

史进因得罪官府投奔外乡，与提辖鲁达不期而遇，两人在酒楼畅饮时，得知金翠莲父女受当地恶霸郑屠的欺凌，鲁达帮助父女回乡，然后找上郑屠，三拳打死了他。事发后鲁达逃亡，转去五台山出家，法名"智深"。鲁智深屡次破坏佛门清规，智真长老只得介绍他去东京大相国寺。在此期间，他结识了东京八十万禁军教头林冲。林冲遭高俅等人设计陷害，最终被发配沧州，在被发配途中险些丧命，幸得鲁智深出手相救。林冲在山神庙手刃仇敌后，上了梁山。晁盖得知梁中书派杨志押送"生辰纲"上京，便约集了其他七名好汉劫了"生辰纲"，投奔梁山。杨志与鲁智深会合，占了二龙山。

宋江仗义疏财，广交兄弟。他杀了阎婆惜后，逃奔柴进庄上，结识了武松。武松与宋江分别后，在景阳冈上打死猛虎，成了英雄，也因此当上武官。他与胞兄武大相遇，可是嫂子潘金莲却私通西门庆，毒死武大。武松察知详情，杀了二人，为兄长报了仇。事发后他被发配孟州，结识施恩，醉打蒋门神，血溅鸳鸯楼，最终上了二龙山。宋江到了清风寨，不久因回家被人告发，被发配江州，又因浔阳楼题反诗被判处死刑，幸得梁山弟兄劫法场救出。宋江执意要回家探父，又屡遭危险，最后上了梁山。

随后，经过三打祝家庄，出兵救柴进，梁山声势变大。后来桃花山、二龙山和梁山三山会合，同归水泊梁山。原首领晁盖去世后，宋江被立为梁山之首。最后，梁山好汉大聚义，排定了"三十六天罡，七十二地煞"的座次。

朝廷对梁山实行招安政策。在宋江等人的忠君思想的影响下，梁山全体接受招安。他们征服辽国，打败田虎、王庆。在江南与方腊的割据势力作战，梁山折损达三分之二以上。最后在悲剧氛围中，故事结束。

思维导图

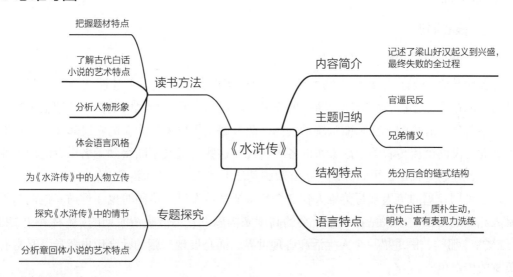

作者简介

施耐庵（约1296—1370年），原名施彦端，字肇瑞，号子安，别号耐庵，元末明初文学家。扬州府兴化人，祖籍苏州。施耐庵自幼聪明好学，13岁入私塾，19岁中秀才，29岁中举人，36岁中进士。他在钱塘为官两年，因厌弃官场风气，愤而辞官归家，闭门著书，与拜他为师的罗贯中一起研究《三国演义》和《三遂平妖传》的创作。

元末明初，社会动荡不安，各种矛盾日益激化，各地纷纷掀起反抗运动。施耐庵深刻认识到社会的黑暗专制、官场的腐败颓废，在满腔悲愤中搜集、整理关于梁山宋江等英雄人物的故事。他在民间传说、元杂剧水浒戏的基础上进行加工和创造，最终写成了我国文学史上第一部歌颂农民起义的长篇章回体小说。

文学地位

《水浒传》在明代时被列入"四大奇书"，近现代以来，又成为古典小说"四大名著"之一。它是我国最早的章回体小说、第一部白话长篇小说、历史上第一部歌颂农民起义的长篇小说。明末清初著名的文学家、文学批评家金圣叹自幼喜读《水浒》，认为"天下之文章，无有出《水浒》右者"，著有《金圣叹批评本水浒传》，该作品流传甚广，影响深远。今人胡适评价《水浒传》："我想《水浒传》是一部奇书，在中国文学史上的地位比《左传》《史记》还要重大得多。"

美国作家赛珍珠在诺贝尔奖获奖演说《中国小说》中介绍了《水浒传》的创作、演变及流传过程。她评价《水浒传》是"中国生活伟大的社会文献"。阿根廷作家博尔赫斯认为《水浒传》的情节有"史诗般的广阔"，并认为其与西班牙17世纪的"流浪汉小说"有异曲同工之妙。

核心价值

◎ 核心知识

（一）英雄传奇小说

英雄传奇小说是把英雄人物的传奇性和现实性、超常性与平凡性结合起来刻画其性格，以"近人之笔"写"骇人之举"的作品。小说是在几百年民间创作的基础上不断加工、不断完善起来的。在宋徽宗统治期间，北方爆发了以宋江为首的农民起义，声势浩大。此后民间就流传着关于起义军的各种传说，这些传说又不断得到无名作者的加工修饰。作者施耐庵就是在民间传说和水浒戏的基础上加工写成《水浒传》的。

小说用较重的笔墨来写英雄人物的个性特征和传奇行为，同时也注重描写他们与平常人相通的方面。小说站在国家社会的高度来构思，它不像晚清时期的《儒林外史》和《红楼梦》那样，侧重描写个人生活和心理世界，而是展现广阔的社会历史背景，又富有英雄的传奇色彩。

（二）链式结构

小说整体上是先分后合的链式结构，前40回先讲述108将单个人物的英雄故事，展现梁山英雄的性格，然后逐步发展到水泊梁山大聚义，可谓百川汇海。70回以后，写作为整体的梁山英雄的故事，他们接受招安，归顺朝廷，逐步走向失败。小说在分写英雄故事时也有链式结构的体现，在叙写完一个英雄的故事后，又通过相互联系的情节，通过这个英雄引出下一个英雄，接下来叙写下一个英雄的故事。这种链式结构既在内容上将诸多英雄好汉慢慢融合在一起，又在结构上环环相扣，线索分明。

（三）俚俗生动的古代白话

《水浒传》用的是古代白话，质朴生动，洗练明快，富有表现力。《水浒传》的语言是高度口语化的，却极具艺术特色。如第16回"杨志押送金银担　吴用智取生辰纲"，往往简单几笔便传达出情节的发展，如"话休絮繁，却说北京大名府梁中书收买了十万贯庆贺生辰礼物完备，选日差人起程"，寥寥数语，便简明地交代了故事的背景。

◎ 核心能力

（一）分析描写方法，把握形象的丰富性

《水浒传》塑造了一大批鲜明丰富的人物形象。作者善于把人物置身于真实的历史环境中，紧扣人物身份、经历和遭遇刻画人物形象。如林冲曾是东京八十万禁军教头，在社会上有一定地位，但依然受到统治阶级的种种陷害，最后忍无可忍，被逼上梁山，从此走上反抗之路。此外，小说还通过肖像描写、语言描写、细节描写等多种手法描摹人物，全面丰富地展现人物形象。

（二）分析共性和个性，感受人物的独特魅力

《水浒传》中共有108将。金圣叹曾评论该书在刻画人物性格时，做到了"人有其性情，人有其气质，人有其形状，人有其声口。即使是同一类型的性格，也要显示出同中之异"。可见，作者在塑造人物形象时，非常注意他们之间的共性和个性。例如鲁智深和李逵同是脾气火暴、侠肝义胆，但鲁智深粗中有细，而李逵头脑简单；林冲和杨志都是军官出身，都有勇有谋，但林冲隐忍负重，杨志急功近利。每一个人物都有其不同于他人的鲜明个性。

（三）分析情节设计，体会叙事的生动曲折

小说多采用顺时叙述方式，但采用多种叙事技巧使情节曲折，引人入胜，平淡之处起波澜，如洪太尉从上清宫到后山，一切顺利，谁知行至山中，遇到猛虎与毒蛇，平淡的爬山活动变得惊心动魄起来。小说常运用悬念引发读者阅读兴趣，如第58回"三山聚义打青州 众虎同心归水泊"，宋江问吴用，如何拿下呼延灼，吴用道："只除如此如此。"小说还善用伏笔，设置误会，追求离奇巧合，又在矛盾中推动情节发展，因此读来波澜起伏，让人兴味盎然。

（四）质疑探究文本，学会思辨性阅读

古代文人对水浒主题的争论有很多。有人认为水浒人物忠义双全，堪称正面典型；有人认为水浒人物够不上忠义，反叛者罪不容诛；还有人认为"少不读水浒"，因为书中有很多暴力血腥或丑陋的地方。面对这种现象，理性地思考、辩证地阅读《水浒传》显得尤为重要。老师要鼓励学生大胆地分享阅读感受，在互动交流中获得新的启迪；要鼓励学生质疑文本、探究文本，与同学和老师的思想展开碰撞，最终实现思辨性阅读，提升语文核心素养。

◎ 核心策略

（一）外化输出策略

外化输出是指在阅读过程中，以口头或书面的形式，把对文本的理解外显出来。以学生内化理解为基础，运用各种策略促进学生外化输出。只有将内化、外化相结合，才能够促进理解的深入。例如可以制作思维导图、读书卡片、书签等，开展辩论赛、读书分享会等，促进学生梳理内容，深度学习。

（二）联结策略

阅读本书，可以使用联结策略，在"文本内""跨文本"和"联结生活体验"三个层次的联结阅读中获得真切深刻的阅读感受。如关注文本内反复出现的情节或字词，如宋江、武松、林冲、卢俊义等主要人物都因"犯罪"而被刺配，还有"刀""酒""招安"等多次出现的字词。通过这一策略，可以从一处文本走向另一处文本，从一种文本走向另一种文本，从这种文本走向那种生活，分析、理解、评价等高阶思维能力在联结中得到培养、锻炼，从而开辟出一片新视野。

（三）比较策略

比较阅读策略，就是把两种或两种以上同类或者有一定联系的文章放在一起比较分析。包括人物与人物的比较、作品与作品的比较、文学作品与影视剧的比较等。如《三国演义》与《水浒传》中的人物形象比较，《三国演义》塑造人物形象的显著特点是典型化，将其主要的性格特征突出和夸大，显得典型和纯粹，具有脸谱化的特点。刘备的宽厚仁德，是贤君的典范；诸葛亮的足智多谋，是贤相的代表。而《水浒传》塑造的人物形象则具有多层次的性格特点。如林冲是隐忍守己的，也是有勇有谋的；鲁智深是粗野鲁莽、疾恶如仇、重情重义的，也是勇而有谋、粗中有细的。宋江的性格则更加复杂，他仗义疏财、有忠有义，但又颇有心机，极为虚伪。《水浒传》人物性格的多元性，使人物形象显得更加饱满，有血有肉。

（四）跨界阅读策略

不同媒介对同一主题的呈现方式不同，也为我们理解主题开辟了多条道路。《水浒传》有电视版、连环画版等，学生在跨界阅读中，可以进行诸多思考。例如，电视版《水浒传》因为集数的限制，会与原著有所不同，又通过光线、机位、构图、音乐、语言等符号资源进行了人物的再塑造和主题的再表达，学生就可以通过比较，体会不同的艺术形式在表现人物、设置情节方面的特点，立体化地品评人物，加深对原著的理解。这一策略激发了当代学生的学习兴趣，学生可以在兴趣中巩固、深化阅读感受。不同的媒介呈现同一作品，或多或少都会有相同点，其中的"同"和"异"正是我们深入阅读的切入点，值得细细品味。

◎ 精神文化

（一）辩证看待人生的复杂性，培养健全人格

《水浒传》中的人物，有行侠仗义的，也有为非作歹的；有扶危济困的，也有趁火打劫的；有仁爱善良的，也有自私残忍的；有忠诚善良的，也有狡猾奸诈的。这就是人性的复杂性和多样性。中学生涉世未深，缺乏社会经验，正处于人格塑造的关键期，而《水浒传》正是一种难得的自我建构的优质资源。

在教师的点拨和纠正下，中学生要学会辩证地看待人性的复杂性，接受其有进步意义的精神品质，摒弃其落后的思想观念。如宋江等人盲目的"忠君"思想是不可取的，而众英雄好汉身上所体现出来的爱国为民、忠诚讲义、仗义疏财、惩恶扬善等道德品质是值得我们继承和发扬的。再如梁山好汉的聚义结合，他们为了让更有才能的好汉上梁山，或使用阴谋诡计，或残忍地断其后路，这是不可取的。但他们作为一个团队，能齐心协力，以求同存异的姿态悦纳彼此，肝胆相照，最终形成了一个强有力的命运共同体，这是我们需要继承和发扬的。我们需要有为了同一个目标而齐心协力的团队精神，并在团队中努力实现个人价值和集体价值。

（二）辩证看待作品中的"伦理纲常"，崇尚文明有序的社会模式

由于封建社会的落后性、保守性，《水浒传》中的许多道德观念与我国现当代的道德观念存在很大差异，并且还有很多极其不合理的地方。如：君为臣纲、父为子纲，夫为妻纲。所有出轨的女子都被施以"刀起头落"的私人判决等。这些行为都是落后，甚至是偏激的。现在社会法制健全、道德规范，绝对不允许有书中的暴力行为的存在，我们要建立有序、文明的社会，既要有法律规范，也要有温情关爱，人与人之间以平等、友好、和谐的方式相处。

● 自主初读

◎ 阅读规划

阅读进程	阅读章节	阅读时间	阅读该部分感受最深的一点	阅读该部分最大的疑惑	自我评价（优、中、一般）	教师评价（优、中、一般）
进程一						
进程二						
进程三						
进程四						
进程五						
……						

◎ 进程一

任务推进

阅读规划	任务单	重点能力指向
范围：第1—8回。 时间：每天25页，共3天阅读完毕。	1.完成表格，探究鲁智深的人物形象。 表格内容： <table><tr><td>人物</td><td>鲁智深对他（们）的态度</td><td>鲁智深人物形象探究</td></tr><tr><td>史进</td><td>认为他是好汉，敬重他</td><td></td></tr><tr><td>李忠</td><td></td><td></td></tr><tr><td>郑屠</td><td></td><td></td></tr><tr><td>金翠莲父女</td><td></td><td></td></tr><tr><td>赵员外</td><td></td><td></td></tr><tr><td>五台山寺僧</td><td></td><td></td></tr><tr><td>智真长老</td><td></td><td></td></tr><tr><td>周通</td><td></td><td></td></tr><tr><td>众泼皮</td><td></td><td></td></tr><tr><td>林冲</td><td></td><td></td></tr></table> 2.文中多次使用伏笔，请找出两处做批注。	通过分析鲁智深对他人的不同态度，不仅梳理该部分的主要内容，还分析、评价鲁智深的性格特点。做批注是赏析作品的主要艺术手法之一。

阶段性检测

1.鲁智深自言道："杀人须见血，救人须救彻。"请结合一处情节对这句话进行阐述。

2.阅读描写鲁智深的三段语言，回答问题。

A."洒家是经略府提辖，姓鲁，讳个达字。敢问<u>阿哥</u>，你姓甚么？"

B."洒家初到这里，正没相识，得这几个<u>大哥</u>每日相伴。"

C."<u>阿嫂</u>休怪，莫要笑话。<u>阿哥</u>，明日再会。"

（1）语段中的画横线的称呼，依次指_____、_____、_____。

（2）鲁智深向来给人莽撞粗鲁的印象，这样的语言描写适合他吗？为什么？

◎ 进程二

任务推进

阅读规划	任务单	重点能力指向
范围：第9—16回。 时间：每天29页，共2天阅读完毕。	1. 围绕"林冲遭遇的陷阱"，完成下面的表格。 2. 结合具体故事情节，说说杨志是怎样一个人。 3. 在众多的英雄中，林冲是作者花费功夫较多的一个。从以下角度中任选其一，分析《水浒传》中人物描写的艺术特点。 A. 紧扣人物身份、经历和遭遇 B. 环境描写 C. 细节描写	1. 精细梳理经典情节，将林冲隐忍的性格具体化、可视化，从而理解他后来突然觉醒的反抗意识。 2. 结合情节分析杨志的形象。 3. 多角度分析小说刻画人物的艺术特点。

内嵌表格：

	主要制造者	陷阱	目的
第一次	陆谦、富安、高衙内	被骗出来饮酒	
第二次			
第三次		误入白虎节堂	
第四次			
第五次			

阶段性检测

1. 如果要为"杨志卖刀"的情节配图，你会选择甲乙哪张图？请说明理由。

甲　　　　　　　　　　　　　　　乙

2. 给语段中的人物写一段赏析，任选角度（参考：肖像描写、语言描写、动作描写等），不少于50字。

话说当时薛霸双手举起棍来，望林冲脑袋上便劈下来。说时迟，那时快，薛霸的棍恰举起来，只见松树背后雷鸣也似一声，那条铁禅杖飞将来，把这水火棍一隔，丢去九霄云外。跳出一个胖大和尚来，喝道："洒家在林子里听你多时！"两个公人看那和尚时，穿一领皂布直裰，挎一口戒刀，提起禅杖，轮起来打两个公人。林冲方才闪开眼看时，认得是鲁智深。林冲连忙叫道："师兄不可下手！我有话说。"智深听得，收住禅杖。两个公人呆了半晌，动弹不得。林冲道："非干他两个事，尽是高太尉使陆虞候分付他两个公人，要害我性命。他两个怎不依他？你若打杀他两个，也是冤屈。"

——第9回《柴进门招天下客 林冲棒打洪教头》

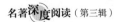

◎ 进程三

任务推进

阅读规划	任务单	重点能力指向
范围：第17—32回。 时间：每天27页，共5天阅读完毕。	1.武松有着丰富的性格特点，通过诸多对立事件表现出来。请任选一组，结合情节对武松的性格特点进行分析。 A.豪放勇武与怯懦妥协 B.沉稳善谋与痞性急躁 C.忠义良善与残暴血腥 2.金圣叹在《读第五才子书法》中云："有草蛇灰线法。如景阳冈勤叙许多'哨棒'字，紫石街连写若干'帘子'字等是也。骤看之，有如无物，及至细寻，其中便有一条线索拽之通体具动。" 请选择"哨棒"或"帘子"，阐述你所理解的"草蛇灰线法"。 3.文中有多处悬念，选择两处做批注。	1.分析武松性格的对立性，把握人物形象的丰富性。 2.根据金圣叹的评论，赏析小说的艺术特点。 3.关注悬念的使用。

阶段性检测

1.阅读下面两段文字，分别说说 A 和 B 是谁的语言，并说明理由。

A 道："感谢你们众位指教我。小人身边略有些东西，若是他好问我讨时，便送些与他；若是硬问我要时，一文也没。"

B 道："众兄长如此指教，且如要使钱，把多少与他？"

2.原著中写林冲深夜暗访晁盖、吴用等人，言明王伦嫉贤妒能，自己欲除之而后快。而1998年版电视剧《水浒传》中写林冲深夜见到晁盖等人，欲言又止。在吴用与林冲交心后，林冲仍然没有表明自己的态度，最后在吴用的激将法下，林冲才表明态度并动手。这样的情节安排是否合理？

3.第29回"施恩重霸孟州道　武松醉打蒋门神"，书中接连32次出现了"酒"，结合具体内容说说这样重复出现的作用。

◎ **进程四**

任务推进

阅读规划	任务单	重点能力指向
范围：第33—50回。 时间：每天31页，共5天阅读完毕。	1. 在这几回中，宋江是一个线索人物，串起了花荣、秦明、黄信、吕方、郭盛、石勇、戴宗、李俊、薛永、穆弘、张横、张顺、李逵等好汉。任选其中两个人，说说他们是如何聚集在宋江身边的。 2. 梳理"三打祝家庄"的情节，完成下面的表格。 {表格1} 3. 分析宋江"义"的具体体现，完成下面的表格。 {表格2} 4. 古典小说善于在矛盾冲突中推进情节。请结合情节，阐述这个观点。	1. 梳理小说情节。 2. 分析小说情节如何曲折生动，或平地起波澜，或善于在矛盾中推进情节。 3. 分析宋江性格中"义"的具体体现。

表格1：

事件	开端	发展	高潮	结局	成败的原因
一打祝家庄					
二打祝家庄					
三打祝家庄					

表格2：

"义"的特征	具体体现
仗义疏财	
真诚关怀	
礼待降将	

阶段性检测

1.阅读下面的语段，回答问题。

"难得宋江哥哥，又不曾和我深交，便借我十两银子，果然仗义疏财，名不虚传……如今得他这十两银子，且将去赌一赌。倘或赢得几贯钱来，请他一请也好看。"

（1）这是_____（人物）的心理活动。

（2）这段心理描写有什么作用？

2."宋江智取无为军""石秀智杀裴如海"，分别说说他们的"智"体现在哪里。

3.运用比较策略，任选一个题目做分析。

题目一："宋江对待武松"与"柴进对待武松"

题目二："李逵杀虎"与"武松打虎"

◎ 进程五

任务推进

阅读规划	任务单	重点能力指向
范围：第五十一回至第七十一回。时间：每天33页，共5天阅读完毕。	1.《鲍鹏山品水浒》中写到卢俊义被骗上梁山的六个步骤：第一，吓他；第二，骗他；第三，陷害他；第四，玩他；第五，羞辱他；第六，哄他。请任选两个步骤说说情节。 2. 为燕青制作一张人物档案卡片，将表格补充完整。 **燕青的人物卡片** <table><tr><td>出处</td><td>施耐庵《水浒传》</td></tr><tr><td>外貌特征</td><td></td></tr><tr><td>人物性格</td><td></td></tr><tr><td>典型事例</td><td></td></tr><tr><td>人物点评</td><td></td></tr></table> 3. 结合"李逵打死殷天锡""李逵斧劈罗真人""黑旋风探穴救柴进"的情节，分析李逵性格的丰富性。 4. 明人张岱称吴用"诸葛曹瞒，合而为一"，你赞成这个观点吗？结合情节说明理由。	1. 参照名家评点，具体分析有关卢俊义的经典情节。 2. 为小说的主要人物建立档案卡片。 3. 品析李逵、吴用性格的丰富性。

阶段性检测

1. 阅读以下两段文字，回答问题。

甲："徐宁的娘子觉来，听得响，叫梅香道：'梁上甚么响？'时迁做老鼠叫，丫嬛道：'娘子不听得是老鼠叫？因厮打，这般响。'时迁就便学老鼠厮打，溜将下来，悄悄地开了楼门，款款地背着皮匣，下得胡梯，从里面直开到外门。"

乙："天明，两个丫嬛起来，只见楼门也开了，下面中门大门都不关。慌忙家里看时，一应物件都有。两个丫嬛上楼来对娘子说道：'不知怎地门户都开了，却不曾失了物件。'娘子便道：'五更里听得梁上响，你说是老鼠厮打，你且看那皮匣子没甚么事？'两个丫嬛看了，只叫得苦：'皮匣子不知那里去了！'"

（1）与两段文字相关的情节是什么？用简洁的文字概括。

（2）赏析这两段文字在该回中的作用。

2. 宋江为什么要把卢俊义骗上梁山？结合宋江的思想探究原因。

3. 宋江将"聚义厅"改为"忠义堂"，谈谈对宋江的"忠义"的理解。

◎ 进程六

任务推进

阅读规划	任务单	重点能力指向
范围：第72—120回。时间：每天33页，共10天阅读完毕。	1. 第71—82回展示了宋江积极谋求接受招安的三条途径，请用简洁的语言进行概括。 2. 说说林冲、武松、李逵、鲁智深、宋江、吴用、花荣的结局。	1. 梳理招安的三条途径。 2. 了解主要人物的结局。

阶段性检测

1.请写出这几回中四个主要事件：征 辽 、征＿＿＿＿ 、征＿＿＿＿ 、平＿＿＿＿ 。

2.九天玄女传授法旨：替天行道。并且分两个阶段，招安前"为主全仗忠义"；招安后"＿＿＿＿＿＿＿＿＿＿＿"。

3.甲、乙两个语段中人称有什么不同？你觉得哪个更好？为什么？

甲

"你那皇帝，正不知我这里众好汉，来招安老爷们，倒要做大！你的皇帝姓宋，我的哥哥也姓宋，你做得皇帝，偏我哥哥做不得皇帝！你莫要来恼犯着黑爹爹，好歹把你那写诏的官员尽都杀了！"

乙

"你那皇帝，正不知这里众好汉，来招安老爷们，倒要做大！皇帝姓宋，哥哥也姓宋，你做得皇帝，偏哥哥做不得皇帝！莫要来恼犯着黑爹爹，好歹把你那写诏的官员尽都杀了！"

课型推进

◎ 阅读课规划

教学阶段	主要内容	教学资源	设计意图
导读课	了解作家、作品内容、主要人物、主要故事情节及阅读小说的方法。	课前查阅的《水浒传》资料	通过阅读指导，让学生形成对作品的阅读期待。
推进课1	结合相关语段，用同中求异的方法深入理解情节，品读人物性格特点。	阅读中的推敲策略、联结策略，关于人物的阅读材料	掌握分析主要人物的方法，深化对人物思想的理解，学生能形成自己的感受与评价。
推进课2	通过梳理作品中有悬念情节的段落，展开悬念作用的讨论。	《水浒传》中有悬念的段落	在收集、梳理资料中，学生对"悬念"能有自己的理解。
推进课3	品析人性各具色彩的语言，通过朗读、品味，领会语言描写的魅力。	《水浒传》中描写语言的段落	通过整合，再朗读，理解不同个性的人在语言表达上的异同，加深学生对人物的理解。
成果分享课	通过讲故事和辩论赛等自由表达的活动，深入理解作品。	准备的故事和辩论稿等	加深学生对作品的理解，分析"忠义"的主题。

◎ 专题探究信息一览表

专题	探究指向	阅读策略	思维层次
专题1：探究《水浒传》中的情节	探究曲折的情节、重组的内容	比较策略、推敲策略、内容重组策略	分析、探究、比较、评价思维

续表

专题	探究指向	阅读策略	思维层次
专题2：为《水浒传》人物立传	对人物和主题的深度理解	信息收集筛选策略、比较策略、联结策略、整合策略	分析、比较、综合、评价、创造、质疑等思维
专题3：分析章回体小说的艺术特点	对作品的理解能力及创造能力	信息收集筛选策略、比较策略、联结策略、整合策略	分析、比较、综合、评价、创造等思维

说说《水浒》，爱上奇书

——《水浒传》导读课

【教学目标】

1. 了解《水浒传》的成书、版本等。

2. 趣谈书名，启发学生阅读兴趣。

3. 了解小说大体情节。

4. 初步感受"官逼民反"的主题。

【教学重点与难点】

通过梳理回目，了解小说大体情节。

通过找相关语句，初步感受"官逼民反"的主题。

【教学过程】

一、查阅资料，初步感受《水浒传》之奇

1.《水浒传》的故事有没有历史原型？

链接资料

宋江寇京东，蒙上书言：江以三十六人横行齐魏，官军数万无敢抗者，其才必过人，今青溪盗起，不若赦江，使讨方腊以自赎。

——《宋史·侯蒙传》

2.《水浒传》一共写了多少人？

链接资料

《水浒传》中有名有姓的人物577人，有姓无名的99人，有名无姓的9人，书中提到而未出场的102人，全书共写了787人。

——百度文库

3.《水浒传》成书过程

链接资料

元末明初，施耐庵深刻认识到社会的黑暗专制、官场的腐败颓废，在满腔悲愤中他搜集、整理关于梁山宋江等英雄人物的故事。他在民间传说、元杂剧水浒戏的基础上进行加工和创造，最终写成《水浒传》。

二、趣谈《水浒》书名

《水浒传》书名知多少？

德文译名是《强盗与士兵》

法文译名是《中国的勇士们》

英文译名是《在河边发生的故事》《四海之内皆兄弟》

链接资料

古公亶父，来朝走马，率西水浒，至于岐下。

——《诗经·大雅·绵》

《诗经·大雅·緜》是周人用来纪念和歌颂亶父对周部族发展贡献的诗歌，诗中的"水浒"一词指的就是后来供周部族居住发展的周原。因此，后世将"水浒"一词引申为"出路""安身之地"的意思。

小结：用"水浒"这个典故做书名，意在表达宋江、武松、林冲、鲁智深等一众豪杰好汉由于种种原因无法在正常的社会中生活，人生的出路被截断，"八百里水泊"中的"梁山"便成了这些好汉唯一的出路与安身之地。

三、梳理回目，了解小说的大概情节

1.从目录看，梁山英雄的三次相聚是什么时候？结合文本进行分析。

明确：第一次相聚是在第16回"杨志押送金银担　吴用智取生辰纲"，以晁盖为首，这是水浒英雄统治集团的首次相聚，他们有文有武，互相配合，用智慧来换取不义之财——梁中书的十万金银担。但这种见利眼开的行为还是有点市井气息了，就为了一时的快活，但同时也是为了生活下去，暗示了"官逼民反"的主旨。众人胜利的原因在于团结一致，各自发挥特长，充分利用天时地利人和的条件，不费一兵一卒就取得了成功，体现了智慧的重要性。

第二次相聚是在第40回"梁山泊好汉劫法场　白龙庙英雄小聚义"，这次是因为宋江和戴宗深陷狱中，众好汉就商议以武力劫法场，救下两位英雄。这次是他们第一次用武力公然对抗朝廷，体现了他们的义气，也体现了集体的力量。

第三次相聚是在第71回"忠义堂石碣受天文　梁山泊英雄排座次"，梁山让他们有了暂时安身立命的场所，实现了大口喝酒、大口吃肉的快活生活，使他们不再受朝廷的压迫，也让他们的力量变得前所未有的强大，所以他们稳定下来，有秩序、有规矩地相聚在一起。

2.根据目录分析林冲和杨志的经历，他们的反抗之路与史进、鲁智深一样吗？

花和尚倒拔垂杨柳　　豹子头误入白虎堂

柴进门招天下客　　林冲棒打洪教头

林教头风雪山神庙　　陆虞候火烧草料场

朱贵水亭施号箭　　林冲雪夜上梁山

梁山泊林冲落草　　汴京城杨志卖刀

急先锋东郭争功　　青面兽北京斗武

杨志押送金银担　　吴用智取生辰纲

花和尚单打二龙山　　青面兽双夺宝珠寺

明确：林冲和杨志在社会上的地位都比较高，他们出身高贵，又有真才实学，积极进取，渴望通过努力和奋斗过好当下的生活。但在现实生活中却意外横生。林冲误入白虎堂——棒打洪教头——风雪山神庙——雪夜上梁山——梁山泊落草，在权贵的步步紧逼下，终于被迫走上了反抗之路。

杨志也是名门之后，却家道中落，由于仕途不顺，出场就是落魄卖刀，再到北京斗武、押送金银担，都是因为不甘心，想在社会上博得一席之地，可惜处处受限，最终双夺宝珠寺，后入伙梁山。

小结：林冲和杨志都是被迫走上反抗道路。从他们的经历可见，不论身处哪个阶层，不论性格暴躁还是安分守己之人，不论是一心向上，渴望封妻荫子，还是只求现世安稳，保持现状，在黑暗社会中，在强权压迫之下，不反抗则死，所以他们被迫走上反抗之路。

四、初步感受"官逼民反"的主题

金圣叹将原本《水浒传》第2回改为第1回，一开篇便是高俅出场。他认为"一部大书七十回，将写一百八人也，乃开书未写一百八人，而先写高俅者，盖不写高俅，便写一百八人，则是乱自下生也；不写一百八人，先写高俅，则是乱自上作也。"你从文中哪些地方看出官府的黑暗、腐朽？

明确：第2回，高俅踢球玩耍、不务正业，却能左右逢源，进入统治阶层；

第6回，官府的不作为，导致丘小乙等人胡作非为；东京城繁华热闹，民间却苦不堪言；

第9回，林冲到沧州牢城，只要交钱就能免一百杀威棒；等等。

五、布置作业

跳读或精读《水浒传》，做批注。

【配套练习】

1. 补全回目。

（1）赵员外重修文殊院　_____大闹五台山

（2）_____倒拔垂杨柳　_____误入白虎堂

（3）_____斗法破高廉　_____探穴救柴进

（4）放冷箭_____救主　　劫法场_____跳楼

（5）宋公明夜打曾头市　　_____活捉史文恭

2. 阅读语段，完成下面两个小题。

看那雪，到晚越下得紧了……再说　A　踏着那瑞雪，迎着北风，飞也似奔到草场门口，开了锁，入内看时，只叫得苦。原来天理昭然，佑护善人义士。因这场大雪，救了　A　的性命。那两间草厅已被雪压倒了。

（1）A 处的人物是指_____，其主要的性格特点是_____。

（2）用简练的语言写出《水浒传》中有关 A 的另一个故事。

_____

3. 以下关于《水浒传》的说法，正确的是（　　　）

A. 小说的作者是明末清初的施耐庵。此书在明代时被列入"四大奇书"。近现代以来，又成为古典小说"四大名著"之一。

B. 这是一部英雄传奇小说，其用较重笔墨来写英雄人物的个性特征和传奇行为，而不注重描写他们与平常人相通的方面。

C. 小说是在几百年民间创作的基础上不断加工、不断完善起来的，它站在国家社会的高度来构思，展现广阔的社会历史背景。

D. 小说整体上是先合后分的链式结构，这种链式结构既在内容上将诸多英雄好汉慢慢融合在一起，又在结构上环环相扣，线索分明。

同中见异，异彩纷呈
——《水浒传》推进课 1

【教学目标】

1. 梳理整合故事情节、人物关系、思想主题等。

2. 解读人物间的共性和个性。

【教学重点】

利用思维导图，梳理整合不同内容。

【教学难点】

利用同中见异的方法，解读人物形象。

【教学过程】

一、导入

同学们，我们刚刚听到的是《好汉歌》，今天就来讲讲《水浒传》。到今天为止，绝大部分同学都已经看到了《水浒传》第 71 回。而到这一回，各路英雄纷纷来到梁山泊聚义，场面颇为壮观。让我们先来搜寻记忆，回顾《水浒传》。

二、复习情节

1.人物及绰号

黑旋风（　　　）　　　青面兽（　　　）　　　九纹龙（　　　）

行者（　　　）　　　　神行太保（　　　）　　　母夜叉（　　　）

鼓上蚤（　　　）

2.他来到浔阳楼自饮自吃，吟"反诗"两首。黄文炳于浔阳楼上发现"反诗"，蔡九知府下令捉拿。他装疯。黄文炳是个极其小气的人，便要置他于死地，蔡九知府把他下到死囚中。（"他"是谁）

3.他在破"连环马"时，派时迁偷甲骗徐宁上了梁山。宋江闹华州时，他又出计借用宿太尉金铃吊挂，救出了九纹龙史进、花和尚鲁智深。他一生屡出奇谋，屡建战功。（"他"是谁）

4.图中描绘的是什么情节？

三、思维导图理情节

小组活动：

1.成员依次介绍思维导图内容。

2.推荐最佳的一张思维导图进行展示。

小结：用思维导图来整理人物关系、情节、思想主题等许多内容，可以说思维导图贯穿了名著阅读的整个过程和方方面面，是一个特别好的方法。通过刚才的思维导图，我们发现，小说中某些情节是相似的，某些人物的性格也是相似的，正如梁启超的这段话：

若《水浒》，则一百零八条好汉，有一百零五条乃真男子也；其身份同是莽男儿，等也；其事业同是强盗，等也；其年纪同是壮年，等也；故不重复也最难。

——梁启超《小说丛话》

四、同中见异品人物

1. 以下描写的四个人物是谁？根据情节说说你的判断。

"你是甚么人，敢来笑话我的本事！俺经了七八个有名的师父，我不信倒不如你，你敢和我扠（chā）一扠吗？"（　　）

"我是清河县人氏，这条景阳冈上少也走过了一二十遭，几时见说有大虫，你休说这般鸟话来吓我！——便有大虫，我也不怕！"（　　）

"呸！俺只道那个郑大官人，却原来是杀猪的郑屠。这个腌（ā）臜（zā）泼才……你们两个且在这里，等洒家去打死了那厮便来。"史进、李忠抱住劝道："哥哥息怒，明日却理会。"两个三五回次劝得他住。（　　）

百姓撞着的，都被他翻筋斗，都砍下江里去。晁盖便挺朴（pō）刀叫道："不干百姓事，休只管伤人！"那汉那里来听叫唤，一斧一个，排头儿砍将去。（　　）

2. 揣摩以下句子，说说"粗鲁"的具体含义。

《水浒传》只是写人粗鲁处，便有许多写法：如鲁达粗鲁是性急，史进粗鲁是少年任气，李逵粗鲁是蛮，武松粗鲁是豪杰不受羁绊。

——金圣叹评《水浒传》

〔示例〕鲁达侠肝义胆，扶危济困，听到金翠莲父女的悲惨遭遇后，就怒不可遏，恨不得马上就痛揍一顿镇关西，所以嘴里骂骂咧咧，迫不及待要走出去，可见其性急；史进认为自己有七八个有名师父的指点，肯定能打得过王进，所以很坚定、很任性；李逵嗜杀成性，头脑简单，只知道使蛮劲；武松很爱面子，不愿被他人左右，所以不听劝，一心要上山冈，显得洒脱不受约束。

五、同中见异品情节

1. 说说有哪些同类的情节。

〔示例〕

刺配之路（林冲发配沧州和武松发配恩州）；

打虎（武松打虎和李逵打虎）；

劫法场（江州劫法场和大名府劫法场）；

上梁山的方式（主动上梁山和被动上梁山）；

……

2. "劫法场"专题探究。

同类情节	代表人物	原因	高潮和结局	综合发现（人物性格特点的异同分析）
江州劫法场（第40回）	李逵	①	李逵抢着板斧，一路往前杀，最终和其他好汉救下宋江和戴宗。	④
大名府劫法场（第62回）	石秀	②	③	

〔示例〕

①宋江是李逵追随的大哥，现在大哥和戴宗即将被处以斩刑。

②梁山看重的卢俊义即将被处以斩刑。

③石秀跳下楼来，大喊：梁山好汉全部在此。

④李逵、石秀都是勇猛无畏、重情重义的人。李逵脾气火爆，头脑简单，莽撞冲动；石秀精明机智，智勇双全。

3. 刺配之路。

林冲发配沧州之路：林冲遭太尉高俅迫害，刺配沧州。途中，押解林冲的董超、薛霸二人在高太尉的授意下，在野猪林迫害林冲。鲁智深及时出现救了林冲，林冲却叫他不要打董、薛二人。

武松发配恩州之路：武松因遭张都监陷害，刺配恩州，在飞云浦，公人受蒋门神指使要害武松，武松一脚一个，将其中两公人踢入河中，又将另外两公人擒住。武松明白真相后大怒，将四个公人全部斩杀。

异同点：两人都是被发配，但深受迫害的林冲不敢打董、薛二人，可见他逆来顺受，忍辱负重；而武松遇到迫害时，擒住两公人，明白真相后大怒，又斩杀全部公人，可见他勇敢无畏，疾恶如仇，有仇必报。

小结：为什么小说中会出现那么多相似的情节呢？很可能和《水浒传》的成书过程有关。因为其成书不是一个人一次性完成，而是有一个比较长的累积过程，是从书场演说、舞台表演逐步发展成案头读物，所以这些故事并不一定是作者最后想出来的。在故事的流传过程中，不同的说书人可能会不约而同地加入自己的思考，但写定折汇成一书时，作者匠心独运，尽力在相同处描绘出不同来，这就是超高的艺术水平的体现。

六、作业

运用"同中见异"的方法深入阅读，自选角度进行分析。

【配套练习】

1. 阅读语段，在横线上填上人名。

乐和唱这个词，正唱到"望天王降诏，早招安"，只见：

_____叫道："今日也要招安，明日也要招安去，冷了弟兄们的心！"

_____便睁圆怪眼，大叫道："招安，招安！招甚鸟安！"只一脚，把桌子踢起，颠作粉碎。

……

_____便道："只今满朝文武，俱是奸邪，蒙蔽圣聪，就比俺的直裰染做皂了，洗杀怎得干净？招安不济事！便拜辞了，明日一个个各去寻趁罢。"

2.《水浒传》中刻画了三位女英雄：孙二娘、顾大嫂、扈三娘。请挑选下面的词语来一一对应她们的性格，并说明理由。

A. 泼辣耿直　　B. 争强好胜　　C.胆大心细

3.阅读甲、乙语段，比较王伦两次说的话（画横线句）和林冲两次说的话（画波浪线句），有无变化？分别说明理由。

甲

当下王伦叫小喽啰一面安排酒食，整理筵宴，请林冲赴席。众好汉一同吃酒。将次席终，王伦叫小喽啰把一个盘子托出五十两白银、两匹纻丝来。王伦起来说道："柴大官人举荐将教头来敝寨入伙，争奈小寨粮食缺少，屋宇不整，人力寡薄，恐日后误了足下，亦不好看。略有些薄礼，望乞笑留，寻个大寨安身歇马，切勿见怪。"林冲道："三位头领容复：小人'千里投名，万里投主'，凭托柴大官人面皮，径投大寨入伙。林冲虽然不才，望赐收录，当以一死向前，并无诡诈，实为平生之幸。不为银两赍发而来，乞头领照察。"王伦道："我这里是个小去处，如何安着得你。休怪，休怪！"

——第11回《朱贵水亭施号箭　林冲雪夜上梁山》

乙

看看饮酒至午后，王伦回头叫小喽啰："取来。"三四个人去不多时，只见一人捧个大盘子里放着五锭大银。王伦便起身把盏，对晁盖说道："感蒙众豪杰到此聚义，只恨敝山小寨是一洼之水，如何安得许多真龙？聊备些小薄礼，万望笑留。烦投大寨歇马，小可使人亲到麾下纳降。"晁盖道："小子久闻大山招贤纳士，一径地特来投托入伙。若是不能相容，我等众人自行告退。重蒙所赐白金，决不敢领。非敢自夸丰富，小可聊有些盘缠使用，速请纳回厚礼。只此告别。"王伦道："何故推却？非是敝山不纳众位豪杰，奈缘只为粮少房稀，恐日后误了足下，众位面皮不好，因此不敢相留。"

说言未了，只见林冲双眉剔起，两眼圆睁，坐在交椅上大喝道："你前番我上山来时，也推道粮少房稀。今日晁兄与众豪杰到此山寨，你又发出这等言语来，是何道理？"

——第19回《林冲水寨大并火　晁盖梁山小夺坡》

设置悬念，引人入胜
——《水浒传》推进课2

【教学目标】

1.理解悬念的几种方式。

2.探究作品中悬念的表达效果。

【教学重点与难点】

结合文本，探究作品在情节上设置悬念的效果。

【教学过程】

一、导入

"欲知后事如何，请听下回分解。"不知同学们是否对这句话有所耳闻？若是一个故事，讲述者留了一半未言，你觉得如何？说话未说完，留有悬念，总是引人注意。而《水浒传》在情节的设置上也采取了留悬念的手法，牢牢吸引住广大读者的心。

二、小组合作，探究悬念

《水浒传》中关于悬念的设置方式有许多，比如省略、预叙、人物所知有限等，今天，我们从省略、预叙、人物所知有限三种方式入手展开合作探究。每一种方式可由两组选择，每两个组认领一个方式进行探讨，并结合两处以上情节进行分析。

提示：

1. 因为本书内容量较大，可以在梳理主要人物及其情节的基础上，直接从主要人物入手。

2. 以前50回为主。

〔示例〕

（1）省略

①《水浒传》第16回（"杨志押送金银担　吴用智取生辰纲"），叙述晁盖、吴用等七人聚义饮酒，商量夺取生辰纲的计策。"吴用笑道：'我已安排了圈套，只看他来的光景，力则力取，智则智取。我有一条计策，不知中你们意否？如此如此。'晁盖听了大喜，撅着脚道：'好妙计！不枉了称你做智多星，果然赛过诸葛亮。好计策！'"

计策的具体内容被"如此如此"省略了，这个省略将读者蒙在鼓里，使读者对夺取生辰纲的策略和过程充满了期待，悬念便产生了。直到智取生辰纲成功之后，读者才恍然大悟。

②第40回（"梁山泊好汉劫法场　白龙庙英雄小聚义"），吴用和晁盖商议营救宋江和戴宗。"吴学究道：'……只是事不宜迟，我们只得恁地，可救他两个。'晁盖道：'怎生去救？用何良策？'吴学究便向前与晁盖耳边说道：'这般这般，如此如此。主将便可暗传下号令与众人知道，只是如此动身，休要误了日期。'众好汉得了将令，各各拴束行头，连夜下山，望江州来，不在话下。说话的，如何不说计策出？管教下回便见。"

这段文字用"这般这般，如此如此"将计策的内容省略了，产生了悬念。叙述者也知道读者会在此处产生疑问，于是设问自答，与虚拟的读者进行对话，告知读者，下文即可看到营救计策。如果在此处将计策叙述一遍，显然会造成不必要的重复叙述。这是叙述者对"省略"所作的解说和对下文所作的预示，这种解说和预示也使读者对下文充满了期待。

（2）预叙

①第24回（"王婆贪贿说风情　郓哥不忿闹茶肆"），西门庆欲勾引潘金莲，贿赂王婆，王婆献计，要西门庆为她买送终的衣料，以便请潘金莲当裁缝。潘金莲如果肯替她做，"这便有一分光了"；如果潘金莲要将衣料拿回自家去做，"此事便休了"；如果她肯来王婆家做，"这光便有二分了"。

王婆完整细致地从"一分光"的情景讲述到"十分光"的情景，可谓和盘托出，全面而周到。于是读者期待着：这样的计策能实施到"几分光"？会不会在中途"便休了"？悬念就此产生了。用预叙设置悬念可以是说出将要施行的计策，也可以是对此后要发生的事件的预感或判断。

②第30回（"施恩三入死囚牢　武松大闹飞云浦"），武松被刺配恩州，施恩为他送行时，觉得那两个公人不是好人，便对武松说："路上仔细提防，这两个贼男女不怀好意！"这是人物的猜测，也是预叙，因为后来这两个公人果然要在半路上害武松。预叙形成了悬念，使读者期待着情节的发展变化。

（3）人物所知有限

①第10回（"林教头风雪山神庙　陆虞候火烧草料场"），以李小二夫妻的视角叙述陆谦等人设计陷害林冲。"小二道：'这两个人语言声音是东京人，初时又不认得管营，向后我将按酒入去，只听得差拨口里讷出一句'高太尉'三个字来，这人莫不与林教头身上有些干碍？我自在门前理会，你且去阁子背后听说甚么。'老婆道：'你去营中寻林教头来，认他一认。'李小二道：'你不省得，林教头是个性急的人，摸不着便要杀人放火。倘或叫得他来看了，正是前日说的甚么陆虞候，他肯便罢？做出事来，须连累了我和你。你只去听一听，再理会。'"

以这样的人物视角叙述是不能完整地揭示事件的真相的，只能反映出事件的片段和表面现象，于是事件的真相便成了疑问，悬念便产生了。

②第28回（"武松威镇安平寨　施恩义夺快活林"），用武松的视角叙述："只见管营相公身边立着一个人，六尺以上身材，二十四五年纪，白净面皮，三绺髭须；额头上缚着白手帕，身上穿着一领青纱上盖，把一条白绢搭膊络着手。那人便去管营相公耳朵边略说了几句话。"

这一段形成了另外一个悬念，"那人"是谁？他对管营说了什么？为什么后来管营不仅不打武松，反而找借口替他开脱？这是人物视角叙述产生的悬念。

小结：《水浒传》在情节的设置上以悬念取胜，以多种方式设置的悬念使情节变得曲折生动，引起读者阅读的兴趣。除此以外，还有矛盾冲突、伏笔等，它们使小说行文生动活泼、摇曳生姿，使读者欲罢不能。

【配套练习】

1. 第 4 回（"赵员外重修文殊院　鲁智深大闹五台山"），赵员外送鲁达到五台山出家，众僧人觉得他"形容丑恶，貌相凶顽"，劝长老不要剃度他。长老说："只顾剃度他。此人上应天星，心地刚直。虽然时下凶顽，命中驳杂，久后却得清净，正果非凡。汝等皆不及他。可记吾言，勿得推阻。"此处有几个预叙？分别是什么？

2. 在第 36 回回评中，金圣叹详细评点了此回文字所用的"步步紧逼"之法，将其归纳为"七追"："如投宿店不得，是第一追；寻着村庄，却正是冤家家里，是第二追；掇壁逃走，乃是大江截住，是第三追；沿江奔去，又值横港，是第四追；甫下船，追者亦已到，是第五追；岸上人又认得艄公，是第六追；舱板下摸出刀来，是最后一追，第七追也。"七次追捕宋江等人，为什么要一一道来呢？不能省略几次吗？

3.《水浒传》第 13 回写杨志与索超武斗，两人不分胜败。但是无人猜测谁会赢，文中也没有一些暗示或者征兆，但为什么作者明明知道谁会赢，却藏着不说？

如闻其声，如见其人
——《水浒传》推进课 3

【教学目标】

1. 体会小说个性化的语言特色。

2. 分析人物的性格特点。

【教学重点】

品读语言，体会小说"千人千腔""一人千腔"的语言特色。

【教学难点】

通过品读小说个性化的语言，分析人物的性格特点。

【教学过程】

一、导入

鲁迅先生曾说："如果删掉了不必要之点，只摘出各人的有特色的谈话来，我想，就可以使别人从谈话里推见每个说话的人物。"语言是塑造人物形象的重要方法之一，"如闻其声，如见其人"，成功的人物语言不仅能充分地传达出人物谈话的内容，还能使读者感受到人物说话时的语气和动作，从而使上下文的衔接更紧密，人物的性格也更突出。

二、活动任务：品"千人千腔"

《水浒传》塑造了一百零八位好汉形象，每个人物的性格都很突出，他们的语言也都各有各的特色，可谓"千人千腔"。

截取书中三个"初遇宋江"的片段，品读吴用、李逵、武松这三人的语言，通过对比不同人相遇同一人时的不同语言，来品味《水浒传》中"千人千腔"的语言特色。

场景一："初遇宋江"

吴用道："若非此人来报，都打在网里。这大恩人姓甚名谁？"晁盖道："他便是本县押司'呼保义'宋江的便是。"吴用道："只闻宋押司大名，小生却不曾得会，虽是住居咫尺，无缘难得见面。"

——《水浒传》第 18 回

李逵看着宋江问戴宗道："哥哥，这黑汉子是谁？"戴宗对宋江笑道："押司，你看这厮怎么粗卤，全不识些体面！"李逵便道："我问大哥，怎地是粗卤？"戴宗道："兄弟，你便请问这位官人是谁便好。你倒却说'这黑汉子是谁'，这不是粗卤，却是甚么？我且与你说知：这位仁兄，便是闲常你要去投奔他的义士哥哥。"李逵道："莫不是山东及时雨黑宋江？"戴宗喝道："咄！你这厮敢如此犯上，直言叫唤，全不识些高低！兀自不快下拜等几时！"李逵道："若真个是宋公明，我便下拜；若是闲人，我却拜甚鸟！节级哥哥，不要瞒我拜了，你却笑我！"宋江便道："我正是山东黑宋江。"李逵拍手叫道："我那爷！你何不早说些个，也教铁牛欢喜！"翻扑身躯便拜。宋江连忙答礼，说道："壮士大哥请坐。"

——《水浒传》第 38 回

那大汉听得是宋江，跪在地下，那里肯起，说道："小人'有眼不识泰山'！一时冒渎兄长，望乞恕罪。"宋江扶起那汉，问道："足下是谁？高姓大名？"柴进指着道："这人是清河县人氏，姓武，名松，排行第二，今在此间一年矣。"宋江道："江湖上多闻说武二郎名字，不期今日却在这里相会，多幸，多幸！"柴进道："偶然豪杰相聚，实是难得。就请同坐一席说话。"

——《水浒传》第 23 回

点评：态度方面，李逵过激的态度表现了其率性豪放的性格，知道宋江真实身份时的"拍手叫道"则突出了李逵对宋江的崇拜，将其崇尚忠义、欣赏英雄好汉的性格表现了出来；吴用对待宋江的态度就平淡多了，从"小生""虽"等字眼表现了其谦卑、崇尚忠义和英雄好汉的人物性格；武松的态度既不如李逵那般激动，也不如吴用那般平淡，但是从"那大汉听得是宋江，跪在地下，那里肯起，说道：'小人有眼不识泰山！一时冒渎兄长，望乞恕罪。'"这句充分表现出武松对宋江这等英雄好汉的赏识与崇拜。

自称方面，李逵与武松的自称大多比较直爽，例如"洒家""铁牛"等；吴用的自称"小生"就显得儒雅多了。

语言特征方面，吴用的话语中大多透露着一股文绉绉的雅致；李逵的语言特征恰好与吴用相反，其说话一点也不冷静，一点也不转弯抹角，得知宋江将要接受招安时，李逵皱着眉头叫道："招安做甚？我定当杀了那个狗皇帝，让宋哥哥当皇帝。"这句话既体现了李逵说话冲动、直率，将其如孩子般率真的性格一展无遗，又从侧面写出他对宋江的奴性和无原则的义气，一语双关。武松的语言特征与李逵有一点点相似，但又略显不同，可谓"粗中有细，同中有异"。

三、活动任务：品"一人千腔"

截取"差拨对待林冲"和"林冲对待陆虞候"的片段，通过对比一个人在不同的时间段对待相同的人时其语言的不同，来分析《水浒传》中"一人千腔"的语言特色。

场景二："差拨对待林冲"

林冲刺配沧州时，差拨对他说话的情形——

差拨指着林冲骂道："……我看这贼配军满脸都是饿文，一世也不发迹。打不死、拷不杀的顽囚，你这把贼骨头好歹落在我手里，教你粉骨碎身，少间叫你便见功效。"

——《水浒传》第 9 回

而当林冲取五两银子与他时，差拨说话的情形却大不相同了——

差拨见了，看着林冲却笑道："林教头，我也闻你的好名字，端的是个好男子！想是高太尉陷害你了。虽然目下暂时受苦，久后必然发迹。据你的大名，这表人物，必不是等闲之人，久后必做大官。"

——《水浒传》第 9 回

点评：这前倨后恭的两段话，十分具有典型性。作者还运用了一些动词来突出这种对比，如"笑""骂"这两个动词充分表现了差拨前后态度的差异，揭露了当时宋朝社会的腐败，同时为林冲"官逼民反"的举动做了铺垫和照应。这样的差拨，这样的社会，怎能不反？而两个"发迹"也成了明显的对比，一个是"一世也不发迹"，一个却是"久后必然发迹"，前面说是"贼配军……贼骨头"，后面却是"好男子""必不是等闲之人"，作者充分利用对比方法描写语言，写出了差拨的"一人千腔"，把人物写活了。

场景三："林冲对待陆虞候"

且说林冲连日闷闷不已，懒上街去。巳牌时，听得门首有人叫道："教头在家么？"林冲出来看时，却是陆虞候，慌忙道："陆兄何来？"陆谦道："特来探望兄，何故连日街前不见？"林冲道："心里闷，不曾出去。"陆谦道："我同兄长去吃三杯解闷。"林冲道："少坐拜茶。"……林冲叹了一口气，陆虞候道："兄长何故叹气？"林冲道："贤弟不知，男子汉空有一身本事，不遇明主，屈沉在小人之下，受这般腌臜的气！"陆虞候道："如今禁军中虽有几个教头，谁人及得兄长的本事，太尉又看承得好，却受谁的气？"林冲把前日高衙内的事告诉陆虞候一遍。陆虞候道："衙内必不认得嫂子。兄长休气，只顾饮酒。"

——《水浒传》第7回

翻身回来，陆虞候却才行得三四步。林冲喝声道："好贼，你待那里去！"批胸只一提，丢翻在雪地上。把枪搠在地里，用脚踏住胸脯，身边取出那口刀来，便去陆谦脸上搁着，喝道："泼贼！我自来又和你无甚么冤仇，你如何这等害我？正是杀人可恕，情理难容。"陆虞候告道："不干小人事，太尉差遣，不敢不来。"林冲骂道："奸贼，我与你自幼相交，今日倒来害我，怎不干你事？且吃我一刀。"

——《水浒传》第10回

点评：可以从称谓、语气这两个方面来对比林冲面对陆虞候时前后的反差，也可以从这种反差中分析林冲的性格。从称谓上来看，前文是"陆兄"，而后面却成了"泼贼"；从语气和态度来看，前文林冲面对友人陆虞候的语气和态度是十分真挚的，而后文的语气和态度却充满了震怒与愤恨。从前文他对友人的语气和态度中可以知道林冲是一个重情重义的汉子，从后文他对害自己的敌人的语气与态度中可以体现出他的疾恶如仇。作者巧妙利用了语言性格化的描写表现出了林冲的两种性格。

总结：清初著名文学评论家金圣叹说："《水浒》所叙，叙一百八人，人有其性情，人有其气质，人有其形状，人有其声口。"《水浒传》用的是古代白话，白描式的语言，质朴生动，极富表现力，正因为作者在人物语言的描写上花费了如此大的精力，所以才使一百零八位好汉的性格如此之鲜明，让读者"如闻其声，如见其人"。

【配套练习】

1. 著名文学评论家金圣叹说："《水浒》所叙，叙一百八人，人有其性情，人有其气质，人有其形状，人有其声口。"请你为下列人物个性化的语言选择合适的主人公。（填序号）

A. 吴用　　B. 鲁智深　　C. 林冲

（1）_____ "我因恶了高太尉，生事陷害，受了一场官司，刺配到这里。"

（2）_____ "着人去请，他们如何肯来。小生必须自去那里，凭三寸不烂之舌，说他们入伙。"

（3）_____ 寻思道："俺只指望打这厮一顿，不想三拳真个打死了他。洒家需吃官司，又没人送饭，不如及早撇开。"

2. 请从下面描写人物的语句中任选一句，具体分析主人公的性格特征。

（1）武松道："那厮必然去报蒋门神来，我就接将去，大路上打到他好看，教众人笑一笑。"武松大踏步赶将出来。

（2）（鲁达）拔步便走，回头指着郑屠尸道："你诈死，洒家和你慢慢理

115

会。"一头骂，一头大踏步去了。

3.阅读下面的语段，完成后面的问题。

宋江就忠义堂上与众弟兄商议立梁山泊之主。吴用便道："兄长为尊，卢员外为次，其余众弟兄各依旧位。"宋江道："向者晁天王遗言：'但有人捉得史文恭者，不拣是谁，便为梁山泊之主。'今日卢员外生擒此贼，赴山祭献晁兄，报仇雪恨，正当为尊，不必多说。"卢俊义道："小弟德薄才疏，怎敢承当此位！若得居末，尚自过分。"宋江道："非宋某多谦，有三件不如员外处：第一件，宋江身材黑矮，貌拙才疏；员外堂堂一表，凛凛一躯，有贵人之相。第二件，宋江出身小吏，犯罪在逃，感蒙众弟兄不弃，暂居尊位；员外出身豪杰之子，又无至恶之名，虽然有些凶险，累蒙天佑，以免此祸。第三件，宋江文不能安邦，武又不能附众，手无缚鸡之力，身无寸箭之功；员外力敌万人，通今博古，天下谁不望风而服。尊兄有如此才德，正当为山寨之主。他时归顺朝廷，建功立业，官爵升迁，能使弟兄们尽生光彩。宋江主张已定，休得推托。"

卢俊义恭谦拜于地下，说道："兄长枉自多谈，卢某宁死，实难从命。"吴用劝道："兄长为尊，卢员外为次，人皆所伏。兄长若如是再三推让，恐冷了众人之心。"原来吴用已把眼视众人，故出此语。只见黑旋风李逵大叫道："我在江州舍身拼命，跟将你来，众人都饶让你一步。我自天也不怕！你只管让来让去做甚鸟！我便杀将起来，各自散伙！"武松见吴用以目示人，也发作叫道："哥哥手下许多军官，受朝廷诰命的，也只是让哥哥，他如何肯从别人？"刘唐便道："我们起初七个上山，那时便有让哥哥为尊之意，今日却要让别人！"鲁智深大叫道："若还兄长推让别人，洒家们各自都散！"

（1）这段文字是写众好汉议立梁山之主，主要通过_____描写人物，人物个性突出：宋江_____，吴用_____，卢俊义_____，李逵_____，鲁智深_____。（各用四个字形容）

（2）结合选段中对宋江的语言描写，以及你的阅读积累，你认为宋江适合当梁山泊之主吗？

我说你论，共话水浒
——《水浒传》成果分享课

【教学目标】

1.复习人物形象，感受古典小说的魅力。

2.培养学生的表达能力和思辨思维。

【教学重点】

通过分享《水浒传》中主要人物的典型情节，回顾人物形象，感受小说的魅力。

【教学难点】

以辩论赛的形式，探讨《水浒传》的主题，培养学生的表达能力和思辨思维。

【教学过程】

一、水浒英雄我能识

由主持人展示《水浒传》中主要人物的外貌描写及图片，以小组抢答的形式开展，回答正确的小组加五分，回答错误的小组扣五分。

1. 宋江

眼如丹凤，眉似卧蚕。滴溜溜两耳悬珠，明皎皎双睛点漆。唇方口正，髭须地阁轻盈；额阔顶平，皮肉天仓饱满。坐定时浑如虎相，走动时有若狼形。

2. 武松

身躯凛凛，相貌堂堂。一双眼光射寒星，两弯眉浑如刷漆。胸脯横阔，有万夫难敌之威风。话语轩昂，吐千丈凌云之志气。心雄胆大，似撼天狮子下云端。骨健筋强，如摇地貔貅临座上。如同天上降魔主，真是人间太岁神。

3. 林冲

头戴一顶青纱抓角儿头巾，脑后两个白玉圈连珠鬓环。身穿一领单绿罗团花战袍，腰系一条双搭尾龟背银带。穿一对磕瓜头朝样皂靴，手中执一把折叠纸西川扇子。

4. 鲁智深

头裹芝麻罗万字顶头巾，脑后两个太原府组丝金环，上穿一领鹦哥绿纻丝战袍，腰系一条文武双股鸦青绦，足穿一双鹰爪皮四缝干黄靴。生得面圆耳大，鼻直口方，腮边一部貉貗胡须。身长八尺，腰阔十围。

5. 李逵

黑熊般一身粗肉，铁牛似遍体顽皮。交加一字赤黄眉，双眼赤丝乱系。怒发浑如铁刷，狰狞好似猰狼。

6. 杨志

只见那汉子头戴一顶范阳毡笠，上撒着一托红缨；穿一领白缎子征衫，系一条纵线绦；下面青白间道行缠，抓着裤子口，獐皮袜，带毛牛膀靴；挎口腰刀，提条朴刀；生得七尺五六身材；面皮上老大一搭青记，腮边微露些少赤须；把毡笠子掀在脊梁上，袒开胸脯，带着抓角儿软头巾，挺手中朴刀。

二、水浒英雄我可辨

出示水浒英雄人物的名字和绰号，以连线形式进行考查，对应人物正确的小组加五分，错误的小组扣五分。

人物：宋江、鲁智深、林冲、武松、李逵、吴用、杨志、史进、柴进、周通、扈三娘、索超、公孙胜、花荣、戴宗。

绰号：及时雨、花和尚、豹子头、行者、黑旋风、智多星、青面兽、九纹龙、小霸王、一丈青、急先锋、入云龙、小李广、神行太保。

三、水浒故事我能话

每组派一位代表，结合水泊梁山上的英雄人物的绰号，分享他们的情义故事。表达时要说清情节，概括人物性格，其余小组可补充或更正。本轮小组不自评，其余小组按评价维度进行打分，按排名积分。

四、水浒定义我会判

有人说《水浒传》是落草传，有人说是侠义传，有人说是兄弟传，有人说是英雄传，你赞成哪一种说法呢？请结合整本书的内容说说理由。

五、水浒之争我来析

美国女作家赛珍珠将《水浒传》翻译为《四海之内皆兄弟》，即四海之内的侠义之士都可结为异姓兄弟，"情义"是其核心要素。而著名学者许倬云先生认为，作者的本意并不是歌颂江湖义气，而是梁山五年种种，多为虚假，最后终是一场空。选择自己的立场，并以充分的论据及严密的逻辑说服对方。

【配套练习】

1. 语境表达

《水浒传》中武松听闻宋江决定招安，对宋江说："小弟今已残疾，不愿进京朝觐。尽将身边金银赏赐，都纳此六和寺中，陪堂公用，已作清闲道人，十分好了。哥哥造册，休写小弟进京。"宋江见说："任从你心！""武松自此，只在六和寺中出家，后至八十善终，这是后话。"有一日，武松在六和寺中听闻宋江已死的消息，说出"一切都结束了"。多年后，80岁的武松在临终前回顾自己的一生，恍惚间，他似乎又见到了宋江，你觉得两人会交流什么呢？

2. 片段写作

杭州西湖的西泠桥畔，有一座武松墓，修于1924年，被毁后于2004年在原址重建。楹联为中国文联副主席冯骥才先生所题"失意且伍豪客，得时亦一英公"，墓碑正面刻"宋义士武松之墓"。现在旅游局发出英雄令，决定为这位深受市民追捧的传奇人物做墓志铭，你对此跃跃欲试，于是决定投稿。请展示竞选稿件。

> **知识卡片**
>
> 墓志铭是古代一种悼念性的文体，通常分为两部分：前一部分是序文，记叙死者的世系、名字、爵位及生平事迹等，称为"志"；后一部分是"铭"，多用韵文，表示对死者的悼念和赞颂。

❂ 中考链接

真题 ❶

原题呈现（2021年浙江台州卷）

保加利亚作家柳德米尔·斯托亚诺夫说过，优秀的文学作品创作出的人物形象，往往能让成千上万的读者在他身上找到自己。你从下列作品中的哪个人物身上看到了自己的影子？请结合作品中的相关情节和自身实际谈一谈。

A.《水浒传》　　B.《西游记》　　C.《简·爱》

思维层次：高阶思维，主要考查学生对名著综合性内容的理解。

阅读能力：完成此题，学生需要全面思考，综合分析。

命题特点及解题策略：试题考查的是小说的多个要素，在解题时要联系人物形象、经典情节、思想意义进行综合分析。

参考答案：

［示例1］我从《水浒传》中的鲁智深身上看到了自己的影子。鲁智深为救金翠莲父女，路见不平，拔刀相助，拳打镇关西，帮他们脱离困境。生活中，我也是一个有正义感的人，面对班级中抄作业等不正之风，我敢于挺身而出，勇敢指正。

［示例2］我从《西游记》中的孙悟空身上看到了自己的影子，孙悟空重情重义，在西天取经的路上，多次遭受师父的误解，甚至被赶走，但他依旧忠心耿耿，一路降妖除魔，保护师父前往西天取经。我也是一个有情有义的人，在班级同学有困难的时候，我总会尽我所能，出手相助。

［示例3］我从《简·爱》中的简·爱身上看到了自己的影子。简·爱是一个善良的人。在洛伍德学校看到海伦受到不公正的待遇时，她会去安慰她；在海伦病重时，她会去陪伴她。我也是一个善良的人，在同学情绪低落时，我会关心陪伴他（她）。

真题 ❷

原题呈现（2021年浙江丽水卷）

那些年我们读过的书，总在不经意间被唤起。看到下面这幅图，你会联想到选项中的哪一本书？请联系名著内容，参考答题要素，用简洁的语言诠释这幅图。

A.《水浒传》

B.《骆驼祥子》

C.《钢铁是怎样炼成的》

思维层次：高阶思维，主要考查学生对名著的体验和感悟。

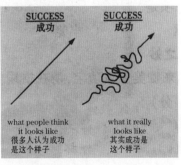

阅读能力：完成此题，学生需要分析人物和情节，获得感悟。

命题特点及解题策略：试题考查的是对小说的个性化解读，在解题时要联系人物形象、经典情节和实际生活进行感悟。

参考答案：

［示例1］我联想到《水浒传》。宋江原为押司，被逼无奈才走上梁山。他的理想是保国为民，替天行道。他带领好汉聚集梁山，但由于童贯、高俅等奸佞作梗，他不得不与官军相对抗，取得了两赢童贯、三败高俅的胜利，一步步朝着自己的理想奋进。最终他被朝廷招安，获得了征战辽国、讨伐方腊的成功。由此可见，成功需要坚定的信念和不懈的努力。

［示例2］我联想到《水浒传》。宋江原为押司，其理想是保国安民，建功立业。在经历了怒杀阎婆惜、清风寨被陷害等困厄后无奈走上梁山。他以为一心报效朝廷就能成功，结果被招安后，他带领梁山众好汉大战辽国，征讨方腊，屡次为国建功可依然被毒死，逃不脱失败的结局。可见，取得成功的因素是很多的，即便经历了艰难曲折的过程也不一定能成功。

［示例3］我联想到《骆驼祥子》。不经历风雨，怎能见彩虹；但即便是经历了风雨，也不一定能见彩虹。祥子的理想是拥有一辆属于自己的洋车，为此，他拼命拉车赚钱，希望过上好日子。但命运并没有眷顾他：被军阀抢车，被孙侦探勒索，虎妞死了，小福子也死了……在命运的不断打击下，他最终放弃了理想，堕落成行尸走肉。在那个黑暗的社会里，仅靠个人的努力是很难成功的。

［示例4］我联想到《钢铁是怎样炼成的》。保尔少年时干杂役，受尽凌辱。后在朱赫来的影响下走上革命道路，他梦想成为朱赫来式的坚强的布尔什维克战士。身体残疾后，他依然坚强地以文学创作的方式投身国家建设，最终完成作品《暴风雨所诞生的》，成长为一名优秀的革命战士。可见，成功是需要付出艰苦的努力和代价的。

真题❸

原题呈现（2020年浙江绍兴卷）

《水浒传》中有很多与"酒"有关的故事，请仔细阅读下表，完成探究任务。

人　物	故　事	酒与故事的关联	探究发现
①	大闹五台山	酒令好汉狂	通过对这几个经典片段的探究，发现小说多处写"酒"有如下作用：
杨志	②	酒误好汉差	（1）＿＿＿＿＿＿＿＿
武松	景阳冈打虎	③	（2）＿＿＿＿＿＿＿＿
④	浔阳楼吟"反诗"	酒添好汉愁	

思维层次：高阶思维，主要考查学生对反复出现的字的作用的理解。

阅读能力：完成此题，学生需要整合内容，提炼字词，思考作用。

命题特点及解题策略：试题考查的是构思的巧妙。在解题要熟悉情节，把握性格，思考叙事技巧。

参考答案：

①鲁达　②误失生辰纲（生辰纲被劫）　③酒壮好汉胆（意对即可）　④宋江

（1）推动故事发展，丰富情节内容；（2）烘托人物形象，凸显人物性格。

真题❹

原题呈现（2020年浙江湖州卷）

下面是网上流传的关于我国四大古典名著的"戏说"。请针对《西游记》或《水浒传》的"戏说"，写一段评论性文字，阐述你的看法和理由。

> 三国：学的是韬略
>
> 西游：学的是皈依
>
> 红楼：学的是叛逆
>
> 水浒：学的是造反

思维层次：高阶思维，主要考查学生对名著主题的思辨性理解。

阅读能力：完成此题，学生需要全面思考，能深入理解名著。

命题特点及解题策略：试题考查的是小说主题。在解题时要围绕主题进行辩证思考，能精准提炼主题。

参考答案：

［示例1］《西游记》。"西游：学的是皈依"，这种说法偏离了《西游记》阅读的核心价值。阅读是个性化的行为，其固然可以有个性化的阅读体验，少数一心向佛的读者，完全可以读到"皈依"这一点，学到如唐僧一般的向佛的虔诚。但是这不能成为绝大多数读者的学习价值。那么，我们可以从《西游记》中学什么？从整体看，可以学唐僧师徒披荆斩棘、不畏艰险的精神；从个体看，孙悟空、猪八戒、沙僧身上，都有我们可以学习的品质。只看到"皈依"面而忽略了取经的过程及人物的毅力与精神，是有很大偏颇的。

［示例2］《水浒传》。"水浒：学的是造反"，这种说法是错误的。《水浒传》固然有封建社会"官逼民反"的主题的体现，但是"造反"决不能成为我们当下阅读《水浒传》的价值取向。阅读《水浒传》，尤其需要读者去思辨地阅读，辩证地思考，从而"取其精华，去其糟粕"。若不坚持这一基本的视角，不分青红皂白、一味讲哥儿们义气的"义"，那李逵的暴力和血腥，难道也可以成为我们学习的内容？我们从《水浒传》中学的，可以是小说中向好向善的一面，比如对父母的孝，鲁达对弱者的同情和帮助；也可以是小说的语言、链式结构等。我们还可以通过阅读，学习思辨性思维，比如对主题的思辨、对人物形象的思辨、对"义"的思辨等，学习阅读古典小说的方法。

【点评】阅读名著要注意积累的广泛性，既要积累名著表面的知识，如作者、背景、特色、涉及人物及故事情节，还要知道一些细节，并且及时做笔记，做到积少成多，常读常新，逐步深化印象。这样做题时才能信手拈来，得心应手。

真题❺

原题呈现（2019年浙江衢州卷）

巧妙的构思让情节引人入胜，从下列名著中选一部，结合故事分析作者的构思技巧。

A.《西游记》   B.《水浒传》   C.《哈利·波特与死亡圣器》   D.《基地》

思维层次：高阶思维，主要考查学生对小说构思的理解。

阅读能力：完成此题，学生需要分析小说的行文思路。

命题特点及解题策略：试题考查的是小说的构思。在解题时要结合该部小说在结构上的艺术特点来分析。

参考答案：

［示例1］《西游记》。作者构思的巧妙在于：①采用伏笔，增强故事的可读性，孙悟空借芭蕉扇被拒与孙悟空之前降服红孩儿有关；②设置悬念，如唐僧在黄风岭被妖怪抓住即将被煮，命悬一线，另一边孙悟空正与黄风怪恶斗，孙悟空能否及时赶到令读者揪心；③叙事的节奏快慢交替，重要的情节细细描述，无关紧要的内容一笔带过，贴合读者的阅读期待。

［示例2］《水浒传》。作者构思的巧妙在于：①人物故事相互关联、环环相扣，激发读者的阅读兴趣，如鲁智深展示武艺引出林冲，再集中写林冲的故事；②善用伏笔，如前有林冲结交鲁智深的情节，后来才有鲁智深野猪林救林冲的情节；③设置巧合，林冲因为大雪压垮栖身之所而夜宿山神庙，躲过一劫，恰好听到陆虞候等人的密谈，便怒杀仇人，上了梁山；④一众好汉齐聚梁山，但上山方式各有不同，富有变化，如林冲被陷害，忍无可忍上了梁山，而武松则快意恩仇，手刃仇人后上了梁山。

［示例3］《哈利·波特与死亡圣器》。作者构思的巧妙在于：①不断设置悬念，情节起伏跌宕，如哈利与伏地魔争夺圣器"老魔杖"的过程一波三折，如同侦探小说，引人入胜；②叙事中巧布疑阵，情节不断反转，结果出人意料，如哈利最终才明白邓布利多在欺骗他，而暗中保护自己的人原来是斯内普；③矛盾冲突激烈，叙述节奏紧张，如伏地魔以哈利朋友的性命胁迫哈利，将哈利置于两难的处境中，故事扣人心弦。

［示例4］《基地》。作者构思的巧妙在于：①小说的故事环环相扣，五个故事独立又关联，前面的故事为后面的故事做铺垫，一环套一环；②叙事技巧高明，吸引读者参与情节的推理，如谢顿在审判中说出的内容，吸引读者寻踪觅迹，一步步揭开谜底，故事充满探索的趣味；③每个章节用"银河百科全书"提供背景信息，激发读者阅读兴趣。

真题 **6**

原题呈现（2018年甘肃天水卷）

阅读名著片段，回答问题。

"万卷经书曾读过，平生机巧心灵，六韬三略究来精。胸中藏战将，腹内隐雄兵。谋略敢欺诸葛亮，陈平岂敌才能，略施小计鬼神惊……"

——《水浒传》

这首《临江仙》赞美的是梁山好汉＿＿＿＿＿＿＿＿，他的足智多谋不仅体现在智取生辰纲上，还体现在＿＿＿＿＿＿＿＿＿＿、智取文安县等方面。

思维层次：低阶思维，主要考查学生对人物及情节的理解。

阅读能力：完成此题，学生需要把握与人物相关的情节。

命题特点及解题策略：试题考查的是人物情节，在解题时应回顾名著人物和情节。

参考答案：

吴用 使时迁盗甲 巧用双掌连环计 赚金铃吊挂 智赚玉麒麟 智取大名府 布四斗五方旗等

（任选其中一个故事情节即可）。

真题 ❼

原题呈现（2018年浙江杭州卷）

名著中的主要人物，往往具有多面性。从下列人物中任选一个，结合相关情节进行分析。

A.宋江　　B.猪八戒　　C.虎妞

〔示例〕尼德·兰——性情暴躁，常打算逃跑；但在危急关头能挺身而出，如当尼摩船长为救采珠人被鲨鱼攻击时，他用钢叉刺中鲨鱼，挽救了船长的性命。

思维层次：高阶思维，主要考查学生对人物性格多面性的理解。

阅读能力：完成此题，学生需要理解人物性格的多面性。

命题特点及解题策略：试题考查的是人物性格，在解题时要根据情节来分析，论证要充分，观点要明确。

参考答案：

〔示例1〕A.宋江——人称"及时雨"，仗义疏财，扶危济困，对来投奔他的人没有不收留的；但后来主动接受招安，改聚义厅为忠义堂，为了青史留名竟背叛同伴，导致最后的悲剧。

〔示例2〕B.猪八戒——好吃懒做，常提出散伙回家；但他憨厚忠实，当师徒受阻于流沙河时，他几次潜入水中勇斗妖怪，和孙悟空一起保护唐僧。

〔示例3〕C.虎妞——大胆泼辣又有心机，如她假装怀孕逼祥子结婚；但对祥子也有真诚关爱的一面，常变着法子买些新鲜的东西给他吃。

真题 ❽

原题呈现（2018年江苏淮安卷）

班级开展名著阅读交流活动，请积极参与，充分展示自我。

【我来对一对】

〔甲〕"俺只指望痛打这厮一顿，不想三拳真个打死了他。洒家须吃官司，又没人送饭，不如及早撤开。"拔步便走，回头指着郑屠尸道："你诈死，洒家和你慢慢理会。"一头骂，一头大踏步去了。

（节选自《水浒传》第3回）

（1）《水浒传》中的"回目"有形式整齐的特点，请根据〔甲〕段内容，补全"回目"。

答：史大郎夜走华阴县，＿＿＿＿＿＿＿＿＿＿＿。

【我来辨一辨】

〔乙〕又行不多时，只听得滔滔浪响。八戒道："罢了！来到尽头路了！"沙僧道："是一段水挡住也。"唐僧道："却怎生得渡？"八戒道："等我试之，看深浅何如。"三藏道："悟能，你休乱谈。水之浅深，如何试得？"八戒道："寻一个鹅卵石，抛在当中。若是溅起水泡来，是浅；若是骨都都沉下有声，是深。"

（节选自《西游记》）

（2）有人说［乙］段中的"一段水"是"流沙河"。你认为正确吗？请结合［乙］段内容及相关情节说明理由。

【我来品一品】

（3）依据［甲］［乙］两段文字，简要分析"洒家"与"八戒"的形象有何共同特点。

思维层次：低阶和高阶思维，主要考查学生对情节的理解和对人物的分析。

阅读能力：完成此题，学生需要理解情节内容，分析人物特点。

命题特点及解题策略：试题考查的是情节和人物形象，在解题时要将两篇名著结合起来，提炼共同点。

参考答案：

（1）鲁提辖拳打镇关西

（2）不正确。流沙河是经典名著《西游记》中的河流，出自《西游记》第22回：八戒大战流沙河　木叉奉法收悟净。其长万里、宽八百里，河主人是沙僧。而［乙］段中的沙僧已成为三藏的徒弟。

（3）他们二人除了身材都胖外，性格都直爽，如"洒家""一头骂，一头大踏步去了"，"八戒""罢了！来到尽头路了！"；都有智慧，如"洒家"明知郑屠已死，为显得自己不是怕事而逃离，便假说"你诈死，洒家和你慢慢理会"，"八戒""寻一个鹅卵石，抛在当中，若是溅起水泡来，是浅；若是骨都都沉下有声，是深"。

参考文献

[1] 鲍鹏山. 鲍鹏山品水浒 [M]. 杭州：红旗出版社，2012.

[2] 金圣叹. 贯华堂第五才子书水浒传 [M]. 沈阳：万卷出版公司，2009.

[3] 温儒敏. 部编版语文九年级上册 [M]. 北京：人民教育出版社，2018.

[4] 斯行，卢英，赵玉，等. 名著阅读导学导练（九年级）[M]. 杭州：浙江教育出版社，2020.

[5] 张涵宇.《水浒传》中酒文化探微 [J]. 齐齐哈尔师范高等专科学校学报，2016（2）：55-57.

[6] 胡三如.《水浒传》中林冲人物形象赏析 [J]. 文学教育，2007：100-103.

[7] 郑铁生.《水浒传》叙事结构新形态 [J]. 河南师范大学学报（哲学社会科学版），1999：95-99.

[8] 亓庆凯，李东菊. 论《水浒传》中武松形象的辩证性格 [J]. 无锡职业技术学院学报，2016（6）：83-85.

[9] 邱雪惠，乔丽. 论1998版电视剧《水浒传》对林冲形象的再创造 [J]. 洛阳师范学院学报，2018（10）：45-49.

[10] 郭延云. 论《水浒传》中吴用形象的驳杂性 [J]. 时代文学，2011：193-195.

[11] 刘哲.《水浒传》的悬念设置 [J]. 水浒争鸣，2009（11）：325-330.

[12] 金瑶，列提纲，郭子豪，等.闻其声则知其人——《水浒传》个性化描写中的语言特色 [J]. 新作文：金牌读写，2016：49-52.

[13] 叶兴才.《水浒传》宋江形象研究 [D]. 辽宁大学，2018：8-28.

[14] 许丹.金圣叹评点《水浒传》叙事结构研究 [D]. 广西师范大学，2016：10-43.

[15] 亓庆凯.《水浒传》中李逵形象生成史 [D]. 渤海大学，2017：10-62.

[16] 吴立源.《水浒传》中鲁智深形象研究 [D]. 渤海大学，2018：18-49.

《世说新语》

☙ 推荐版本

作者：刘义庆编

出版社：人民出版社

出版时间：2020 年 4 月

☙ 作品梗概

　　《世说新语》由南朝宋刘义庆编撰，是一部意趣盎然的志人小说，主要记载了东汉到魏晋之间，一群特立独行的名士的逸闻琐事。或记其情感个性，或录其才性识见，或载其语言风貌，全书共有 1200 多则，依内容可分为"德行""言语""政事""文学""方正"等 36 门（分上、中、下三卷）。每门有若干则故事，每则故事文字长短不一，有的数行，有的三言两语，足见笔记小说"随手而记"的诉求及特性，读来兴趣十足。

　　在《世说新语》的三卷 36 门中，上卷 4 门——德行、言语、政事、文学，中卷 9 门——方正、雅量、识鉴、赏誉、品藻、规箴、捷悟、夙惠、豪爽，这 13 门都是正面的褒扬。如："管宁、华歆共园中锄菜，见地有片金，管挥锄与瓦石不异，华捉而掷去之。又尝同席读书，有乘轩冕过门者，宁读如故，歆废书出看。宁割席分坐曰：'子非吾友也。'"（《德行》）通过与华歆的对比，褒扬管宁淡泊名利。

　　另有下卷 23 门——容止、自新、企羡、伤逝、栖逸、贤媛、术解、巧艺、宠礼、任诞、简傲、排调、轻诋、假谲、黜免、俭啬、汰侈、忿狷、谗险、尤悔、纰漏、惑溺、仇隙。这里情况就比较复杂了。有的褒扬之意比较明显，如容止、自新、贤媛；有的看似有贬意，如任诞、简傲、俭啬、忿狷、惑溺，但也不尽是贬责；有的是贬责，如"谗险"中的 4 条，以及"汰侈"中的一些条目。也有许多条目只是写某种真情的流露，并无所谓褒贬。

《世说新语》中所载人物均属历史上实有的人物，但他们的言论或故事则有一部分出于传闻，不尽符合史实。此书中相当多的篇幅杂采众书而成。如"规箴""贤媛"等篇所载个别西汉人物的故事，采自《史记》和《汉书》，其他部分也多采自于前人的记载。

《世说新语》主要记述士人的生活和思想，以及统治阶级当时的情况，反映了魏晋时期文人的思想言行和门阀士人的生活面貌，这样的描写有助于读者了解当时的人所处的时代状况及政治社会环境，更清楚地见识到所谓"魏晋清谈"的风貌。

◎ 思维导图

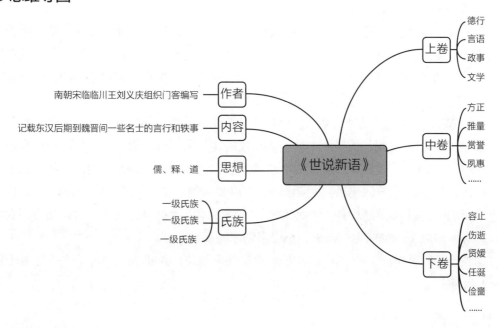

◎ 作者介绍

《世说新语》的编者刘义庆，生于东晋安帝元兴二年（403 年），卒于宋文帝元嘉二十一年（444 年），字季伯，是南朝宋彭城（今江苏徐州）人。他是宋武帝刘裕的侄子，袭封临川王。刘义庆自幼喜好文学，聪敏过人，深得宋武帝、宋文帝的信任，备受礼遇，刘裕曾夸奖他说："此我家之丰城也。"

刘义庆曾任秘书监一职，掌管国家的图书著作，有机会接触与博览皇家典籍。17 岁升任尚书左仆射，位极人臣，但其堂弟宋文帝和刘义康的"主相之争"日益激烈，因此刘义庆也惧遭不测之祸，29 岁便乞求外调，解除左仆射一职。

刘义庆曾任荆州刺史等官职，在政 8 年，政绩颇佳，后任江州刺史。

刘义庆热衷招聚文学之士，远近必至，当时有名的文士如袁淑、陆展、何长瑜、鲍照等人都曾受到他的礼遇。在元嘉十六年（439 年）到元嘉十七年（440 年）这两年里，刘义庆和他的文人朋友们根据前人类似的著述如裴启的《语林》等，编成了《世说新语》。其取材广泛，今日已经不可考。后人为《世说新语》做注，排简史料，用了不少工夫考辨真伪。但《世说新语》并不把"史料"与"流言"、"传说"与"确切"做非此即彼的区分。刘义庆意不在事实之"真"，而在"真知人心"——是曾经发生过的，或者是某一个时代的人希望它曾经如此发生的。《世说新语》一书刚刚撰成，刘义庆就因病离开了扬州，回到京城（南京），不久便英年早逝，年仅41岁。

☽ 文学地位

《世说新语》是记叙轶闻隽语的笔记小说之驱，也是后来小品文的典范，对后世笔记小说的发展有着深远的影响。

刘孝标注的《世说新语》涉及各类人物，1500多个，魏晋两朝主要的人物，无论帝王、将相，或者隐士、僧侣都包括在内。它对人物的描写有的重在形貌，有的重在才学，有的重在心理，但集中到一点，就是重在表现人物的特点，通过独特的言谈举止写出了人物独特的性格，使之气韵生动、活灵活现。

《世说新语》所记虽是片言数语，但内容非常丰富，广泛地反映了这一时期士族阶层的生活方式、精神面貌，仿照此书体例而写成的作品更不计其数，在古代小说中自成一体。书中不少故事，或成为后世戏曲小说的素材，或成为后世诗文常用的典故，唐王方庆的《续世说新语》、宋王谠的《唐语林》、明冯梦龙的《古今谭概》等，都深受《世说新语》的影响。《世说新语》中的"谢女咏雪""子猷访戴"等故事，成为后世诗文常用的典故；另有一些故事，则成为戏剧家、小说家创作的素材。

总之，《世说新语》在中国文学史上具有重要地位，鲁迅先生称它为"一部名士底（的）教科书"。

☽ 核心价值

◎ 核心知识

（一）笔记小说

笔记是一种笔记式的短篇故事。笔记小说是一种带有散文化倾向的小说创作形式，它的特点就是兼有笔记和小说的特征。《世说新语》是南朝宋时所作的文言志人小说集，是魏晋南北朝时期"笔记小说"的代表作，主要记载东汉后期到晋宋间一些名士的言行与轶事。它篇幅短小，内容繁杂，可分为"德行""言语""政事""文学""方正"等36门，每门有若干则故事，每则故事长短不一，有的数行，有的三言两语，体现笔记小说"随手而记"的特性。

笔记小说吸取了民间文学的丰富营养，情节、人物有虚构、夸张和变形的，但整体上反映了生活本质。《世说新语》作为笔记小说，所载人物均属历史上实有的人物，但他们的言论或故事则有一部分出于传闻，在部分故事情节上带有夸张或虚构的成分，阅读时可以大致窥探魏晋时期的社会现状。

（二）人物群像与魏晋风度

《世说新语》中所涉及的重要人物不下 500 人，上自帝王卿相，下至士庶僧徒，都有所记载，被称为记录东汉末年至刘宋初年人物风貌的书籍。书中描绘的人物较少受到封建礼法的束缚，性情活跃且个性鲜明，人物特点突出。全书 36 门分类自"德行"至"仇隙"包含了"人之为人"的众多品性，不仅描绘了人物的外在风貌，也注意刻画人物内在的气质、风度及才性。所以该书不仅是一部展现众多人物言行轶事的书，也是一部把人所可能具有的品性进行全面理解分析的人品之书。

魏晋是一个动乱的年代，也是一个思想活跃的时代。新兴门阀士人阶层社会生存处境极为险恶，同时其人格、思想、行为又极为自信，风流潇洒、不滞于物、不拘礼节。《世说新语》是一部反映魏晋士人生活百态和社会风尚的文言小说，其中体现出来的"魏晋风度"是指这个时代占据统治地位的士人阶层由其价值观念、审美趣味、生活方式和行为举止等所表现出来的带有某些共性的精神气质、风貌。书中记载的人物除了群体性的饮酒、服五石散、清谈戏谑、游山玩水外，还另有个性化的癖好，如王济有马癖，王璨好听驴叫，嵇康、向秀好锻，支道林好鹤等。嗜好的多样，表现的是魏晋士人思维的活跃和精神世界的丰富。

（三）写作特色

《世说新语》语言质朴、精练，有时几如口语，而意味隽永，历来为人们所喜读。书中善用对照、比喻、夸张与描绘的文学技巧，善于通过一言一行刻画人物肖像、精神面貌，不仅留下了许多脍炙人口的佳言名句，更为全书增添了无限光彩，其语言美不胜收，它被誉为"中国人机智语言的宝库"。如今，《世说新语》除了有文学欣赏的价值外，人物事迹、文学典故等也多为后世作者所取材、引用，对后来的笔记小说影响尤其大，其中有不少故事，成了诗词中常用的典故。

◎ 核心能力

（一）品评众多人物

人物的品评，是对人物的品性、才能、容止、风度等进行评论和品鉴。《世说新语》是刘义庆组织文人编撰的志人小说。全览《世说新语》，该书记载了从东汉末年到东晋时期 200 多年间各种文人士大夫的精神面貌总和，人物形象有经学家、哲学家、诗人、教徒等，从建安文人到竹林七贤，各种文人志士的形象全部活跃在纸上。

因此在阅读《世说新语》时，要注意品评人物，关注其价值观念、审美趣味、生活方式和行为举止等，领会魏晋士人的生活百态和社会风尚，并总结他们带有共性的精神、气质、风貌。

（二）品味"漫画式"人物描写

漫画，是指用变形、比喻、象征、暗示、影射的方法，构成幽默诙谐的画面或画面组，以取得讽刺或歌颂的效果。文学中也常使用漫画手法，以达到幽默、滑稽和讽刺的效果。

在《世说新语》中，作者以独特的"漫画式"描写方式刻画了人物形象。书中出场的人物有上百个，作者寥寥几笔就能精确地描绘出主角的语言、动作，主角的性格便清楚地呈现在读者的面前。如"曹操捉刀"，反映出曹操猜忌的本性，以及为人谲诈和"宁可我负天下人，决不令天下人负我"的性格。再如对"王蓝田忿食鸡子"的描写，将他急躁的个性活生生地呈现出来。

（三）欣赏简远的语言艺术

《世说新语》以记言为主、述事为辅，是典型的语言艺术作品。宋人刘应登称其"虽典雅不如左氏《国语》，驰骛不如诸《国策》，而清微简远，居然玄胜"。这句话道出了《世说新语》语言简远的特点，也点明了其在古代文人心目中的重要地位。语言的简远首先体现在篇目的精悍上。《世说新语》或记录人物的一句话，或描写生活中发生的一件琐事，它不做奢华的铺陈，不做无谓的渲染。其语言简练、篇目短小，百来字就能编织出一则小故事，塑造出生动的人物形象。如《赏誉》第2条说，世人评论李元礼"谡谡如劲松下风"。几个字便勾勒出李元礼清洌强劲、刚正不阿的形象。其次语言简远表现在用词上。如《赏誉》第100条："殷中军道右军：'清鉴贵要'"。《文学》第89条："孙兴公云：'潘文浅而净，陆文深而芜。'"《赏誉》第116条："谢公云：'刘尹语审细。'"这几篇短文以凝练浓缩的词语，分别概括出王羲之气质的卓异不凡、潘文的清新脱俗和陆文的深不可测、刘恢言语谈吐的细腻。《世说新语》刻画人物甚至简单到只有一两个字，但却异常生动。作为一部优秀的文学作品，《世说新语》字里行间能滴水折光地将魏晋名士的生活百态、鲜明个性展现出来。此外，《世说新语》用笔简练，语言风格明快、冷峻隽永，既惜墨如金，又点石成金，留下了"鹤立鸡群""相煎何急""一往情深""拾人牙慧""咄咄怪事"等名言佳句，这些名言佳句一直援用至今。

◎ **核心策略**

（一）批注策略

批注式阅读是指学生在自主阅读时，对文章的内容、层次、思想感情、表现手法、语言特色、精彩片段、重点语句进行感知，在思考、分析、比较、归纳的基础上，用线条、符号或简洁的文字加以标注的读书方法。批注可以分为：赏析式批注、评价式批注、联想式批注、疑问式批注等等。在阅读《世说新语》时，老师要鼓励学生灵活运用多种批注方式进行阅读。书中的人物故事散落在各个章节里，解读时可以借助批注，比如解读谢道韫时，除了收录在教材中的《咏雪》外，在"贤媛"篇《大薄凝之》《王江州夫人语谢遏》等中均有描写他的内容，可以通过评价式批注丰富其人物形象。书中的人物个性突出，形神兼备，气韵生动。有的人物性格亦体现出复杂性和多样性，阅读时可以采用疑问式批注的方式提出自己的困惑，便于阅读分享时一起谈论加深体会。总之，通过批注阅读，深入文本，丰富阅读感受。

（二）反复推敲

《世说新语》是文言小说的经典之作，闪烁着魏晋士人思想与智慧的光芒，表达了他们对真善美理想的执着追求。阅读时遇到新词、难句、理解困境，可以通过反复推敲，利用上下文猜测单字意义，或推敲句子的意义，从而了解文章的内容，有助于阅读理解。《世说新语》中魏晋士人的语言暗含着讽刺的艺术，这种讽刺的艺术往往能达到绵里藏针的效果。品读时需要反复推敲、反复揣摩。从夸张、反讽、对比等手法中反复推敲，读出讽刺意味；从人物对话、语气中反复推敲，读出詈骂、嘲讽和戏谑；从故事内容中反复推敲，读出对家族门第的讽刺。

阅读《世说新语》，通过反复推敲、语言品味，读出魏晋士人独特的幽默气质、乱世中的乐观精神及礼教下的反叛精神。从《世说新语》魏晋士人的讽刺语言中，我们也能看到魏晋士人独特的幽默气质。在魏晋南北朝那样的乱世，魏晋士人们以乐观、反叛的精神做武器，反抗现实，反抗黑暗的政治，获得了精神上的超脱。

（三）联结策略

联结策略是名著阅读的一种策略。可从"文本内联结""跨文本联结"和"联结生活体验"三个层次入手，获得真切深刻的阅读感受。《世说新语》的人物众多，活动比较分散，阅读时通过"文本内联结"，横向整理出个人传记，比如书中提到的王忱和王恭，两人从相识到相知，再到反目，而反目后却又相思相念，以此为主线梳理出相对独立的故事，解读出颇有戏剧性的变化和情感内涵。"文本内联结"还可以纵向深入，以"容止"为例，探索魏晋南北朝时期人们的审美观，透过本书纷纭的故事情节和人物的表层言行，去深层次思考那个时代的道德、审美、风俗、人情等专题性的内容。《世说新语》记述的大都是真人真事，且有超过三分之一的内容被采入《晋书》，据此，在阅读《世说新语》后可以通过跨文本的方式，从文学与史学角度进行联结比较，体会小说的艺术特色。"联结生活体验"就是在阅读之后自我观照，品评小说中的人物，体会其在当下的阅读价值，提炼自己的观点看法。通过联读策略推进式阅读，由浅入深，由表及里，对《世说新语》进行深度阅读。

◎ 精神文化

（一）史料价值

《世说新语》是研究魏晋风流的极好史料。其中关于魏晋名士的种种活动如清谈、品题，种种性格特征如栖逸、任诞、简傲，种种人生追求，以及种种嗜好，都有生动的描写。综观全书，可以得到魏晋时期几代士人的群像。通过这些人物形象，可以了解那个时代上层社会的风尚。

《世说新语》是中国历史文化宝库中的瑰宝，其所涵盖的内容广泛，涉及政治、经济、历史、文化、社会、人生等多个方面，具有极高的历史研究价值。

（二）文学价值

《世说新语》的语言精练含蓄，隽永传神。许多广泛应用的成语便是出自此书，例如"难兄难弟""拾人牙慧""一往情深"等。此外，小说中对人物形象的刻画描写手法，对魏晋名士的才学、心理等方面的记录也颇具文学研究价值。小说善用对照、比喻、夸张等文学技巧，塑造了一个个鲜活的人物，为全书增添了无限光彩。许多故事至今仍广为流传，比如"泰山桂树""割席分座""王祥事母""郗公吐饭"等都为人们所熟知，有的被选入教材作为教育的小故事，借以弘扬孝道等美德。

（三）现实价值

人是群居动物，一个健康的人不可能脱离群体而单独存在和生活，人与人之间通过交流等方式建立起友谊。如何维系朋友之间的情谊？《世说新语》中讲了许多魏晋名士的故事，有的极具义理，有的戏谑滑稽，但魏晋名士的友朋相处之道实在是令人敬仰，尽管时过境迁，其影响却历久弥坚，对于现世亦具有不可磨灭的借鉴意义。阅读该书，了解魏晋名士的处世智慧，魏晋名士身上所体现的朋友之间的交往艺术典范，在现代社会仍具有重要的意义和价值。

◎ 自主初读

◎ 阅读规划

阅读进程	阅读章节	阅读时间	阅读该部分感受最深的一点	阅读该部分最大的疑惑	自我评价（优、中、一般）	教师评价（优、中、一般）
进程一						
进程二						
进程三						
进程四						
……						

☞ 任务伴读

◎ 进程一

任务推进

阅读规划	任务单	重点能力指向
范围：儒门、玄学、名士篇。 时间：每天20页左右，共3天阅读完毕。	1.制作积累卡片。 | 阅读篇章	
积累的文言字词	
故事概括	
人物印象	| 在阅读本部分内容时，运用摘录批注等阅读方法，积累重点字词，梳理书中的主要人物，养成阅读的好习惯。 2."德行"是《世说新语》中的开篇，展现名士的德行具有很高的艺术性。名士的举手投足或一言半语，都映照出人物内在的精神气度。阅读中请圈画出人物描写的语句，模仿示例进行赏评。 温馨提示：赏评的角度可以是人物描写手法（动作、语言、心理、神态等描写）或是人物表现手法（对比、正侧面角度结合等手法）。 陈仲举言为士则，行为世范，登车揽辔，有澄清天下之志。为豫章太守，至，便问徐孺子所在，欲先看之。主簿白："群情欲府君先入廨。"陈曰："武王式商容之闾，席不暇暖。吾之礼贤，有何不可！" 批注：陈蕃上任时在去官署前直接去拜访当地的名士，通过语言行动描写展现求贤若渴的形象。 客有问陈季方："足下家君太丘，有何功德而荷天下重名？"季方曰："吾家君譬如桂树生泰山之阿，上有万仞之高，下有不测之深；上为甘露所沾，下为渊泉所润。当斯之时，桂树焉知泰山之高、渊泉之深？不知有功德与无也！" 我的批注：＿＿＿＿＿＿＿＿＿＿＿＿＿＿＿＿＿＿＿＿＿＿＿＿＿＿＿＿＿＿＿＿＿＿ ＿＿＿＿＿＿＿＿＿＿＿＿＿＿＿＿＿＿＿＿＿＿＿＿＿＿＿＿＿＿＿＿ 带着审美去阅读，你会收获更多哟！请边读边随手做好赏评吧。	1.认真阅读，通过表格积累文言字词，掌握故事概括，感受儒门名士的初印象。 2.通过摘抄，批注作品中的语句，感受作品塑造人物的艺术手法，提高学生的语言鉴赏力。

阶段性检测

阅读下面两则故事，完成下面题目。

（1）陶公少时，作鱼梁吏。尝以一坩鲊饷母。母封鲊付吏，反书责侃曰："汝为吏，以官物见饷，非唯不益，乃增吾忧也。"

——刘义庆《世说新语·贤媛二十》

（2）王祥事后母朱夫人甚谨。家有一李树，结子殊好，母恒使守之。时风雨忽至，祥抱树而泣。祥尝在别床眠，母自往暗斫之；值祥私起，空斫得被。既还，知母憾之不已，因跪前请死。母于是感悟，爱之如己子。

——刘义庆《世说新语·德行十四》

1. 解释下列加点的字。

（1）反书责侃曰 ＿＿＿＿＿＿＿＿＿　（2）结子殊好 ＿＿＿＿＿＿＿＿＿

（3）值祥私起 ＿＿＿＿＿＿＿＿＿＿　（4）知母憾之不已 ＿＿＿＿＿＿＿＿＿

2. "母慈子孝"一词最早出自《尚书·康诰》，意思是母亲对爱子慈祥，子女孝顺父母。请结合上面两则故事说说你对"母慈子孝"的理解。

◎ **进程二**

任务推进

阅读规划	任务单	重点能力指向
范围：情礼、清谈篇。 时间：每天20页左右，共2天阅读完毕。	1. 有人说，《世说新语》体现的情感世界丰富而复杂。请在阅读后选择印象最为深刻的一项，结合语段简要说说自己的体会。 A. 亲情　B. 友情　C. 其他（如：　） 2. 宋人评价《世说新语》语言风格简约，小佳和小丽也对此展开了讨论，请你一同参与吧。 小佳：《世说新云》与其说语言简约，不如说是语篇简短。你看，全书36篇，每篇篇幅十分简短，有些篇甚至只有一句话，如文学六十九中：刘伶著《酒德颂》，意气所寄。 小丽：小佳，你说得一定道理，但是语言风格还是用"简约"妥帖，书中语篇简短是一方面，简约还体现在语言的凝练上，如文中有许多成语的使用，如＿＿＿＿＿、＿＿＿＿＿等。 我的理解：＿＿＿ 2. 魏晋名士之所以成为后世一直津津乐道的一个特殊群体，其身上独特的风貌和气质是一大原因。尤其是其对风度和容止的追求，情感的丰富，对个体价值的尊重，对自然精神的关注。	1. 通过探讨书中令人印象深刻的情节，理解魏晋风度的具体内涵。 2. 通过讨论语言特点，体会语言特色，增强阅读感受。

阶段性检测

阅读下列语段，回答相应的题目。

语段一：（嵇康）身长七尺八寸，美词气，有风仪。

——《晋书·嵇康传》

语段二：嵇康身长七尺八寸，风姿特秀。见者叹曰："萧萧肃肃，爽朗清举。"或云："肃肃如松下风，高而徐引。"山公曰："嵇叔夜之为人也。岩岩若孤松之独立；其醉也，傀俄若玉山之将崩。"

——《世说新语·容止篇》

1. 上述语段一、二都是对嵇康容貌的刻画，请结合下列链接材料探究分析《世说新语》在人物刻画上的特点。

链接材料

材料一：何平叔美姿仪，面至白；魏明帝疑其傅粉。正夏月，与热汤饼。既啖，大汗出，以朱衣自拭，色转皎然。

材料二：潘岳妙有姿容，好神情。少时挟弹出洛阳道，妇人遇者，莫不联手共萦之。左太冲绝丑，亦复效岳游遨，于是群妪齐共乱唾之，委顿而返。

2.魏晋士族阶层讲究仪容举止，这成了魏晋风流的重要组成部分。曹操"自以形陋"，编者刘义庆却将《魏王床头捉刀人》编入《容止》篇，你觉得合适吗？为什么？

◎ **进程三**

任务推进

阅读规划	任务单	重点能力指向
范围：企羡第十六到轻诋第二十六。 时间：每天30页左右，共2天阅读完毕。	1.在阅读这部分内容时，可以重点关注魏晋名士真性情、情深义重的体现，结合前面读过的篇章及下表给出的材料，想想名士的深情主要体现在哪些方面。 <table><tr><td>材料</td><td>体现深情的地方</td></tr><tr><td>《言语》："桓公北征经金城，见前为琅邪时种柳，皆已十围，慨然曰：'木犹如此，人何以堪！'攀枝执条，泫然流泪。"</td><td></td></tr><tr><td>《德行》："鸡骨支床"，"哀毁骨立"，"王戎死孝"。</td><td></td></tr><tr><td>《伤逝》："王子猷、子敬俱病笃，而子敬先亡。子猷问左右：'何以都不闻消息？此已丧矣！'语时了不悲。便索舆来奔丧，都不哭。子敬素好琴，便径入坐灵床上，取子敬琴弹，弦既不调，掷地云：'子敬！子敬！人琴俱亡。'因恸绝良久，月余亦卒。"</td><td></td></tr><tr><td>《伤逝》："郗嘉宾丧，左右白郗公：'郎丧。'既闻，不悲，因语左右：'殡时可道。'公往临殡，一恸几绝。"</td><td></td></tr><tr><td>《惑溺》："王安丰妇常卿安丰。安丰曰：'妇人卿婿，于礼为不敬，后勿复尔。'妇曰：'亲卿爱卿，是以卿卿；我不卿卿，谁当卿卿！'遂恒听之。"</td><td></td></tr></table>	1.围绕"深情"二字，有指向性地阅读，把握重要的故事情节，并以这些情节为抓手，感受写作特色。 2.通过摘抄和赏析，提高学生的语言敏感度。

续表

阅读规划	任务单	重点能力指向
	2.魏晋时期是社会极其动乱的时期，多年的内战严重削弱了西晋的国力，北方少数民族乘虚而入。在匈奴、羯、鲜卑、氐、羌等少数民族的铁蹄践踏下，西晋首都洛阳失守，晋愍帝被俘，皇室及贵族仓皇南渡建康。以下描写的是卫玠被迫南渡时的场景： 《世说新语·言语》："卫洗马初欲渡江，形神惨悴，语左右云：'见此芒芒，不觉百端交集。苟未免有情，亦复谁能遣此！'" 请结合时代背景，分析卫玠此时的思想情感。 3.请摘抄一句魏晋名士在艺术方面的"深情"，并对其做深入分析。 | 页码	摘抄内容	我的分析

阶段性检测

1.请补充以下语段中的空白，填在横线上。

（1）王仲宣好驴鸣。既葬，_____临其丧，顾语同游曰："王好驴鸣，可各作一声以送之。"赴客皆一作驴鸣。

（2）_____丧法虔之后，精神霣丧，风味转坠。常谓人曰："昔匠石废斤于郢人，牙生辍弦于钟子，推己外求，良不虚也！冥契既逝，发言莫赏，中心蕴结，余其亡矣！"却后一年，支遂殒。

（3）陈留_____，谯国_____，河内山涛，三人年皆相比，康年少亚之。预此契者：沛国_____，陈留阮咸，河内_____，琅琊_____。七人常集于竹林之下，肆意酣畅，故世谓"竹林七贤。"

（4）_____作桓车骑骑兵参军。桓问曰："卿何署？"答曰："不知何署，时见牵马来，似是马曹。"桓又问："官有几马？"答曰："不问马，何由知其数？"又问："马比死多少？"答曰："未知生，焉知死！"

2.请结合具体内容，至少从两个不同的方面，分析《世说新语》的写作特色。

◎ 进程四

任务推进

阅读规划	任务单	重点能力指向
范围：假谲第二十七到仇隙第三十六。 时间：每天30页左右，共1天阅读完毕。	1.在进程四的阅读中，我们要注意与前面三个进程阅读内容的勾连，时常回头"复读"。这一进程，可以重点关注"魏晋风度"，请与同学们讨论，什么是"魏晋风度"。 我的讨论：＿＿＿＿＿＿＿＿＿＿＿＿＿＿＿ ＿＿＿＿＿＿＿＿＿＿＿＿＿＿＿＿＿＿＿＿＿ ＿＿＿＿＿＿＿＿＿＿＿＿＿＿＿＿＿＿＿＿＿ 2. "魏晋风度"作为一种社会风尚和人格理想，受到当时及后世人们的推崇和模仿。请结合整本书的阅读，完成以下表格。 | 序号	人物	何种魏晋风度	体现其风度的事迹	简要分析
---	---	---	---	---
1				
2				
3				
4				
5				
6				| 3.学习《世说新语》一定要学习它记言记事的方法，它将叙事融入人物的言行之中，虽然每则故事都只有百余字，却能通过人物个性化的语言和神韵，将故事的来龙去脉讲得活灵活现且高潮迭起。请你以《仇隙》中的一个故事为例进行赏析。	1.围绕"魏晋风度"，梳理全书。 2.通过梳理魏晋名士中的典型，总结"魏晋风度"的具体表现。 3.学习《世说新语》中记言记事的方法。

阶段性检测

1.关于魏晋风度，其实除了上述名士有所体现外，妇女与儿童也有体现魏晋风度之处，请你结合整本书，做简要分析。

	人物	何种风度	体现其风度的事迹	简要分析
名士				
妇女				
儿童				

2.请在课外搜集魏晋时期的社会背景资料，思考魏晋风度形成的原因。

☯ 课型推进

◎ 阅读课规划

教学阶段	主要内容	教学资源	设计意图
导读课	1. 粗读，了解《世说新语》中部分人物与事迹。 2. 细读，从不同角度去看人物间的共性和人物的个性。 3. 研读，制订阅读计划，开启专题深层次阅读。	《世说新语》动画	通过课堂设计，能够初步了解作品特点，感受人物形象。同时激发学生深度阅读兴趣，小组分工，拟定探究方向。
推进课	1. 多角度思考，从不同专题出发，做深层次的探究阅读。 2. 梳理专题探究成果，培养分类、整合的能力，为成果分享课做准备。	《容止》《汰侈》《雅量》等篇章中的选文	通过专题探究，从"人物""主题""手法"等角度比较阅读，进行深度阅读。
成果分享课	1. 多角度研读，通过小组合作交流、小组辩论，深入品析人物，感受魏晋精神。 2. 尊重学生的独特感受，在互动交流中启迪思维，提高能力。	1. 活动流程安排 2. 活动展示及评分标准	通过"专题""故事会""辩论赛"等活动，展示阅读成果，并为再次阅读明确方向。

◎ 专题探究信息一览表

专题	探究指向	阅读策略	思维层次
专题1：品评人物形象	探究小说中丰富的人物形象，读出人物间的共性与人物的个性。	批注阅读 比较阅读	比较、分析、综合、评价
专题2：了解魏晋文化	联系时代背景及后人评价，在阅读中了解魏晋文化的丰富内涵。	资料助读 联结阅读 比较阅读	分析、比较、思辨

穿越千年的对话

——《世说新语》导读课

【教学目标】

1. 粗读，了解《世说新语》中的部分人物与事迹。

2. 细读，从不同角度去看人物间的共性和人物的个性。

3. 研读，制订阅读计划，开启专题深层次阅读。

【教学重点】

细读，从不同角度去看人物间的共性和人物的个性。

【教学难点】

研读，制订阅读计划，开启专题深层次阅读。

【教学过程】

一、粗读感知，共读《世说新语》

1.请同学们交流《世说新语》的阅读经验，说说你从书中读到了哪些令你印象深刻的人物或者故事。

（学生交流、分享、讨论《世说新语》中的人物和故事）

设计意图：学生粗读整本书，通过互相交流、分享、讨论，使学生对整本书的情况有总体的了解。

我们以前学习过《世说新语二则》——《咏雪》和《陈太丘与友期行》，请同学们放声背诵这两则短文，并想想这两篇短文中的人物有什么共性和个性。

（学生背诵《世说新语二则》，教师展示《世说新语二则》内容；结合刚刚的"粗读感知"，学生讨论人物的共性和个性）

PPT展示：

咏雪

谢太傅寒雪日内集，与儿女讲论文义。俄而雪骤，公欣然曰："白雪纷纷何所似？"兄子胡儿曰："撒盐空中差可拟。"兄女曰："未若柳絮因风起。"公大笑乐。即公大兄无奕女，左将军王凝之妻也。

陈太丘与友期行

陈太丘与友期行，期日中，过中不至，太丘舍去，去后乃至。元方时年七岁，门外戏。客问元方："尊君在不？"答曰："待君久不至，已去。"友人便怒曰："非人哉！与人期行，相委而去。"元方曰："君与家君期日中。日中不至，则是无信；对子骂父，则是无礼。"友人惭，下车引之。元方入门不顾。

设计意图：回顾以前学习的《世说新语二则》，在粗读之后，通过细读的方式来品析文章。鼓励学生积极发言，从不同角度去看人物间的共性和人物的个性。

二、选读细品，精编《世说新语》。

《世说新语》精编版之（　　　）篇	
主题任务	从兴趣出发，自主选择新的角度，从不同门类中精选篇目精编《世说新语》。
精编角度	某一位人物、某一类人物、某一种风度品质……
任务要求	1.题目：填写"《世说新语》精编版之（　　）篇"。 2.篇目：3~6篇，列出门类及页码。 3.前言：简要介绍，并阐明选编理由。
我的精编	题目： 篇目： 前言：

〔示例〕

1.题目：《世说新语》精编版之王羲之篇

2.篇目：《言语》（"岂清言致患邪"19页、支道林论《逍遥游》34页、《雅量》王羲之坦腹东床70页、《假谲》王羲之装睡保命196页）

3.前言：从以上篇章中，我们可以读到一个才华横溢、机智聪颖、洒脱不羁、超凡不俗、率性自然的王羲之，这样的王羲之是魏晋名士的典范，他的事迹流传千年，所以我选择"《世说新语》（精编版）之王羲之篇"。

设计意图：从兴趣出发，学生自主选择角度阅读，学习选择性阅读的方法。利用名著精编的方式，重新构建学生对《世说新语》的理解，对整本书有更好的把握。

三、专题研读，探讨《世说新语》

1.同学们刚刚从自己的兴趣出发，选择一个角度精编了《世说新语》，对魏晋时期的人物有了初步了解。接下来我们进入小组专题深层次阅读，请同学们根据上一环节自己填写的精编版表格，寻找志同道合的同学组成一组（5人左右），先确定好本小组的阅读主题任务，可以从整本书的主题、故事情节、人物形象、语言艺术等方面考虑，确定一个有意义的主题，小组围绕此主题展开专题阅读。

2.请同学们互相讨论交流阅读方法，制订好阅读计划，完成下表。

（　　　）小组专题阅读记录单	
阅读主题	
阅读方法	
阅读计划	
阅读摘抄	
我的阅读体悟	

设计意图：承接上一环节，小组合作，聚焦于一个角度，使学生更深入地研究文章，并为下一节专题探究课做准备。

【配套练习】

1.完成"小组专题阅读记录单"。

2.根据阅读计划，完成整本书的阅读，并完成组内专题阅读任务，为下节课做准备。

魏晋风流知多少
——《世说新语》推进课

【教学目标】

1.多角度思考，从人物、主题、写作手法等不同专题出发，做深层次的探究阅读。

2.梳理专题探究成果，培养分类、整合能力，为成果分享课做准备。

【教学重点与难点】

多角度思考，从人物、主题、写作手法等不同专题出发，做深层次的探究阅读。

【教学过程】

上节课同学们通过小组合作的方式，组成了阅读共同体，已经按照阅读计划对整本书有了初读。这节课我们从上节课中确定的几个不同专题出发，做深层次的探究阅读。

一、人物

《世说新语》中刻画的人物众多，共有1500多人，他们是魏晋士人的群雕，是魏晋风度的剪影，此处以"竹林七贤"中的嵇康为例做探究。

"竹林七贤"之嵇康	
人物简介	
人物生平	
主要影响	
历史评价	
主要作品	
轶事典故	
后世纪念	

〔示例〕

"竹林七贤"之嵇康	
人物简介	嵇康，字叔夜，谯国铚县人，三国时期曹魏思想家、音乐家、文学家。 嵇康自幼聪颖，身长七尺八寸，容止出众。他博览群书，广习诸艺，尤为喜爱老庄学说。早年迎娶魏武帝曹操曾孙女长乐亭主为妻，拜官郎中，授中散大夫，世称"嵇中散"。司马氏掌权后，隐居不仕，拒绝出仕。景元四年，因受司隶校尉钟会构陷，而遭掌权的大将军司马昭处死，时年三十九岁。 嵇康与阮籍等人共倡玄学新风，主张"越名教而任自然""审贵贱而通物情"，成为"竹林七贤"的精神领袖，名列"竹林名士"之一。他的事迹与遭遇对于后世的时代风气与价值取向有着巨大影响。 嵇康工诗善文，其作品风格清俊，反映出时代思想，并且给后世思想界、文学界带来许多启发。其代表作品有《与山巨源绝交书》《与吕长悌绝交书》《琴赋》《酒赋》等。
人物生平	恬静无欲：嵇康年幼丧父，由母亲和兄长抚养成人。他幼年聪颖，博览群书，学习各种技艺。成年后喜读道家著作，身长七尺八寸，容止出众，然不注重打扮。嵇康崇尚老庄，讲求养生服食之道，主张"越名教而任自然"的生活方式。他常修炼养性服食内丹之事，弹琴吟诗，自我满足。 坚拒出仕：掌权的大将军司马昭欲礼聘他为幕府属官，他跑到河东郡躲避征辟。司隶校尉钟会盛礼前去拜访，遭到他的冷遇。同为"竹林七贤"的山涛离开选官之职时，举荐嵇康代替自己。嵇康作《与山巨源绝交书》，列出自己有"七不堪""二不可"，坚决拒绝出仕。嵇康对于司马氏采取不合作态度，因此颇招司马昭的嫉恨。 广陵绝响：嵇康遭人陷害，司马昭一怒之下，下令处死嵇康。嵇康行刑当日，三千名太学生集体请愿，请求朝廷赦免他，并要求让嵇康来太学任教，他们的这些要求并没有被同意。临刑前，嵇康神色不变，如同平常一般。他看了看太阳的影子，知道离行刑尚有一段时间，便向兄长嵇喜要来平时爱用的琴，在刑场上抚了一曲《广陵散》。曲毕，嵇康把琴放下，叹息道："从前袁孝尼曾跟我学习《广陵散》，我每每吝惜而固守不教授他，《广陵散》现在要失传了。"（据传，《广陵散》并非嵇康独作，而是嵇康游玩洛西时，为一古人所赠）说完后，他从容就戮，时年三十九岁。对于嵇康，海内的士人没有不痛惜的，司马昭不久后便意识到错误，但追悔莫及。
主要影响	文学成就：嵇康的文学创作，主要包括诗歌和散文，以四言诗成就较高。他的四言诗是继曹操四言诗之后的一大成功之作。嵇康的诗，以表现其追求自然、高蹈独立、厌弃功名富贵的人生观为主要内容。其中《幽愤诗》自述平生的遭遇和理想抱负，对自己无辜受冤表示极大愤慨。诗末说："采薇山阿，散发岩岫。永啸常吟，颐性养寿。"这首诗词锋爽利，语气清峻，表达对自由生活的向往。嵇康诗的风格，刘勰《文心雕龙》评为："嵇志清峻。"又说："叔夜俊侠，故兴高而采烈。"突出了嵇康诗风与其人格性情之间的密切关系。 音乐成就：嵇康通晓音律，尤爱弹琴，他主张声音的本质是"和"，合于天地是音乐的最高境界，认为喜怒哀乐从本质上讲并不是音乐的感情而是人的情感。 书画创作：嵇康擅长书法，工于草书。其墨迹"精光照人，气格凌云"，被列为草书妙品。后人称其书法"如抱琴半醉，酣歌高眠，又若众鸟时集，群乌乍散"。嵇康又善丹青，唐人张彦远《历代名画记》有载，其时有嵇康的《巢由洗耳图》《狮子击象图》传世，后已佚失。

	"竹林七贤"之嵇康
历史评价	王戎：与嵇康居二十年，未尝见其喜愠之色。（《世说新语》） 山涛：嵇叔夜之为人也，岩岩若孤松之独立；其醉也，傀俄若玉山之将崩。（《世说新语》） 刘义庆：嵇康身长七尺八寸，风姿特秀。见者叹曰："萧萧肃肃，爽朗清举。"或云："肃肃如松下风，高而徐引。"（《世说新语》） 白居易：吕安兄不道，都市杀嵇康。斯人死已久，其事甚昭彰。是非不由己，祸患安可防。使我千载后，涕泗满衣裳。（《杂感》） 黄庭坚：嵇叔夜诗，豪壮清丽，无一点尘俗气。凡学作诗者，不可不成诵在心。想见其人，虽沉于世故者，暂得揽其余芳，便可扑去面上三斗俗尘矣。何况深其义味者乎？（《四友斋丛说》） 李清照：两汉本绍继，新室如赘疣。所以嵇中散，至死薄殷周。（《咏史》） 主要作品：嵇康工诗善文，其作品风格清俊，反映出时代思想，并且给后世思想界、文学界带来许多启发。
轶事典故	狂放任性：嵇康旷达狂放，自由懒散，"头面常一月十五日不洗，不大闷养，不能沐也"，再加上他幼年丧父，故而经常放纵自己，"又纵逸来久，情意傲散"。成年的他接受老庄学说之后，"重增其放，使荣进之心日颓"。嵇康在懒散与自由里孕育着他的狂放和旷达。 隐于山林：嵇康回归自然，超然物外得自在，不为世俗所拘，而又重情谊。嵇康爱好打铁，铁铺子在后园一棵枝叶茂密的柳树下，他引来山泉，绕着柳树筑了一个小小的游泳池，打铁累了，就跳进池子里泡一会儿。见到的人不是赞叹他"萧萧肃肃，爽朗清举"，就是夸他"肃肃如松下风，高而徐引"。他在以打铁来表示自己的"远迈不群"和藐视世俗，这是其精神特质的体现。 藐视权贵：钟会身出名门，是钟繇之子，但是嵇康拒绝与其交往。钟会对年长其两岁的嵇康却敬佩有加。显赫后的钟会造访嵇康，嵇康不加理睬，继续在家门口的大树下"锻铁"，一副旁若无人的样子。钟会觉得无趣，于是悻悻地离开。嵇康在这个时候终于说话，他问钟会："何所闻而来，何所见而去？"钟会回答："闻所闻而来，见所见而去。"钟会对此记恨在心。 嵇绍不孤：嵇康临死之前，没有把自己的一双儿女托付给自己的哥哥嵇喜，没有托付给他敬重的阮籍，也没有交给向秀，而是托付给了山涛，并对自己的儿子嵇绍说："巨源（山涛字）在，你不会成为孤儿了。"在嵇康死后，山涛没有辜负嵇康的重托，把嵇绍养大成才。山涛和王戎，在嵇康被杀害之后，对嵇绍一直都特别照顾。他们尽到了朋友应尽的道义与责任，使得这两个孤弱的孩子，即使失去了父亲，却还拥有慈父般的关怀与教导，不再那么无依无靠，这是成语"嵇绍不孤"的由来。
后世纪念	 嵇康墓又称嵇中散墓，位于安徽省涡阳县石弓镇嵇山南麓，为涡阳县级文物保护单位。其墓依山凿石而建，巨石封门，上覆山土，墓在山腹中，外表与山一体。现墓洞已被发现，但墓内被盗一空，只存空墓。

请同学们参照示例，选择自己感兴趣的一个人或一类人做专题探究。

二、主题

《世说新语》中展现出来的研究主题多种多样，比如饮酒文化研究、女性形象研究、魏晋风度研究、魏晋士人家族观念研究、孝文化研究等，请同学们选择自己感兴趣的主题（可以从中挑选，也可以自行拟定）进行专题探究。此处以《世说新语》的饮酒文化研究为例。

《世说新语》的饮酒文化研究	
出现饮酒行为的篇章	
饮酒呈现出的特点	
士人好酒的原因	

〔示例〕

《世说新语》的饮酒文化研究	
出现饮酒行为的篇章	阮籍丧母食酒肉（《任诞》）；刘玲饮酒忘形（《任诞》）；山季伦醉倒山公（《任诞》）；莫思身外无穷事，且尽生前有限杯（《任诞》）；孔群好饮酒（《任诞》）；郡卒饮酒足余年（《任诞》）等。
饮酒呈现出的特点	1.以饮酒为荣；2.追求短暂的欢愉；3.服用五石散而饮酒；4.任情纵酒。
士人好酒的原因	1.在魏晋时代，社会动乱，各方势力你争我夺，魏晋名士在自我保全与追求心志之间得不到平衡，心怀天下的士人们做不到视死如归的决绝，也不愿服从于强政，只有寄情于酒，借酒来放诞自我。 2.酒能解放人的性情，它成为魏晋士人回归内心、反叛礼教的借力工具。《任诞》中王子猷饮酒后深夜访戴安道，乘兴而来，兴尽而返，可见其自由放达、任情而动。

三、手法

《世说新语》中的写法高超精妙，每篇篇幅不长，但寥寥几语间便能生动地刻画人物、叙述故事。其又善于运用各种手法，比如对比、白描、比喻、细节描写等，请同学们选择其中的一种手法做专题探究。此处以对比手法为例。

《世说新语》善于使用对比手法，而在对比中形式各不相同，请同学们从书本中找出运用对比手法的文段，完成下表。

《世说新语》中的对比手法			
篇章			
对比内容			
对比类型			

〔示例〕

《世说新语》中的对比手法				
篇章	《容止》	《汰侈》	《雅量》	《汰侈》
对比内容	潘安仁、夏侯湛并有美容，喜同行，时人谓之"联璧"	王君夫以饴糒澳釜，石季伦用蜡烛作炊。君夫作紫丝布步障碧绫里四十里，石崇作锦步障五十里以敌之。石以椒为泥，王以赤石脂泥壁。	王夷甫与裴景声志好不同，景声恶欲取之，卒不能回。乃故诣王，肆言极骂，要王答己，欲以分谤。王不为动色，徐曰："白眼儿遂作。"	石崇每要客燕集，常令美人行酒，客饮酒不尽者，使黄门交斩美人。王丞相与大将军尝共诣崇，丞相素不能饮，辄自勉强，至于沉醉。每至大将军，固不饮，以观其变。已斩三人，颜色如故，尚不肯饮。丞相让之，大将军曰："自杀伊家人，何预卿事！"
对比类型	正面对比	反面对比	正反对比	多重对比

不同的专题，从多角度"重读"文本，拓展了我们的思维，开阔了我们的眼界。经过两节课的学习，同学们已经收获了许多成果，请从以下三种展示方式中任选一种，下节课进行阅读成果交流会。

展示一：小组专题探究成果汇报。

小组根据本组所选择的专题，派小组成员进行探究成果汇报。

展示二：故事分享会——赏魏晋风流人物。

"你最欣赏的人物形象是谁？你最愿意和书中的哪个人物交朋友？"小组交流讨论，派一名代表讲述自己印象最深刻的一个或一类故事，其他小组针对分享的内容进行提问。

展示三：班级辩论赛——辩证批判地看魏晋精神（须有2组参与）。

辩题：《世说新语》中展示的魏晋风度是积极 / 消极的。

【配套练习】

1. 准备好小组展示材料，下节课展示。

2. 请根据以上资料，为下面这段文字做情感分析。

《世说新语·言语》：过江诸人，每至美日，辄相邀新亭，藉卉饮宴。周侯中坐而叹曰："风景不殊，正自有山河之异！"皆相视流泪。唯王丞相愀然变色，曰："当共戮力王室，克复神州，何至作楚囚相对？"

背景：永嘉之乱后，诸人被迫渡江。

具体情境：过江避难的诸位士人，每逢春暖花开、风和日丽的好天气，总是相邀一起到新亭，坐在草地上饮酒作乐。

情感分析方法：抓住描写神态的关键词，如"叹""相视流泪""愀然变色"；抓住人物的语言，如"风景不殊，正自有山河之异！""当共戮力王室，克复神州，何至作楚囚相对？"。

我的分析：_____

_____

赏古人风流　辩魏晋风骨
——《世说新语》成果分享课

【教学目标】

1.多角度研读，通过小组合作交流、小组辩论等方式，深入品析。

2.评选展示优胜小组，教师做阅读总结。

【教学重点与难点】

如何辩证批判地看魏晋精神。

【教学过程】

一、展示活动导入

同学们，前段时间我们通过初读《世说新语》、精编《世说新语》、专题阅读《世说新语》，整个班级分为六个大组，各组根据自己的计划进行了阅读实践，获得了许多宝贵的第一手资料。现在，到了该我们收获和分享的时候了，这第三堂课，就请大家展示自己的阅读成果。

二、学生展示阅读成果

展示一：小组专题探究成果汇报。

小组根据上节课中所选择的专题，派小组成员进行探究成果汇报。

展示二：故事分享会——赏魏晋风流人物。

"你最欣赏的人物形象是谁？你最愿意和书中的哪个人物交朋友？"小组交流讨论，派一名代表讲述自己印象最深刻的一个或一类故事，其他小组针对分享的内容进行提问。

〔示例〕

篇章内容	佯狂放诞之阮籍
事迹及性格	1. 行为放纵。"籍嫂尝归宁，籍相见与别。或讥之，籍曰：'礼'，岂为我辈所设耶？邻家少妇有美色，当垆酤酒。籍尝诣饮，醉，便卧其侧。籍既不自嫌，其夫察之，亦不疑也。兵家女有才色，未嫁而死。籍不识其父兄，径往哭之，尽哀而还。其外坦荡而内淳至，皆此类也。时率意独驾，不由径路，车迹所穷，辄恸哭而反。"这些行为即使在今天都无法被人接受，他这些行为的背后是他对礼教的漠视，对真性情的追求。 2. 不愿与统治者合作。他骑驴上任，拆掉了官府的院墙，终日饮酒，消极应付。 3. 佯狂醉酒，隐忍圆润。司马昭为了拉拢名士想与阮籍结为亲家，阮籍以连醉六十日应付，使得对方只好放弃。当小人钟会想要给他捏造罪名时，阮籍也是以佯狂醉酒应付了过去。这背后显示的是阮籍的处世哲学：他不像嵇康般刚直决绝，他的态度更圆润缓和。
我想对他说	"阮籍，我真为你感到不值，你终其一生，也无法一展理想抱负，也没有找到真正的出路，我知道你借酒浇愁，是强忍着内心剧痛，你时时处处谨慎小心，如履薄冰。"

展示三：班级辩论赛——辩证批判地看魏晋精神。

辩题：《世说新语》中展示的魏晋风度是积极／消极的

1. 分为正方和反方两组，每组 4 人参赛。

2. 其他小组派 2 名代表作为评委，评分细则如下：

辩论赛评分表

	辩手	语言表达 （25分）	辩驳思路 （25分）	辩风 （25分）	综合印象 （25分）	总分100分
正方	选手1					
	选手2					
	选手3					
	选手4					
	辩手	语言表达 （25分）	辩驳思路 （25分）	辩风 （25分）	综合印象 （25分）	总分100分
反方	选手1					
	选手2					
	选手3					
	选手4					

三、评选优秀展示小组

成果展示优胜组评选选票

组别	内容翔实、准确 （30分）	展示方式生动、有吸引力（30分）	组员分工合作，组内团结（30分）	综合印象（10分）	总分100分
第一组					
第二组					

续表

组别	内容翔实、准确（30分）	展示方式生动、有吸引力（30分）	组员分工合作，组内团结（30分）	综合印象（10分）	总分100分
第三组					
第四组					
第五组					
第六组					

每位同学有一张选票，展示结束后进行无记名投票，得分最高的一组为优胜组。

四、教师做活动总结

通过专题学习和成果展示，我们共享了学习成果，也发现了《世说新语》可以从多个角度去细品慢读。《世说新语》中的文化博大精深，推荐同学们课后去阅读相关的作品，比如宗白华《论〈世说新语〉与晋人的美》和戴建业《浊世清流〈世说新语〉会心录》，你一定会有更多的发现。

【配套练习】

1. 阅读与《世说新语》相关的书籍。

2.《世说新语》把德行放在第一，这意味着一个人的德行很重要，我们读《世说新语》首先要看到的就是人，我们要善于与文本中的人物进行对接，首先我们要认识这个人物，要从外走到内。请从德行篇中任选一篇自己最喜欢的，自己能读懂的，从"美德"的角度进行赏析。

要求：①注明出处、书的页码；②抄写原文，读熟；③翻译（也可口头翻译）；④赏析文字不得少于150字。

中考链接

真题 ❶

原题呈现（2019年贵州遵义卷）

请分别概括华歆、王朗、楚厉王三人的品质特征。

［甲］华歆、王朗俱乘船避难，有一人欲依附，歆辄难之。朗曰："幸尚宽，何为不可？"后贼追至，王欲舍所携人。歆曰："本所以疑，正为此耳。既已纳其自托，宁可以急相弃邪？"遂携拯如初。世以此定华、王之优劣。

（选自《世说新语》）

［乙］楚厉王有警鼓，与百姓为戒①。饮酒醉，过而击，民大惊。使人止之，曰："吾醉而与左右戏而击之也。"民皆罢。居数月，有警，击鼓而民不赴。乃更令明号而民信之。

（选自《韩非子》）

思维层次：理解、分析。

阅读能力：分析人物形象。

命题特点及解题策略：本题考查对人物品质的理解。解答此题需在通晓文章大意的基础上，抓住关键语句来分析。结合甲文内容，从"既已纳其自托，宁可以急相弃邪"中可知，华歆守信用、讲道义；从"幸尚宽，何为不可""后贼追至，王欲舍所携人"中可知王朗极端自私、背信弃义。结合乙文内容，从"饮酒醉，过而击""吾醉而与左右戏而击之也"中可知，楚厉王不重视诚信，随意说出戏言；从"使人止之""乃更令明号而民信之"中可知，楚厉王知错能改。

参考答案：

华歆：守信用、讲道义；王朗：极端自私、背信弃义；楚厉王：不重视诚信，随意说出戏言，知错能改。

真题 ❷

原题呈现（2017 年广东深圳卷）

刘禹锡和王子猷的居住环境有什么相似之处？刘禹锡居陋室不觉其陋，王子猷寄居不可无竹，请结合生活实际，谈谈你从中获得的启示。

[甲]山不在高，有仙则名。水不在深，有龙则灵。斯是陋室，惟吾德馨。苔痕上阶绿，草色入帘青。谈笑有鸿儒，往来无白丁。可以调素琴，阅金经。无丝竹之乱耳，无案牍之劳形。南阳诸葛庐，西蜀子云亭。孔子云：何陋之有？

（选自《陋室铭》）

[乙]王子猷尝暂寄人空宅住，便令种竹。或问："暂住何烦尔？"王啸咏良久，直指竹曰："何可一日无此君？"

（选自《世说新语》）

思维层次：理解、分析、评价。

命题特点及解题策略：本次考查学生对文章内容的分析能力。题干中已经给出"刘禹锡居陋室不觉其陋，王子猷寄居不可无竹"的提示，环境相同之处已经不言而喻，所以点出"主人的品德高尚"即可。

参考答案：

共同点：从居住环境来看，刘禹锡的陋室和王子猷的空宅一样，都很简陋；但居住的人品德高尚，因而使这屋子显得不简陋。

看法：结合生活，言之成理。

[示例]我也希望自己能够像刘禹锡和王子猷一样，拥有高尚的品德。在我们生活中，大家的生活条件不一样，但我认为个人出身和家境并不重要，重要的是能够具备优秀的品格和良好的修养。

真题 ❸

原题呈现（2019年山东卷）

《世说新语》一共有36门，根据你对内容的理解，你认为下文选自《世说新语》中的哪一门？（　　）

A. 文学　　　　B. 雅量　　　　C. 自新　　　　D. 任诞

阮籍遭母丧，在晋文王坐进酒肉。司隶何曾亦在坐，曰："明公方以孝治天下，而阮籍以重丧，显于公坐饮酒食肉，宜流之海外，以正风教。"文王曰："嗣宗毁顿如此，君不能共忧之，何谓！且有疾而饮酒食肉，固丧礼也！"籍饮啖不辍，神色自若。阮籍当葬母，蒸一肥豚，饮酒二斗，然后临诀，直言："穷矣！"都得一号，因吐血，废顿良久。

（选自《世说新语》）

思维层次：记忆、理解、分析

阅读能力：分析辨别小说的门类。

命题特点及解题策略：本题考查学生对文学常识的了解。《世说新语》共有36门，其中"任诞"，指任性放纵，名士们主张言行不必遵守礼法，凭秉性行事，不做作，不受任何拘束，认为这样才能回归自然，才是真正的名士风流。在这种主张的标榜下，许多人以作达为名，实际是以不加节制地纵情享乐为目的。选文记叙阮籍的事迹，应归入"任诞"一门。

参考答案：

D。

真题 ❹

原题呈现（2019年山东卷）

酒能浇愁也能助兴，你认为甲文中的张岱"强饮三大白"、乙文中的阮籍"饮酒二斗"和丙文中的阮籍"醉六十日"时的心境是怎样的？从中分别可以看出张岱和阮籍怎样的性情？

【甲】崇祯五年十二月，余住西湖。大雪三日，湖中人鸟声俱绝。是日更定矣，余拏一小舟，拥毳衣炉火，独往湖心亭看雪。雾凇沆砀，天与云与山与水，上下一白。湖上影子，惟长堤一痕，湖心亭一点，与余舟一芥、舟中人两三粒而已。

到亭上，有两人铺毡对坐，一童子烧酒炉正沸。见余大喜曰："湖中焉得更有此人！"拉余同饮。余强饮三大白而别。问其姓氏，是金陵人，客此。及下船，舟子喃喃曰："莫说相公痴，更有痴似相公者。"

【乙】阮籍遭母丧，在晋文王坐进酒肉。司隶何曾亦在坐，曰："明公方以孝治天下，而阮籍以重丧，显于公坐饮酒食肉，宜流之海外，以正风教。"文王曰："嗣宗毁顿如此，君不能共忧之，何谓！且有疾而饮酒食肉，固丧礼也！"籍饮啖不辍，神色自若。

阮籍当葬母，蒸一肥豚，饮酒二斗，然后临诀，直言："穷矣！"都得一号，因吐血，废顿良久。

（选自《世说新语》）

【丙】籍本有济世志，属魏、晋之际，天下多故，名士少有全者，籍由是不与世事，遂酣饮为常。文帝初欲为武帝求婚于籍，籍醉六十日，不得言而止。

籍虽不拘礼教，然发言玄远，口不臧否人物。性至孝，母终，正与人围棋。对者求止，籍留与决赌。既而饮酒二斗，举声一号，吐血数升。裴楷往吊之，籍散发箕踞，醉而直视，楷吊唁毕便去。籍又能为青白眼，见礼俗之士，以白眼对之。及嵇喜来吊，籍作白眼，喜不怿而退。喜弟康闻之，乃赍酒挟琴造焉，籍大悦，乃见青眼。由是礼法之士疾之若仇，而帝每保护之。

（选自《晋书·阮籍传》，有改动）

思维层次：分析比较。

阅读能力：分析比较人物形象。

命题特点及解题策略：这是一道比较阅读题。仔细阅读三段文字，了解两个人喝酒的背景和心情，据此分析比较作答即可。

参考答案：

甲文中张岱"强饮三大白"，表达他大雪天偶逢知己的喜悦，表现他的率直性情。乙文中阮籍在母亲去世时"饮酒二斗"，表现他极度的悲痛，借酒消愁，说明他是一个不拘礼教、孝顺的人。丙文中司马昭想通过联姻笼络阮籍，阮籍进退两难之际，选择灌醉自己回避此事，从而保住自己的生命与人格，这又说明阮籍是个不愿与世俗同流合污、追求自由、有智慧的人。

真题 ❺

原题呈现（2019 年天津卷）

顾荣是一个怎样的人？下面这个故事告诉我们一个怎样的道理？请用自己的话回答。

顾荣在洛阳，尝应人请，觉行炙人有欲炙之色，因辍己施焉。同坐嗤之，荣曰："岂有终日执之而不知其味者乎？"后遭乱渡江，每经危急，常有一人左右己。问其所以，乃受炙人也。

（选自《世说新语》）

思维层次：理解、分析、评价。

阅读能力：分析人物形象，思考意义与启示。

命题特点及解题策略：本文中叙写的顾荣因对别人施以小小善举，得到别人不离左右的回报。在作答时可以结合人物描写来分析人物品质，最后结合当下生活说说自己的启示即可。

参考答案：

从文中顾荣"觉行炙人有欲炙之色，因辍己施"可以看出他是一个善良、关爱他人的人。给我们的启示：善有善报，帮助别人也会得到别人的帮助，勿以善小而不为等（据此理解作答即可）。

参考文献

[1]　鲁迅．鲁迅全集（第9卷）[M]．北京：人民文学出版社，2005.

[2]　王国璎．中国文学史新讲[M]．台北：联经出版社，2006.

[3]　余嘉锡．世说新语笺疏[M]．北京：中华书局，2011.

[4]　丁锡根．中国历代小说序跋集[M]，北京：人民文学出版社，1996.

《聊斋志异》

推荐版本

作者：蒲松龄著

出版社：人民出版社

出版时间：2020 年 4 月

作品梗概

康熙十八年(1679 年)，蒲松龄作成狐鬼小说初步结集，定名《聊斋志异》，简称《聊斋》，俗名《鬼狐传》，"聊斋"是他的书斋名称，"志"是记述的意思，"异"是指奇异的故事。它将近 500 篇，所选题材广泛，内容丰富，主要分为以下几种类型。

（1）人和花妖鬼狐的爱情。这一类占全书比重最大。主要人物大多不惧封建礼教，勇敢追求爱情。名篇有《莲香》《小谢》《连城》《宦娘》等。这些作品通过花妖鬼狐和人的恋爱，表现理想爱情。如《青凤》写书生夜遇狐女青凤，历经波折，最终有情人终成眷属。

（2）抨击科举制度对读书人的摧残，表达作者对怀才不遇、仕途难攀的不平。如《司文郎》写盲僧能从烧成灰的文章中嗅出文章好坏，讽刺了考官的不学无术。

（3）揭露统治阶级的残暴和对人民的压迫。通过谈狐说鬼手法，对黑暗社会进行批判，揭露社会矛盾，表达人民愿望。如《促织》写了成名一家被官府通迫，交纳蟋蟀以致倾家荡产，最后成名之子化身蟋蟀讨得皇帝欢心致富的故事，揭露了封建徭役的残酷。

思维导图

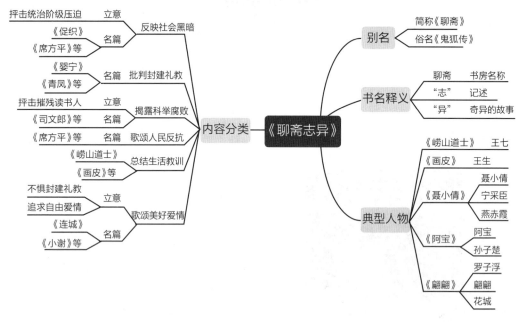

文学地位

《聊斋志异》结合志怪和传奇两类小说传统，融入现实主义与浪漫主义创作色彩，造奇设幻。它的内容广泛，多谈鬼、狐、魔、花、妖，以此概括当时的社会关系，并吸收了白话小说的长处。

《聊斋志异》大多故事完整、情节离奇曲折、人物形象鲜明，深刻反映当时社会现状，加上结构巧妙严谨，文笔简洁，描绘细腻，是中国古典文言文短篇小说的"巅峰之作"。

鲁迅在《中国小说史略》中说它"用传奇法，而以志怪"。老舍曾评价它："鬼狐有性格，笑骂成文章。"郭沫若评价它："写鬼写妖，高人一等；刺贪刺虐，入骨三分。"

《聊斋志异》体现了蒲松龄的人文情怀、眷恋万物的生态价值观和对现实社会阴暗面的揭露与批判，在当代社会也有极高的借鉴价值和现实意义。迄今为止，它已有了日、法、英、德、俄等20多种译本，已成为世界的文学珍品。

作者介绍

蒲松龄（1640—1715年），清代文学家，字留仙，一字剑臣，别号柳泉居士，世称"聊斋先生"，山东淄博人。他与西方的莫泊桑、契诃夫，同被誉为"世界短篇小说之王"。

蒲松龄出生于书香世家，但几代人读书却没取得显赫的功名，到蒲松龄时，家境已很艰难。他自幼便对民间的鬼神故事兴致浓厚，广读经史。19岁时，以县、府、道三个第一考取秀才，颇有文名，但以后屡试不第，靠教书维持生计。大约在40岁时，他开始业余创作《聊斋志异》。他曾在家门口开茶馆，来喝茶的人可以用故事代替茶钱。借助这方法，他广泛搜集到了奇闻逸事。

蒲松龄一生怀才不遇，穷困潦倒，郁郁不得志，71岁时才援例成为贡生，他对科举制度的不合理深有体会。因此，他塑造了很多书生形象，不管是成功的还是失败的，他们都与作者一样，在那个埋没读书人本性的社会里，精神都是空虚的。作为落魄书生的蒲松龄，他的科举梦在现实生活中无法实现，只能借助鬼狐仙魅的力量来聊以精神自慰。

◎ 核心价值

◎ 核心知识

（一）文言"短篇"小说

文言小说指的是古代以文言记录的杂事、逸闻和故事。我国的文言小说数量众多，内容庞杂。简洁而曲折离奇是《聊斋志异》的叙事特色，它的故事干净短小，但"简"不等于"直"，不等于"平"，情节"简而多曲，变而近理"。曲是情节的复杂性，奇是情节的虚幻性，曲而不失自然，奇而不离真实。每叙一事，有起伏变化，有高潮余韵，变化无穷。如《葛巾》和《胭脂》等，情节变幻无穷。

（二）志"怪"小说

志怪小说是中国古典小说的形式之一，以记叙神异鬼怪故事、传说为主体内容，产生和流行于魏晋南北朝，与当时社会的宗教迷信和玄学风气及佛教、道教的传播有直接的关系。《聊斋志异》"用传奇法，而以志怪"。六朝志怪小说的目的是"发明神道之不诬"，因此内容荒诞无稽，情节单调。《聊斋志异》虽也写花妖狐魅的怪异题材，但为曲折反映社会现实，抒发"孤愤"，在内容的深度和广度上，都超过了以往的志怪传奇。

（1）"怪"在人物丰满，形象立体。《聊斋志异》注重从"故事体"到"人物体"的形象塑造，用多种手法来渲染和凸显人物性格。通过生活细节刻画性格，如《小谢》中，通过对穿鼻孔、挠耳朵、蒙眼睛等细节描写，突出两个女鬼的大胆活泼、顽皮稚气、天真可爱；通过矛盾斗争来推动情节，如《席方平》中，席方平不畏强暴，坚决与城隍、郡司、阎王等恶势力做斗争，终于得向玉帝和二郎神告状申冤，使城隍、郡司、阎王等人得到了应有惩罚。

（2）"怪"在内容丰富，情节曲折。《聊斋志异》取材有很多类似处，但作者能把握对象的不同内质，多途径地表达同样的思想内容，做到同类作品的叠加与补充。比如，同是年轻的女性形象，既有感情缠绵、拘于叔父严训而行动谨慎的狐女青凤；同是复仇，有的化兽复仇，有的阴间上告，有的是武力索命。

《聊斋志异》情节设置曲折离奇，毫不雷同。如《促织》通过蟋蟀得失这一主线，写主人公成名的从悲到喜、悲喜交集、祸福环生，波澜起伏。又如《连城》写连城与乔生的知己之爱遇到种种破坏，生生死死，历尽曲折磨难，最终获得胜利。

（3）"怪"在想象奇特，映射现实。《聊斋志异》大多数作品善于将"虚"与"实"、"幻"与"真"有机地结合，和谐地统一。作者大胆想象和虚构，有目的地将神鬼妖魅和梦幻幽冥等虚幻世界的事物组织到现实社会中来，通过描写花妖狐鬼的故事，人鬼相杂、阴阳相间的生活画面和艺术形象，曲折而形象地反映作者所处时代的现实。如《席方平》中城隍、阎王贪污索贿、草菅人命。席方平在冥间的痛苦遭遇，都是现实社会腐败、贪官酷吏横行的真实写照；同时，《聊斋志异》也在奇特的想象中寄托对美好社会理想的向往。如《翩翩》里的仙女，同丈夫吃着落叶变的鸡、鱼，穿着芭蕉和白云做的衣裳，驰想天外，但他们"不羡贵官"，只愿有"佳儿""佳妇"的生活愿望，则可近可亲。

◎ 核心能力

（一）分析描写手法，解读小说人物形象

1. 赏"读"心理描写

小说中的"心理描写"指把人物思想感情和心理活动用文字描绘出来。心理描写方法中的直接描写包括内心独白、神态描写、梦境和幻觉描写等。心理描写能揭示性格，反映思想变化，使人物形象立体化，能推动情节发展，深化主题。

如《青凤》中，青凤初见耿生时"辄俯其首"；再见时，"骇而却退，遽阖双扉"；与耿生私会被叔父撞见时，则"俯首倚床，拈带不语"；被叔父诃诟时，便"低头急去"，"嘤嘤啜泣"；遇难被耿生救出后，又"依依哀啼"。这些都表现了青凤热烈追求爱情而又羞涩胆怯的性格。

2. 赏"读"环境描写

小说中的"环境描写"的作用大致有：（1）交代社会背景，为情节的发展奠定基础；（2）烘托人物情绪，揭示或反衬人物性格；（3）渲染气氛；（4）推动故事情节发展；（5）增加小说真实性；（6）深化小说主题。

《聊斋志异》中的环境是故事载体，真幻莫辨。天上泉下、异域他邦、梦乡仙境、狐鬼世界、精魅天地都是"狐鬼"的幻境，"贪虐"才是真情。想象的环境是源于生活又高于生活的典型环境。如婴宁是狐精所生，鬼母所养，从小远离尘世，没被人间污浊熏染。杂花生树的山村、桃柳夹墙的茅屋、豆棚花架的庭院，映衬婴宁纯真爽朗的性格。

3. 赏"读"细节描写

《聊斋志异》中有许多诙谐的细节把人物的形象丰富起来，使人有画面感，忍俊不禁。比如，《崂山道士》里的王生，在自以为学得入墙术之后便下山回家，一面向老婆吹牛，一面表演。可当他"去墙数尺，奔而入"时，却"头触硬壁，蓦然而踣。妻扶视之，额上坟起，如巨卵焉"。这一细节唤起了读者对王生性格鄙夷的微笑。

4. 赏"读"讽刺手法

《聊斋志异》的讽刺手法深刻而又丰富多彩，像一面照妖镜，使一切的丑恶现象原形

毕露，引起人们的痛恨与嘲笑。同时它又像一把锋利的匕首，直刺一切罪恶之人。这部小说使人们真切地感受到所谓的"笑中也有泪，乐中也有哀"，并从中得到启发和教育。

《罗刹海市》描写了一个以丑为美、以美为丑，以妖为人、以人为妖的大罗刹国，强烈讽刺那些摆阔气、搭官架子、搞特殊化、随便欺压百姓的封建官僚。

《席方平》开头就写席方平的父亲席廉因生前与同乡姓羊的财主结怨，死后，姓羊的财主便买通阴间差役来折磨他。席方平屡次去为父亲洗冤都未成功。直至遇到二郎神，席廉才沉冤得雪。结尾处作者借判词讽刺了那些横行霸道、为富不仁的有钱人。

（二）赏析语言风格，品评作品表达效果

1. "读"个性化的人物语言

《聊斋志异》融合了很多充满生活气息的语言，创造性地运用古代文学语言，同时又大量提炼和融会方言俗语，从而形成既典雅工丽又生动活泼的语言风格。如《婴宁》写王子服初见美丽动人的婴宁而注目不移，竟忘顾忌。婴宁走过几步，对婢女说："个儿郎目灼灼似贼！"婴宁的话语不多，却生动地表现出多情、爽朗、活泼、烂漫的性格。

另外，人物语言雅俗结合，词汇丰富、生动有趣。人物的地位、身份不同，对话也有雅、俗、庄、谐的区别。再如：文中书启、判状，则用骈偶；"异史氏曰"的文言则显得庄重典雅。

2. "读"真实性的叙述语言

蒲松龄总是参照现实中的事物描写幻境，或者以人们熟知的事物巧设譬喻，因此，《聊斋志异》的语言既继承发展了文言的长处，又兼有生活话语的优点，给人以生活实感。

如《席方平》中，描写席方平在冥府受刑的情况：冥王又怒，命以锯解其体。二鬼拉去，见立木，高八九尺许，有木板二，仰置其下，上下凝血模糊。……遂觉锯锋曲折而下，其痛倍苦。俄顷，半身辟矣。板解，两身俱仆。鬼上堂大声以报。堂上传呼，令合身来见……

席方平被锯解为二还能合身听审，情节的虚幻性是显而易见的。但二鬼行刑时所用的锯，显然无异于现实生活中的锯；"以二板夹席，缚木上"的锯解方法，亦与现实中锯木头的方法相似；锯解时发出的隆隆的声音及席方平的疼痛感觉，都是依据生活经验做出的想象；行刑二鬼因席"大孝无辜"遂令锯稍偏不伤其心的行为，也是仿照世间的人情来写的。

（三）联系创作背景，破解作品主题思想

作为科举制度的受害者，蒲松龄的思想驰骋于理想世界和严酷现实的双重断崖间，造就出聊斋特有的幻想和现实相对立、相依存的艺术境界。对黑暗残酷现实和封建科举制度弊病的批判，对美好善良人性和自由爱情婚姻的憧憬成为他小说的主题。在阅读过程中要与真实背景结合，对典型人物、情节、环境进行分析，进而揣摩作品主题。

◎ 核心策略

（一）批注阅读

批注阅读属于留痕阅读，能提高阅读的有效性，发展阅读兴趣，提升阅读能力，形成独立的阅读个性，让个性化阅读焕发神采。本书人物众多，用批注聚焦重点内容，深入思考，为分析人物形象打下良好的基础。

批注阅读策略是在阅读过程中，将自己的所思、所想、所感用文字记录在文本中的阅读策略。（1）识记批注是记录有关识记字词、情节等方面的基础内容；（2）质疑批注是记录遇到的阅读障碍及由此产生的疑点和困惑；（3）感悟批注是记录在阅读中得到启迪、受到教育而有所收获的内容或文字；（4）联想批注是在阅读时，记录由此及彼产生的联想；（5）归纳批注是对文章的句段、篇章进行归纳，概括其主要内容。

（二）勾连对比

制表阅读策略，是指阅读主体能够将具有一定关联的人物对比参照，在相似中区分细微或本质的差别，将所阅读的信息加以组织，以有效保存信息的阅读策略。一般有列提纲、利用表格、利用图形等，通过列表整理可以快速把握内容重点。

结合思维导图，通过创造各类表格的形式阅读相同类型的篇目。婴宁与小翠都是狐女，都嫁为人妇并受夫婿与公婆的喜爱，但仔细观之，她们出嫁前的处境及出嫁后的夫婿、公婆都有很大的不同。这些都可以成为自制表格的阅读收获呈现在纸上。

从主题、结局、人物性格、神态等各个角度进行深入的对比阅读。比如，同是狐狸幻化的女性，婴宁天真烂漫，憨态可掬；小翠顽皮善谑，喜开玩笑；青凤温柔拘谨，情意缠绵。同是鬼女，聂小倩"绰约可爱"，被胁迫却又心地善良；连琐"瘦怯凝寒"，多愁善感；小谢活泼调皮，乐不知愁；李女羞涩怯弱，感情笃厚。同是痴情的青年男子，孙子楚为人迂讷；乔生心意真诚；耿去病"狂放不羁"。相同类型的人物，刻画却很少雷同。

运用比较分析的方式鉴赏作品，能凸显人物性格的细节描写，有助于分析人物性格。用图表的形式，能形成多角度、个性化的理解，进而掌握全方位品鉴人物的方法。

（三）跨界输出

外化输出是指在阅读过程中，以口头或书面的形式，把对文本的理解外显出来。以学生内化理解为基础，用各种策略促进学生的外化输出，内化、外化相结合能够促进学生理解的深入。

（1）跨界输入，既可指突破学科边界的学科互涉阅读，又可指突破纸质媒介的综合阅读。通过与影视作品的跨界阅读，感受文字与画面在塑造人物时所产生的不同魅力。比如，通过组织学生观看电影《画皮》等方式促进阅读角度的增多。

（2）跨界输出，将自己最感兴趣的故事篇目，设计成小剧本、宣传海报等，外化输出自己对文本的理解。在一系列外化输出的过程中，在与同伴的交流过程中，又能进一步加深对文本的理解，实现内化、外化、深化的立体化阅读过程，实现阅读效果的最优化。

◎ 精神文化

蒲松龄的小说大多是从平淡无奇的日常生活中发掘出具有典型意义的人和事进行创作，作为现实生活的镜子，它揭示出黑暗社会中的一系列问题。每个故事，都是在人群里发生的事件，只不过给予了事件另一种呈现方式，用怪诞、滑稽的方式来演绎事件，更能发人深省。

《聊斋志异》中的书生大多如作者一般穷困潦倒，但大部分都有好习惯，他们挑灯夜读，勤奋刻苦，还有着"痴"劲儿和"呆"劲儿。他们大部分为了功名奋笔疾书，广结好友，排除读书的功利性不谈，读书也能塑造人的品行和人格，帮助人们树立正确的人生观和价值观。他们大部分都文质彬彬、外柔内刚、充满正义侠气，这也是现代读书人应学习的。

我们应该吸收《聊斋志异》的精华，弃其糟粕，认识到它对现实生活的指导作用，综合各方面的资料去探究它的现实意义。

⊙ 自主初读

◎ 阅读规划

阅读进程	阅读章节	阅读时间	阅读该部分感受最深的一点	阅读该部分最大的疑惑	自我评价（优、中、一般）	教师评价（优、中、一般）
进程一						
进程二						
进程三						
……						

🌀 任务伴读

◎ 进程一

任务推进

阅读规划	任务单	重点能力指向
范围:《考城隍》《崂山道士》。 时间: 30 分钟。	1. 请梳理这两篇文章的主要内容，提炼出主题思想。 | 篇目	梳理情节	主题思想 | |---|---|---| |《考城隍》| 宋焘去世后考上城隍→_____→_____ | | |《崂山道士》| 王生慕道，背着书箱访仙求道→道观遇道士，恳其收他为徒→_____→_____→_____→不听道士告诫，卖弄穿墙术受辱 | | 2.《考城隍》和《崂山道士》在写法上有何异同点？	1. 借助表格梳理概括故事情节，提高获取信息和概括信息的能力；探究主题思想，领会作者写作意图。 2. 通过对比阅读，体会想象和讽刺的作用。

阶段性检测

1. 填空题。

（1）《考城隍》和《崂山道士》两篇文章皆选自蒲松龄的文言短篇小说集《_____》，书名意思是_____。

（2）廪生宋焘生病卧床，有一名官吏手拿官府文书要他去参加考试，那十几位官员，宋焘只认得壮缪侯_____，他的话_____得到了在场官员们的一致称赞，便任命他到河南一个地方担任_____，宋焘因家中老母年迈，恳求等其过世之后再去任职。壮缪侯提议先让张姓秀才代理九年，期满后再让宋焘接任。

2. "异史氏曰：'闻此事未有不大笑者，而不知世之为王生者，正复不少！'"想必你在阅读《画皮》一文时也不时发出笑声，笑是讽刺艺术所要达到的最佳效果，也是对丑恶现象的鞭挞与谴责，那么你觉得王生有何可笑之处？他这样的人现在还存在吗？

◎ 进程二

任务推进

阅读规划	任务单	重点能力指向
范围:《娇娜》《青凤》《画皮》。 时间: 2 天阅读完毕。	1. 根据示例，完成表格。 | 篇目	狐怪	性格 | |---|---|---| |《娇娜》| | | |《青凤》| | 温柔典雅、知恩图报 | |《画皮》| 化身女子的恶鬼 | | 2.《娇娜》和《画皮》结尾都有"异史氏曰"，唯独《青凤》一文结尾没有，请你仿照《娇娜》《青凤》这两篇的"异史氏曰"，给《青凤》也写这样的结尾。（"异史氏"是蒲松龄给自己的一个称呼，通常《聊斋志异》每篇文章的结尾处，蒲松龄都会用异史氏身份稍加评论，发出一点警示之言）。	1. 借助表格梳理狐怪性格，提高学生获取信息和概括信息的能力。 2. 仿写"异史氏曰"，理解作品主题。

阶段性检测

1.小语在读《娇娜》一文时，读到"孔生雪笠，圣裔也，为人蕴藉"，他不明白"蕴藉"是什么意思，于是他向小文求教。小文提醒小语关注注释，小语看到了注释，恍然大悟："原来'蕴藉'＿＿＿＿＿＿的意思啊！＿＿＿＿＿＿＿＿＿＿＿＿＿这几件事都体现了他的这个特点。"

2.《青凤》一文开头提到："耿去病，狂放不羁。"小语并不认同，你能从文中找到相关的事件说服他吗？

3.郭沫若称赞《聊斋志异》："写鬼写妖高人一等，刺贪刺虐入骨三分。"请你结合《聊斋志异》的内容和下面材料，谈谈你对这句话的理解。

材料一：后汉建安中，沛国郡陈美为西海都尉。其部曲士灵孝无故逃去，美欲杀之。居无何，孝复逃走。美久不见，囚其妇。其妇实对，美曰："是必魅将去，当求之。"因将步骑数十，领猎犬，周旋于城外求索。果见孝于空冢中，闻人大声怪避。美使人扶以归，其形颇象狐矣。……道士云："此山魅。狐者先古之淫妇也，名曰阿紫，化为狐。故其怪多自称阿紫也。"

——《搜神记》

材料二：冯镇峦对《聊斋志异》中的鬼神形象这样评价："试观《聊斋》说鬼狐，即以人事之伦次，百物之性情说之，说得极圆，不出情理之外；说来极巧，恰在人人意愿之中。"

材料三：老舍曾评价过蒲氏《聊斋》："鬼狐有性格，笑骂成文章。"

◎ 进程三

任务推进

阅读规划	任务单	重点能力指向
阅读范围:《婴宁》《聂小倩》。阅读时间:2天阅读完毕。	1.【识记判断】蒲松龄《聊斋志异·婴宁》中的女主人公是(　　) A. 多愁善感的花仙　　B. 聪明善良的花妖 C. 善解人意的女鬼　　D. 天真纯洁的狐女 2. 如果说"笑"是对婴宁最好的概括的话，那么你还可以想到一个什么字形容她？同时也由于这个字，推动了故事情节的一步步发展。 3.【比较探究】小王同学发现《婴宁》是《聊斋志异》里故事情节最长的一篇，他认为原文写到婴宁和王子服幸福地在一起就可以结束了。可是，作者蒲松龄安排写婴宁去寻找和安葬鬼母，结婚后由于爱养花招来横祸，从此她不再笑。后续还写了婴宁的儿子出生之后也会经常笑。你觉得作者的这些安排是累赘吗？为什么？	关注文本的重点信息；学会判断性地识别信息，解读作者的写作意图。

阶段性检测

异史氏曰：青山白云人，遂以醉死，世尽惜之，而未必不自以为快也。植此种于庭中，如见良友，如对丽人，不可不物色之也！

——《黄英》

异史氏曰：余于孔生，不羡其得艳妻，而羡其得腻友也。观其容可以忘饥，听其声可以解颐。得此良友，时一谈宴，则"色授魂与"，尤胜于"颠倒衣裳"矣。

——《娇娜》

异史氏曰：愚哉世人！明明妖也，而以为美。迷哉愚人！明明忠也，而以为妄。然爱人之色而渔之，妻亦将食人之唾而甘之矣。天道好还，但愚而迷者不悟耳。

——《画皮》

1. 从以上三段材料中，你认为"异史氏曰"的撰写内容和形式有什么特点？

2. 翻阅一下目录和每一篇的篇尾内容，你会发现《聊斋志异》很多其他篇目都有"异史氏曰"作为结尾，现在请你仿照这些内容，给《聂小倩》的结尾加个"异史氏曰"。

3. 马振方先生在评价《聊斋志异》时说："整个'异史氏曰'有力地塑造着一个人物，即作者自己。"先判断下面这则"异史氏曰"出自哪一篇目，再联系小说内容说说你从以下这则"异史氏曰"中读到怎样一位蒲松龄。

异史氏曰：观其孜孜憨笑，似全无心肝者；而墙下恶作剧，其黠孰甚焉？至凄恋鬼母，反笑为哭，我婴宁殆隐于笑者矣。窃闻山中有草，名"笑矣乎"，嗅之，则笑不可止。房中植此一种，则合欢、忘忧并无颜色矣。若解语花，正嫌其作态耳。

◎ 进程四

任务推进

阅读规划	任务单	重点能力指向
阅读范围：《陆判》《阿宝》《连琐》《连城》。时间：3天阅读完毕。	1.【情节梳理】请概括《连城》《连琐》的主要内容。 | 篇目	主要内容
---	---
《连城》	
《连琐》	| 2.【看图识篇】你觉得下面两幅图分别符合《聊斋志异》哪篇故事的插图？说说你的依据。 图一配文：他和她，从此过上了幸福的生活。 图二配文：白骨已有生还之意，我还要吃一点你的精血。	关注故事内容，筛选出关键的事实性信息；学会赏析性批注，深入思考，明确作者写作意图。

阶段性检测

1. 恩格斯曾经说过："除细节的真实外，还要真实地再现典型环境中的典型人物。"阅读以下《聊斋志异》的环境描写片段，选择其中一个，写一段赏析性批注。

A. 约三十余里，乱山合沓，空翠爽肌，寂无人行，止有鸟道。遥望谷底，丛花乱树中，隐隐有小里落。下山入村，见舍宇无多，皆茅屋，而意甚修雅。北向一家，门前皆丝柳，墙内桃杏尤繁，间以修竹，野鸟格磔其中。……见门内白石砌路，夹道红花，片片坠阶上。曲折而西，又启一关，豆棚花架满庭中。肃客入舍，粉壁光如明镜，窗外海棠枝朵，探入室中，裀藉几榻，罔不洁泽。

——《婴宁》

B. 斋临旷野，墙外多古墓。夜闻白杨萧萧，声如涛涌。夜阑秉烛，方复凄断。忽，墙外有人吟曰："玄夜凄风却倒吹，流萤惹草复沾帏"。

——《连琐》

C. 阴云昼瞑，昏黑如磐。回视旧居，无复闬闳，惟见高冢岿然，巨穴无底。方错愕间，霹雳一声，摆簸山岳；急雨狂风，老树为拔。

——《娇娜》

◎ 进程五

任务推进

阅读规划	任务单	重点能力指向
范围：《小翠》《胭脂》《黄英》。 时间：2天阅读完毕。	1. 请梳理这三篇文章的女主人公的性格特征。 	篇目	女主人公性格特征 | 　|---|---| 	《小翠》	| 	《胭脂》	| 	《黄英》	| 2.《小翠》一文中，有这样的句子："异史氏曰：'一狐也，以无心之德，而犹思所报；而身受再造之福者，顾失声于破甑，何其鄙哉！月缺重圆，从容而去，始知仙人之情，亦更深于流俗也！'"如何理解小翠近乎神一般的行为？	1. 借助表格梳理概括故事情节，提高学生获取信息和概括信息的能力。 2. 通过研读以女性为主的篇目，体会作者所塑造的女性形象特征。

阶段性检测

中国古代的志人小说不追求故事的完整性，而重在写出人物的个性，给人留下深刻印象。请结合以上三篇文章，说说《聊斋志异》中的"花妖鬼狐"和《世说新语》里的"名士"各有什么特点，且各选取一个人物进行分析。

◎ 进程六

任务推进

阅读规划	任务单	重点能力指向
范围:《司文郎》《席方平》。 时间:2 天阅读完毕。	1. 阅读两篇文章后，结合内容，分析人物形象。 	主要人物	情节概括	人物形象 | |---|---|---| 	宋生		| 	余杭生		| 	席方平		| 2. 下面这张是《席方平》故事中的一张插图，请简要概述与其相关的情节。 	1. 捕捉人物形象，体会人物性格特征，提高学生赏析品读的能力。 2. 根据插图概括情节，提高学生语言组织能力。

阶段性检测

1.《司文郎》和《席方平》塑造了两位男性形象，作者想借他们来表达怎样的想法？

2. 宋生安慰王子平:"凡吾辈读书人，不当尤人，但当克己。不尤人则德益弘，能克己则学益进。"请结合《司文郎》并联系现实生活，说说你对这句话的理解和看法。

◎ 进程七

任务推进

阅读规划	任务单	重点能力指向

范围:《翩翩》《罗刹海市》《小谢》。
时间:2 天阅读完毕。
	1. 蒲松龄的细节描写达到了生动传神的妙境，请品味下列细节描写。
	
		篇目出处	细节描写	赏析 |
				  |---|---|---|
				  |《翩翩》| 乃取大叶类芭蕉，剪缀作衣。……少间，具餐。女取山叶呼作饼，食之，果饼;又剪作鸡、鱼烹之，皆如真者。| |
				  |《罗刹海市》| 宫中有玉树一株，围可合抱，本莹澈如白琉璃，中有心，淡黄色，稍细于臂，叶类碧玉，厚一钱许，细碎有浓阴。| |
				  |《小谢》| 一约二十，一可十七八，并皆姝丽。逡巡立榻下，相视而笑。生寂不动。长者翘一足踹生腹，少者掩口匿笑。| |
				
				2. 高尔基曾说:"只要用一个字就足以创造一个形象和一个句子，就足以写成一部短篇小说，一部使人惊叹的短篇小说。"如果穿越时空，你在蒲松龄的朋友圈看到这三篇文章，请尝试用一个字概括你的阅读感受，并说说理由。
					品味细节描写，提升语言理解力和赏析力。通过锤炼一个字概括阅读感受，提升学生的语文书面表达能力。

阶段性检测

小说中的心理活动被称为"无声的语言"，能够直接深入人物心灵，揭示人物的内心世界，表现人物丰富而复杂的思想感情，也可以让文章更生动、更充实、有新意。请结合具体作品中的心理描写谈谈你的阅读体验。

◎ 进程八

任务推进

阅读规划	任务单	重点能力指向
范围：《促织》《狼三则》。时间：2天阅读完毕。	1. 初读后，完成下面的读书笔记卡。 阅读篇目： 主要人物： 次要人物： 小说情节　开端：_____　发展：_____　高潮：_____　结局：_____ 2. 有人认为，小说的圆满结局削减了对丑恶社会的谴责力度，你赞同这种观点吗？请结合其中一部作品谈谈你的看法。	借助表格梳理小说情节，提高学生的概括能力；结合文本分析小说结尾的作用。

阶段性检测

1. 在"七嘴八舌话聊斋"的主题活动中小语发表了自己的见解，他说："我们作为中学生，正处在身心发展的转折时期，心智日趋走向成熟，急需从饱含正能量的文学作品中汲取营养，形成正确的人生观和价值观，而《聊斋志异》中的篇目涉及太多人性中丑恶的一面，不适合我们读。"你赞同小语同学的观点吗？请说说你的理由。

2. 学校读书节活动中，小语和小文在阅读《聊斋志异》中的《狼三则》后，针对三则故事的共同点进行了如下讨论。如果你在现场，又有什么观点要补充呢？

小文：三则故事的情节有共同点，都写了屠户遇见狼，和狼斗智斗勇，最终战胜了狼。

小语：三则故事开篇都运用了环境描写。"晚归""日已暮""暮行"，给故事渲染出危险紧张的氛围。

我：_____

↺ 课型推进

◎ 阅读规划

教学阶段	主要内容	教学资源	设计意图
导读课	1. 赏读《聊斋志异》中人物的"异" 根据原文及插图抢答"她是谁"，并制作人物档案表。 2. 赏读《聊斋志异》中情节的"异" 找到想象丰富的情节，交流分享；选择三篇文章梳理情节，并仿照示例完成思维导图。 3. 赏读《聊斋志异》中环境的"异" 探究环境描写的作用。 4. 赏读《聊斋志异》中社会的"异" 探究"虚幻"文字背后的"真实"话音。	截取电影《聊斋志异》里的片段	1. 通过分享交流，制作人物档案表，了解小说中的人物形象。 2. 分析把握小说的"异"，了解其虚构系列的"奇人异行"，领略非凡、奇幻世界中的众生相。 3. 通过思维导图，梳理各个故事的主要情节，感受小说情节在人物塑造中的作用。
推进课	活动一：观看电影，感知想象 思考怎样的阅读是有价值的。 活动二：七嘴八舌，话说想象 依据兴趣，分组探讨小说中的想象手法。梳理作品中关于"墙"的意象、梦境、死而复生的片段的描写，感受想象的艺术魅力。 活动三：创意续写，运用想象 创建梦幻世界，续写《续黄粱》，明确作者的创作意图。	整理小说中关于"墙"的意象、梦境、死而复生的片段等	1. 了解小说中几种想象的表现，体会其作用。 2. 深入阅读，明确阅读切入点，体会夸张和想象的背后作者的创作意图。 3. 通过续写、再创作等方式，培养学生的想象能力。
成果分享课	第一组展示：想象·墙体意象 整理相关意象，探究作者的写作意图，制表展示。 第二组展示：书生·痴人形象 比读《聊斋志异》中痴人的共性，完成表格梳理，展示成果。 第三组展示：异同·花妖女鬼 赏读作品塑造人物形象时的手法，结合语篇进行介绍。 第四组展示：演出·聊斋剧场 1. 精彩剧情我来演：演绎小组感兴趣的故事。 2. 精彩剧情我来评：从影评人的角度，对原创的剧本及现场展演进行评价。 3. 经典作品我推荐：为小说中的某个故事或人物设计书签，用以阅读推广。	各小组成果作品展示	1. 通过活动探究，以小组合作的形式加深学生对小说的理解。 2. 通过展示阅读成果，多角度呈现对小说主题、情节的把握。 3. 品析作者塑造"痴人"的写作手法。

◎ **专题探究信息一览表**

专题	探究指向	阅读策略	思维层次
专题1：探究《聊斋志异》"异"在何处	比较影视和原著在情节处理上的不同，体会不同艺术形式带来的不同效果。	跨界阅读、比较阅读	比较、联结、审美
专题2：想象——将《聊斋志异》推上文言小说巅峰，探究小说中奇特的想象	感受奇妙夸张的想象及跌宕起伏的情节，把握作者的创作意图。	分析阅读、探究阅读	理解、分析、思辨
专题3：比较花妖女鬼、书生形象的异同点	对比阅读小说中的同类形象，分析人物的异同点，体会小说创作技法的高超。	分析阅读、对比阅读	比较、分析、评价

《聊斋志异》"异"在何处

——《聊斋志异》导读课

【教学目标】

1. 了解小说《聊斋志异》里的主要人物形象。

2. 探寻小说中的"异"具体在何处。

【教学重点】

1. 找到并正确识别《聊斋志异》中的不同人物形象。

2. 正确梳理小说中不同地方的"异处"。

【教学难点】

1. 理解小说中的人物之异，情节奇异之处。

2. 探究小说《聊斋志异》中社会怪异的深层原因。

【教学过程】

一、课堂导入

介绍文言短篇小说，回顾小说的"三要素"——人物、情节、环境。

二、赏读《聊斋志异》中人物的"异"

任务：《聊斋志异》中有许许多多鲜明生动、极具个性化、极富感染力的人物形象。请小组合作，为本书中的人物制作名片，然后对比说说他们的不同特征，再全班展示交流。

环节一

根据原文语句及插图抢答"她是谁"，并谈谈她的故事。

冰心说："如果没有女性，我们将失掉生活百分之五十的真，百分之六十的善，百分之七十的美。"《聊斋志异》中不乏女性，有的多疑善妒，有的精明能干，有的豪爽仗义，有的风情万种……请完成下表。

原文语句	人物插画	篇目	故事概括	你的发现
有女郎携婢，拈梅花一枝，容华绝代，笑容可掬。生注目不移，竟忘顾忌。		《婴宁》	王子服郊游遇到狐女婴宁，一见倾心，相思成疾，最终得谐鱼水的故事。	
女乃入，就烛下坐。移时，殊不一语。久之……宁诺。又坐，默然，二更向尽，不言去。				
乃取大叶类芭蕉，剪缀作衣。生卧视之。制无几时，折叠床头……女取山叶呼作饼，食之，果饼；又剪作鸡、鱼烹之，皆如真者。				
才一周，觉热水蒸腾；再一周，习习作痒；三周已，遍体清凉，沁入骨髓。女收丸入咽，曰："愈矣！"趋步出。生跃起走谢，沉痼若失。				
二人纵饮甚欢，相得恨晚。自辰以迄四漏，计各尽百壶。曾烂醉如泥，沉睡座间。……马骇绝，告黄英。英急往，拔置地上，曰："胡醉至此！"				
……则二女郎游戏其中。云月昏蒙，不甚可辨，但闻一翠衣者曰："婢子当逐出门！"一红衣者曰："汝在吾家园亭，反逐阿谁？"				

小结：蒲松龄发挥无穷的想象力和敏锐的洞察力，构建起奇幻、光怪陆离的花妖狐鬼世界。其构思精巧绝妙，记叙诙谐怪诞。狐鬼花妖一反常态，彰显"人性"真善美，与所谓的人形成强烈反差，读《聊斋志异》，表面上我们看到的是狐鬼花妖，实质上窥探到的是世态人情。

环节二

四个小组，每组从书中选择一个印象深刻的人物形象进行整理归纳，从人物的身份、外貌、性格、精彩细节等方面为作品中个性鲜明的人物制作一张人物档案表。

人物	【身份】
	【外貌】
	【性格】
	【精彩细节】
	【我的理由】

小结：蒲松龄以其高妙奇幻的笔法抒写了离奇曲折的故事，刻画了栩栩如生的人物形象，以细腻逼真的细节刻画，赋予了小说深刻的社会意义，给人留下了极为深刻的印象。

二、赏读《聊斋志异》中情节的"异"

分组合作阅读，选择三篇文章梳理情节，并仿照示例呈现出完整的思维导图。

〔示例〕《小翠》思维导图。

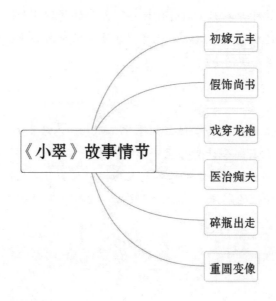

《小翠》故事情节 — 初嫁元丰 / 假饰尚书 / 戏穿龙袍 / 医治痴夫 / 碎瓶出走 / 重圆变像

小结：通过思维导图的梳理，故事的脉络清晰可见，尤其是书中短篇，文字虽不似长篇出色，然叙事简洁明快，下笔文雅、清新，使读者百看不厌。

三、赏读《聊斋志异》中环境的"异"

探究环境描写的作用。《聊斋志异》比"唐传奇"更加强、发展了环境描写，并使之与刻画人物相表里。仿照下表，完成自主阅读积累。

篇目	场景	具体的景物描写	作用
《婴宁》	王子服因思念婴宁，独自信步前往西南山。	里落、茅舍、花香鸟语、豆棚花架，无不潇洒清新。	婴宁纯真无邪、天真，是王子服追求理想女性与爱情的诗化表现。
《聂小倩》	宁采臣看到鬼气森森的场景，那是聂小倩的生活环境。	东西僧舍，双扉虚掩；惟南一小舍，局键如新。	为后来聂小倩改邪归正埋下伏笔。
自主阅读所得			

四、赏读《聊斋志异》中社会的"异"

老舍曾评价《聊斋志异》："鬼狐有性格，笑骂成文章。"每组选定《聊斋志异》中一篇作品精读，选择其中你们组认为最能体现"以虚写实，幻中见真"创作手法的句子或语段，与其他小组同学分享，共同交流探究"虚幻"文字背后的"真实"话音！

示例句子：后岁余，成子精神复旧，自言身化促织，轻捷善斗，今始苏耳。

交流〔示例〕《促织》描述成名因缴纳促织的悲欢离合、生死离别的遭遇，揭露了统治者荒淫无道、横征暴敛的现实，寄托了作者对下层群众的同情。原文结尾描写成名儿子"精神复旧，自言身化促织"的典型细节，点明促织的来历，增强了故事的神奇色彩，同时更增强了故事的悲剧色彩——在官府的逼迫下，成子自杀后还要魂化促织以供玩赏，才使一家脱离苦难，这就更表现出百姓所受的苦难至深和统治者的荒淫残暴。

【课堂小结】

评论家冯镇峦说："聊斋之妙，同于化工赋物，人各面目，每篇各具局面，排场不一，意境翻新，令读者每至一篇，另长一番精神。"今天我们一同走进《聊斋志异》，初识了蒲松龄笔下的各色人物，对人物形象及作者在其身上倾注的情感进行了选择性的解读，并初涉了文本的主题，更深一步的阅读将在后续的活动中推进。

【配套练习】

1. 以下是鲁迅先生的名著点评，可印在《聊斋志异》这本书上的一项是（　　）

A. 事起后汉，止于东晋，记言则玄远冷隽，记行则高简瑰奇，下至缪惑，亦资一笑。

B. 乃秉持公心，指摘时弊，机锋所向，尤在士林；其文又戚而能谐，婉而多讽。

C. 不外记神仙狐鬼精魅故事，用传奇法而以志怪，交幻之状如在目前。

2. "以虚写实、幻中见真"，是《聊斋志异》奇幻世界的本质特征。有同学认为《聊斋志异》里还有巾帼奇事，如《颜氏》中的颜氏：丈夫多次应考却名落孙山，穷愁困顿，颜氏女扮男装前去应试，登科及第，官至御史。女子的功名成就里彰显出其不让须眉的才情与伟志。请你也找出一例巾帼奇事，和大家交流。

想象，将《聊斋志异》推上文言小说巅峰
——《聊斋志异》推进课

【教学目标】

1. 了解《聊斋志异》中几种想象的表现，体会想象的具体作用。

2. 体会蒲松龄创作《聊斋志异》的真正意图。

3. 通过续写、再创作等多种方式，培养学生的想象力。

【教学重点】

1. 围绕"墙体意象""梦幻世界""死而复生"这三种想象的具体描写，理解作者想象手法的运用。

2. 创意续写故事，培养学生严密的思维逻辑，和故事前后情节合理性的夸张想象力。

【教学难点】

1. 深入理解作者在小说中运用的想象方法。

2. 参照作者的写法，创建梦幻世界，续写《聊斋志异》的故事。

【教学过程】

一、观看电影，感知想象

观看邓超版《画壁》，欣赏书生朱孝廉赴京赶考期间，误入壁画仙境的片段，然后谈观影体验，重点谈谈电影如何利用镜头交代想象环节。

二、七嘴八舌，话说想象

《聊斋志异》被评作奇书，其"奇"在于天马行空的想象力，各类的鬼怪神仙、各类的幻境空间，都给我们带来了艺术享受。

1. 想象·墙体意象

蒲松龄创作了多样的"墙"意象，如"逾墙钻隙逾垣相就""翻墙入室""逾垣而逃"等，独特的艺术表达方式拓深了作品蕴含的思想，在小说人物形象塑造、推动故事情节发展等方面起到了很好的艺术效果。

——引导学生梳理《聊斋志异》短篇作品创作中关于"墙"的意象。

2. 想象·梦幻世界

文学家们往往借助梦来进行文学创作，从而使自身的作品增添别样的魅力。《聊斋志异》尤其如此，其作品中描绘了不同形式的梦境，这些梦境都被作者蒲松龄先生赋予了不同的含义，蕴含着他对社会生活的观察和对封建社会现象的批判，蒲松龄用他辛辣高明的文笔为后世留下了一个光怪陆离的"梦幻世界"。

——请同学讲述《阿宝》的故事。

3. 想象·死而复生

《聊斋志异》中死而复生的叙事并不关注平庸的生死，不表现人类贪生怕死的生物本能，不花笔墨去同情死者的肉体悲痛，作者始终从生死的价值高度去追求其审美快感。这样的审美追求所带来的审美愉悦主要表现在人死后获得新生的体验中。

——请同学讲述《席方平》的故事。

三、创意续写，运用想象

学了蒲松龄几种运用想象的方法，请同学们参照第二种，创建梦幻世界，续写《续黄粱》的故事（温馨提示：曾孝廉做了宰相后，他会怎么做，用现代文续写）。

比较学生创作和蒲松龄创作的原文有何不同。

明确作者的创作意图：《续黄粱》虽是写梦，但从现实到梦境，从梦境到地府，再回到梦中的人世，再回到现实，无穷变幻之中道出作者之怒，道出作者对黑暗社会、黑暗官场的控诉。因此，梦是社会现实的补充写照，不仅是对贪官污吏的揭露和鞭挞，也是对封建社会最高统治者的绝妙讽刺。

巴尔扎克说："才能最明显的标志，无疑就是想象的能力。"本堂课只是撷取了"墙"的意象、梦幻世界和死而复生等三个方面的想象手段，这只是《聊斋志异》想象世界的沧海一粟，《聊斋志异》中还有很多的想象世界，未来需要我们去阅读去发掘。

【配套练习】

1.《聊斋志异》中的许多人物凭借机缘巧合，魂魄离开躯体又得以回归，因而复活。根据故事中的人物得以死而复生凭借的力量不同，把它们分为以下几类。有灵魂进入冥府，又得以离开冥府，因而复活的，这类篇目有_____等；死后凭借自己的力量而活，包括依靠自己感情的力量而复活，这类篇目有_____等；还有先化为异类，后来依靠自己的力量死而复生的，有_____等。

2.《西游记》与《聊斋志异》这两部作品中都有大量动植物的精怪形象存在，这两本书中的精怪形象有何异同点？

成果分享，让阅读更深刻
——《聊斋志异》成果分享课

【教学目标】

1. 通过活动探究，以小组分工合作的形式加深学生对小说的阅读和理解。

2. 通过展示阅读成果，多角度呈现对小说主题、情节的理解。

3. 培养学生在探究活动过程中的合作学习能力、协调组织能力。

【教学重点】

1. 对学生的自主分工进行合理化微调，确保每个小组分到的任务既有差异，又有联系，确保课堂的完整性和层级性。

2. 多角度呈现对小说主题、情节的理解。

【教学难点】

1. 在有限的时间内，指导小组成员把大量零散的资料整理分类，精确化呈现。

2. 引导学生在自己展示和观看同学展示的过程中，对《聊斋志异》中的创意想象、痴人形象、写作手法使用等内容有更为系统和深入的认识。

【教学过程】

一、分组任务，自由认领

学生以小组为单位进行细化分工，一周时间准备。

组别	成果展示内容	任务准备
第一组	作品中的想象——让你印象深刻的情节分享	整理相关情节，探究作者写作意图，制作表格或者思维导图分析展示。
第二组	作品中的书生——"痴人"形象分析	梳理各种书生"痴人"形象，制作表格对比分析。
第三组	对比阅读花妖女鬼形象——展示其异同点	自由挑选花妖女鬼形象，给她制作名片，从外貌、性格、行为处事等多方面制作。

续表

组别	成果展示内容	任务准备
第四组	"聊斋小剧场"演出 要求：配上剧情简介小海报，上交原创剧本	和小组成员根据原著片段，参考电影剧情，进行原创剧本创作，并分角色演绎，时长5分钟。

二、课堂展示环节

第一组展示：想象·墙体意象

任务：《聊斋志异》通过"墙"生发出奇异的想象，请你寻找《聊斋志异》中对于墙的描写，用你喜欢的方式展示墙的内涵。

《聊斋志异》中有墙的篇目	文中的具体描写	作者的写作意图
《画壁》中的画壁	两壁画绘精妙，人物如生	
《崂山道士》第一次提到墙		揭示王生慕道与拜师的目的：求得不劳而获的生活享受。
《崂山道士》第二次提到墙		惩罚那些不能刻苦学习而有些许能力就炫耀的人。

《画壁》和《崂山道士》中的墙，阅读成果分享。

小组1：《画壁》中作者描写了寺庙中的画壁，日常所见所闻都是人心的幻，我们能真切感受到它本质又是空的。

小组2：《崂山道士》中有两次提到了墙。有了墙的阻隔，就会产生穿墙而过的愿望，通过这种想象出来的特异场景和能力，小说的讽刺性得到充分的体现。

展示交流小结：雨果在《莎士比亚的天才》中说："想象就是深度。没有精神机能比想象更能自我深化，更能深入对象，这是伟大的潜水者。"蒲松龄就是个"伟大的潜水者"，他通过"墙"生发出奇异的想象，借助想象的场景和特殊的艺术功能，为他笔下《聊斋志异》里的各种人物服务。

现场口头分享：墙隔开了人们的视觉空间，却不能隔开人们的想象空间，正是这种墙的作用，唤起了人们的想象，拓展了想象的意境空间。请你再找出一些让自己印象深刻的情节，和同学们分享。

第二组展示：书生·痴人形象

活动一：寻找作品中的"痴人"

《聊斋志异》中刻画了各种"痴人"形象，这些人物互不相同，摇曳生辉，充满个性色彩；但是又拥有坚定的信念和执着的性格，具备某种共性特征。请根据表格中的示例，在此基础上找出一例相关篇目的描写内容，并完成下列表格。

痴人形象	篇目	相关人物事迹	人物形象意义
"情痴"	《阿宝》	孙子楚为了追求心上人阿宝，先是"以斧自断其指"，然后灵魂出窍，以求"得近芳泽"，最后竟然"心方注想，身已翩然鹦鹉，遽飞而去，直达宝所"。	借孙子楚的"痴"鼓励青年们挣脱礼教的束缚，追求自由爱情。
"物痴"	《黄英》	马子才癖好菊花，一得知有好的品种，即便是奔波千里也一定要买回来。	
"笑痴"	《婴宁》	婴宁人未到而笑声先闻……	
"孝痴"	《席方平》	席方平为了替父亲申冤，不惜三入冥界，与一众鬼官周旋抗争，其执着信念与斗争精神令人感动。	席方平的执着个性和斗士形象被完整地刻画出来。

小结：《宦娘》中的宦娘是死去百年的少女，因爱慕温如春的琴艺，于是帮他成就美好姻缘，只求他能教自己弹琴。这个苦心孤诣的"慕雅女"，怎能不让人心生爱怜？宦娘的生命早已消逝，但她仍念念不忘心爱的艺术，人鬼殊途也阻隔不了她对艺术的追求，这样的痴心，令人唏嘘叹惋。文中还有很多"痴"，值得我们去深入挖掘，感受人情世态的变化。

活动二：品析作品中的"痴法"

"痴人"或对美好事物不懈追求，或对不平之事奋起抗争，其执着的性格充分体现了人的主体精神，作者在塑造人物形象时运用了多种手法，请结合其中一篇文章，详细分析。

〔示例〕《婴宁》

写作方法	举 例
方法1：细节描写细腻且富于变化	"笑容可掬""嗤嗤笑不已""笑不可遏""复笑不可仰视""大笑"……写婴宁爱笑，就用了20余种写法，且各有特色，符合不同的情境。
方法2：夸张手法的运用和侧面描写	王子服初遇婴宁，"注目不移，竟忘顾忌"；婴宁离开后，他"拾花怅然，神魂丧失，恹恹而行"……久不得婴宁消息，他又把玩婴宁遗弃的梅花，睹物思人。这些虽带有夸张的色彩，但从侧面真实地写出了他对婴宁刻骨铭心的思念。
方法3：优美的环境描写	用"丝柳""桃杏""修竹""野鸟"修雅茅屋，描写出一个与世隔绝、幽深寂静、纯洁优美的世界，衬托出婴宁纯真烂漫、不拘礼节的性格。

我选择的篇目：《_____》

写作方法	举 例
方法1：	
方法2：	
方法3：	

小结：《聊斋志异》中优美动人的人物形象，各具鲜明的个性，这离不开作者丰富的写作笔法，我们要关注作品内容，也要关注作者如何塑造人物，将故事写得更为生动。

第三组展示：异同·花妖女鬼

1. 我们眼中的小谢和秋容，阅读成果展示。

2. 我们眼中的婴宁和聂小倩，阅读成果展示。

第四组展示：演出·聊斋剧场

1. 精彩剧情我来演：小说中的很多精彩情节应该给你留下了深刻印象，请小组演绎展示。

2. 精彩剧情我来评：对于现场剧场展演，从影评人的角度，对原创的剧本进行评价。

3. 经典作品我推荐：为《聊斋志异》中的某一个作品，设计一份书签，用以阅读推广。

【配套练习】

1. 在《聊斋志异》中，下面哪两篇作品能作为姊妹篇？请结合阅读体验，联系相关内容说明理由。

A.《婴宁》　　B.《小翠》　　C.《黄英》　　D.《胭脂》

2. 如果蒲松龄要组建一个"《聊斋志异》真善美群"，进群的人需要一封简短的个人推荐信。根据阅读体验，你觉得谁适合进群？为他（她）写封推荐信。

3. 阅读下面一段书评，完成题目。

杨义在《中国古典小说史论》中说："《聊斋》作者确有超绝群俗的诗人胸襟，以悲愤的眼光面对世道科途，以通达的眼光面对花妖狐魅，使他所选择的意象带有乡野的清新气息和明朗绚丽的格调。他的小说也是诗，甚至比不少诗人的诗更有诗的味道。"

任选一篇目，并结合上面的书评和小说的相关情节加以阐述。

A.《连琐》　　B.《婴宁》　　C.《青凤》

4. 阅读下面的语段，探究狐鬼花妖眼中的人类社会是怎样的社会。

（1）女忿而出，谓公子曰："我在汝家，所保全者不止一瓶，何遂不少存面目？实与君言：我非人也。以母遭雷霆之劫，深受而翁庇翼；又以我两人有五年凤分，故以我来报曩恩、了凤愿耳。身受唾骂，擢发不足以数，所以不即行者，五年之爱未盈。今何可以暂止乎！"盛气而出，追之已杳。

——《小翠》

（2）女曰："情缘尽矣。"生大悲。女曰："归养双亲，见君之孝。人生聚散，百年犹旦暮耳，何用作儿女哀泣？此后妾为君贞，君为妾义，两地同心，即伉俪也，何必旦夕相守，乃谓之偕老乎？若渝此盟，婚姻不吉。倘虑中馈乏人，纳婢可耳。"

——《罗刹海市》

（3）女曰："妾不能从，不然，君自去！"因循二三年，儿渐长，遂与花城订为姻好。……翩翩扣钗而歌曰："我有佳儿，不羡贵官。我有佳妇，不羡绮纨。今夕聚首，皆当欢喜。为君行酒，劝君加餐。"既而花城去。与儿夫妇对室居。新妇孝，依依膝下，宛如所生。生又言归。

——《翩翩》

☯ 中考链接

真题 ❶

原题呈现（2020 年江苏连云港卷）

阅读下面的文言文，完成 9—12 题。

雹 神

蒲松龄

王公筠苍①，莅任楚中，拟登龙虎山谒天师。及湖，甫登舟，即有一人驾小艇来，使舟中人为通。公见之，貌修伟，怀中出天师刺②，曰："闻驺从③将临，先遣负弩④。"公讶其预知益神之诚意而往。天师治具相款。其服役者，衣冠须鬓，多不类常人，前使者亦侍其侧。少间，向天师细语，天师谓公曰："此先生同乡，不之识耶？"公问之。曰："此即世所传雹神李左车也。"公愕然改容。天师曰："适言奉旨雨雹，故告辞耳。"公问："何处？"曰："章丘。"公以接壤关切，离席乞免。天师曰："此上帝玉敕，雹有额数，何能相徇？"公哀不已。天师垂思良久，乃顾而嘱曰："其多降山谷，勿伤禾稼可也。"又嘱："贵客在坐，文去勿武。"神出至庭中，忽足下生烟，氤氲匝地。俄延逾刻，极力腾起，才高于庭树；又起，高于楼阁。霹雳一声，向北飞去，屋宇震动，筵器摆簸。公骇曰："去乃作雷霆耶！"天师曰："适戒之，所以迟迟，不然平地一声，便逝去矣。"公别归，志其月日，遣人问章丘。是日果大雨雹，沟渠皆满，而田中仅数枚焉。

注释：①王公筠苍：王孟震，字筠苍，山东淄川人，明代万历年间进士。②刺：名帖。③驺从：古时达官贵人出行时护卫在前后的骑卒。④负弩：充当先导。

1.解释下面加点的词语。

（1）怀中出天师刺＿＿＿＿＿＿＿ （2）公以接壤关切＿＿＿＿＿＿＿

（3）顾而嘱曰＿＿＿＿＿＿＿ （4）文去勿武＿＿＿＿＿＿＿＿

思维层次：高阶思维，迁移和理解的能力。

阅读能力：解答此类题目，要在理解句意的基础上解释词语，尤其注意通假字、古今异义、词类活用等特殊情况。

命题特点及解题策略：注意课内文言字词的积累，便于在课外文言文中灵活迁移运用。

参考答案：

（1）取出，拿出；（2）因为；（3）看，回头看；（4）离开。

2.用斜线（/）给文中画波浪线的句子断句，限两处。

公讶其预知益神之诚意而往

思维层次：高阶思维，迁移、理解和运用的能力。

阅读能力：解答此类问题，首先要明确句意，然后根据句意进行分析。文言语句的节奏划分一般以句意和语法结构为划分依据，主谓之间应该有停顿，句中领起全句的语气词后应该有停顿，几个连动的成分之间也应该有停顿。

命题特点及解题策略：划分句子节奏时，除了要考虑句子的意思，还要考虑句子的结构。需要先理解文意，再根据文意，推断出正确答案。如该句的意思为：王公见对方能未卜先知，非常惊讶，更加神往，对此次拜见更加有诚意。还需要仔细读题，关注到"限两处"，再作答。

参考答案：

公讶其预知 / 益神之 / 诚意而往。

3.用现代汉语翻译文中画横线的句子。

（1）其服役者，衣冠须鬓，多不类常人，前使者亦侍其侧。

（2）此上帝玉敕，雹有额数，何能相徇？

思维层次：高阶思维，迁移、理解和运用的能力。

阅读能力：解答时，要先回到语境中，根据语境读懂句子的整体意思，然后思考命题者可能确定的赋分点，接着要找出关键实词、虚词，查看有无特殊句式，直译为主，意译为辅。句中重点的词有：（1）其：那些；衣冠须鬓：衣帽须发；类：像。（2）此：这；敕：诏命、敕令；何能：怎么能。

命题特点及解题策略：翻译的要求是做到"信、达、雅"，翻译的方法是"增、删、调、换、补、移"，并按现代汉语的规范，将翻译过来的内容进行适当调整，达到词达句顺。还要注意通假字、词类活用、一词多义、特殊句式等情况，如遇倒装句就要按现代句子的语序疏通，如遇省略句，翻译时就要把省略的成分补充完整。

参考答案：

（1）席间往来侍候的仆人，长须阔脸，衣帽打扮大都和常人不同。前去迎接的使者也在其间忙碌侍候。（2）这是上帝的旨意，所下冰雹数量是有限的，本天师怎么能私自通融呢？

4.王筠苍这个人物具有哪些特点？结合文章内容写出你的理解。

思维层次：高阶思维，迁移、理解、评价的能力。

阅读能力：完成此题，需要在理解文意的基础上，结合重点语句进行概括。需联系所学知识并结合具体内容分析，注意语境，考虑"圆形"人物的形象，再掌握分析人物形象的方法：如人物描写方法，作者对人（事）物的评价，文中人物的身份、地位、经历等，品味其性格的丰富性。最后结合文中重点段落和句子答题。

命题特点及解题策略：试题考查的是对常规的重点字词句的理解，联系所学知识点辨析，并根据前后内容揣测，但解释和翻译时需要注意特殊句式。分析人物特点时，注意结合具体内容，关注人物性格的丰富性。答题时一般有以下三种方法：①引用原文句子回答；②摘录原文关键的词语回答；③用自己的话组织文字回答。三种方法，采用第一、第二种方法回答的准确率一般会比较高。

参考答案：

小说主要讲述了父母官王筠苍爱民心切并感动天神的传说故事。从王筠苍爱民心切并感动天神的故事中可以看出，他爱民如子。王筠苍想到章丘和淄川相邻，怕桑梓受累，忙离席祈求免除这个灾祸。王筠苍哀求天师降雹可以在山谷中多降点，不伤庄稼就可以了。这些都描画了王筠苍热爱家乡、爱民如子的崇高形象。

真题 ❷

原题呈现（2020 年江苏扬州卷）

1. 中外文学作品中奇人不少。你认为下列人物中哪一位的"奇"与弹弓杨的"奇"更接近？结合情节简要阐明理由。

武松（《水浒传》）、燕赤霞（《聊斋志异》）、尼摩船长（《海底两万里》）

思维层次：高阶思维，理解、分析、比较、评价的能力。

阅读能力：完成此题，要把握关键情节，注意标志性词语。要结合文章中心及上下文，进行理解分析，更需要明确"奇"的内涵，并结合人物相关事件进行分析。

命题特点及解题策略：本题考查的是将两部作品进行联读后对人物某一特性的理解，在解题时要注意结合内容比较两位人物的共性。

参考答案：

《水浒传》里面的武松是个英勇正义、疾恶如仇的人，如他醉打蒋门神、大闹野猪林。《聊斋志异》里的燕赤霞会降妖除魔，他正气凛然，但是性格怪异。《海底两万里》里面的尼摩船长非常神秘，他反对殖民压迫，富有正义感。弹弓杨也是个一身正气、为民除害得人心的人，我认为尼摩船长与他更为接近。

2. 蒲松龄的细节描写达到生动传神的妙境，请品味下列细节描写。

出处	细节描写	赏析
《促织》	小虫伏不动，蠢若木鸡。少年又大笑。试以猪鬣毛撩拨虫须，仍不动。少年又笑。屡撩之，虫暴怒，直奔，遂相腾击，振奋作声。俄见小虫跃起，张尾伸须，直龁敌领。少年大骇，急解令休止。虫翘然矜鸣，似报主知。成大喜。方共瞻玩，一鸡瞥来，径进以啄。成骇立愕呼。喜啄不中，虫跃去尺有咫。鸡健进，逐逼之，虫已在爪下矣。成仓猝莫知所救，顿足失色。旋见鸡伸颈摆扑，临视，则虫集冠上，力叮不释。成益惊喜，掇置笼中。	（1）
《小谢》	一约二十，一可十七八，并皆姝丽。逡巡立榻下，相视而笑。生寂不动。长者翘一足踹生腹，少者掩口匿笑。生觉心摇摇若不自持，即急肃然端念，卒不顾。女近以左手捋髭，右手轻批颐颊，作小响，少者益笑。	（2）

考查内容：细节描写的妙处。

思维层次：高阶思维，理解、关联、评价的能力。

阅读能力：完成此题，需要把握动作、神态等一系列细节对故事情节推动和人物形象刻画的作用。

命题特点及解题策略：所选文段的细节描写非常细致，一颦一笑，一动一静，将促织和小谢的形象刻画得栩栩如生，解题时要关注这些细节对人物形象的塑造。

参考答案：

（1）动作和神态描写，成名一会大喜，一会顿足失色，一会又惊喜，肉眼可见的动作描写，准确地表现成名在观看促织和他虫相斗，继而和鸡周旋时"忘我"的心理状态。（2）小谢和秋容对比描写，体现出性格的不同。捉弄陶生的事情都是秋容做的，小谢年幼，只是在边上匿笑、益笑。

真题 ❸

原题呈现（2019 年四川凉山卷）

1.下列说法正确的一项是（　　）

A.《观沧海》的作者是曹操，其子曹丕和曹植在文学上都卓有建树。"一门父子三词客，千古文章八大家"中"三父子"指的就是曹氏三父子。

B.《狼》选自《聊斋志异》。作者蒲松龄，字留仙，世称"聊斋先生"。《聊斋志异》中的"志"意思是"志向"，表明了作者的志向并不在功名，而在于诸多"奇异的事"。

C.新闻特写，指采用类似于特写的手法，以形象化的描写作为主要表现手段，截取新闻事件中最具有价值、最生动感人、最富有特征的片段和部分予以放大，从而鲜明地再现典型人物、事件、场景的一种新闻体裁。

D.律诗有"五律"和"七律"，每两句成一联，依次称为首联、颔联、颈联、尾联。每首的中间两联的上下句须是对偶句，全诗通押一个韵，除了首句，每句都需押韵。

思维层次：高阶思维，考查综合理解、分析、判断的能力。

阅读能力：完成此题，需要掌握重要的作家作品，以及一些古今文学体裁知识。

命题特点及解题策略：无论是作家还是文学体裁知识，都是非常重要的，解题时一定要牢记它们的特点进行分析判断。

参考答案：

C。其中，A 项"三父子"指的是苏轼三父子：苏洵、苏轼、苏辙；B 项"志"是动词，意思是记述，《聊斋志异》就是在他的书斋里记述奇异的事；D 项律诗并不是要求除了首句，每句都需押韵，而是要求第二、四、六、八句押韵。

真题 ❹

原题呈现（2021 年江苏连云港卷）

1.下列有关文学文化常识的表述，错误的一项是（　　）

A.中华诗文浩如烟海，逐渐形成了一些表意相对固定的词语，如"汗青"指史册，"青鸟"指信使，"瀚海"指大海，"阳"指山南水北。

B.颜真卿诗句"三更灯火五更鸡，正是男儿读书时"中的"三更"指的是 23 点至次日1点，"五更"指的是3点至5点。

C.清代蒲松龄所写的文言短篇小说集《聊斋志异》中，花妖狐魅，多具人情，如婴宁无忧无虑，无拘无束，笑声朗朗。

D.法国作家法布尔所著的《昆虫记》，将昆虫鲜为人知的生活习性生动地描写出来，如螳螂善于利用"心理战术"制服敌人。

思维层次：高阶思维，理解、分析、判断的能力。

阅读能力：完成此题，需要掌握教材和名著中出现的重要的文学文化常识。

命题特点及解题策略：选项中出现的知识点都是教材中或者名著中出现的，解题时要牢记其特点，注意不要混淆。

参考答案：

A

真题 ⑤

原题呈现（2020年北部湾经济区卷）

1.经典名著往往情节动人，形象鲜明，亦有风俗民情的细致描绘。下面对名著语段的出处及所述节日判断正确的一项是（　　　）（3分）

不觉光阴迅速，又早春尽夏来，蕤宾节至，梁中书与蔡夫人在后堂家宴，庆贺佳节。但见：盆栽绿艾，瓶插红榴。水晶帘卷虾须，锦绣屏开孔雀。菖蒲切玉，佳人笑捧紫霞杯；角黍堆银，美女高擎青玉案。食烹异品，果献时新。葵扇风中，奏一派声清韵美；荷衣香里，出百般舞态娇姿。

A.《儒林外史》　端午节　　　　B.《水浒传》　端午节
C.《聊斋志异》　重阳节　　　　D.《西游记》　重阳节

思维层次：高阶思维，理解、分析、判断的能力。

阅读能力：完成此题，需要掌握教材和名著中出现的重要的文学文化常识，还要对传统文化有真正的了解。

命题特点及解题策略：选项中出现的知识点都是教材中或者名著中出现的，解题时要牢记其特点，根据情节判断名著出处，然后再根据对文段意思的理解，判断正确的传统节日。

参考答案：

B。根据语段中的"梁中书与蔡夫人"可知，该名著是《水浒传》。再结合文段中"又早春尽夏来""盆栽绿艾，瓶插红榴"等可知，该节日是"端午节"。

模拟题 ①

1.小说《聊斋志异》最突出的艺术特色是（　　　）

A.深刻的社会性悲剧主题的表现

B.富有传奇色彩的故事情节

C.创造性地采用了"用传奇法，而以志怪"的手法

D. 采用了比喻、对比、夸张等多种修辞手法

思维层次：高阶思维，理解、分析、判断的能力。

阅读能力：完成此题，需要分析并理解该小说相关的艺术特色，通过比较能够判断其最突出的特色是哪一点。

命题特点及解题策略：选项中出现的四个内容都是《聊斋志异》的艺术特色，解题时要关注整本书，而不是一两篇文章，要有全局意识和整体意识，通过比较，判断其最突出的艺术特色。

参考答案：

C

选项A，《聊斋志异》中的故事不都以悲剧结尾。《聊斋志异》主要是讲神仙鬼怪，但是它未必都是悲剧结尾，也有很多有情人终成眷属、坏人终于受到惩罚的故事。所以说，悲剧主题是《聊斋志异》最突出的艺术特色，这个说法是不合适的。

选项B，《聊斋志异》是富有传奇色彩，但它不是全篇都强调传奇，富有传奇色彩是它的特点，但不是最突出的。

选项C，"用传奇法"本身是小说的技法，"志怪"就是记录一些神怪奇特的故事。一提到传奇的故事情节，你可能不能马上想到《聊斋志异》，但是说到志怪，记一些奇闻逸事，那一定是《聊斋志异》。创造性地采用"以传奇法，而以志怪"手法，是《聊斋志异》的写作特色。

选项D，具体的写作手法，如比喻、对比、夸张的手法，肯定是有的，但不是《聊斋志异》最突出的特点。

模拟题 ❷

下列关于《聊斋志异》的说法不正确的是（　　　）

A. 是清代文言短篇小说集，是蒲松龄的代表作。从叶生身上，能清晰看到作者的影子。

B. 以花妖狐魅的幻想故事概括当时的社会关系。《小谢》情节曲折而集中，真幻结合。

C. 代表了六朝"志怪小说"的最高成就，充分体现了"唐传奇"的特色和成就。

D. 描写了科举时代读书人耽于科举难以自拔的苦痛。

思维层次：高阶思维，理解、分析、判断的能力。

阅读能力：完成此题，需要掌握教材和名著中出现的重要的文学文化常识，还要对《聊斋志异》中人物、情节、艺术特点等作充分了解。

命题特点及解题策略：选项中出现的知识点都是教材中或者名著中出现的，解题时要牢记其特点进行分析判断即可。

参考答案：

C

选项A，《聊斋志异》是清代著名文言短篇小说集，是蒲松龄的代表作。我们读一部小说，像《聊

斋志异》，它的基本信息，如清代、文言、短篇，以及它的作者是蒲松龄，要熟知熟记。

叶生在科举失败后穷困潦倒，就跟了一个非常赏识他的官员，教官员的孩子读书，而且后来科举成名。可等他功成名就回家，他妻子一看见他就特别惊讶，原来这个叶生已经死了。从叶生身上确实能看到作者蒲松龄的影子，蒲松龄也是科举考了好多次都没有中，叶生的经历里有他失败的影子。

选项 B，以花妖狐魅的幻想故事概括当时的社会关系。他写的人物就是花妖狐魅，作品就是借这种鬼怪的故事来反映现实。

小谢本身是鬼魂，她爱上了一个书生，就陪伴在书生的身边，书生教她写字，她陪书生读书。后来她又托生为人，真正与书生喜结连理。

选项 C，代表了六朝"志怪小说"的最高成就，这一说法错误。它是清代著名的文言短篇小说，小说年代与朝代不相符。另外，《聊斋志异》运用了"唐传奇"叙述、描写的方法，但不能代表"唐传奇"的特色，它充分体现了"唐传奇"的特色和成就。这道题我们要清楚，《聊斋志异》是清代的文言短篇小说，它吸取、学习了六朝的"志怪小说"及"唐传奇"的特色。

选项 D，描写了科举时代读书人耽于科举难以自拔的痛苦。选项 A 说的叶生的故事就是如此。

最早的记录怪奇的书是《山海经》，小说可能从东晋干宝的《搜神记》开始，包括南朝刘义庆的《世说新语》，写鬼的，写人的，再到唐的传奇、宋的话本，以及后来的拟话本，然后才到明清时期的章回体小说。要了解中国志怪小说的发展过程。

模拟题 ❸

下列关于文学文化知识的解说，正确的一项是（　　　　）

A. 饮食是节日习俗中的话题。比如端午节吃粽子，是为了纪念屈原；中秋节吃汤圆，寓意团团圆圆；重阳节饮菊花酒，表达对延年益寿的期盼。

B. 铭，古代刻在器物上用来警诫自己或者称述功德的文字，后来成为一种文体；序，也是古代的一种文体，有书序和赠序之分，例如宋濂的《送东阳马生序》就是书序。

C. 古代作品命名很有讲究。有以"地名"命名的，如柳宗元的《柳河东集》，王安石的《临川先生文集》；有以"书房名"命名的，如蒲松龄的《聊斋志异》；有以"字"命名的，如李白的《李太白全集》；有以"官名"命名的，如杜甫的《杜工部集》。

D. 初中阶段，我们认识了法国许多优秀作家。如雨果，其代表作品有《巴黎圣母院》等；如茨威格，其代表作品有《托尔斯泰传》等；如莫泊桑，其代表作品有《羊脂球》等。

思维层次：高阶思维，理解、分析、判断的能力。

阅读能力：完成此题，需要掌握教材和名著中出现的重要的文学文化常识。还要有一定的课外文学常识积累。

命题特点及解题策略：选项中出现的文学、文化常识知识点都是教材中或者名著中出现的，解题时要回顾旧知，联系课文篇目或意象，勾连课外文学、文化常识积累，判断正确的内容。

参考答案：

C

选项 A，中秋节饮食习俗是吃月饼，故错误；选项 B，宋濂的《送东阳马生序》是赠序，故错误；选项 D，《托尔斯泰传》是法国作家罗曼·罗兰写的，故错误，故选 C。

参考文献

[1] 杜贵晨.人类困境的永久象征——《婴宁》的文化解读 [J]. 文学评论，1999（05）：125-128.

[2] 张雷远.童心与世俗较量的悲剧——《聊斋志异》中婴宁意象探析 [J]. 平原大学学报，2007（06）：51-54.

[3] 李鹏飞.试论古代小说中的"功能性物象"[J]. 文学遗产，2011（05）：12-15.

[4] 蒲松龄.全校会注集评聊斋志异 [M]. 任笃行，辑校 . 北京：人民文学出版社，2015.

《儒林外史》

推荐版本

作者：吴敬梓著

出版社：人民教育出版社

出版时间：2020 年 4 月

作品梗概

  《儒林外史》描写的主要对象是一群知识分子，他们是一些深受八股科举制度毒害的儒生，当然还有一些贪官污吏，也不乏在功利面前心如止水的人物。"儒林"指的是读书人，"外史"指的是野史、杂史，区别于官府修订的有充分事实依据的正史。统编教材九年级下册对《儒林外史》在名著导读定位上定为讽刺作品的阅读。小说形象地刻画了在科举制度下，知识阶层精神道德和文化教育腐朽糜烂的现状。它透过人生百态揭示了士人对功名利禄的观念、官僚制度、人伦关系和整个社会风气。作者从揭露科举制度及在这个制度奴役下的士人丑恶的灵魂入手，进而讽刺了封建官吏的昏聩无能、地主豪绅的贪吝刻薄、附庸风雅的名士的虚伪卑劣，以及整个封建礼教制度的腐朽。吴敬梓的讽刺显然给了封建社会有力的一击，宣泄了大多数心有同感的读书人对人性卑劣、社会黑暗的不满。《儒林外史》全书 56 回，以写实主义描绘各类人士对于"功名富贵"的不同表现。其一方面真实地揭示人性被腐蚀的过程和原因，从而对当时吏治的腐败、科举的弊端、礼教的虚伪等进行了深刻的批判和嘲讽；一方面热情地歌颂了少数人物以坚持自我的方式对人性所做的守护，从而寄寓了作者的理想。

◉ 思维导图

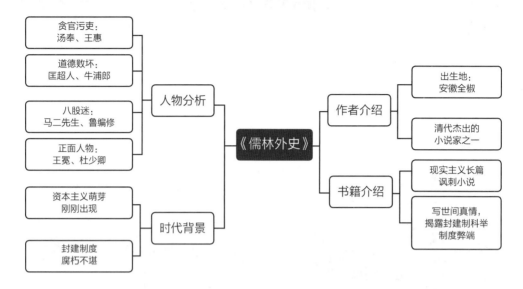

◉ 作者简介

吴敬梓（1701—1754年），字敏轩，一字文木，号粒民，安徽全椒人，清朝最伟大的小说家之一。他出身望族，曾祖父和祖父两代人"科第仕宦多显者"，早年生活豪纵，后家业衰落，移居江宁。1722年考取秀才，同年父亲病逝。由于不善于治理生计，他过着挥霍浪子的生活。1729年应科举时，其被斥责为"文章大好人大怪"，遭到侮辱。后愤懑离开故土，靠卖文和朋友接济为生。1736年，吴敬梓参加博学鸿词科预试。安徽巡抚赵国麟正式荐举他入京廷试，但他"坚以疾笃辞"，从此不再参加科举考试，穷困以终。他工诗词散文，尤以长篇小说《儒林外史》成就最高。他把自己所处的年代所反映出来的社会现实，倾注于《儒林外史》中，表达自己的感情倾向。

◉ 文学地位

《儒林外史》是我国古代讽刺文学的典范，吴敬梓对生活在封建末世和科举制度下的封建文人群像的成功塑造，以及对吃人的科举、礼教和腐败事态的生动描绘，使他成为我国文学史上批判现实主义的杰出作家之一。

《儒林外史》不仅直接影响了近代谴责小说，而且对现代讽刺文学也有深刻的启发。鲁迅，曾经用这样八个字评价该书：秉持公心，指摘时弊。这样的评价足以显现《儒林外史》深刻的思想内涵，以及当时的中国文学文化较前朝时期在表现手法上的进步。胡适也曾经夸赞《儒林外史》的艺术特色，称它可以用"精工提炼"来形容，这也是《儒林外史》作为文学文化的载体在历史的演变过程当中被继承和发展的一个体现。现在，《儒林外史》已被译成英、法、德、俄、日等多种文字，成为一部世界性的文学名著。有的外国学者认为：这是一部讽刺迂腐与卖弄的作品，然而却可称为世界上一部最不引经据典、最饶诗意的散文叙述体之典范。它可与意大利薄伽丘、西班牙塞万提斯、法国巴尔扎克等人的作品相媲美。

☑ 核心价值

◎ 核心知识

（一）散而不乱的长篇艺术结构

在中国古典长篇小说中，《儒林外史》的艺术结构是独树一帜的。从整篇文章的总体布局而言，散而不乱的长篇艺术结构是其主要特点。它没有贯穿首尾的中心人物与主要事件，而是分别以一个或几个人物为中心，组成一个个相对独立的故事。各个故事随着有关人物的出现而展开，又随着有关人物的隐去而结束，故鲁迅称它是"事与其来俱起，亦与其去俱讫，虽云长篇，颇同短制"。实际上，全书以对儒林的厄运进行反思为中心题旨，将各自独立的故事情节和复杂的社会生活内容统摄起来，因此结构仍不失谨严完整，布局也不失和谐统一。

（二）悲喜交加的戏剧化特点

吴敬梓的《儒林外史》，不仅在表现手法上和戏剧紧密相关，在格调上也是如此。它是以滑稽、幽默和讽刺为特征的。但是这喜剧又与悲剧、隐喻有机地融合成一个艺术整体。吴敬梓对于戏剧艺术和梨园生活十分熟悉。在少年和青年时期便向当地有名的演员学歌。在他所交往的文人学士中，有许多是擅长戏曲的。他们经常诗酒唱和，整日与戏曲打交道。《儒林外史》以幽默情景居多，有时候把幽默情景过分地渲染夸张，把滑稽的成分加重，于是便出现了戏剧性的场面，变成讽刺的、愤怒的嘲弄。像范进中举这一回合，悲喜剧交叉在一起，出现了许多喜剧情势的转折。

（三）委婉曲折的讽刺艺术

鲁迅在《中国小说史略》中简括地论述了中国讽刺小说的渊源和发展，并认为《儒林外史》"戚而能谐，婉而多讽"，将讽刺艺术发展到了新的境界。吴敬梓的创作直接受到《史记》"秉持公心"的实录精神与委婉曲折的讽刺手法的影响。首先，小说的讽刺对象是写实的，讽刺描写是真实的。其次，《儒林外史》中的讽刺是通过人物自己的行动，"从场面和情节中自然而然地流露出来"，而不是"特别把它指点出来"。

◎ 核心能力

（一）围绕主题概括典型人物的典型事件

《儒林外史》的结构，正如鲁迅言"虽云长篇，颇同短制"。全书没有一线到底的中心人物和情节，而以同一主题贯穿全书。有时这一回的主要人物到下一回就退居次要。这种独特的形式主要是出于作者的艺术构思。因此，尽管这种结构形式难免有些松懈，但对它所反映的特定内容来说是和谐的。各个故事随着有关人物的出现而展开，又随着有关人物的隐去而结束。围绕本书的核心主题，概括名著中出现的典型人物的典型事件，是学生必备的能力，也是阅读这部名著的重点。这一活动可以提升学生提取显性信息并组合内容要点的能力，能为整本书的阅读打下良好的基础。阅读后能确定书中具有代表性的典型人物，如周进、范进等，然后结合具体的情节，梳理概括。从概括事件的角度入手，说清事件的起因、经过、结果。概括典型人物的典型事件，可以建立人物图谱，从而对名著内容留下深刻印象。

（二）聚焦细节赏析核心人物的典型性格

《儒林外史》中写得好的不是完人，而是卑微的小人物，或是丑人。闲斋老人在《儒林外史序》中说："其书以功名富贵为一篇之骨。有心艳功名富贵而媚人下人者（如周进、范进、梅玖）；有倚仗功名富贵而骄人傲人者（如严贡生、汤知县、王惠太守）；有假托无意功名富贵，自以为高，被人看破耻笑者（如杨执中、权勿用、杜慎卿、娄三、娄四公子）；终乃以辞却功名富贵，品地最上一层为中流砥柱（如王冕、杜少卿、庄征君、虞育德）。"这是《儒林外史》中主要写的四类人。在阅读的过程中，可以引导学生用摘录语段、品读文本、比较分析等方式，鉴赏这些能凸显人物性格的细节描写，梳理人物性格。特别是针对具有讽刺特点的片段，要从夸张、白描、陌生化、对比等角度入手，鉴赏品味。

◎ 核心策略

（一）外化输出

外化输出是指在阅读过程中，以口头或书面的形式，把对文本的理解外显出来。以学生内化理解为基础，用各种策略促进学生外化输出，内化、外化相结合能够促进理解的深入。例如通过为典型人物写小传等活动，学生可以外化输出对文本的理解；也可以通过阅读批注等形式，把自己对作品内容、语言等方面的体会标注在书上；还有开故事会、故事续写等活动，都是外化输出。例如在开故事会的过程中，要讲述范进的故事，可以先从目录出发，锁定篇章；然后按时间顺序罗列相应的事件；接着用语言串联起来；最后用口头的方式讲述故事。特别是对故事讲述的要求，既要口语化，又要生动有趣。正是这一系列的外化输出，使学生在与同伴交流的过程中，能进一步加深对文本的理解，实现内化、外化、深化的立体化阅读过程，促进阅读效果的最优化。

（二）对照阅读

用对照的方式分析人物形象，会更加深入地了解人物的性格特点。《儒林外史》中的典型人物，都具有可比性。例如代表腐儒的典型人物周进和范进，他们是作者在第二、第三回中分别着力塑造的两个年纪老大而没有考中科举的可怜虫。二人在中举之前都是穷困的，受尽别人的白眼和嘲讽。周进60多岁还是个童生，范进也是一个连考20余次不被取的老童生。他们二人中举前的状况相似，但是中举的方式不同。可以用表格的形式罗列比较。同时，也可以与匡超人等人进行横向比较。同是科场中举，但是周进、范进与匡超人在为人处世的态度上完全不同。从这些人物身上，我们可以看出科举制度对文人的毒害之深。它深深地腐蚀着文人的心灵，使一些文人因迷恋举业而完全被动地失去了自我。作者以其悲愤和辛酸的笔触，写出了他们在人格意识方面的扭曲与堕落。对照阅读，可以发现人物间不同的性格特点和必然联系，更鲜明地感受人物群像的共性特征。

（三）图文转换

图文转换是指由文绘图或以文叙图。生动的文字可以带给读者鲜活的画面感，让读者在栩栩如生的情境中阅读。学生阅读《儒林外史》时，可以使用图文转换策略。例如梳理小说故事情节，分层绘制人物思维导图；文中经典人物如范进等，给读者留下深刻印象，可以挑选感兴趣的人物给他们画像等；名著中的活动场景也很多，可以开展连环画描绘等活动。通过图文转换，可以让学生更直观地再现自己对文字的理解，更鲜明地呈现人物形象、具体情境，进而使学生在与同学的交流分享中深化理解和感悟。

◎ 精神文化

阅读《儒林外史》，可以在阅读另一类"儒林人"生活状态的同时，反思"儒林人"的责任。科举是当时读书人唯一的出路，不得不由此反思现代教育。老师要帮助学生确立正确的学习观、生活观，领会读书的意义。好好读书，最终才能拥有选择的权利，选择有意义的生活。

《儒林外史》更是一部引导学生反思中国民族文化的小说。在阅读的过程中，一定要让学生结合自己的生活经历，发表自己的看法，树立正确的价值观和人生观。书中人物的人生经历，以及他们面对诱惑时做出的各种选择，将给学生以启示，让他们在阅读中慢慢坚定自己的初心，在努力追求自己理想的过程中，坚守自己的本心，做真实的自己。

同时，《儒林外史》也是古代经典白话小说。通过阅读这一类小说，可以引发学生对古典文学的爱好，从中汲取经典的精粹，也可以引发学生对中华博大精深的传统文化的敬仰，从而热爱祖国的语言文字。

☞ 自主初读

◎ 阅读规划

阅读 进程	阅读 章节	阅读时间 （小时）	阅读该部分感 受最深的一点	阅读该部分 最大的疑惑	自我评价 （优、中、一般）	教师评价 （优、中、一般）
进程一	第__回—第__回					
进程二	第__回—第__回					
进程三	第__回—第__回					
进程四	第__回—第__回					

☑ 任务伴读

◎ 进程一

任务推进

阅读规划	任务单	重点能力指向
范围：第1—14回。 时间：3天阅读完毕。	1.概括王冕的身世，并评价一下他的为人有何特点。 　小时候　　　青少年时期　　　成为画家后 2.在村里教书的周进受了哪些刺激？从中你读出当时社会怎样的现实？ 3.经典人物严贡生、严监生，他们各自的特点是什么？ 4.王惠、娄公子、鲁编修、马二先生等人，他们是哪一类"儒林人"的代表？对此，你持什么态度？	1.概括分析的能力。 2.比较提炼的能力。

阶段性测试

1.在《儒林外史》中，足以和范进媲美，被科举制拨弄得神魂颠倒的可悲、可怜、可笑的人是_____。

2.写报录人出主意打范进一个嘴巴说明了什么？作者安排这一情节有何作用？

◎ 进程二

任务推进

阅读规划	任务单	重点能力指向
范围：第15—28回。 时间：3天阅读完毕。	1.用三个四字短语概述匡超人堕落的三个阶段： 　□□□□　→　□□□□　→　□□□□ 2.什么事情促使牛浦郎产生了改名的念头？请用简洁的语言表述。 3.你愿意和鲍文卿做朋友吗？请结合名著内容说说你的理由。	1.提取信息的能力。 2.综合评价的能力。

阶段性检测

将下列事件填入相应地点的方框里。

细心侍奉病重的父亲　　　　　　　跟着潘三，替别人考试，写假文书

隐瞒已婚事实，与老师的外甥女结婚　　跟着景兰江参加西湖诗会

潘三被捉后，找借口不去探监　　　　深夜苦读

A. 温州府：	B. 杭城：	C. 京师：
_____ _____	_____ _____	_____ _____

2.匡超人由善良变丑恶、由勤勉变迂腐，责任到底在谁？

◎ **进程三**

任务推进

阅读规划	任务单	重点能力指向
范围：第29—42回。 时间：3天阅读完毕。	1.用思维导图的形式梳理沈琼枝的经历。 身份 ➡ 婚嫁 ➡ 逃离 ➡ 遇见 沈琼枝的经历 2.你喜欢杜少卿还是杜慎卿？请阐述理由。 3.庄绍光与虞博士，都是胸怀坦荡之人，请结合具体的例子加以阐述。	1.理解阅读能力。 2.概述比较能力。

阶段性检测

1."时常一个批语要做到半夜……"，你觉得马二先生这样做的原因是什么？

2.郭孝子一生奔波辛苦，然求仁得仁，至孝感人，是儒林中的上品人物。请结合文章具体内容，谈谈你的理解。

◎ **进程四**

任务推进

阅读规划	任务单	重点能力指向
范围：第43—56回。 时间：3天阅读完毕。	1.用思维导图的形式分析汤镇台的人物形象，并发表你的看法。 <table><tr><td rowspan="3">汤镇台其人</td><td>卓越军事才能的表现：</td></tr><tr><td>短缺远见卓识的表现：</td></tr><tr><td>家庭教育的缺陷：</td></tr></table> 2.以余有达为例，从生平、典型事件、性格特点等角度为王玉辉、凤老四做人物名片。 **余有达名片** 余大先生，名特，字有达。文名极高，德行又最为人所称道。怕辱教名，辞却给汤镇台儿子教书一事。在俗世中能洁身自好，淡泊名利。 3.对于《儒林外史》戏剧性的结尾，你是怎样理解的？	1.提取信息的能力。 2.综合评价的能力。

阶段性检测

1.梳理"市井四奇人"的特点，填写下面表格。

人物	职业	典型事件	共同特点
季遐年	会写字	但凡人要请他写字，他三日前，就要斋戒一日，第二日磨一天的墨，却又不许别人替磨。	自食其力、独立自足、快活自适、安贫乐道、高雅脱俗。

2.从凤老四救万中书这一事件中，可以看出凤老四是一个怎样的人？请做简要分析。

◎ 课型推进

◎ 阅读课规划

教学阶段	主要内容	教学资源	设计意图
导读课	1.作品文学常识介绍。 2.了解作品的主要内容和典型人物。 3.艺术特点初体现。	1.作者的背景资料 2.讽刺小说的概念	1.初步了解并识记《儒林外史》作品的基本文学常识。 2.初步感受作品讽刺的艺术效果。
推进课	1.梳理作品中的典型故事情节。 2.分析作品中的典型细节，体会讽刺艺术的特点。 3.依据作品的特点，展开联想和想象。	1.人物名片 2.名家点评 3.经典情节	1.掌握作品的重要故事情节。 2.把握作品中的典型人物形象。 3.在理解主题的基础上，拓展人物形象的价值。
成果分享课	1.阅读经验交流。 2.手抄报展示。 3.思考《儒林外史》的现实意义。	1.对具体片段的研讨和表演 2.撰写每个表演之间串词的方法	1.通过阅读经验分享，汲取他人阅读的所长； 2.通过手抄报等形式的成果展示，锻炼学生分享成果的能力。

◎ 专题探究信息一览表

专题	探究指向	阅读策略	思维层次
专题1：开故事会	经典情节概括和梳理	分类、联想	信息素养能力
专题2：讽刺艺术探究	艺术手法探究	批注、评价	决策能力
专题3：续写故事	主旨理解和发挥想象	预测、重构	获取隐性知识的能力

儒林人物先知晓
——《儒林外史》导读课

【教学目标】

1. 了解作者、作品及创作背景。

2. 掌握作品的主要内容、情节及其主题、艺术特色。

【教学重点】

激发阅读《儒林外史》的兴趣，了解作品的内容梗概。

【教学难点】

掌握作品的艺术特色。

【课时安排】

1 课时

【教学过程】

一、激趣导入，引发思考

同学们，鲁迅曾评价一人一书说，"在中国历来作讽刺小说者，再没有比他更好的了"，"讽刺小说从它而后，就可以谓之绝响"。这就是今天我们要打开的名著。

打开名著，阅读目录。数一数，名著中涉及的人物有多少。从目录中我们就能准确把握《儒林外史》这部名著的写作特点：没有主要的故事人物，而是由众多人物串联而成。

二、了解作品概况

（一）作品主要内容

请用几句话概述一下《儒林外史》这本书留给你的初步印象。

（二）作者简介

1. 吴敬梓的人物介绍

吴敬梓（1701—1754 年），清代小说家，字敏轩，号粒民，晚号"文木老人"，安徽全椒人，出身望族，曾祖父和祖父两代人"科第仕宦多显者"。他早年生活豪纵，后家业衰落，移居江宁。乾隆初荐举博学鸿词，托病不赴，穷困以终。他工诗词散文，尤以长篇小说《儒林外史》成就最高。

2. 吴敬梓的人生轨迹

1722 年考取秀才，同年父亲病逝。由于不善于治理生计，他过着挥霍浪子的生活。

1729 年应科举时，被斥责为"文章大好人大怪"，遭到侮辱。后愤懑离开故土，靠卖文和朋友接济为生。

1736 年，吴敬梓参加博学鸿词科预试。安徽巡抚赵国麟正式荐举他入京廷试，但他"坚以疾笃辞"，从此不再参加科举考试。

3. 以上人物经历，给你怎样的启示？请写下你的探究发现。

〔示例〕人物的家庭背景，决定了他的人生观。例如吴敬梓出生于名门，原本可以是一帆风顺，只因家道中落，不善持家。后应科举时遭到侮辱，导致他远离科举，做一个旁观者，清醒地观察世人的表现。他的人生经历，改变了他的价值观。例如吴敬梓也曾中秀才，也曾应科举，但是现实社会让他屡次失望，科举成了"鸡肋"，最终他不再参加。

（三）创作背景

明清出现资本主义萌芽，但社会表面的繁荣掩盖不了封建制度的腐朽，统治者大兴文字狱、考八股、开科举，极大限制了人们的思想，使社会道德全面滑坡，文化呈颓靡之态。吴敬梓本人就出生在科举世家，在他父亲去世后，由于其不谙生计，生活陷入贫困之境，期间他经历了亲友的背叛和疏离，也目睹了官僚豪绅的徇私舞弊、名仕清客的招摇撞骗，于是从思想上开始唾弃功名富贵，不愿成为名利场上的一员。加之他直率、倔强的性格难容阶级社会的势利观念，加深了其对八股取事制度的不满，于是才成就了这部享誉中外的《儒林外史》。

从以上背景资料中，你又发现了什么？请写下你的思考。

〔示例〕知人论世是深入理解作品的一种方法。可以让读者更加清楚地明白作者为什么要这样，也就是让读者了解作者的写作意图。吴敬梓身处腐败的封建社会，以科举为唯一出路。中举后的人又丑态百出。《儒林外史》的成就之一，就是讽刺了这些不良的社会风气。

三、了解作品内容

（一）内容简介

《儒林外史》是一部以知识分子为主要描写对象的长篇小说，也是一部典型的讽刺小说。《儒林外史》描写了一些深受八股科举制度毒害的儒生，反映了当时世俗风气的败坏。

（二）典型人物先知道

腐儒的典型——周进、范进

贪官污吏的典型——汤奉、王惠

八股迷的典型——马静、鲁编修

正面典型——王冕、杜少卿

除了上述罗列的人物，你觉得还有哪些人物需要重点研讨的？

〔示例〕至孝之人郭孝子，像这样的正面人物，在《儒林外史》中不可多得。至愚之人王玉辉，鼓励女儿去殉夫，可见愚昧之极。

四、了解艺术手法

本书中涉及的艺术手法：

（1）漫画式的外形描写；（2）运用夸张进行讽刺；（3）运用对比手法进行讽刺；（4）通过人物言行的矛盾进行讽刺；（5）善用含蓄、婉转的讽刺手法。

希望同学们在阅读的过程中去体会这些艺术手法体现的效果。

五、成就及影响

因为鲁迅、胡适、张天翼等现代文学家都对《儒林外史》有独到的体会和研究，致使这部作品在现代文坛备受瞩目，影响到现代小说的创作。

请根据你搜集的资料，梳理名家对《儒林外史》的评价，从中归纳《儒林外史》的成就。

【课堂小结】

亲爱的同学们，《儒林外史》可以被称为是一部奇书，我们将在任务的推进中不断深入探究这部名著。我们也会通过开故事会、续写故事等活动形式加深阅读的印象。希望同学们在阅读的过程中保存好阅读体验成果，在成果展示课时一展风采。

【配套练习】

1.《儒林外史》中，有较多作者本人影子的人物形象是（　　　）。

A.匡超人　　B.杜慎卿　　　C.杜少卿　　　D.牛布衣

2.下列文学常识的表述，不正确的一项是（　　　）

A.明清时期，社会小说的两种表现形式主要是"讽刺小说"和"谴责小说"，《儒林外史》和《官场现形记》是其中的代表作品。

B."讽刺小说"与"谴责小说"主要的区别是表现手法不同。前者的描写比较夸张，对社会的态度更激愤痛恶，对人物毫不留情；后者的描写比较含蓄，对社会的态度比较客观公允，对人物有所体贴。

C.《儒林外史》是我国古代讽刺文学的典范，它可与意大利的薄伽丘、西班牙的塞万提斯、法国的巴尔扎克、英国的狄更斯等人的作品相抗衡。

D.《儒林外史》主体部分的结构不同于一般长篇小说，它"虽云长篇，颇同短制"，采用的是"糖葫芦串"式的结构；整部小说采用独特的讽刺的艺术表现手法。

3.范进是大家熟悉的一个人物形象，回顾学过的《范进中举》这篇课文，再结合你阅读的《儒林外史》，简要说说范进这一人物的典型意义。

4.《儒林外史》中被誉为"自古及今难得的一个奇人"的是＿＿＿＿＿＿＿＿。

5.由一个人的故事带出另一个人的故事是《儒林外史》讲故事的基本方式。范进的故事是由＿＿＿＿＿带出来的，而范进的故事又带出了＿＿＿＿＿的故事。

故事会

——《儒林外史》推进课1

【教学目标】

1. 关注小说回目，了解《儒林外史》的主要内容。

2. 在把握故事梗概的基础上，关注生动的细节，发现人物的"吸引力"。

3. 体会故事中包含的作者的情感态度。

【教学重点】

了解《儒林外史》的主要内容，有针对性地选择一个自己感兴趣的人物，从其经历、性格特征入手，把握人物形象。

【教学难点】

关注生动的细节，发现人物的"吸引力"。

【课时安排】

1课时

【教学过程】

面对人物众多的《儒林外史》，究竟该如何下手呢？今天，我们先开启第一个任务——通过故事会，了解《儒林外史》的主要内容。

一、熟读作品——人物分类

我们可以先尝试对众多人物进行分类梳理。

八股文士：出身贫寒，大都醉心于八股举业，借以谋求功名富贵，因而显得可悲可笑。（周进、范进、马二先生、匡超人）

官绅：读书人科举成功，入了仕途，就成了官；在乡士绅，凭着手中的钱财，捐个监生、贡生的功名，也就摇身一变，成了儒林中人。这类人物，出仕后多为贪官污吏，在乡则为土豪劣绅。（贬：王惠、严监生、严贡生）（褒：虞育德、鲍文卿）

真儒贤奇人：具有作者认可的高尚道德观念、价值取向和审美理想的人。（王冕、杜少卿）

《儒林外史》所写的主要人物身份是读书人，以男性为主。但也有例外，小说中写到的女性读书人有鲁小姐、沈琼枝（鲁小姐自小读书，但学的是八股成篇之法，受鲁编修的影响，认为除了八股文，其他的都是邪魔外道；沈琼枝是自由与独立的代表，自立自足）。

二、细读作品——关注回目

我们发现，小说每回开头以"话说""且说"等起叙，每回末有"欲知后事如何，且听下文分解"之类的收束语，一回叙述一个较完整的故事段落，相对独立，又承上启下。

每回开始前用两句对偶的文字做标题，称为"回目"，有着概括本回故事内容的作用。《儒林外史》人物众多，关注回目可以帮助我们更快地梳理故事。

1. 关注回目，快速集中相关内容

例如：我要去寻找和"匡超人"相关的故事内容，我通过回目可以马上搜到：

第十五回　葬神仙马秀才送丧　思父母匡童生尽孝

第十六回　大柳庄孝子事亲　乐清县贤宰爱士

第十七回　匡秀才重游旧地　赵医生高踞诗坛

第十八回　约诗会名士携匡二　访朋友书店会潘三

第十九回　匡超人幸得良朋　潘自业横遭祸事

第二十回　匡超人高兴长安道　牛布衣客死芜湖关

2. 借助回目，写下人物故事梗概

以"周进"为例，通过回目，再次阅读第2-3回，概括故事情节，可以用思维导图先简单梳理故事情节，下面是表格形式的思维导图，同学们可以借鉴。

身份变化	人物经历
60多岁，童生	教书糊口，之后随姐夫经商记账
监生	在贡院参观时满地打滚，痛哭不止，哭到口吐鲜血，后来商人们答应为他捐了一个监生进场，他就破涕为笑，爬到地下磕头，表示要变驴变马来报答他们。
举人	不久，周进凭着监生的资格竟考中了举人。不是亲的也来认亲，不是朋友的也来认朋友，连他教过书的学堂居然也供奉起了"周太老爷"的"长生牌"。
中了进士，升为御史，派为广州学道	在广州，周进发现了范进，他把范进的卷子反复看了三遍，终于发现那是一字一珠的天地间最好的文章，于是将范进取为秀才。

三、研读作品——发现人物"吸引力"

以"周进"为例，如果要把这个人物的故事讲述得精彩，同学们觉得可以把哪个情节细化，使之具有吸引力？

申祥甫拱进堂屋，<u>梅玖方才慢慢地立起来和他相见</u>。周进就问："此位相公是谁？"众人道："这是我们集上在库的梅相公。"周进听了，谦让不肯僭梅玖作揖。梅玖道："今日之事不同。"周进再三不肯。众人道："论年纪也是周先生长，先生请老实些罢。"梅玖回过头来向众人道："<u>你众位是不知道我们学校规矩，老友是从来不同小友序齿的，只是今日不同，还是周长兄请上。</u>"原来明朝士大夫称儒学生员叫做"朋友"，称童生是"小友"，比如童生进了学，不怕十几岁，也称为"老友"；若是不进学，就到八十岁，也还称"小友"。

……

——《第2回　王孝廉村学识同科　周蒙师暮年登上第》

从"方才慢慢地立起来"看出梅玖的傲慢态度，从他的语言中可以感受出他对待周进的无礼与嘲弄，这些地方都是讲故事的时候要突出的重点。人物的言行举止，是人物性格的体现，也是抓牢听众的一种方法。

周进看着号板，又是一头撞将去；这回不死了，放声大哭起来。众人劝着不住。金有余道："你看，这不是疯了么？好好到贡院来耍，你家又不死了人，为甚么号啕痛哭？"周进也不听见，只管伏着号板，哭个不住；一号哭过，又哭到二号、三号，满地打滚，哭了又哭，哭的众人心里都凄惨起来。金有余见不是事，同行主人一左一右，架着他的膀子。他那里肯起来，哭了一阵，又是一阵，直哭到口里吐出鲜血来。众人七手八脚，将他扛抬了出来，在贡院前一个茶棚子里坐下，劝他吃了一碗茶；犹自索鼻涕，弹眼泪，伤心不止。

——《第3回　周学道校士拔真才　胡屠户行凶闹捷报》

这段文字描绘了周进悲伤地要寻死。为何要寻死？他看见贡院里摆得整整齐齐的两块号板，那是他做梦都想要用的东西，他"苦读了几十年的书"，却连"秀才也不曾做得一个"，现在梦寐以求的东西就在眼前，这东西勾起了他满腹的辛酸。再加上前面所受的种种屈辱，所以他急火攻心，不省人事。这其实就是揭示了周进久不得志的心境，醉心功名而功名无望。

这些细节描写是讲故事的时候要重点突出的。所以，在讲述周进这个人物的故事时，我们要在前面梳理情节的基础上，再增加凸显人物性格的细节，使人物具有活力，故事具有吸引力。

四、悟读作品——理解情感

对于周进这个人物，我们从字里行间可以发现，作者在讥讽其丑态的同时，也对人物寄寓了无限的同情。因为其用意不止于暴露科场和官场人物的污秽，而是着意批判形成他们种种性格的社会根源，极其尖锐地指明科举对于人性的异化作用。

自此，周进的人生陡然发生了喜剧性的变化。如果说从前沉沦落魄受尽冷眼，那此后可谓春风得意一帆风顺：中举人，中进士，做御史，做学道，一路升到国子监司业。

吴敬梓当然不是要写一个知识改变命运的传奇故事，实际上，周进的喜剧结局大大加强了讽刺力量。所以，在周进这个人物身上，作者既有对其的讽刺，也有无限的同情，更有对封建科举制度的批判，在喜剧的表面留下的是无限的深思。

回顾这节课，我们主要是明确如何去讲故事：熟读作品，大致了解作品人物；通过回目，梳理人物经历；研读作品，增强故事吸引力；悟读作品，理解作者情感。这样会使我们的阅读更有意义与价值。

五、课后作业——精彩讲述

1. 在充分准备的基础上，配合适当的动作及肢体语言，讲述故事，录好视频，发给语文老师，在班级中评选出"讲故事能手"。

2. 挑选周进、范进故事中的一个细节，从讽刺艺术的角度进行赏析。

【配套练习】

1. 判断下列有关《儒林外史》的表述是否正确，正确的打"√"，错误的打"×"。

（1）吴敬梓，明代小说家，代表作《儒林外史》。"范进中举"通过写范进突如其来的命运变化引出一幕幕令人啼笑皆非的悲喜剧，无情地揭露了封建科举制度的罪恶，画尽了世态的炎凉。（　　　　）

（2）"范进中举"是吴敬梓短篇讽刺小说《儒林外史》中的精彩片段，胡屠户、张乡绅等态度的变化反映了当时社会中趋炎附势的众生相。（　　　　）

（3）《儒林外史》是我国清代长篇讽刺小说，作者是吴敬梓。小说主要描写封建社会后期商人及官绅的活动和精神面貌。（　　　　）

2. 填空。

（1）在《儒林外史》中，足以与范进媲美，被科举制度弄得神魂颠倒的可悲可怜可笑之人是_____。

（2）在《儒林外史》中，_____是一个以巧取豪夺、横行乡里的奸诈、卑鄙小人的形象出现的，围绕这点，作者记叙了好几件事情，其中描写最为生动传神的是_____。

（3）_____，元朝末年人，好读书，善画画，虽被赏识，但拒绝入朝为官，后隐居于会稽山中。

3. 严监生和严贡生是一对兄弟，请结合具体情节分析严贡生对待严监生的态度。

4. 鲁迅曾评论《儒林外史》"婉而多讽"，是一部"讽刺之书"。请你以书中的严监生为例，结合与他相关的情节，简要说说作品的讽刺意味。

《儒林外史》讽刺艺术探究
——《儒林外史》推进课2

【教学目标】

1. 能抓住意蕴丰富的细节，准确把握作者对人物的态度，体会作者的批判精神。

2. 通过小说中夸张、对比手法的分析，深入体会小说的讽刺意味。

3. 阅读前人的评点或关于《儒林外史》的研究著作，深化理解。

【教学重点】

从细节描写、夸张手法、对比手法入手，体会《儒林外史》的讽刺艺术。

【教学难点】

阅读前人的评价，深化对作品的理解。

【课时安排】

1课时

【教学过程】

一、艺术成就导入，引出"讽刺"

1.《儒林外史》的艺术成就：讽刺小说的巅峰。

2.何为"讽刺"？《现代汉语词典》的解说；鲁迅对于"讽刺艺术"的解说。

3.为何用讽刺的艺术？与当时的时代背景有关。

二、经典的细节描写

细节描写是本书最为重要的手法。不管是外貌、动作，还是语言、神态，作者总能抓住那最有表现力的一笔，入木三分地刻画人物形象，让读者窥斑见豹，见微知著。

〔示例1〕

人物——范进

章节：第四回　荐亡斋和尚吃官司　打秋风乡绅遭横事

事件：在为母守丧期间，范进和张静斋去汤知县衙门打秋风。席上，他坚决不用镶银和象牙的筷子，以示自己谨守礼制，是恪守孝义之人。

经典细节：随即换了一双白颜色竹子的来，方才罢了。知县疑惑他居丧如此尽礼，倘或不用荤酒，却是不曾备办。后来却看见他在燕窝碗里拣了一个大虾圆子送在嘴里，方才放心。

点评：看到这里我们发现，范进对于自己的口腹之欲，是绝对不会节制的，"在燕窝碗里，拣了一个大虾元子送在嘴里"，一切做得那么自然坦荡，那么顺乎人情，就连汤知县也觉得该这样，才放了心。可见说一套做一套，满嘴仁义道德、遵制守礼，实际上却放纵私欲，满足口腹享受，虚伪做作，而这早已成了大家见怪不怪的社会风尚。看似轻描淡写的闲笔，对于人性和世情，却是何等深刻的讽刺啊！

〔示例2〕

人物——严监生

章节：第五回　王秀才议立偏房　严监生疾终正寝

事件：提到严监生，知道的人往往会记起他临死前为了两根灯芯而不咽气的情节，也因为这一个情节，他被人当成是守财奴，也因此严监生和巴尔扎克《高老头》里面的葛朗台就成了中外文学中守财奴的代表人物。

经典细节：话说严监生临死之时，伸着两个指头，总不肯断气，几个侄儿和些家人，都来讧乱着问；有说为两个人的，有说为两件事的，有说为两处田地的，纷纷不一，只管摇头不是。赵氏分开众人，走上前道："爷，只有我能知道你的心事。你是为那盏灯里点的是两茎灯草，不放心，恐费了油。我如今挑掉一茎就是了。"说罢，忙走去挑掉一茎。众人看严监生时，点一点头，把手垂下，登时就没了气。

点评：这一幕实在太活灵活现，形象生动，凡是读过的人，恐怕都忘不掉。可以说，伸着两根指头的严监生在《儒林外史》中死了，但却永远活在了每一个读者的心中。当然，是以丑角的形式。

〔示例3〕

人物——周进

章节：第二回 王孝廉村学识同科 周蒙师暮年登上第

事件：_____

_____

_____

经典细节：_____

_____

_____

点评：_____

_____

_____

三、夸张手法

要说夸张手法的运用，书里有很多。如：周进撞号板，范进中举发疯，范母一喜而死，严贡生发病闹船家；等等。这些精彩描写，都因合理的夸张，而取得强烈的讽刺艺术效果。

〔示例1〕

范进中举（片段）

范进中举的消息传过来的时候，报子告诉他，起初不相信，后来就"把两手拍了一下，笑了一声道：'噫！好了！我中了！'说着，往后一跤跌倒，牙关咬紧，不省人事。醒过来就疯了，满街跑着，只喊'我中了'"。后来被他最怕的人胡屠户的巴掌打醒了。

点评：在这里，作者通过"一拍""一笑""一说""一跌"几个动作描写，把范进喜极而疯、昏厥倒地的情景突显出来。接着，作者又描绘了一个更精彩的画面："范进一脚端在塘里，挣起来，头发都跌散了，两手黄泥，淋淋漓漓一身的水。"范进这种疯狂十足、狼狈不堪的丑态实在是可笑可悲可怜可叹！

〔示例2〕

周进撞号板（片段）

再来看对范进有提拔和知遇之恩的周进，周进在中举前也经历了一段和范进一样的暗黑岁月。刚出场时，周进已经60多岁，依然是个老童生。周进生活穷困潦倒，不得不忍受士林人物的羞辱和市井小民的轻蔑。但他始终坚信科举是自己唯一的救命稻草。当他进省城路过贡院的时候，他多年的心结却又被触动了。他是童生，是不能进入贡院的，看门人的鞭子将他打了出来。当他恳求别人带他参观贡院时，大半生追求功名富贵却求之不得的辛酸悲苦，以及忍受侮辱欺凌的委屈一下子倾泻出来，周进的人生也一举进入高潮：

周进一进了号，见两块号板摆的齐齐整整，不觉眼睛里一阵酸酸的，长叹一声，一头撞在号板上，直僵僵不省人事。

……周进也听见，只管伏着号板哭个不住。一号哭过，又哭二号、三号，满地打滚，哭了又哭，哭的众人心里都凄惨起来。

……那客人道："这也不难。现放着我这几个兄弟在此，每人拿出几十两银子。就是周相公不还，我们走江湖的人，那里不破掉了几两银子？何况这是好事。你众位意下如何？"众人一齐道："君子成人之美。"……周进道："若得如此，便是重生父母，我周进变驴变马，也要报效！"爬到地下就磕了几个头。众人还下礼去。金有余也称谢了众人。又吃了几碗茶，周进再不哭了，同众人说说笑笑回到行里。

点评：像这里的动作描写，"灵光乍现的奋力一搏，周进一头撞在号板上，直僵僵不省人事……满地打滚，放声大哭……爬到地下就磕了几个头"，以及"若得如此，便是重生父母，我周进变驴变马也要报效！"的语言描写，真的是把一个中举是唯一的生活目标，八股是唯一的生活技能的人物刻画得入木三分。是啊，科场若不如意，就再无其他谋生本领。周进宁可撞板也要上科举，因为他深知：除了科举，自己无法自食其力。

四、对比手法

运用对比手法进行讽刺，也是《儒林外史》的经典之处。小说中既有人物冠冕堂皇的言辞与卑鄙龌龊的心灵的对比，又有同一个人在不同情况下对待同一对象持不同态度的对比，还有同一人物不同思想性格方面的对比，以及不同人物之间的对比。

〔示例1〕

严贡生晕船吃云片糕

（冠冕堂皇的言辞与卑鄙龌龊心灵的对比）

第六回中严贡生坐船接新郎新娘时，把云片糕放在鹅板上，掌舵的害馋把剩下的吃了。严贡生上岸时找不到云片糕了，问掌舵的。掌舵的觉得吃的只是几片糕而已，没什么大不了的。但是我们来看看严贡生的反应：

严贡生发怒道："放你的狗屁！我因素日有个晕病，费了几百两银子，合了这一料药，是省里张老爷在上党做官带了来的人参，周老爷在四川做官带来的黄连。你这奴才，'猪八戒吃人参果，全不知滋味！'说的好容易！是云片糕！方才这几片，不要说值几十两银子，'半夜里不见了枪头子，攮到贼肚里'。只是我将来再发了晕病，却拿甚么药来医？你这奴才，害我不浅！"

点评：这一段话写出了严贡生冠冕堂皇的言辞与卑鄙龌龊的行为，活画出一个劣绅的丑态。这样的对比，使人物"现身纸上，声态并作"。

这样一种人物自身的言行矛盾，在《儒林外史》中比比皆是。例如匡超人对人吹嘘他文明五省，却不知"先儒"二字是何含义；严监生吹嘘自己"为人率真，在乡里之间，从不晓得占人寸丝半粟的便宜"，但是却强圈了别人的肥猪。吴敬梓就是让人物处在自我暴露、自我嘲讽的情境中，人物"高尚的言行"与卑劣的行动形成了强烈的反差，从而达到讽刺效果。

〔示例 2〕

胡屠户对待范进

（同一个人在不同情况下对待同一对象持不同态度的对比）

他到范家两次贺喜，第一次是范进中了秀才，他凶神恶煞般地训斥范进，贺礼微薄，"拿了一副大肠和一瓶酒"，而且酒和大肠都被他自己吃掉了。出门是骄横傲慢，"横披了衣服，腆着肚子去了"。第二次是范进中了举人，贺礼厚重，"已是家里把屠户送来的几千钱打发他们去了"。当范进把六两银子塞到他手里后，他"千恩万谢，低着头，笑眯眯地去了"。

点评：吴敬梓对胡屠户这个人物，没有做出任何主观评价，但是这两次前后不同的"贺礼"和不同的态度，把胡屠户前倨后恭、见钱眼开的市侩嘴脸、奴才性格传神般地表达出来，让读者感受到了他的可憎、可笑、可鄙，从而取得了讽刺的效果。

〔示例 3〕

马二先生性格

（同一人物不同思想性格方面的对比）

马二先生有善良敦厚的一面与迂腐可鄙的一面。他的宅心仁厚，乐善好施体现在：差人拿着写有蘧公孙叛逆罪的呈子给马二先生看。马二先生看完，"面如土色"，仔细询问后求差人"千万将呈子捺下"。差人借机向马二索要银子，索要不得，转身要走，马二先生道："不要这样说。你同他是个淡交，我同他是个深交，眼睁睁看他有事，不能替他掩下来，这就不成个朋友了——但是要做的来。"在和差人几番交涉之后，几乎拿出自己所有的家当九十二两银子给差人，把枕箱买回来，替朋友蘧公孙消灾。

马二先生劝匡超人说："那害病的父亲，睡在床上，没有东西吃，果然听见你念文章的声气，他心花开了，分明难过也好过，分明那里疼也不疼了。"八股文章竟然有疗饥止痛的奇效！马二先生已经把八股神化了，并对其无比痴迷。

这体现了他的迂腐可卑。当然，马二先生的经典之处还有很多。同学们还可以再从书中去寻找。

〔示例4〕

周进与范进

（不同人物之间的对比）

作品中塑造了周进和范进两个被科举、功名毒蚀得灵魂麻木的老可怜虫。我们把这两个人物放在一起，看看他们的可鄙之处。

周进撞号板后，在几个好友的资助下，已然高中，做了广东学道，这时候范进还只是童生。周进高踞师座，"绯袍金带，何等辉煌"；再来看接卷归号的范进，"面黄肌瘦，花白胡须，头上戴一顶破毡帽，穿着麻布直裰，冻得乞乞缩缩"。

点评：这里通过衣着形貌的简单勾画，对比出两个人的截然不同的命运，揭示了科举制度造成人与人之间的巨大差别。

同学们，在这些对比中，科举制度的腐朽、封建礼教的吃人本质受到了无情的嘲讽和批判。因为作者所憎恶的是八股科举制度，而非现实中的某个人，是要通过讽刺给人留下严肃的思考，而非制造廉价的喜剧效果，所以他对不同地位的人物采取不同的讽刺态度。如对王惠、汤奉、严监生、王德、王仁等，是无情的鞭挞；对马纯上、王玉辉等人则是既有讽刺批判又有怜悯同情；对周进、范进，在他们未中举时，是讽刺中有同情，且以同情为主，但对他们中举以后的所作所为，则变为辛辣的嘲讽。

回顾这节课的学习，我们从《儒林外史》的时代背景入手，了解了吴敬梓为什么选择讽刺这一艺术手段。而围绕这一艺术手段，我们在书中主要聚焦了三大方面，一是细节描写，一是夸张手法，还有一个是对比手法。每个学习任务的最后，都给大家留了作业，希望同学们在课下的时间里，去精读相关章节，结合今天的学习，丰富你的阅读体验。

【配套练习】

1. 近代学者刘咸炘论及《儒林外史》人物时："天下莫贵于孝子，莫贱于偷。匡以孝子趋下流，牛以小偷攀上品，全书诸恶，二人为总想焉。"请写出前文中提及的人物的全名，并各选取一个相关情节，说明二人的性格特征。

（1）匡的全名是_____，牛的全名是_____。

（2）性格特征。匡：_____， 牛：_____。

2.《儒林外史》中讽刺人情冷暖、世态炎凉的世俗习气，作者是借助_____和_____两个人物前倨后恭的市侩形象来表现的。

3.《儒林外史》中作者时常运用对比手法，客观描写人物与人物之间前后不同的形象。请说说匡超人对于马二先生前后态度的变化。以此判断，你觉得匡超人的未来会怎样？

4.《儒林外史》中的匡超人，《骆驼祥子》中的祥子，《故乡》中的闰土，他们的性格前后都发生了变化。结合自己的阅读体验，探究作者塑造这一类人物形象的意义。

5.《儒林外史》中有许多不是"儒林中人"。以鲍文卿为例，结合小说内容和阅读感受，说说作者塑造此人物的用意。

续写故事

——《儒林外史》推进课3

【教学目标】

1.发挥联想与想象，根据文中人物的言行举止，续写故事。

2.善于通过富有意味的细节来塑造人物，揭示主题。

【教学重点】

模仿小说的笔法，尝试在续写故事中体会讽刺的妙处。

【教学难点】

根据文中人物的言行举止，续写故事。

【课时安排】

1课时

【教学过程】

一、谈话导入

《儒林外史》中没有贯穿全书的核心人物。书中的人物常常在登场数回之后，旋即退场，从此不再出现。他们退场后的生活将会如何？又会有哪些故事？让我们发挥联想与想象，续写他们的故事吧。

二、续写故事的要求

故事，是文学体裁的一种，侧重于事件发展过程的描述，强调情节的生动性和连贯性。续写故事，就是要在原有故事的基础上，发挥合理的想象。

续写故事的要求主要有以下几点。

1.续写故事抓住"续"，在原文的基础上进行想象和推测，接着原来的故事情节延伸下去，直至完成一个完整的故事。

2.人物刻画和情节设计要符合人物性格特征，不能脱离原著。

3. 文中善于通过富有意味的细节来塑造人物，揭示主题，尝试在自己的写作中运用这种笔法。

三、尝试创作

1. 提示：先选择人物，然后在了解人物主要故事的基础上，根据人物的性格特点和当时的社会环境合理想象。

2.〔示例〕续写《范进中举》

话说那范进中举之后，和张乡绅结交，成了方面大耳的"老爷"，后来又当上了知县。范进成天带着家丁招摇过市，强征保护费。有一次，一个穿着褴褛的读书人说没钱交保护费，范进刚走过去，那个读书人就抓住范进的袖子说："范进，我是你乡试那年的同案啊，还记得我吗？"范进一把甩开他，一脸鄙夷地说："这是哪的贱民，我可不认得，给我打。"几个家丁上前摁住那人，那人挣扎着说："当年要不是我借钱给你去乡试，你能有今天吗？你个忘恩负义的东西！"一个家丁见范进恼怒的脸色，上前就恶狠狠地扇了那读书人一个巴掌："你敢诋毁我们家老爷，给我狠狠地打。"家丁们见状，对那人就是一阵拳打脚踢，见那人奄奄一息才住了手。范进看着刚才说话的家丁说："干得不错，赏！"说罢，带着人大摇大摆地回去了。

3. 创设情境，续写故事

①王冕是历史上真实存在的人物，作者据此进行了改编。王冕在小说中具有重要的作用，在整个小说的人物塑造上，他奠定了作者理想人物的基本特点，正如回目所说"说楔子敷陈大义，借名流隐括全文"。

从名著中我们了解了王冕是一个怎样的人。那么请你想一想，这么一个优秀的人才，如果他走上仕途，又会是怎样的一番景象呢？

②周进原本是个教书先生，应考至60岁，仍是童生，只好以教书糊口。小说让其遭受新进的秀才与举人两度奚落，使其强烈感受科举功名成否的天壤之别。后来，他村塾先生的饭碗也因"不懂承谢"而被夺取，只好为做生意的舅子记账，去了省城。接着通过动作描写，周进在梦寐以求的贡院考房，"见两块号板摆的整整齐齐，不觉眼里酸酸的，长叹一声，一头撞在号板上，直僵僵不省人事"。把老童生内心酸苦绝望与希望倾泻无遗。后来，事情却发生了喜剧性的突变，竟然中了举人进士！成了人上之人！当年当塾师的薛家集也供起了他的"长生禄位"！

作者设置了让周进看见贡院的号板而撞倒的情节和细节，是对热衷功名者的讽刺。以此推断，周进的最后结局又会怎样？

根据以上例子，请你再结合原著内容，梳理可以创作的对象，并给创作的对象尝试绘制漫画。

〔示例〕

示例：牛布衣

示例：严监生

注意点：在续写故事的时候一定要注意过渡和前后照应。能紧扣前一句，自然地接上去。

四、课堂小结

文中还有很多小人物，都是我们可以去发挥想象的着力点。但是不管如何续写故事，人物形象应该要和书中的描写一致，这样才能体现名著阅读的效果。

五、课后作业

根据前段时间的阅读体验，请整理《儒林外史》的艺术特点，并用手抄报的形式呈现。

【配套练习】

范进不看便罢，看了一遍，又念一遍，自己把两手拍了一下，笑了一声，道："噫！好了！我中了！"说着，往后一跤跌倒，牙关咬紧，不省人事。老太太慌了，慌将几口开水灌了过来。他爬将起来，又拍着手大笑道："噫！好！我中了！"笑着，不由分说，就往门外飞跑，把报录人和邻居都吓了一跳。走出大门不多路，一脚踹在塘里，挣起来，头发都跌散了，两手黄泥，淋淋漓漓一身的水。众人拉他不住，拍着笑着，一直走到集上去了。众人大眼望小眼，一齐道："原来新贵人欢喜疯了。"老太太哭道："怎生这样苦命的事！中了一个甚么举人，就得了这个拙病！这一疯了，几时才得好？"娘子胡氏道："早上好好出去，怎的就得了这样的病！却是如何是好？"众邻居劝道："老太太不要心慌，我们而今且派两个人跟定了范老爷。这里众人家里拿些鸡蛋酒米，且管待了报子上的老爹们，再为商酌。"

1.《范进中举》节选自我国清代一部长篇小说《_____》，作者是_____。

2. 用一句话概括选段文字的主要事件。

3. 本段可分为四层，请先分层，再将层意概述出来，每层层意不超过4个字。

4. 范进发疯的直接原因是：_____，造成他如此境况的根本原因是：_____。众邻居对范进的态度是：_____。本段文字创设了一个滑稽可笑的场景，表明作者对范进的态度是：_____。

5.选文运用的另一种技法是侧面描写，在文段中用横线画出侧面描写的句子，并选一处谈谈它的作用。

我的"儒林"我做主
——《儒林外史》成果分享课

【教学目标】

1.写下自己阅读《儒林外史》的体会和疑惑。

2.以手抄报的形式，展示阅读的成果。

3.学会以表演的方式把握人物形象。

【教学重点】

以手抄报的形式展示阅读成果，以表演的方式把握人物形象。

【教学难点】

收集分组展示的成果。

【课时安排】

1课时

【教学过程】

一、活动准备阶段

1.根据分享内容，合理分组。

2.制定成果分享评价标准，见下表。

展示小组 \ 维度 \ 评价	展示内容		展示形式		展示过程		质疑解疑	总评
	成果丰富	解读清晰	资料呈现	分享形式	口语表达	合作默契		

二、成果分享阶段

（一）阅读体会大家谈

1.阅读障碍收集

按要求完成以上阅读任务后，请说说你的阅读困惑在哪里。小组收集整理。

整理：

识记类——人物众多，人名记不住；事件烦琐，概括有一定困难。

语言品析类——白话文言相杂糅，理解困难等。

对精神世界的理解——书中有太多高雅的描述，造成阅读困难。

2. 阅读经验分享

针对以上困难，如何突破。

（板书：多读、回读、利用思维导图理清人物关系）

对你今后的阅读，有什么启示？

（二）手抄报分享成果

1. 展示内容

①名著定位

展示PPT：《儒林外史》是清代著名小说家吴敬梓写的一部长篇小说。它以知识分子为主要描写对象，也是一部典型的讽刺小说，它描写了一些深受八股科举制度毒害的儒生形象，反映了当时世俗风气的败坏。

②讽刺小说特点

展示PPT：用嘲讽的表现手法揭露生活中消极落后和腐朽反动的事物。运用各种讽刺的艺术手段，达到暴露、鞭挞、抨击的目的。我们学过的讽刺小说还有……

③作品特质

我们要先把握作品的文本特质，当我们了解到这是一部讽刺小说时，其实就已经提示我们要关注小说批判性的特点了。（板书：关注批判精神）

小结：我们在手抄报里不仅要呈现这本小说的特点，还要归纳设计多个板块，例如：内容简介、作者介绍、创作背景、主题思想。

2. 展示方法

可以通过阅读前人的评点和关于《儒林外史》的研究著作来学习，这是阅读经典作品的方法，通过文本的照应，可以帮助我们深化理解。（板书：阅读前人的评点，文本互读）

除了这些之外，还要有自己的思考和理解。

今天我们的学习和交流，不仅仅是为了知道《儒林外史》是一部讽刺小说，更要学会自己欣赏小说中的讽刺艺术，从而掌握这一类小说的阅读方法，最终成为一名独立而成熟的阅读者。（板书：欣赏讽刺艺术）

总结绘制手抄报等宣传海报，对此你有什么经验或建议？

（三）名著批注分享

1. 小组交流

根据前期的批注式阅读，接下来请同学们在小组里进行交流。将学习成果进行汇报，并且将成果关键词写在下发的彩色卡纸上。

2. 小组集体汇报

几个小组分别选择一个内容，就阅读体会和其他小组交流，另外几个小组负责点评质疑和补充。

批注经验总结		
1. 赏析语言特色	2. 评点人物	3. 生发联想
4. 剖析写法	5. 批判文本	6. 质疑问难

（四）课本剧编写展示

第一步：剧本构思。

构思方向	具体内容
定场景	根据情节变化，设计成几幕场景，场景之间连贯有衔接，时间、地点等因素要统一。
定人物	确定舞台上要出现的人物，安排对话顺序。
定性格	考虑原著中人物的性格，总结舞台人物最明显的性格特点。
定台词	台词要能最大程度地展示人物的性格和心理，推动情节的发展，同时台词要口语化。
定动作、表情等	讨论确定人物在舞台上的动作，表演要夸张，突出名著中人物独有的细节。

第二步：组内分工，写出初稿。

第三步：组内修改。

第四步：挑选演员，组织排演。

三、成果小结阶段

今天这节课我们一起分享了阅读《儒林外史》的感受，知道了阅读经典作品，可以借助前人的评点和研究帮助我们理解作品，但更重要的是自己要学会读这类文本的方法，要学会欣赏小说中的讽刺艺术，感受经典作品的魅力。希望同学们能够学以致用，读更多更优秀的作品来丰盈自己的内心世界，成为一个独立而成熟的阅读者！

四、作业布置

结合前期阅读的三部讽刺小说——《儒林外史》《围城》《格列佛游记》，用思维导图的形式，梳理异同。

【配套练习】

1. 根据课堂交流的内容，寻找其他角度，给人物形象归类。

人物形象	人物	涉及回目
长者形象		
女性形象		
兄弟形象		

2. 阅读能力的核心是阅读方法，针对不同体式的名著，采用不同的阅读方

法。根据你的阅读体验，你觉得阅读《儒林外史》可以采用哪些阅读方法？

3. 每部小说都有独特的叙述视角，例如《我是猫》从异类的角度切入，请简述《儒林外史》的叙述视角。

4.《朝花夕拾》和《儒林外史》在写法上都用了讽刺的手法，请结合作品的背景，说说两文的讽刺对象分别是什么。

☾ 中考链接

真题①

原题呈现（2019年山东临沂卷）

《儒林外史》书写儒林故事。全书没有贯穿全篇的中心人物和主要情节，众多故事由第一回"说楔子敷陈大义，借名流隐括全文"开宗明义，用"大义"提领全书的意旨，借名流的话隐喻人物的命运和结局，以下回目各色人等无不围绕这一"大义"相继登场。请问这被评为"一篇之骨"的"大义"是_____（限4个字以内），这能隐括全文的名流是_____。

思维层次：高阶思维，推理和判断。

阅读能力：认读、理解能力。

命题特点及解题策略：此题既考查名著的内容，又考查名著的特点。

"一篇之骨"的"大义"指的是功名富贵。"说楔子敷陈大义，借名流隐括全文"意思就是通过楔子铺叙创作大意，用名流王冕的示例来隐喻全书的中心思想。所以名流指的就是王冕。

参考答案：

功名富贵　王冕

真题②

原题呈现（2019年浙江绍兴卷）

《儒林外史》人物众多，形象繁杂，同学们在共读此书时，从不同角度对人物进行了梳理。阅读下表，完成表中题目。

作品	类别	人物	类别	人物	思考
《儒林外史》	主要形象	杜少卿 虞育德 严监生	次要形象	娄焕文 郭铁山 胡屠户	在阅读人物众多的小说作品时，对人物进行分类整理有何作用？ 我的理解： ④ 。
	① 形象	杜少卿 沈琼枝 虞育德	② 形象	牛浦郎 潘三 严监生	
	热衷科考的形象	范进 周进 匡超人	不屑科考的形象	杜少卿 庄绍光 ③	

思维层次：高阶思维，分析和概括。

阅读能力：认读能力、理解能力、评价能力。

命题特点及解题策略：此题从人物形象的角度入手，考查学生对人物形象的认知程度。从类别上分析，"杜少卿、沈琼枝、虞育德"都是正面形象；而"牛浦郎、潘三、严监生"都是反面形象。不屑科考的形象除杜少卿、庄绍光外，还有王冕。

另外，思考题可从这样分门别类整理的好处的角度作答。这样分类整理有助于更清晰地了解小说内容，把握人物形象，了解社会现实，领会作者的写作意图等。

参考答案：

①正面（或其他表示肯定褒扬的词） ②反面（或其他表示否定贬抑的词） ③王冕（或填"迟衡山"等其他符合要求的人物亦可） ④这样分类整理，有助于更清晰地了解小说内容，把握人物形象，从而领会作者的写作意图。

真题 ❸

原题呈现（2019 年湖北襄阳卷）

次日起马，范进独自送在三十里之外，轿前打恭。周学道又叫到跟前，说道："'龙头属老成。'本道看你的文字，火候到了，即在此科，一定发达。我复命之后，在京专候。"

（1）此文段选自《儒林外史》第三回"周学道校士拔真才 胡屠户行凶闹捷报"，本回目主要写了两人科举高中，一人是范进，另一人是＿＿＿＿＿＿。

（2）吴敬梓在创作本书时通过刻画奔走于科举道路上的众多＿＿＿＿＿＿形象，对封建科举制度和整个封建社会的"儒林"做出了深刻批判。书中还通过描写少数淡泊名利的贤者奇人，寄托了作者自己对＿＿＿＿＿＿的追求。阅读此类作品要注意体会批判精神，欣赏＿＿＿＿＿＿笔法。

思维层次：从低阶到高阶。

阅读能力：认读能力、理解能力、鉴赏能力。

命题特点及解题策略：此题的设计，既考查对名著基本知识的掌握程度，又考查对名著艺术特色的把握程度，真实地考查学生阅读名著的能力。

从标题"周学道校士拔真才 胡屠户行凶闹捷报"分析，这一回目写了两人科举高中，一人是周进，另一人是范进。所以，标题是阅读名著时需要重点关注的。

名著的创作特色，是阅读时必须要综合分析的。吴敬梓在创作本书时通过刻画奔走于科举道路上的众多"儒生"形象，寄托自己对"人生理想"的追求，他还描写了少数淡泊名利的贤者奇人，如王冕、杜少卿等人。

参考答案：

（1）周进 　　（2）儒生　人生理想　讽刺幽默的

真题 ❹

原题呈现（2020 年浙江湖州卷）

结合《儒林外史》整本书来看，下面哪项最可能是吴敬梓写这段文字的用意（　　）

王冕放牛倦了，在绿草地上坐着。须臾，浓云密布，一阵大雨过了。那黑云边上镶着白云，渐渐散去，透出一派日光来，照耀得满湖通红。湖边山上，青一块，绿一块，紫一块，树枝上都像水洗过一番似的，尤其绿得可爱。湖里有十来枝荷花，苞子上清水滴滴，荷叶上水珠滚来滚去，王冕看了一回，心里想道："古人说，'人在图画中'其实不错。可我这里没有个画工，把这荷花画他几枝，也觉有趣！"又心里想道："天下哪有个学不会的事，我何不自画他几枝？"

（选自《儒林外史》第一回"说楔子敷陈大义　借名流隐括全文"）

A.王冕觉得画荷有趣，认为他一定可以学会，后来果然全县闻名。作者这是在告诉读者，兴趣和决心是事业有成的重要因素。

B."浓云""黑云"散去，日光"照耀得满湖通红"，这是时代背景的折射。作者把这段文字放在第一回，意在暗示士人的春天已经到来。

C.作者写王冕赏荷的际遇，是想把王冕塑造成画家的形象。只有这样，才能引出下文时知县索画等情节，从而在对比中表现时知县等人的心机。

D.荷即莲，出淤泥而不染，作者细写荷的情状和王冕对荷的喜爱，且把它放在第一回，是想通过王冕来"敷陈大义"，"隐括全文"，树立不慕荣利的士人楷模。

思维层次：高阶思维。

阅读能力：分析、判断、评价、综合、理解能力。

命题特点及解题策略：此题虽然只是一道选择题，但是考查的内容却很丰富。既有人物形象，又有故事情节，还有名著主旨，可以真实地再现学生名著阅读的水平。

做选择题，每个选项都要认真阅读。选项 A 与名著主旨不符；选项 B 与名著主旨刚好相反；选项 C 的表述与名著的内容不符；只有选项 D，真实地再现了故事情节，以及该故事情节的意义，以此推断出该名著的主旨。

参考答案：

D

真题 ❺

原题呈现（2020 年浙江温州卷）

读完《儒林外史》后，小瓯在钉钉群留言，请你回复。

◎留言一:《儒林外史》写完儒林士人的故事后，却以四位市井奇人结尾，这样安排的用意是什么？

（1）根据你的阅读体验，参考阅读笔记，帮他解惑。

《儒林外史》阅读笔记		
	回目	人物
第1回	说楔子敷陈大义 借名流隐括全文	王冕
第2—54回	王孝廉村学识同科 周蒙师暮年登上第 ……	儒林士人	周进、严监生、 匡超人、杜慎卿……
第55—56回	添四客述往思来 弹一曲高山流水 ……	市井奇人	季遐年、王太、 盖宽、荆元

◎留言二：我还想读一本塑造病态读书人群像的讽刺小说，小伙伴们有推荐吗？

（2）下列作品中，你认为最适合推荐的是（　　　）

A.《世说新语》　　B.《镜花缘》　　C.《围城》　　D.《格列佛游记》

思维层次：高阶思维，分析、综合、比较。

阅读能力：理解能力、鉴赏能力、评价能力。

命题特点及解题策略：题（1）考查的是阅读《儒林外史》后的真实体验，题（2）考查同类作品的比较。此两题的设计，综合考查学生阅读名著的成果。第一小题从提供的阅读笔记中可以看出，目录里隐含了本题的答案。要善于从给出的题干中提取信息。第二小题是延伸阅读，也是本次主题阅读的深入。只要按照教材上的要求去阅读，答题不成问题。

参考答案：

（1）小说主体部分通过展现功名利禄对周进、匡超人等读书人灵魂的毒害，批判了荒谬的科举制度。在他们之后，作者以四位各怀才艺、淡泊名利的市井奇人作为最后出场的人物，与儒林形成鲜明对比，寄托了作者对理想社会的追求。这组人物与楔子中品行高洁的王冕呼应，更加突显了作者的这一追求。

（2）C

真题❻

原题呈现（2019年浙江衢州卷）

从下列作品中选择一个人物，分析其意义。

A.方鸿渐（《围城》）　　　　　　B.林之洋　（《镜花缘》）

C.周进　（《儒林外史》）　　　　D.别里科夫（《契诃夫短篇小说选》）

参考答案：

选C项周进。他60多岁依然是个童生，受尽嘲弄和冷遇，仍执着科举，是一个压抑、苦苦挣扎的老书生形象。周进在贡院里又哭又笑，丑态百出。作者借这个人物讽刺汲汲于富贵者，批判了科举制度。

真题 ❼

原题呈现（2019 年湖南长沙卷）

下列关于名著的说法正确的一项是（　　　）

A.艾青作品里常出现的"光明"是中国必胜信念的象征，埃德加·斯诺的传记小说《红星照耀中国》向全世界宣告：毛泽东就是那颗给全中国带来光明的闪亮红星。

B. 吴承恩根据玄奘出游的传说虚构了西天取经的故事；儒勒·凡尔纳把潜水艇想象成"诺第留斯号"船，虚构了它在大海航行中遭遇种种惊险的故事。

C.《简·爱》中的简·爱和《骆驼祥子》中的虎妞都经历了生活中的磨难，但是她们依然人格独立，心灵强大，具有强烈的反抗精神，敢于追求自由与平等。

D.《儒林外史》的讽刺手法很有特点：它将讽刺的锋芒隐藏在耐人寻味的细节中，通过夸张的描写，鞭挞丑恶，揭露虚伪。

参考答案：

D

真题 ❽

原题呈现（2019 年浙江金华卷）

《儒林外史》以"功名富贵"为镜，照出儒林各种人物的灵魂。阅读书评，完成后面的题目。

其书以功名富贵为一篇之骨：有心艳功名富贵而媚人下人者；有倚仗功名富贵而骄人傲人者；有假托无意功名富贵，自以为高，被人看破耻笑者；终乃以辞却功名富贵，品地最上一层，为中流砥柱。

（选自《儒林外史》卧闲草堂本闲斋老人序）

从下列选项中任选一项，指出他属于书评所列的哪种人，并结合小说情节加以阐述。

A. 王冕　　　　　B.牛浦郎

参考答案：

［示例 1］我选 A。王冕是辞却功名富贵而成中流砥柱者。他蔑视权贵，以卖画为生，为了不与危素等权贵结交，多次推辞见面，甚至远走他乡；他有远见，向朱元璋献策，让其以仁义服人，平定天下；他不慕名利，朱元璋征召他做官，他为躲避入仕归隐会稽山。可见他是一个恪守道德、张扬个性的贤者。

［示例 2］我选 B。牛浦郎是心艳功名富贵而媚人下人者。他偷了牛布衣的诗稿，盗用了牛布衣的名号，一心想通过结交权贵改变自己的命运。为结交董瑛，责怪卜家弟兄；为巴结牛玉圃，甘愿做牛玉圃的孙子，媚态毕现。可见牛浦郎是一个追名逐利、自甘下流的小人。

真题 ❾

原题呈现（2019 年江苏南京卷）

小明和你一起阅读《儒林外史》，发现其中有不少涉及南京的内容，你俩进行了专题探究。

清凉山

这姚园在清凉山上，是个极大的园子，进去一座篱门。篱门内是鹅卵石砌成的路，一路朱红栏杆，两边绿柳掩映。过去三间厅，便是他卖酒的所在，那日把酒桌子都搬了。过厅便是一路山径，上到山顶，便是一个八角亭子。席摆在亭子上。娘子和姚奶奶一班人上了亭子，观看景致。一边是清凉山，高高下下的竹树；一边是灵隐观，绿树丛中，露出红墙来，十分好看。坐了一会，杜少卿也坐轿子来了。轿里带了一只赤金杯子，摆在桌上，斟起酒来，拿在手内，趁着这春光融融、和气习习，凭在栏杆上，留连痛饮。这日杜少卿大醉了，竟携着娘子的手，出了园门，一手拿着金杯，大笑着，在清凉山冈子上走了一里多路。背后几个妇女嘻嘻笑笑跟着，两边看的人目眩神摇，不敢仰视。杜少卿夫妇两个上了轿子去了。姚奶奶和这几个妇女，采了许多桃花插在轿子上，也跟上去了。

……

娘子笑道："朝廷叫你去做官，你为什么装病不去？"杜少卿道："你好呆！放着南京这样好玩的所在，留着我在家，春天秋天，同你出去看花吃酒，好不快活！"

雨花台

萧金铉、杜少卿等又走到山顶上，望着城内万家烟火，那长江如一条白练，琉璃塔金碧辉煌，照人眼目……坐了半日，日色已经西斜，只见两个挑粪桶的，挑了两担空桶，歇在山上。这一个拍那一个肩头道："兄弟，今日的货已经卖完了，我和你到永宁泉吃一壶水，回来再到雨花台看看落照。"杜慎卿笑道："真乃菜佣、酒保都有六朝烟水气，一点也不差！"

玄武湖

玄武湖是极宽的地方。左边台城，望见鸡鸣寺。那湖中菱、藕、莲、芡，每年出几千石。湖内七十二只打鱼船，南京满城每早卖的都是这湖鱼。湖中间五座大洲，中间洲上一所大花园。园里合抱的老树、梅花、桃、李、芭、桂、菊，四时不断的花，又有一园的竹子，有数万竿。园内轩窗四启，看着湖光山色，真如仙境。

秦淮河

每年四月半后，秦淮景致将渐好了。那外江的船，都下掉了楼子，换上凉篷，排了进来。船舱中间，放一张小方全漆桌子，桌上摆着宜兴沙壶，极细的成窑、宣窑的杯子，烹的上好的雨水毛尖茶。那游船的备了酒和肴馔及果碟到这河里来游，就是赶路的人，也买了几个钱的毛尖茶，在船上煨了吃，慢慢而行。到天色晚了，每船两盏明角灯，一来一往，映着河里，上下明亮。自文德桥至利涉桥、东水关，夜夜笙歌不绝。又有那些游人买了水老鼠花（一种水上燃放的花炮）在河内放。那水花直站在河里，放出来就和一树梨花一般，每夜直到四更时才歇。

（选文有删改）

（1）南京是个"好玩的所在"。读了以上片段，你和小明也想去玩玩。你最想去哪一处？为什么？

我最想到_____玩，因为_____。

（2）小明对"六朝烟水气"不大理解，请你根据以上片段为他做概括解说。

（3）小明在阅读中有疑惑："看花吃酒"本是雅事，作者却反复写杜少卿手拿一只金杯，这不是把他写俗了吗？请你为小明解答。

参考答案：

（1）[示例]清凉山　很想去看看今天的清凉山和书中的有什么不同，还有没有杜少卿醉游时绿柳掩映、竹树环合等美景。（言之成理即可）

（2）[示例]"六朝烟水气"是一种形象的说法，赞美了南京人不俗的气质和品味，体现了南京人久经历史风雨后所具有的淡泊物质利益、追求心灵满足的个性特征。

（3）[示例]这里的"金杯"是表现杜少卿名士风流的一个重要物品。反复写杜少卿当众拿着金杯，正是为了显现他不吝金钱的个性，这不仅没有把他写俗，反而更突出了他卓然不群的风度。

真题❿

原题呈现（2020年浙江杭州卷）

根据阅读积累，选择与下列名著相对应的鲁迅先生的评论。

（1）《世说新语》_____　　　　（2）《西游记》_____

（3）《镜花缘》_____　　　　（4）《儒林外史》_____

A.乃秉持公心，指摘时弊，机锋所向，尤在士林；其文又戚而能谐，婉而多讽。

B.罗列古典才艺，亦殊繁多，所叙唐氏父女之游行，才女百人之聚宴，几占全书什七。

C.事起后汉，止于东晋，记言则玄远冷隽，记行则高简瑰奇，下至缪惑，亦资一笑。

D.虽述变幻恍惚之事，亦每杂解颐之言，使神魔皆有人情，精魅亦通世故。

参考答案：

（1）C（2）D（3）B（4）A

真题⓫

原题呈现（2019年四川广元卷）

依据下面提供的信息，回答后面的问题。

话说严监生临死之时，伸着两个指头，总不肯断气，几个侄儿和些家人，都来江[1]乱着问；有说为两个人的，有说为两件事的，有说为两处田地的，纷纷不一，只管摇头不是。赵氏分开众人，走上前道："爷，只有我能知道你的心事。你是为那盏灯里点的是两茎灯草，不放心，恐费了油。我如今挑掉一茎就是了。"说罢，忙走去挑掉一茎；众人看严监生时，点一点头，把手垂下，登时就没了气。合家大小口号哭起来，准备入殓，

217

将灵柩停在第三层中堂内。

〔注〕①讧（hòng）：争吵，混乱。

（1）选文出自名著《＿＿＿＿＿》，作者是＿＿＿＿＿。

（2）结合这一情节，简要分析严监生的形象。

参考答案：

（1）《儒林外史》 吴敬梓 （2）生动形象地刻画了严监生爱财如命的守财奴形象。

真题⓬

原题呈现（2019年甘肃兰州卷）

阅读《儒林外史》选段，完成下列各题。

话说周进在省城要去看贡院，金有余见他真切，只得用几个小钱同他去看。不想才到天字号，就撞死在地下。众人多慌了，只道一时中了愚。行主人道："想是这贡院里久没有人到，阴气重了，故此周客人中了愚。"金有余道："贤东，我扶着他，你且去到做工的那里错口开水灌他一灌。"行主人应诺，取了水来，三四个客人一齐扶着，灌了下去。喉咙里咯咯的响了一声，吐出一口稠涎来。众人道："好了。"扶着立了起来。周进看着号板，又是一头撞将去，这回不死了，放声大哭起来。众人劝着不住。……众人七手八脚将他扛抬了出来，在贡院前一个茶棚子里坐下，劝他吃了一碗茶，犹自索鼻涕，弹眼泪，伤心不止。

（1）补填下面横线处空缺的内容。

《儒林外史》这部讽刺小说，是清代小说家＿＿＿＿＿的著作，它通过描绘士林的"群丑图"，展示＿＿＿＿＿对读书人灵魂的毒害。

（2）众人认为周进"撞死在地下"是"中了恶"，你觉得他们说的合理吗？请结合相关篇章内容阐述理由。

参考答案：

（1）吴敬梓 封建科举制度 （2）不合理。周进好不容易进入贡院，回想起自己读书数十年的经历，却没能中个秀才，悲痛难耐，于是一头撞上去，而不是因为"中了恶"。

真题⓭

原题呈现（2020年浙江嘉兴卷）

学校开展"品读名著，滋养心灵"的阅读成果交流活动，请你参与并完成下列任务。

任务要求	阅读成果
会阅读方法 增阅读实效	周进看着号板又是一头撞将去。……只管伏着号板哭个不住。一号哭过，又哭到二号、三号，满地打滚，哭了又哭，哭的众人心里都凄惨起来。金有余见不是事，同行主人一左一右架着他的膀子。他那里肯起来，哭了一阵，又是一阵，直哭到口里吐出鲜血来。 （节选自《儒林外史》第三回） 阅读《儒林外史》，要学会赏析其讽刺艺术。请以上面选段为例，简要分析这部作品的讽刺笔法。

参考答案：

周进六十多岁，依然是个童生，当他恳求别人带他参观贡院时，大半生追求功名富贵却求之不得的辛酸悲苦，以及忍受侮辱欺凌的委屈一下子倾泻出来，一头撞在号板上，直僵僵不省人事。他苏醒后满地打滚，放声大哭，直到哭出血来。作者以冷峻的笔触白描其凄惨疯癫之状，深入细致地表现了封建科举制度对读书人的毒害之深，把周进一心求取功名的丑态客观地呈现在读者面前，起到了极强的讽刺效果。

真题 ⑭

原题呈现（2019年山东潍坊卷）

下列关于文学名著的表述，不正确的一项是（　　　　）

A.埃德加·斯诺在《红星照耀中国》中，客观地记录了中国共产党人的真实生活，首次向全世界报道了中国工农红军长征这一举世无双的"军事壮举"。

B.吴敬梓的《儒林外史》由众多故事连缀而成，小说通过刻画奔走于科举道路上的众多士人形象，对封建科举制度和整个封建社会的"儒林"做了深刻的批判。

C.《红岩》中，叛徒甫志高假冒共产党员潜入刘公馆，前来了解刘思扬在狱中的表现，并要他详细汇报狱中地下党的情况。刘思扬识破了他的伪装，亲手将他击毙。

D.《创业史》中，梁生宝在解放前夕辛苦的收获，全被地主高利贷压榨净了；解放后，他成了互助组和贫雇农的骨干，带领大家一起创业，终于取得了成功。

参考答案：

C

《围城》

推荐版本

作者：钱锺书 著

出版社：人民文学出版社

出版时间：1980 年 10 月

作品梗概

《围城》是钱锺书所著的一部长篇小说，故事发生于 20 世纪 20—40 年代，主角方鸿渐是个从中国南方乡绅家庭走出的青年人，迫于家庭压力与同乡周家女子定亲。但在其上大学期间，周氏患病早亡。准岳父周先生被方所写的唁电感动，资助他求学。

方鸿渐在欧洲游学期间，不理学业，四年中，方鸿渐换过三所学校，更改过多门专业。这些年来，他一事无成，就连一个学位都没有拿到。为了给家人一个交代，方鸿渐在毕业前购买了伪造的"克莱登大学"的博士学位证书，并随海外学成的学生回国。在船上他与留学生鲍小姐相识并热恋，但被鲍小姐欺骗感情。同船的大学同学苏文纨对归国的方鸿渐产生好感。

方鸿渐来到上海，在周氏父亲的点金银行里谋到了一个职位。一次，方鸿渐拜访了和他一同留学回国的女博士苏文纨。在她家里，他结识了苏的表妹唐晓芙。此时，方获得了同学苏文纨的青睐，又与苏的表妹唐晓芙一见钟情，他整日周旋于苏、唐二人之间，其间结识了追求苏文纨的赵辛楣。方鸿渐不喜欢苏文纨，可又在苏文纨的要求下吻了苏。方鸿渐内心有愧，写信拒绝苏文纨。恼羞成怒的苏文纨将方鸿渐的过往情史告知了唐晓芙。方最终与苏、唐二人感情终结。此时，赵辛楣也明白方并非其情敌。

抗战开始，方家逃难至上海的租界。在赵辛楣的引荐下，方鸿渐与赵辛楣、孙柔嘉、顾尔谦、李梅亭几人同赴内地三闾大学任教。经过长途跋涉，他们终于到达了三闾大学。但他们到学校后发现，李梅亭中文系主任的位置被有着政治背景的汪处厚抢走。方鸿渐的教授头衔也被剥夺了，他只当上了一个副教授。由于方鸿渐性格等方面的弱点，他陷入了复杂的人际纠纷当中。在孙柔嘉"千方百计"的温柔攻击下，方鸿渐后与孙柔嘉订婚，两人共同离开三闾大学，并在香港结婚。回到上海后，方鸿渐在一家报社工作。

婚后，方鸿渐夫妇与方家、孙柔嘉姑母家的矛盾暴露并激化，再加上他们生活中的矛盾和两人性格的不和，以及仆人李妈的火上浇油，在方鸿渐辞职后，两人彻底吵翻，两人的婚姻走向了失败。

⊙ 思维导图

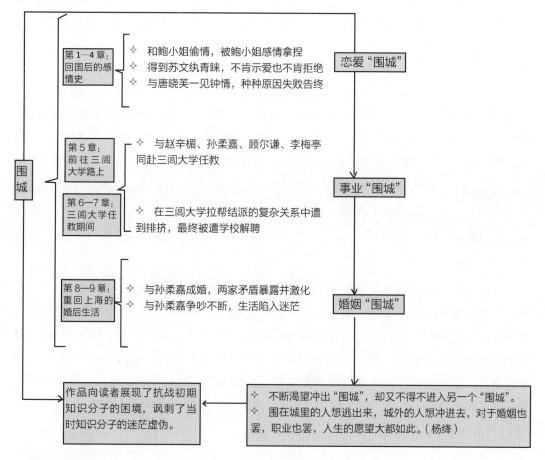

⊙ 作者介绍

钱锺书（1910—1998年），江苏无锡人，原名仰先，字哲良，后改名锺书，字默存，号槐聚，曾用笔名中书君，中国现代作家、文学研究家，与享誉海内外的汉学界泰斗饶宗颐并称为"南饶北钱"。钱锺书先生自少年起，才情已经毕露，第二次世界大战后《围城》与《谈艺录》两书问世，声名鹊起。钱锺书是一位幽默大师，健谈善辩，隽思妙语，常常令人捧腹。20 世纪 30 年代活跃在北平的知识分子，几乎都被钱锺书吐槽过，人称民国第一"毒舌"。

在《围城》这部作品里，读者能够真切地感受到钱老的"毒舌"。钱先生抱病写作，一边著《围城》，一边润色《谈艺录》，还不时为生计发愁。《围城》可谓是他在困顿之中"锱铢积累"而成的。

☙ 文学地位

《围城》是钱锺书先生一生中唯一的一部长篇小说，堪称中国近、当代小说中的经典之作，这是一部读来如嚼橄榄般回味无穷的奇书。《围城》是一部以看似超然的调侃语调述说人生无奈的笑面悲剧，可谓运用了独特的"《围城》笔法"。中国著名文学评论家夏志清先生在《中国现代小说史》中，曾这样说道，"《围城》比任何中国古典讽刺小说都优秀"，并将之称为"中国现代文学史中写得最有趣、最细腻的小说，或许是最伟大的小说"。

《围城》成书后，在《文艺复兴》杂志上连载。1947 年 5 月，上海晨光出版公司印行《围城》。1948 年 9 月，上海晨光出版公司再版了《围城》，到 1949 年 3 月又出第三版。1980 年 10 月，人民文学出版社印行新版《围城》，13 万册迅即售罄，后又多次印刷。《围城》也畅销于国外，现已有英译本、日译本、俄译本、法译本、德译本、韩译本等等。

☙ 文学地位

◎ 核心知识

（一）讽刺小说

讽刺小说是小说的一种，它的特征是充分调动各种讽刺艺术手段，用夸张、巧合、漫画式描写等手法揭露生活中消极落后和腐朽反动的事物。著名的讽刺小说有我国清代吴敬梓的《儒林外史》、俄国作家果戈理的《外套》等。在《围城》中，钱老借方鸿渐、赵辛楣等知识分子的形象，灵活运用各种讽刺手法（比喻、用典、议论等），特别是文中独特新颖的比喻及信手拈来的典故，无疑是最具代表性的讽刺手法。通过这些讽刺手法的运用，作者将旧中国知识分子虚伪、自私、迷茫的形象表现得淋漓尽致。

（二）虚构与写实

在文学创作中，为了达到"写实"的艺术效果，作者通常会虚构"事实"。作者依托现实进行虚构，通过虚构反映现实，"虚构"与"写实"相辅相成。就像《围城》中有抗战的真实历史，有"金华""上海"等真实地名，以及当时知识分子真实的内心世界，这是"写实"。但又通过虚构人物、虚构情节，或者说将真实事件"虚拟艺术化"，来反映旧中国知识分子真实的生存状态，从某种意义上说这也是"写实"。"方鸿渐取材于两个亲戚：一个志大才疏，常满腹牢骚；一个狂妄自大，爱自吹自唱。""苏小姐也是个复合体。

她的相貌是经过美化的一个同学的相貌。她的心眼和感情属于另一个；这个人可一点不美。""赵辛楣是由我们喜欢的一个五六岁的男孩子变大的，锺书为他加上了二十多岁年纪。"作者将多位人物的性格整合在一个人身上，或者将一个人物的性格分布到几个人物身上，将生活事件进行艺术化剪裁，这也是"虚构"与"写实"。

（三）人物群像

长篇小说中常常会出现众多既有区别又相互关联的人物形象，构成"人物群像"。人物群像能够反映丰富的社会生活，避免人物脸谱化；推动故事情节，避免线索简单化；突破创作风格，避免同题材作品或自身作品单一化；融入多重思考，避免观感雷同化。《围城》中塑造了以方鸿渐、赵辛楣、高松年、韩学愈、苏文纨、唐晓芙等一系列旧中国知识分子的人物群像。以高松年为例，他与主人公方鸿渐都是旧中国知识分子，但具体表现和侧重各有不同。高松年善于掩饰，为人虚伪，他处理赵辛楣与汪太太的"奸情"时，仿佛是很公正的，但"假"得一团和气，左右逢源。方鸿渐请伙计把孙柔嘉的伞放在茶炉前面细心地烘烤，自己冲热水袋给孙柔嘉暖胃等，这是对孙柔嘉的"真关心"，也是方鸿渐老好人的表现。两个人物虽有相同之处，但又相差甚远：高老奸巨猾，方优柔寡断，但这些特性都是旧中国知识分子的劣根性。《围城》借用这样一批知识分子，折射出旧中国一大批知识分子的群像。这些知识分子既有自己的个性，又都具有这个时代的共性。学生通过阅读这批病态的知识分子，能够看到人物共同的文化品格和文化心理，以及作者所讽刺的社会和人生。

◎ 核心能力

阅读《围城》，完成相应的阅读活动，能够培养以下阅读能力。

（一）鉴赏小说的讽刺艺术

阅读《围城》自然是绕不开它的讽刺艺术的，只有学会鉴赏其带有讽刺意味的语言，才能够深入了解作者通过作品想要传达的内涵。关注独特的比喻、典故的引用、心理独白及精彩的议论等，并以此为切入口理解小说中对虚伪的知识分子和困顿迷茫的人生等主题的讽刺。讽刺艺术在不同的讽刺小说中都是有的，只是各自有各自的巧妙之处。因此，在阅读《围城》时，必须牢牢抓住属于《围城》的独有的讽刺艺术。针对《围城》的讽喻，可以对喻体进行分类赏析，提高学生对讽刺语言的理解分析能力。阅读时，将比喻句从文本中摘抄出来，然后找出喻体，品析句子中本体和喻体的关系，从而在这些比喻句中分析作者高超的讽刺手法，最后使学生能入乎其中又出乎其外，得到深刻的阅读感受。

（二）品味"漫画式"的人物外貌

漫画，是指用变形、比喻、象征、暗示、影射的方法，构成幽默诙谐的画面或画面组，以取得讽刺或歌颂的效果。文学中也常使用漫画手法，以达到幽默、滑稽和讽刺的效果。在文学作品中，作家为了使笔下的人物给人留下深刻的印象，对于外貌描写，常常不惜重笔。在《围城》中，作者摆脱了对于外貌描写的陈词滥调，以独特的"漫画式"

描写方式精彩刻画了人物的外貌。

作品中的众多人物（除了唐晓芙），作者对他们的外貌都有讽刺性的描写。他带用挖苦和揶揄的"漫画式"笔法，让作品中的人物神形毕露。曹元朗"四喜丸子"的脸、侯营长的桔皮大鼻子、苏文纨像"方头钢笔划成"的身段……这样幽默、夸张的外貌描写不仅准确抓住了人物外貌的特点，也显示了人物的内在精神，使人物描写达到出神入化的境界。因此，将作品中有关外貌描写的句子进行摘录，然后按照描写方法、效果等进行分类、对比、分析。在细致的品读中，真切地感受钱锺书独到的文字功底，并能够在人物外貌中揣摩人物性格。

（三）解读小说的多元主题

阅读教学中允许、鼓励并启发学生对阅读文本作多元创新的解读，而不是只让学生机械、被动地接受唯一的结论。"围城"最初源自婚恋，现也推及人生万事。目前，阅读《围城》大多从以下几个角度对作品进行主题的探究：第一，欲望的沉沦、爱情的痛苦和婚姻的绝望；第二，旧中国病态知识分子形象；第三，人性的弱点和人生的荒凉。在阅读教学过程中，可以向学生提供相关的且符合初中学生认知水平的文学评论观点，也可以让学生大胆发表自己的阅读感受。值得注意的是，解读小说的多元主题，是不同于个性化主题解读的。因此，在阅读作品时要把握作品内容，联系作者经历，分析作品时代背景等，不可脱离文本，肆意解读。

◎ **核心策略**

（一）批注策略

批注式阅读是指学生在自主阅读时，对文章的内容、层次、思想感情、表现手法、语言特色、精彩片段、重点语句进行感知，在思考、分析、比较、归纳的基础上，用线条、符号或简洁的文字加以标注的读书方法。批注可以分为：赏析式批注、评价式批注、联想式批注、疑问式批注等。在阅读《围城》时，鼓励学生灵活运用多种批注方式进行阅读。比如，在阅读第一章到第四章时，学生可以针对三位女性（鲍小姐、苏文纨、唐晓芙）的外貌进行评价式批注、赏析式批注；在阅读到董斜川写的诗句时，不妨放慢阅读节奏，读一读、品一品他的诗句，采用疑问式批注提出自己的困惑。再如，《围城》最大的语言特点便是讽刺，因此在阅读时，学生应当针对这一特点进行批注。对精彩的讽刺语句进行赏析式批注，对不能理解的句子（特别是含有典故的句子）进行疑问式批注。

（二）比较阅读

《围城》被称作"新《儒林外史》"，将《围城》和《儒林外史》放到一起进行比较阅读，可以深入作品内部。首先，教师可以从知识分子群像的角度引导学生对讽刺对象进行比较；其次，可以针对两部作品中的讽刺技巧进行比较；最后，作者经历、创作背景等都可以作为比较维度。除了《儒林外史》外，钱锺书的妻子杨绛先生的《洗澡》、日本作家夏目漱石的《我是猫》也可以作为比较阅读的篇目。《围城》《洗澡》两部作品，除了讽刺的手法可以进行比较外，作品中的女性形象也可以拿来比较。而《围城》与《我是猫》本就是教材编辑在一起的作品，可以从讽刺的对象、手法、主题等多个方面进行比较。比较阅读，是为了开阔眼界，活跃思想，使认识更加充分、深刻，提高鉴赏能力。因此，在进行《围城》的比较阅读时，选择对比点是关键。

（三）跨界阅读

跨界阅读既可指突破学科边界的学科互涉阅读，亦可指突破纸质媒介的综合阅读。阅读《围城》时，可以引导学生使用跨界阅读策略，通过与电视剧《围城》的跨界阅读，感受文字与画面在塑造人物时所产生的不同魅力。电视剧《围城》力求忠于原著，是一部经典的影视作品，但在影视化过程中也有变动。例如，小说里，方鸿渐从法国留学回来，在乘船回上海时，苏文纨在甲板上看书，跟同船的孙太太有一句没一句地聊，而鲍小姐坐在躺椅上晒太阳。这时候，方鸿渐上到甲板，跟苏小姐聊了几句就向鲍小姐走去。而电视剧中则增加了一些情节，方鸿渐坐在苏小姐旁边聊了几句，而且说到洗手帕的事情，苏小姐提出帮方洗手帕。这些情节的改动是不同艺术形式塑造人物形象的不同需要，要将25万字的《围城》改编成仅10集的电视剧，必然会有情节的删选和重新编排。因此，导演黄蜀芹对《围城》的影视化，是其对《围城》的一种解读，这可以帮助读者阅读和理解钱锺书的《围城》。

◎ **精神文化**

《围城》里描写了旧中国知识分子在东西方文化夹击下的生活困境和精神病态，其实也揭示了人生追求和现实困顿之间的重大矛盾。人生万事皆"围城"。你想要的，你却得不到；你得到的，永远不是你想要的。人总是企图实现自己的理想，但我们人生追求的结果很可能是虚妄的。这就是人生在世的无奈与痛苦。

人生在世，有所追求的人往往对所追求的事物不甚了解，只惦记着它的好处，而对其可能存在的坏处缺乏思考，待到目标实现，才发现自己失去了很多宝贵的东西。在绝望与迷惘中，人们又希望彼此间能够互相宽慰。可是人与人之间的距离也是一座无形的"围城"。

通过阅读钱锺书先生的《围城》，我们可以深切地体会到"围城人"式的命运，以及作者对那个时代文明的批判。随着社会的进步与发展，在社会主义体制下，我们迎来了新的发展机遇，打破了社会围城式的宿命。

放眼当下，我们面临的是一个高速发展的商业社会，机遇和挑战并存，我们应当何去何从？作为学生，是努力学习还是自由放纵，是树立远大理想还是好逸恶劳，是保持独立人格还是随波逐流……这部作品带给我们的精神反思是非常丰富的。

☯ 自主初读

◎ 阅读规划

阅读进程	阅读章节	阅读时间	阅读该部分感受最深的一点	阅读该部分最大的疑惑	自我评价（优、中、一般）	教师评价（优、中、一般）
进程一						
进程二						
进程三						
进程四						
……						

☯ 任务伴读

◎ 进程一

任务推进

阅读规划	任务单	重点能力指向
范围：第1—4章。时间：3天阅读完毕。	1. 在阅读本部分内容时，可以重点关注方鸿渐和与之有情感纠葛的三位女性，并说说你对这三位女性的印象。 	人物	鲍小姐	苏文纨	唐晓芙
---	---	---	---
外貌			
情节			
印象			| 2. 都说文如其人，请你用赏析现代诗歌的方法，赏析作品中曹元朗《拚盘姘伴》的诗歌，并分析曹元朗的人物形象。 昨夜星辰今夜摇漾于飘至明夜之风中， 圆满肥白的孕妇肚子颤巍巍贴在天上， 这守寡的逃妇几时有了个新老公？ Jug！Jug！污泥里——E fango è il mondo！——夜莺唱歌 …… 雨后的夏夜，灌饱洗净，大地肥而新的， 最小的一棵草参加无声的呐喊："Wir sind！" 3. 摘抄你认为有讽刺调侃意味的语句，并归纳这些语句的共同点。 | 序号	页码	摘抄内容
			  我发现：序号_____，都_____。 我发现：序号_____，都_____。 我发现：序号_____，都_____。	1. 梳理小说人物，借助图表提高提取信息的效率。通过理清人物之间的关系、作品情节，以及作品中人物的诗作等方式解读人物形象。打通小说和诗歌阅读的界限，提升学生的阅读能力。 2. 通过摘抄、批注作品中的讽刺语句，感受作品语言的讽刺性，提高学生的语言敏感度。 3. 归纳讽刺语句的共性，可以为将来讽刺艺术的学习做铺垫。

阶段性检测

1.给下面几段外貌描写找到准确的主人。

（1）"带太阳眼镜，身上摊本小说的女人，衣服极斯文讲究。""皮肤在东方人里，要算得白，可惜这白色不顶新鲜，带些干滞。""去掉了黑眼镜，眉清目秀，只是嘴唇嫌薄，擦了口红还不甚丰厚。""身段瘦削，也许轮廓的线条太硬，像方头钢笔划成的。"

（2）"只穿绯霞色抹胸，海蓝色贴肉短裤，漏空白皮鞋里露出涂红的指甲。""纤腰一束，正合《天方夜谭》里阿拉伯诗人所歌颂的美人条件：'身围瘦，后部重，站立的时候沉得腰肢酸痛。'长睫毛下一双欲眠似醉、含笑、带梦的大眼睛，圆满的上嘴唇好像鼓着在跟爱人使性子。""再加上英国人看惯白皮肤，瞧见她暗而不黑的颜色、肥腻辛辣的引力，以为这是地道的东方美人。"

（3）"妩媚端正的圆脸，有两个浅酒窝。天生着一般女人要花钱费时，调脂和粉来仿造的好脸色，新鲜得使人忘掉口渴而又觉得嘴馋，仿佛是好水果。她的眼睛并不顶大，可是灵活温柔，反衬得许多女人的大眼睛像政治家讲的大话，大而无当。"

A.鲍小姐　　B.苏文纨　　C.唐晓芙　　D.沈太太

2.阅读方鸿渐与唐晓芙的相关情节，分析他们之间的爱情走向失败的原因。

◎ **进程二**

任务推进

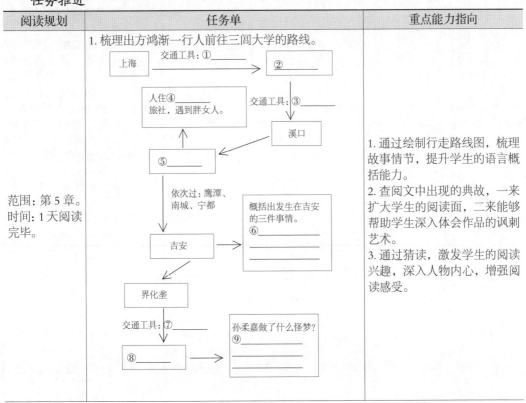

阅读规划	任务单	重点能力指向
范围：第5章。时间：1天阅读完毕。	1.梳理出方鸿渐一行人前往三闾大学的路线。 上海 —交通工具：①_____→ ②_____ 入住④_____旅社，遇到胖女人。 ←交通工具：③_____ 溪口 ⑤_____ 依次过：鹰潭、南城、宁都 吉安 → 概括出发生在吉安的三件事情。⑥_____ 界化垄 交通工具：⑦_____ ⑧_____ → 孙柔嘉做了什么怪梦？⑨_____	1.通过绘制行走路线图，梳理故事情节，提升学生的语言概括能力。 2.查阅文中出现的典故，一来扩大学生的阅读面，二来能够帮助学生深入体会作品的讽刺艺术。 3.通过猜读，激发学生的阅读兴趣，深入人物内心，增强阅读感受。

续表

阅读规划	任务单	重点能力指向
	2. 查阅资料，了解"扶小娘儿过桥""孟尝君结交鸡鸣狗盗"的意思，说说它们在文中有何妙处。 3. 文中孙柔嘉在被李梅亭喂过药之后，"两颊全是湿的，一部分泪水从紧闭的眼梢里流淌过耳边，滴湿枕头"，请你大胆猜测孙柔嘉为何哭泣。	

阶段性检测

1. 下列哪个人没有和方鸿渐一同前往三闾大学？（　　　）

A. 高松年　　　　B. 赵辛楣　　　　C. 顾尔谦　　　　D. 李梅亭

2. 在这一章的最后，赵辛楣说："像咱们这种旅行，最能试验出一个人的品性。"而后他评价方鸿渐："你不讨厌，可是全无用处。"请你谈谈赵辛楣为何如此评价方鸿渐呢？此外，你同意赵辛楣关于旅行的观点吗？可以结合作品或你的旅行经历分析。

◎ **进程三**

任务推进

阅读规划	任务单	重点能力指向
范围：第6—7章。 时间：2天阅读完毕。	1. 绘制一张三闾大学的人物关系图。 我的设计： 	1. 通过梳理人物关系图，帮助学生了解作品中人物的形象，为作品的讽刺阅读做准备。 2. 抓住高松年与方鸿渐的第一次交锋的细节描写，训练学生对语言的敏感度，加强学生的阅读分析能力。 3. 通过语段阅读后的针对性提问，例如"同样都是'克莱登大学'毕业的方鸿渐和韩学愈，为什么表现截然不同"，以锻炼学生思考问题的逻辑能力及语言的表达能力。

阅读规划	任务单	重点能力指向
	2. 读高松年第一次和方鸿渐谈话部分的内容，从细节描写处品读高松年的"老奸巨猾"。 **语言描写** "当然，我决不计较学位，我只讲真才实学。不过部里定的规矩呆板得很，照先生的学历，至多只能当专任讲师，教授待遇呈报上去一定会驳下来。我相信辛楣的保荐不会错，所以破格聘先生为副教授……" **心理描写** 高松年想，糟了！糟了！辛楣一定给李梅亭缠住不能脱身，自己跟姓方的免不了一番唇舌。 **动作描写** 1. 高松年直跳起来。 2. 高松年做个一切撇开的手势，宽宏地饶赦那封自己没写、方鸿渐没收到的信。 3. 做比较，同样都是"克莱登大学"毕业的方鸿渐和韩学愈，为什么两人表现出来的行为截然不同？	

阶段性检测

1. 在三闾大学这个大舞台上，你对谁的印象最深，说说和他相关的情节及你对他的评价。

2. 在作品中有不少"无稽之谈"，比如在第六章中，"新夫妇就住在自己的房子里，反正有一间空着，可是得正式立张租契，否则门户不分，方家养了孩子要把刘家孩子的运气和聪明抢掉的"。"这也许还是那一线胡子的功效，运气没坏到底"。请你再找一处类似的语言，思考这些语言代表着怎样的文化思维，在文中有何作用。

◎ **进程四**

任务推进

阅读规划	任务单	重点能力指向
范围：第8—9章。 时间：2天阅读完毕。	1. 方鸿渐与孙柔嘉婚姻最终走向失败的原因有哪些？ 2. 作品中方鸿渐"想到重逢唐晓芙的可能性，木然无动于衷，真见了面，准也如此"。请你发挥你的想象，描写一段他们见面时的样子。 3. 至此，我们已经完成了整本书的阅读，对方鸿渐的经历有了整体的把握。有人发现，方鸿渐与作者钱锺书的人生经历非常相似，甚至怀疑方鸿渐就是钱锺书本人。现在，我们一起围绕着"真假钱锺书"这一主题来探索一下吧！	1. 带着阅读问题"方鸿渐与孙柔嘉婚姻最终走向失败的原因有哪些"，有目的地深入文本进行阅读，培养学生全面、深刻地分析问题、回答问题的能力。 2. 通过故事情节的续写，激发学生阅读兴趣，帮助学生深入人物内心。 3. 借助"真假钱锺书"这个探究活动，理清小说中写实与虚构的关系。

续表

阅读规划	任务单	重点能力指向
范围：第8—9章。 时间：2天阅读完毕。	Round1：名字之较 　　钱锺书 ←————→ 方鸿渐 　　姓钱 　　"孔方兄"指 　　① ，就是"钱"。 Round2：籍贯之争 　　钱锺书 ←————→ 方鸿渐 　　江苏无锡人 "他们那县里人侨居在大都市的，干三种行业的十居其九：② （查找原文）。土产中艺术品以泥娃娃最出名"。查阅资料后，可知这里就是 ③ 。 Round3：经历之辨 　　钱锺书 ←————→ 方鸿渐 1.1935年赴英国牛津大学艾克赛特学院英文系留学。 2.1938年回国，被清华大学破例聘为教授，次年转赴国立蓝田师范学院任英文系主任。 3.1941年，由广西乘船到上海，任教于震旦女子文理学校（位于上海）。 4.1945年任上海暨南大学外文系教授兼南京中央图书馆英文馆刊《书林季刊》编辑。 方鸿渐留学 ④ 洲，回国后在上海点金银行工作，后决定前往内地 ⑤ 大学任教。后来被"三闾大学"开除后回到上海，在 ⑥ 工作。 经过"真假钱锺书"这一活动探究后，你认为方鸿渐就是钱锺书本人吗？	1.带着阅读问题"方鸿渐与孙柔嘉婚姻最终走向失败的原因有哪些"，有目的地深入文本进行阅读，培养学生能够全面、深刻地分析问题、回答问题。 2.通过故事情节的续写，激发学生阅读兴趣，帮助学生深入人物内心。 3.借助"真假钱锺书"这个探究活动，理清小说中写实与虚构的关系。

阶段性检测

1.子瑞刷朋友圈时，看到妈妈新发的朋友圈（如下图所示），知道爸爸和妈妈因为小事而争吵，他想到了最近在读的《围城》中的方鸿渐和孙柔嘉也因为生活小事而争吵。而他不想成为爸妈婚姻里的"李妈"，想用朋友圈评论的方式宽慰妈妈，请你帮他写几句合适的评论语。

< 详情 ...

简单·幸福
因为到底吃炒青菜还是炒白菜，跟老公干了一架！哎，婚姻像围城，除了鸡毛蒜皮，还有一地鸡毛。

14:57 删除

2.请阅读小说结尾的最后一段，并结合这个老钟的特点，从作品主题的角度，谈谈你对"这个时间落伍的计时机无意中包含对人生的讽刺和感伤，深于一切语言、一切啼笑"这句话的理解。

教学阶段	主要内容	教学资源	设计意图
导读课	1. 梳理小说中方鸿渐的爱情纠葛。 2. 分析小说中知识分子的人物形象。 3. 初步感知小说带有讽刺意味的语言。	1. 人物剧照 2. 相关作品语段	通过课堂设计，能够梳理故事情节，了解作品中主要的人物形象，感受作品中带有讽刺、调侃意味的语言。
推进课1	1. 了解《围城》的讽刺手法。 2. 赏析作品中讽喻的表达效果。 3.《儒林外史》与《围城》的讽刺艺术比较。	相关作品语段	通过对讽喻的重点赏析，让学生体会《围城》的语言特点；与《儒林外史》的比较阅读，让学生感受不同讽刺小说的特点。
推进课2	探究《围城》中的多元主题及深入探究作品中关于知识分子"精神围城"的主题。	1. 相关作品语段 2. 课外拓展材料	通过对《围城》多元主题的探究及"精神围城"的深入探究，帮助学生深入文本，在阅读《围城》的过程中有精神上的收获、思想上的提升。
成果分享课	1. 创作话剧脚本。 2. 话剧表演。	1. 活动流程安排 2. 情景剧演绎评分标准	通过剧本的撰写及话剧表演，激发学生再次阅读作品的兴趣，并获得不同于文字的感悟。

◎ **专题探究信息一览表**

专题	探究指向	阅读策略	思维层次
专题1:《围城》讽刺艺术探究	1. 探究《围城》中运用了哪些讽刺手法 2. 着重探究讽喻的艺术表达效果	批注阅读 比较阅读	分析讽刺手法；比较不同作品中的讽刺艺术。
专题2:《围城》的多元主题探究	1. 探究《围城》中的多元小说主题 2. 选择"知识分子"角度深入探究作品主题	批注阅读 探究阅读	分析作品主题；评价他人观点；创造性地发现思路。

打开《围城》的大门
——《围城》导读课

【教学目标】

　　1. 理清方鸿渐的几段爱情纠葛，把握作品中的爱情"围城"。

　　2. 通过李梅亭的形象分析，初步感受作品中的知识分子形象。

　　3. 通过赏析精彩语段，感受作品的语言风格。

【教学重点】

　　理清方鸿渐的几段爱情纠葛，把握作品中的爱情"围城"。

【教学难点】

　　通过李梅亭的形象分析，初步感受作品中的知识分子形象。

【教学过程】

　　一、导入

　　师：大家有听过这两句话吗？第一句是"婚姻是爱情的坟墓"，第二句是"结婚是被围困的城堡，城外的人想冲进去，城里的人想逃出来"。

　　生：……

　　师：同学们知道这两句话分别出自哪里吗？

　　预设：第一句话听过的同学较多，这句话出自卡萨诺瓦的《我的一生》；第二句话出自钱锺书先生的长篇小说《围城》。

　　师：今天，我们一起打开"围城"的大门，看看城里究竟有些什么！

　　二、"围城"里的爱情

　　师：同学们不妨来猜一猜，《围城》这部书可能讲述了什么？

　　预设：爱情、婚姻。

　　师：同学们的猜读能力很厉害呢！不错，《围城》中有较多的笔墨都在写这部作品的主人公方鸿渐的爱情。不知道大家是否好奇方鸿渐的爱情故事？

　　预设：好奇。

　　师：大家似乎也有一些小八卦，那接下来我们就一起去了解方鸿渐的爱情故事。不过，我们可不是看热闹，在了解方鸿渐爱情故事的同时，更要走进方鸿渐的内心世界！

　　PPT呈现：剧中方鸿渐及鲍小姐、苏文纨、唐晓芙、孙柔嘉剧照

　　师：这就是方鸿渐及和他有纠葛的女性。很多同学已经迫不及待地想看看方鸿渐是怎样周旋于这四个女子之间的。老师先提前剧透：他们的故事集中在作品第1—4章和第8—9章。感兴趣的同学可以着重阅读这几章，课堂上，我们先来看看方鸿渐与四位女性的情感纠葛。

　　PPT呈现：方鸿渐与四位女性的对话

　　探究1. 从这四段对话中，你推测方鸿渐喜欢谁？为什么？

预设：喜欢唐晓芙。鲍小姐只是把方鸿渐作为消遣和解闷的对象，没有恋爱经历的方鸿渐被鲍小姐紧紧拿捏。苏文纨喜欢方鸿渐，但方鸿渐在与苏交际时既不肯明白地示爱，又不愿明确地拒绝，常说一些模棱两可的话，维系着与苏的关系。与孙柔嘉的对话更加明显，婚后两人常常因为各种各样的事情而争吵。对于唐晓芙，方鸿渐卖弄自己的才华，就是为了吸引唐晓芙的注意。

师：在作品里，方鸿渐与这四位女性都没有结果，请大家去阅读文本，尝试找到方鸿渐爱情失败的原因。

探究 2. 从中你读到了一个怎样的方鸿渐？

预设：方鸿渐是一个非常有女人缘的男人。但是他没有一点恋爱经验，不知道如何拒绝苏文纨，也不知道如何向唐晓芙表达爱意，更不知道如何与孙柔嘉经营婚后生活。其实在没有恋爱经验的背后，是方鸿渐善良却懦弱、毫无担当的性格的表现。

三、《围城》里的知识分子

PPT 呈现：作品评价

1.《围城》是中国近代文学中最有趣和最用心营造的小说，可能是最伟大的一部。

2.《围城》是中国现代文学史上一部风格独特的讽刺小说，被誉为"新《儒林外史》"。

师：同学们可千万不要自动把《围城》划分到爱情小说的队伍里了。看到这样的评价，你是不是对《围城》这本书更加好奇了呢？刚刚我们认识了《围城》中的一批女人，现在我们再来认识《围城》中的一批男人。

PPT 呈现：赵辛楣、李梅亭、高松年、韩学愈剧中人物照

师：这些人都有一个共同的身份——读书人，甚至是留洋回来的高级知识分子。大家心目中的高级知识分子是怎样的？请用一两个词语形容。

预设：彬彬有礼、满腹经纶、才华横溢、德高望重、品行端正……

师：老师也希望大家可以成为这样的读书人。但在这部作品中的读书人似乎与大家所说的词一概不搭边。不信请看：

PPT 呈现：李梅亭语段

活动 1：我为李梅亭设计微信头像

（1）从这两段文字中，你读到了一个怎样的李梅亭？请结合具体内容谈谈。

预设：

好色：梅亭仗着黑眼镜，对孙小姐像望远镜侦察似地细看。

自私吝啬：一包仁丹打开了不过吃几粒，可是封皮一拆，余下的便卖不了钱，又不好意思向孙小姐算账。虽然仁丹值钱无几，他以为孙小姐一路上对自

己的态度也不够一包仁丹的交情；而不给她药呢，又显出自己小气。

（2）请你在下面三幅图片中，选择一幅作为李梅亭的朋友圈头像，或者重新创作一张图片。请简单说明你的选择或创作理由。

我的设计：

我的理由：＿＿＿＿＿＿＿＿＿＿＿＿＿＿＿＿＿＿＿＿＿＿

四、《围城》里的语言艺术

探究 1. 评价作者在刻画李梅亭时的语言特点。

预设：比喻、心理描写，都带有讽刺和调侃的意味。

探究 2. 阅读高松年的相关语段，该语段从哪里体现出讽刺和调侃的意味。

预设：①通过"老的科学家"和"老科学的家"的异同分析，暗示高松年并非有真才实学。这样的议论带有讽刺。

②把高校长的脸比作"没发酵的黄面粉馒头"，甚至在"馋嘴的时间"咬也咬不动，形象的比喻、夸张的描写，将高松年外貌干瘪、面黄等特点写了出来。一句"也许会不尽本于教育精神地从宽处分"给人无尽遐想：高松年因为学生美色而宽大处理，可见他也是一个好色之人。再加上一句"这证明这位科学家还不老"，简直讽刺至极。

师：通过李梅亭和高松年的相关语段，我们不仅领略了旧中国知识分子的形象，更体会到了钱锺书先生辛辣、讽刺的语言特色。

【课堂小结】

师：不管是《围城》中的男人也好，女人也罢，他们都在围城之中。他们有其可恨之处，那他们是否有可怜之处？去阅读文本吧，在作品里给自己找一个答案。这"围城"里究竟有些什么？也许阅读的最后，你会发现：原来，我也在这围城之中。

附件：《围城》导读课资料

一、剧中方鸿渐及鲍小姐、苏文纨、唐晓芙、孙柔嘉剧照。

方鸿渐

鲍小姐

苏文纨

唐晓芙

孙柔嘉

二、方鸿渐与四位女性的对话

（方鸿渐与鲍小姐）

鲍小姐："你还没求我爱你呢！"

方鸿渐："我现在向你补求，行不行？"好像一切没恋爱过的男人，方鸿渐把"爱"字看得太尊贵和严重，不肯随便应用在女人身上。

鲍小姐："反正没好话说，逃不了那几句老套儿。"

方鸿渐："你嘴凑上来，我对你嘴说，这话就一直钻到你心里，省得走远路，拐了弯从耳朵里进去。"

鲍小姐："我才不上你的当！有话斯斯文文地说。今天够了，要是你不跟我胡闹，我明天……"方鸿渐又把手勾了她腰。

……

鲍小姐："我觉得冷，先下去了。明天见。"

（方鸿渐与苏文纨）

方鸿渐："我要坐远一点——你太美了——这月亮会作弄我干傻事。"

苏小姐的笑声轻腻得使鸿渐心里抽痛："你就这样怕做傻子么？坐下来，我不要你这样正襟危坐，又不是礼拜堂听说教。我问你这聪明人，要什么代价你才肯做傻子？"转脸向他顽皮地问。

鸿渐低头不敢看苏小姐，可是耳朵里、鼻子里，都是抵制不了的她，脑子里也浮着她这时候含笑的印象，像旋涡里的叶子在打转："我没有做傻子的勇气。"

苏小姐胜利地微笑，低声说："Embrasse-moi！（吻我！）"

（方鸿渐与唐晓芙）

他抗议道："这可不成！你叫我'前辈'，我已经觉得像史前原人的遗骸了。你何必又加上'老'字？我们不幸生得太早，没福气跟你同时同学，这是恨事。你再叫我'前辈'，就是有意提醒我是老大过时的人，太残忍了！"

唐小姐道："方先生真会挑眼！算我错了，'老'字先取消。"……

他（方鸿渐）找话出来跟她讲，问她进的什么系。苏小姐不许她说，说："让他猜。"

方鸿渐猜文学不对，猜教育也不对，猜化学物理全不对，应用张吉民先生的话道："Search me（把我考倒了）！难道读的是数学？那太厉害了！"

唐小姐说出来，原来是极平常的政治系。

方鸿渐说："女人原是天生的政治动物。虚虚实实，以退为进，这些政治手腕，女人生下来全有。女人学政治，那真是以后天发展先天，锦上添花了。我在欧洲听过 Ernst Bergmann 先生的议论。他说男人在社会上做的事该让给女人去做，男人好躲在家里从容思想，发明新科学，产生新艺术。我看此话甚有道理。女人不必学政治，而现在的政治家要成功，都得学女人。政治舞台上的戏剧全是反串。"

……

唐小姐道："……我感激得很，方先生肯为我表演那么灵活圆转的口才。假使我是学算学的，我想方先生一定另有妙论，说女人是天生的计算动物。"

（方鸿渐与孙柔嘉）

柔嘉见是他，搁下手里的报纸，站起来说："你回来了！外面冷不冷？在什么地方吃的晚饭？我们等等你不回来，就吃了。"

鸿渐沉着脸说:"我又没有亲戚家可以去吃饭,当然没有吃饭。"

柔嘉惊异道:"那么,快叫李妈去买东西。你到什么地方去了?叫我们好等!姑妈特来看你的。等等你不来,我就留她吃晚饭了!"

鸿渐像落水的人,捉到绳子的一头,全力挂住,道:"哦!原来她来了!怪不得!人家把我的饭吃掉了,我自己倒没得吃。承她情来看我,我没有请她来呀!我不上她的门,她为什么上我的门?姑母要留住吃饭,丈夫是应该挨饿的。好,称了你的心罢了,我就饿一天,不要李妈去买东西。"

三、剧中赵辛楣、李梅亭、高松年、韩学愈剧照

赵辛楣   李梅亭

高松年   韩学愈

四、李梅亭的语段摘录

(1)孙小姐面部修理完毕,衬了颊上嘴上的颜色,哭得微红的上眼皮也像涂了胭脂的,替她天真的脸上意想不到地添些妖邪之气。……梅亭仗着黑眼镜,对孙小姐像望远镜侦察似的细看,笑说:"孙小姐愈来愈漂亮了!为什么不来看我只看小方?你们俩什么时候订婚——"

(2)他的药是带到学校去卖好价钱的,留着原封不动,准备十倍原价去卖给穷乡僻壤的学校医院。一包仁丹打开了不过吃几粒,可是封皮一拆,余下的

便卖不了钱，又不好意思向孙小姐算账。虽然仁丹值钱无几，他以为孙小姐一路上对自己的态度也不够一包仁丹的交情；而不给她药呢，又显出自己小气。他在吉安的时候，三餐不全，担心自己害营养不足的病，偷打开了一瓶日本牌子的鱼肝油丸，每天一餐以后，吃三粒聊作滋补。鱼肝油丸当然比仁丹贵，但已打开的药瓶，好比嫁过的女人，减低了市价。李先生披衣出房一问，知道是胃里受了冷，躺一下自然会好的，想鱼肝油丸吃下去没有关系，便说："你们先用早点吧，我来服侍孙小姐吃药。"

五、高松年语段摘录

三闾大学校长高松年是位老科学家。这"老"字的位置非常为难，可以形容科学，也可以形容科学家。不幸的是，科学家跟科学不大相同，科学家像酒，愈老愈可贵，而科学像女人，老了便不值钱。将来国语文法发展完备，终有一天可以明白地分开"老的科学家"和"老科学的家"，或者说"科学老家"和"老科学家"。现在还早得很呢，不妨笼统称呼。高校长肥而结实的脸像没发酵的黄面粉馒头，"馋嘴的时间"咬也咬不动，一条牙齿印或皱纹都没有。假使一个犯校规的女学生长得很漂亮，高校长只要她向自己求情认错，也许会不尽本于教育精神地从宽处分。这证明这位科学家还不老。

【配套练习】

1.《围城》是中国现代文学史上一部风格独特的_____小说，作品用现实主义的态度和讽刺的笔法，描绘了抗战初期的_____形象，被誉为"_____"。

2.《围城》以主人公方鸿渐的人生经历为主线，书中还刻画了一批鲜明的人物形象，如懦弱无能但尚存正气的_____，表面文雅、实则自私的_____，柔顺之下深藏心机的_____等，他们游离于当时的抗日烽火之外，虽然都受到了西方文化的熏陶，但都没有远大的理想，又缺乏与传统做斗争的勇气，结果无法把握自己的生活。

3.下列关于《围城》的说法，不正确的一项是（　　　）

A.作品的标题"围城"是一个象征，借用了法国的一句谚语：城堡中的人想出去，而城堡外的人想进入城堡。这其实象征着人类的某种生存状态。

B.《围城》的主人公方鸿渐出身于破落的绅士家庭，他到欧洲留学，辗转几地，最终通过自己的努力获得博士文凭，而后回国。

C.《围城》塑造了柔顺之下深藏心机的孙柔嘉、漂亮而有些矫情的苏文纨等女子形象，也讽刺了高松年、李梅亭等一群阴险、丑陋的人物。

D.《围城》充满智慧的讽刺和幽默，是一种"普遍的滑稽化"，其讽刺常和比喻相结合，给人一种妙趣横生的阅读感受。

4.绘制一张关于方鸿渐的"爱情围城"思维导图。

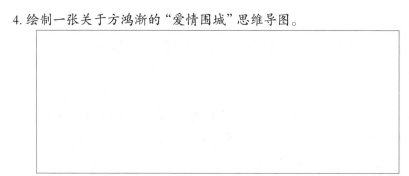

5.阅读语段，思考问题。

方遯翁为了三媳妇的病，对家庭医药大起研究的兴趣。……恰好三媳妇可以供给他做试验品，他便开了不少方子。三奶奶觉得公公和邻居医生的药吃了无效，和丈夫吵，要去请教西医。遯翁知道了这事，心里先不高兴，听说西医断定媳妇不是病，这不高兴得险要发作起来。可是西医说她有孕，是个喜讯，自己不好生气，只得隐忍，另想方法来挽回自己医道的体面，洗涤中国医学的耻辱。方老太太带鸿渐进他卧室，他书桌上正摊着《镜花缘》里的奇方摘录在《验方新编》的空白上。

材料链接

《验方新编》，方书，8卷。清代鲍相璈（云韶）辑于道光二十六年（1846）。本书于内科杂病、妇儿、外科、急救、食疗及时疫等无所不及，分九十九问六千余条，选录历代医家的医论与治验，收载民间习用验方、单方，价廉、简便、效验，是一部医方为主、合参医论的医著。以外治居多，而内治诸方亦斟酌入选，唯药性未能尽谙。

——百度百科

你还记得七年级时阅读的《镜花缘》吗？它是一部怎样的书？请你结合参考链接的内容，谈谈作者设置这一情节有何表达效果。

《围城》里的啼笑皆非
——《围城》推进课1

【教学目标】

1.了解作品中主要运用的讽刺手法。

2.赏析作品中运用比喻讽刺的精彩之处，并分析其讽刺效果。

3.通过与《儒林外史》的比较阅读，了解不同讽刺小说的异同。

【教学重点】

赏析作品中运用比喻讽刺的精彩之处，并分析其讽刺效果。

【教学难点】

通过与《儒林外史》的比较阅读，了解不同讽刺小说的异同。

【教学过程】

一、导入

师：我们已经阅读过讽刺小说《儒林外史》，也在课堂上学习过《范进中举》，请同学们回忆，这部作品中的哪些讽刺手法让你印象深刻。

预设：夸张、细节描写、议论、前后反差对比……

师：同学们的学习非常扎实，那我们就可以开始今天的学习啦！钱锺书素有"文坛狂人"之称，他的小说作品虽然不多，但都堪称经典。他的小说具有鲜明的讽刺艺术风格。本堂课从《围城》的讽刺手法入手，着重分析《围城》的讽刺艺术。

二、了解《围城》的讽刺手法

师：请同学们选择自己喜欢的一个章节，然后在这个章节中寻找你认为带有讽刺意味的句子，并概括它运用了什么讽刺手法，达到了怎样的讽刺效果。

（本环节较为开放，需要教师对作品中的讽刺手法非常熟悉。但在与学生交流的过程中，教师应当引导学生围绕《围城》中比较经典的讽刺手法展开讨论）

教师小结：《围城》中的讽刺，既有《儒林外史》的冷嘲，又有马克·吐温的热讽，在比喻、用典、议论、心理描写等诸多的讽刺手法中，比喻可谓是独占鳌头。

三、活动探究——《围城》中的讽喻

材料呈现：

1.这一张文凭，仿佛有亚当、夏娃下身那片树叶的功用，可以遮羞包丑；小小一方纸能把一个人的空疏、寡陋、愚笨都遮盖起来，自己没有文凭，好像精神上赤条条的，没有包裹。

2.她只穿绯霞色抹胸，海蓝色贴肉短裤，漏空白皮鞋里露出涂红的指甲……有人叫她"熟食铺子"，因为只有熟食店会把那许多颜色暖热的肉公开陈列；又有人叫她"真理"，因为据说"真理是赤裸裸的"，鲍小姐并未一丝不挂，所以他们修正为"局部的真理"。

3.一个人的缺点正像猴子的尾巴，猴子蹲在地面的时候，尾巴是看不见的，直到它向树上爬，就把后部供给大众瞻仰，可是这红臀长尾巴是本来就有，并非地位爬高的新标识。

活动一：请赏析材料中三个比喻所达到的讽刺效果

预设：

1."文凭"本身是一种知识的象征，在一定程度上说，这个词是比较神圣的，而作者却将"文凭"比作"遮羞布"，这样就对当时一些留学生没有真才实学，却拿着假文凭骗人的虚伪行为进行了嘲讽，也将方鸿渐那种本身没有才华，为了得到父亲和"丈人"的认可而想要买假文凭的虚伪样子刻画得淋漓尽致。

2. 文中把鲍小姐比作"熟食铺子""真理"，一俗一雅的比喻生动表现了鲍小姐衣着暴露的特点，产生一种幽默讽刺的效果。

3. 把人的缺点比作是猴子的尾巴，暗含人就是猴子的意思。这里讲到的地上和树上其实就是在暗示高松年地位的高低。地位低时，"缺点"藏在里面别人看不到，一旦地位上升，缺点便暴露出来了，甚至为人观赏。一个人的缺点是一直存在的，但地位越高，缺点便都暴露了。作者带有哲思的讽喻，能够让读者在发笑的同时有深沉的思考。

提问：三个比喻有何异同，它们是如何达到讽刺的效果的？

比较点	句1	句2	句3
本体	文凭	鲍小姐	高松年的缺点
喻体	遮羞布	熟食铺子、真理	猴子尾巴
喻体特点	俗	一俗一雅	俗
本体与喻体的关联	都有遮挡缺点的作用	都是裸露在外的	在高处会显露
探究结论			

活动二：学生自主赏析《围城》中的讽喻

请学生自己在文中找1—2处比喻，仿照上面的表格进行探究。

师：钱锺书曾说，在喻体选择时，要遵从"近取诸物""取鄙琐物"两个特点。本体和喻体虽有相似点，但两者语义相差甚远，且关系越远，表现力越强。

活动三：以"我是钱老高足"为活动主题，进行创造性的讽喻仿写。

在本体一栏中选择一个本体，大胆选择喻体，模仿钱老的笔风创作，以期达到意想不到的讽刺效果。

本体：

1. 刚吃了一口就掉在地上的冰淇淋

2. 考了满分的英语试卷

3. 正在打游戏的关键时候，妈妈回来了

4. 总是比上学时醒得早的周末早晨

5. 看到爸爸偷偷在阳台抽烟

四、活动探究——《围城》与《儒林外史》的讽刺比较

活动一：《儒林外史》的讽刺艺术回顾

预设：

1. 对比

胡屠户是一个欺贫爱富、趋炎附势的市侩形象，范进中举前，被他称作"现世宝"，受他的训斥，范进向他商借乡试的盘费，又被他"骂了一个狗血喷头"，又是"尖嘴猴腮"，又是"癞蛤蟆想吃天鹅肉"。范进中举后，胡屠户态度截然不同。他送去七斤肉，四五千钱作贺礼，称范进"贤婿""老爷"，夸范进"才学又高，品貌又好"，"是天上的星宿"，极尽阿谀奉承之语。

2. 夸张

《儒林外史》很擅长使用夸张的讽刺手法放大被讽刺对象的缺陷，使他们的可笑与荒谬更加突显。周进撞号板、范进中举发疯、范母大喜而死（住到新房子里，看着那些"细磁碗盏和银镶的杯盘"说了一句"这都是我的了"，便向后一倒，死了），还有严监生临死前因点了两根灯草而迟迟不肯咽气的精彩描写，皆通过合理的夸张，达到了强烈的讽刺效果。

……

活动二：探究《围城》与《儒林外史》的讽刺艺术

师：通过刚刚的回顾，我们发现《围城》和《儒林外史》这两部作品的讽刺手法各有千秋，但都起到了极大的讽刺效果。作为两部优秀的讽刺小说，它们之间还有很多值得我们探究的地方。请同学们填写下表，比较两部作品的讽刺艺术。

比较维度	《围城》	《儒林外史》
讽刺对象		
讽刺手法		
讽刺主题		
……		

【课堂小结】

讽刺无疑是《围城》语言最大的特色，而在《围城》妙趣横生的语言中，比喻又当属一绝，但除了讽喻外，作品中的用典、心理描写等也可谓精彩纷呈。是钱老将它们有机地结合在一起，创造了《围城》中的嬉笑怒骂和啼笑皆非。此外，每一部作品都有其各自的特点和魅力，《围城》是讽刺小说中的一朵奇葩，《儒林外史》也是讽刺小说中闪亮的明星，在比较阅读中，我们更能发现它们的魅力。

【配套练习】

1.找出作品中以食物为喻体的比喻（不少于 5 处），并简要分析它们有何共同点及有何表达效果。

2.钱锺书在《管锥编》中有论述："字取有意，名求传实；意义可了，字之取志也；真实不虚，名之祈向也。"名字不仅仅是一个称呼，更是与具体的人物形象相关联。阅读完《围城》之后，你是否有所感悟？根据自己的感悟尝试填写下面的表格，最后一行，选择自己感兴趣的人名进行探究。

人名	寓意	达到的人物讽刺效果
方鸿渐	"方"寓意：不善变通。"鸿渐"来源于易经中的"鸿渐于干，……鸿渐于木，……鸿渐于陵，……鸿渐于阿，……"	①
②	"鲍鱼之肆是臭的，所以那位小姐姓鲍。"（《记钱锺书与〈围城〉》）	③
李梅亭	钱锺书借赵辛楣之口，想到"Mating"（交配）跟"梅亭"同音而更有意义。	④
唐晓芙	⑥	唐小姐的"不十分妆饰"，"不刻意打扮"显示出她出淤泥而不染、独立不羁的风格。
赵辛楣	其名取自屈原《九歌·湘夫人》诗句"桂栋兮兰橑，辛夷楣兮药房"，此中寓含的高贵堂正之意给了赵；另外，楣乃门上横木，"辛楣"则是"挂在门上驱邪用的药"。	⑦
……		

3.著名学者夏志清称《围城》令人想起古典名著《儒林外史》，原因可能在于两部小说都有精妙的讽刺艺术，都注重知识分子群像的刻画。比如文中的李梅亭就让人想起《儒林外史》中的人物严监生，请结合作品内容和你的阅读经验对这两个人物进行比较。

《围城》多元主题的探究
——《围城》推进课 2

【教学目标】

1.在初读的基础上，多角度探究作品主题。

2.通过讨论探究，深入分析作品主题。

【教学重点】

在初读的基础上，多角度探究作品主题。

【教学难点】

通过讨论探究，深入分析作品主题。

【教学过程】

一、导入

阅读文学作品的过程其实就是一个提升审美的过程，成功的作品总是赋予审美世界以多重解读的可能性。《围城》就是这样的作品，今天我们就一起来探究《围城》中的多元主题。

二、活动探究——初探小说多元主题

师：在正式探究《围城》中的主题之前，我想先请大家来想一想，小说的题目"围城"到底指什么。首先，我们要知道，什么是"围城"。

PPT 呈现：

围城：是指包围城市，围攻城市；也指为敌军所包围的城市、城邑。

特点：孤立无援、压抑

预设：

（1）爱情

（2）家庭

（3）事业

（4）人生

（5）活着（存在）

（6）……

师：从大家的回答中，我发现大家所说的"围城"就是在讲这部作品的主题。那为什么《围城》的主题是婚姻、爱情呢？请同学们结合自己的阅读进行思考。

预设 1：方鸿渐从周小姐开始，到孙柔嘉结束，从一段感情中出来，又陷入另一段感情中去，从未从爱情的"围城"中出来过。作品结尾，看似从孙柔嘉的爱情"围城"中走了出来，其实打算前往内地的方鸿渐是否会遇到同样身处内地的唐晓芙呢？爱情贯穿整部作品，而主人公一直在这座爱情的"围城"中。

预设 2：在三间大学的舞台上，以高松年为首的一群教授"闪亮"登场。他们阴险狡诈、虚伪自私，在工作和生活中勾心斗角。事业也是一座"围城"，一旦进入便被困守其中，孤立无援。

……

三、活动探究——再探小说主题

师：大家讲得真好。爱情、婚姻、事业就像是一座座的围城，人们身处其中，倍感焦灼。今天，老师将带领大家从另一个角度来分析《围城》的主题。

PPT 呈现：

在这本书里，我想写现代中国某一部分社会、某一类人物。写这类人，我没有忘记他们是人类，只是人类，具有无毛两足动物的基本根性。

——《围城》序

师：读了钱锺书的序，大家知道我要从哪一个角度来分析《围城》的主题吗？

预设：知识分子

师：《围城》塑造了中国旧知识分子群像，我们从他们出发，探索作者的塑造目的。

讽刺对象	人物特点	人物产生的原因（讽刺主题）
方鸿渐		
赵辛楣		
苏文纨		
李梅亭		
孙柔嘉		
高松年		
韩学愈		

探究产生这样一批知识分子的原因

预设：

时代原因。当时时局动荡、战争不断，读书失去了原来的意义。在作品中的知识分子看来，读书不过是一种谋生的手段，与打铁、杀猪、种地、卖菜一样，都是一种职业而已，并非是一种身份的象征。大学里乌烟瘴气，没有学校的神圣和纯洁，污染了一批又一批的读书人。

自身原因。这些知识分子，将留洋回国作为一种遮羞、炫耀的资本，在那个动荡的社会里，丧失了匡正风俗和救世救民的气节。

讽刺主题：讽刺了当时知识分子的迷茫虚伪，以及当时社会生活的种种矛盾和弊端。

四、活动探究——三探小说主题

PPT 呈现：

《围城》是从"反英雄"的角度来写知识分子的，其"视点"在中国现代文学同类题材作品中显示出独特性：不只是揭露"新儒林"的弱点，或探求知识者的道路，而企图以写"新儒林"来对中国传统文化进行反省。

——温儒敏

为何温儒敏说，《围城》是借"新儒林"来对中国传统文化进行反省？

提示：

我国的传统文化源远流长，是民族的智慧结晶，极具价值。在《围城》中，我们的传统文化具有怎样的特点呢？另外，除了中国传统文化，作品中还提到了什么文化？它在文中又扮演怎样的角色？同学们不妨以此为出发点，思考这个问题。

【探究结果】

20世纪三四十年代，正值中国新旧文化的交替阶段。方鸿渐留学西洋，受西方现代文化思想的影响，想要追求个性的解放。但事实上，方鸿渐在爱情里优柔寡断，在事业上得过且过。这些恶习都是传统文化中的惰性造成的。因此，像方鸿渐这样的知识分子名分上很新，骨子里却很旧。他们身上根深蒂固的中国传统文化，没有成为他们吸收西方文化的养分，反而成为他们学习西方文化的绊脚石。本土的传统文化构筑了他们的"精神围城"。

优秀的文化应当兼容并蓄，能够集万家之长，而《围城》中的人物多带有"崇洋"的心态，对自己本土的文化缺乏自信。这表面上看是对知识分子"崇洋"心理的讽刺，实际上是对传统文化中的劣根进行批判。

【课堂小结】

从婚姻"围城"，到事业"围城"，到社会"围城"及最后的精神"围城"，我们对围城的解读越来越深刻。从具体到抽象，我们赋予了"围城"普遍的意义。对"围城"的解读从未停止，希望你可以在阅读《围城》的过程中，更加清楚地认识自己，冲破自己的"围城"。

《围城》是一个既现实又奥妙的艺术王国，只要进入这片疆域，无论接触到哪一层意蕴，都会有所得益，深者得其深，浅者得其浅（温儒敏《〈围城〉的三层意蕴》），让每一个人都有所收获。

【配套练习】

1. 设计一张专属于《围城》的书签。要求：能够体现作品特色（主题、内容、艺术特征等）。

我的设计：

2. 自由组成情景演绎小组，选择《围城》中喜爱的片段，按照话剧要求撰写剧本并排练一幕话剧。

冲破阅读"围城"，怒放思想的火花
——《围城》成果分享课

【教学目标】

1.通过话剧演绎，让学生进入作品，体会作品的精妙之处。

2.激发学生再次阅读《围城》的兴趣，并使其从中获得新的体会。

【教学重点】

通过话剧演绎，让学生进入作品，体会作品的精妙之处。

【教学难点】

1.通过话剧演绎，让学生进入作品，体会作品的精妙之处。

2.激发学生再次阅读《围城》的兴趣，并使其从中获得新的体会。

【教学过程】

活动一：话剧发布会

课前，学生制作话剧宣传PPT，在课堂上进行介绍。

1.各小组选择一位同学作为代表，简要介绍自己小组表演的片段。主要展现内容如下：

（1）话剧名称

（2）参演人员

（3）话剧主题

（4）话剧亮点

……

2.投票选出"我最想看的《围城》话剧"，并以此为表演顺序。

活动二：成果展示与评价

1.课堂展示

（1）道具及所有工作人员准备就绪。

（2）演员进行表演，观众文明欣赏。

（3）表演结束，演员有序退场，并且清理道具。

2.成果评价

（1）可以参照以下评分标准进行评价。

分数	剧本	表演	道具服装	主题
9—10分	完全具备剧本要素；剧本主题明确，情节紧凑，动作、语言符合人物性格。	声音响亮，动作大方得体，演员间配合默契；表演到位，表现出剧中人物性格特点及情感特征。	根据人物特点安排合适的装扮；精心准备道具，并且合理使用。	观众通过表演有强烈的代入感，并沉浸在作品之中。
6—8分	基本具备剧本要素；有主题，故事情节比较流畅，语言通顺。	声音清晰，动作明显；演员间配合基本没有失误；能够体现人物之间的性格区别。	有一定的服装和道具准备，服装与道具基本契合人物需求。	观众代入感一般。
5分以下	主题不明确，情节混乱，语言不流畅。	声音比较小，口齿不清，动作幅度小，人物差别不大，无法分辨人物之间的差异。	服装和装扮的选择没有体现人物特征；道具使用不合理，甚至没有道具。	观众无法通过表演进入作品。

（2）按照打分成绩统计，评选出一二三等奖，并颁发证书、奖状。

建议：表演过程中可以录制视频并通过网络发布。

活动三：小组总结

1.各小组进行组内会议，与其他小组的成果进行比较，总结本小组的优势与不足。

2.形成小组总结报告。

组别剧目	优势	不足	如何改进

【配套练习】

模仿《朗读者》节目，录制一段视频（原文朗读和阅读感悟）。

中考链接

真题 ❶

原题呈现（2019年浙江衢州卷）

从下列作品中选择一个人物，分析其讽刺意义。

A. 方鸿渐（《围城》）

B. 林之洋（《镜花缘》）

C. 周进（《儒林外史》）

D. 别里科夫（《契诃夫短篇小说选》）

思维层次：思考分析。

阅读能力：分析人物形象及作品艺术特点的能力。

命题特点及解题策略：作为一部自读作品，考查时理应具有选择性。本题中，学生可以自己在自读作品和精读作品中选择自己阅读过的，或者深入阅读过的作品进行回答。学生需要熟悉文本，了解作品特点，能够结合人物经历，分析讽刺手法及意义。

参考答案：

方鸿渐。他是旧中国一个精神无处安放的读书人，他有读书人清高的一面，却买了张假文凭，当了"洋博士"，"荣归故里"，自欺欺人。作者用揶揄的笔调，讽刺了方鸿渐的虚荣。这个人物是现实生活中爱慕虚荣、思想空虚的伪知识分子的代表。

模拟题 ❶

请根据下面的材料，结合你的阅读经验，提出一个《围城》的阅读角度并阐述阅读方法。

钟书先生典籍精熟，许多人以为他非三坟五典不观，这又是大误会。其实他十分关心当今世界上的各种新事物、新思潮，不但包括文学，还有哲学。

——李慎之

我认为《管锥编》《谈艺录》的作者是个好学深思的钟书，《槐聚诗存》的作者是个"忧世伤生"的钟书，《围城》的作者呢，就是个"痴气"旺盛的钟书。我们俩日常相处，他常爱说些痴话，说些傻话，然后再加上创造，加上联想，加上夸张，我常能从中体味到《围城》的笔法。

——杨绛

思维层次：分析、综合运用。

阅读能力：根据阅读经验及作品特点，选择合适的阅读方法的能力。

命题特点及解题策略：本题考查学生阅读名著的方法。阅读目的和作品特点决定了阅读方法。材料中讲到了作者钱锺书及《围城》的讽刺艺术，因此虽然表明是在考查阅读方法，但实质还是在考查作品及相关内容。学生需要明确针对"了解作家作品"及"分析艺术特点"这两个阅读目的，应该分别选择怎样的阅读方法。

参考答案：

角度1：作者角度。阅读方法：跳读、浏览，将阅读名著与阅读相关评论、作者介绍、后记等相结合。

角度2：讽刺艺术之典故。阅读方法：精读、批注阅读，关注作品中出现的典故，借助课外资源，赏析典故原意及作品中的讽刺意味。

角度3：情感角度。阅读方法：精读、批注阅读等，关注作品中的主题内涵。

模拟题 ❷

钱锺书的《围城》和契诃夫的《契诃夫短篇小说选》都具有极高的讽刺艺术，根据提示将表格填写完整。

小说	讽刺对象	讽刺手法举例
《围城》	旧中国知识分子	①
《契诃夫短篇小说选》	②	《变色龙》中奥楚蔑洛夫在处理"狗咬人"的事情时，他的态度随着狗主人身份的变化而变化，且变化速度快到令人咋舌。这样夸张的手法，使人物形象更加突出，极具讽刺意味。

思维层次：分析、比较、综合运用。

阅读能力：把握故事情节，分析人物形象，阐述自己观点的能力。

命题特点及解题策略：此题重在考查《围城》的讽刺艺术。在阅读中要了解作品中运用的讽喻、典故等讽刺手法才能解题。当然，答题过程中要结合作品内容回答，不能泛泛而谈。

参考答案：

①运用比喻、典故等手法，达到讽刺的效果。"这春气鼓动得人心像婴孩出齿的牙龈肉，受到一种生机透芽的痛痒。上海是个爆发都市，没有山水花柳作为春的安顿处。"在这句话中，通过比喻的手法将上海春天的物欲横流、杂乱郁闷表现出来，带有讽刺调侃的意味。②社会底层的各类"小人物"。

模拟题 ❸

许多文学作品都涉及"选择"这一主题。选择是关系的割断又是感情的重拾，选择是终结又是开始。请你结合《围城》的阅读体会，谈谈你的发现。

思维层次：理解、概括、分析作品内容。

阅读能力：通过把握故事情节分析人物艺术形象的能力。

命题特点及解题策略：本题重在考查作品主题及理解性阅读，答案形式和内容相对开放，学生能抓住一个选择点进行分析即可。解题过程中要牢牢抓住"选择"这一关键词，然后结合作品内容和自己的阅读感悟进行答题。

参考答案：

爱情碰壁的方鸿渐选择离开上海，前往三闾大学任教，后来又选择孙柔嘉作为自己的妻子……方鸿渐的选择没有给他带来生活品质上的提升，带来的只有更多的烦恼。方鸿渐选择的结果，与他自身性格的懦弱有关。他选择离开一座"围城"，但一座"新的围城"又在不远处等着他。这样反反复复的人生，其实就是作者讽刺的荒诞人生。

《格列佛游记》

☙ 推荐版本

作者：[英] 乔纳森·斯威夫特著，徐燃译

出版社：人民出版社

出版时间：2020 年 1 月

☙ 作品梗概

　　《格列佛游记》是英国作家乔纳森·斯威夫特创作的一部长篇游记体讽刺小说，首次出版于 1726 年。作品以外科医生梅尔·格列佛的口吻叙述他周游四国的经历，在情节上沿用了"离家—远游—返乡"的 U 型结构。

　　1699 年，外科医生格列佛随"羚羊号"出航南太平洋。不幸中途遇险，漂流到利立浦特王国（小人国）。他温顺的表现赢得了国王和人民对他的好感，他还帮助利立浦特抵御住了另一小人国布莱夫斯库帝国的入侵。不久，格列佛听到了小人国君臣将要铲除他的风声，他逃到布莱夫斯库帝国，后平安回到英国。

　　不久，格列佛又随"冒险号"出海，不幸遇上风暴，船被刮到布罗卜丁奈格王国（大人国）。格列佛被一位高达 20 米的农民捉住，并被带到全国各地展览，后又被卖给了皇后。他向国王介绍英国各方面的情况及近百年来的历史，但被国王否定。第三年，鹰把格列佛及他住的箱子丢进海里。后来，他被路过的船救起，乘船回到英国。

　　一段时间后，格列佛又随"好望号"出海，但遭海盗劫持。格列佛侥幸逃脱，被叫作"勒皮他"的飞岛人救起。之后，他来到巴尔尼巴比进行访问，岛上的"拉格多科学院"研究着荒诞不经的课题。随后，他又来到巫人岛，通过魔法，他会见了许多古代的名人，结果发现史书上的很多记载不符合史实，甚至颠倒是非。最后，格列佛又游览了拉格奈格王国，见到了一种长生不老人"斯特鲁德布鲁格"。离开该国后，格列佛来到日本，最后乘船回到英国。

五个月后，格列佛又受聘为"冒险号"船长，再次乘船出海。途中水手叛变，他被放逐到"慧骃国"。马是该国有理性的居民和统治者，而人形动物"耶胡"则是马所豢养和役使的畜生。"慧骃国"全国代表大会通过决议要消灭那里的"耶胡"。无奈之下，格列佛只好乘小船离开该国。回家后，格列佛怀着对"慧骃国"的向往，一辈子与马为友。

小说的四章内容在讽喻的体裁类型、主人公的角色性质、反讽形式和手法上各有特色，几乎包容了作者在讽刺诗文创作中使用过的各种手法，蔚为大观。

思维导图

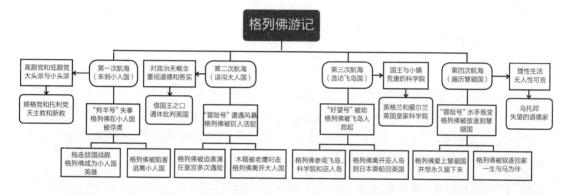

作者介绍

乔纳森·斯威夫特（1667—1745年），英国作家、政论家、讽刺文学大师，英国启蒙运动中激进民主派的创始人之一。斯威夫特生活在爱尔兰人反抗英国专制统治的时期——他是英裔，却生于爱尔兰；他的国籍是英国，却帮助爱尔兰人抵制英国的统治；他在伦敦曾接近辉格党，后来又成了托利党党报主编，最终却成了都柏林圣帕特里克教堂的教长。他以神职人员的身份活跃于政坛，写了大量的政论性小册子抨击时弊，最终却凭小说《格列佛游记》享誉世界。斯威夫特曾被高尔基称为"世界文学创造者之一"，他深谙当时英国社会的几大矛盾，对英国及殖民地的人民群众感到深切的同情，对英国统治阶级的残暴无能、昏庸罪恶和腐败感到极其愤慨与不齿。在《格列佛游记》中，斯威夫特对英国的君主政体、议会政治、司法制度、财政、教育、军队、殖民地政策乃至名门贵族、社会风尚，都进行了辛辣讽刺。这种现实主义创作对后世英国文学的发展产生了深远影响。

文学地位

《格列佛游记》所确立的讽喻体小说形式的影响极为深远。它在继承中世纪民间文学传统的基础上，就动物寓言的形式进行了创造性的发展，更是树立起了"反乌托邦小说"的成功范例。直至现代衍生出的描写未来世界灾难的科幻小说，都与斯威夫特和《格列佛游记》有密切关系。

英国作家乔治·奥威尔对本书情有独钟："如果要我开一份书目，列出哪怕其他书都被毁坏时也要保留的六本书，我一定会把《格列佛游记》列入其中。"英国小说家、诗人沃尔特·司各特更是给予《格列佛游记》高度评价："斯威夫特以幽默丰富了作品的道德含义，以讽刺揭露荒诞，并通过人物性格和叙述框架使令人难以置信的事件成为现实。即使《鲁滨逊漂流记》也难以在叙述的刻薄性和多样性方面与其媲美。"英国著名作家毛姆也持同样观点："《格列佛游记》有机智的讽刺，有巧妙的构思，有洒脱的幽默，有泼辣的讥嘲，痛快淋漓。它的文体精彩绝伦，至今没有人用我们这艰难的文字写得比斯威夫特更简洁、更明快、更自然的。"

◎ 核心价值

◎ 核心知识

（一）讽刺小说

讽刺小说是用嘲讽的表现手法揭露生活中消极落后和腐朽反动的事物，从而达到警戒教育或暴露、鞭挞、抨击的目的。《格列佛游记》是在英国君主立宪制确立并缓慢发展的时期创作的，英国统治阶级的腐败无能、党派斗争的滑稽嘴脸和资产阶级原始积累时期的残酷剥削都成为小说讽刺的对象。例如，"小人"与"大人"的对比，将英国社会的矛盾与冲突展现在读者眼前，引人深思；勒皮他人奇异古怪的夸张长相等，在呈现给读者千奇百怪的画面的同时，也揭露了英国政府的腐败丑恶行径——层出不穷却得不到遏制。《格列佛游记》可以让学生学会欣赏、品味作品的艺术特色，理解作品中的批判、讽刺意义。

（二）政治寓言

寓言多用借喻手法，使富有教训意义的主题或深刻的道理在简单的故事中体现。而所谓政治寓言，就是通过寓言的方式来讲述和人类社会政治有关的文学作品。《格列佛游记》处处影射时政，看似游戏的文字，实则深藏玄机。如小人国里的朝臣按照鞋跟的高低分成低跟党和高跟党，实则影射了支持低教会权的辉格党和支持高教会权的托利党。又如小人国的宫廷斗争差点让格列佛万劫不复；大人国的君主彻底否定了格列佛口中伟大的英国历史；飞岛国的教授接纳了格列佛关于破译可疑文件的荒唐建议；慧骃国的类人生物"耶胡"是最卑劣的生物……这是自文艺复兴后期（17世纪）开始，社会风气败坏、尔虞我诈、自私自利之风大盛的社会风气的隐喻性写照。学生可将《格列佛游记》中主人公的见闻和真实历史做分类比照，了解17、18世纪英国乃至欧洲的历史，更好地理解作者写作的意图。

（三）双面"乌托邦"

"乌托邦"是一个理想的社会——而这样理想的地方是不存在的。"反乌托邦"小说讨论的即是理想无法实现甚至使生活变得更坏的可能。《格列佛游记》里的布罗卜丁奈格和慧骃国主要属"乌托邦"性质，利立浦特和勒皮他诸岛则属"反乌托邦"性质，而前两者实际上也具有双重成分。特别是在小说后半部分，身处困苦工业时代的格列佛将希望寄托于一个自己构想的纯净世界，在这个世界中人们生活富足，拥有良好的道德准则。然而这种理想中的社会始终无法在现实社会中实现，最终这种幻想在世风日下的社会风气中破灭。通过这一文本的阅读，可以让学生在了解小说内容的"乌托邦"和"反乌托邦"性质的同时，引发对人性的深层思考，更唤起他们对美好品质和理想世界的向往。

◎ **核心能力**

（一）重构展现讽刺艺术的叙事主体

对于人物鲜明的叙事性作品，"代入"阅读法会带领学生以不同角色的视角看待同一事件，对作品的理解将更加多面而深入。《格列佛游记》的叙事视角是主人公格列佛本身，阅读中可以从揣摩故事中其他人物的心理入手，如试着想象财政大臣佛林奈浦向格列佛叙述跳绳选官的话语、大人国侏儒讽刺挖苦格列佛矮小时的内心境况、飞岛国格拉多科学院科学家们进行可笑研究时的对话等，引导学生不局限于格列佛的单一视角进行阅读，而是在众多人物内心之间来回穿梭。如此可以帮助学生更深入地分析人物形象，体味讽刺艺术，去获得更多的阅读体验。

（二）联系真实历史，读透作者深意

《格列佛游记》中主人公游历的诸多光怪陆离乃至荒诞不经的国度，都有其深刻的政治寓意。例如小端派利立浦特和大端派布莱夫斯库帝国之间漫长的战争，实则影射了英法百年战争，讽刺了英国与欧洲大陆国家为了利益或一些小纷争而借口战争的行为。在阅读过程中，有必要引导学生关注书下的注释，也要利用信息技术手段等，让学生了解17、18世纪英国乃至欧洲的历史，更可以通过表格来分类比照小说内容和真实历史，理解作者对当时英国乃至欧洲社会丑恶现象的深刻揭露和批判，使其成为反观学生自身生活、社会和文化的有效途径。

（三）挖掘语言的艺术魅力

《格列佛游记》被称为"讽刺手法博物馆"，如大量运用象征影射、直接谴责、反语、夸张、对比等讽刺艺术手法，不断地将人类的所作所为与他们掩饰下的所作所为进行对比，矛头直指当时英国社会的种种弊端，而其抨击的主要对象却是人性本身。例如勒皮他的科学家、哲学家们时常迷失在自己所构造的知识体系中。更值得讽刺的是他们精心研究的所谓学术其实都是毫无意义、劳民伤财的。联系现实，作者表达了对人类在常识性问题上认识匮乏的讥讽。阅读时要引导学生联系社会现实做好批注，从而使学生熟悉艺术手法，感受讽刺小说的艺术魅力。

◎ 核心策略

（一）思维导图

思维导图可根据故事主体，将其分解并串联成若干部分，清晰呈现阅读的框架。《格列佛游记》的正文部分共分为四个章节，分别描绘了格列佛在利立浦特国（小人国）、布罗卜丁奈格国（大人国）、勒皮他（飞岛国）和慧骃国四地的经历。针对格列佛有趣而复杂的经历，可以引导学生用思维导图的方式，对相应主题进行梳理。比如创建格列佛在小人国遭遇的思维导图、格列佛与君主们对话的思维导图、格列佛回家之路的思维导图等。这种方式不仅能帮助学生梳理故事情节、人物形象等阅读要素，更能为专题学习提供探究方向。

（二）比照理解

阅读《格列佛游记》时，可以使用比照阅读策略，将具有政治寓意的事件和真实历史进行对比，发现其内在联系，体会讽刺艺术。阅读过程中，要指导学生通过关注书本注释及查阅相关历史，以表格的形式对"书中世界"和"现实世界"进行罗列比照，进而发现作者的"讽刺范畴"，认识其对该历史事实的"态度"。例如书中的小人国是君主独裁制；大人国是开明的君主专制；飞岛国是科学家和哲人治国；慧骃国是由全国代表大会考虑国家问题，进而联系当时欧洲各国的政体构成。这体现了四个国家中少数国家是君主立宪制，多数国家为君主专制或者贵族民主制的历史事实，明确了作者倾向于开明的君主专制的态度。运用比照阅读策略，学生可以在文本和历史之间建立联系，理解作者的写作意图。

（三）变式阅读

变式阅读的策略，是指改变叙述主体、学生体验角色的阅读方式。例如在"跳绳选官"情节中，引导学生走出"格列佛"的第一视角，站在财政大臣佛林奈浦的角度来叙述这件事情，小人国看自己和格列佛看小人国必然是不一样的。通过角色体验，指导学生探究各级官员的心理，感受小说讽刺艺术的魅力，认识到作者写作的深意，即以此讽刺英国政体和权臣不学无术、极力钻营的丑陋嘴脸。变式阅读引领学生换个视角深入文本，从而有效激发其阅读积极性，锻炼思维能力，丰富阅读体验。

◎ 精神文化

（一）榜样的力量

"格列佛"的形象，是作者思想的体现。作者将人类的种种美德赋予笔下的人物：格列佛敢于冒险、刚毅勇敢，他历经四次旅行，不断探索、勇于创新；格列佛聪明机智、有胆有识，在参观利立浦特皇宫的过程中，他能与机要大臣对国务大事进行商榷探讨；格列佛能见机行事、爱憎分明，他能为利立浦特在对抗布莱夫斯库帝国的战争中助上一臂之力，却也坚决反对利立浦特国王侵略扩张的政策；格列佛对敌人充满仇恨、厌恶和鄙视，他敬重古代的智者贤士，感叹现代人的诡诈不堪……格列佛是一面镜子，给作者创造舞台的同时，也让读者肃正衣冠。这样的榜样对我们中学生而言，其力量是无穷的。

（二）追寻真善美

《格列佛游记》作为讽刺小说的代表，引导我们知晓了当时英国政府残暴、贪婪、剥削的本质，让我们真切地看到了"假丑恶"，帮助我们建立起积极联系现实生活、思辨社会人生的意识。同时，它更是激发了我们对"真善美"的追寻，给了读者正视现实和憧憬未来的勇气，坚守心中的"乌托邦"，在人生的旅途上乘风破浪。

自主初读

◎ 阅读规划

阅读进程	阅读章节	阅读时间	阅读该部分感受最深的一点	阅读该部分最大的疑惑	自我评价（优、中、一般）	教师评价（优、中、一般）
进程一						
进程二						
进程三						
进程四						
进程五						
……						

任务伴读

◎ 进程一

任务推进

阅读规划	任务单	重点能力指向
范围：第一卷。 时间：3天阅读完毕。	1. 这一卷讲述了格列佛游历小人国的过程。请梳理他的这部分经历，尽可能全面地罗列他所见到的或参与的相关事件。 章节 / 事件 / 相关描写语句 2. 结合上表，并重点研读第三至五章的具体内容，试着评价你所认为的荒诞内容的可笑之处，并试着从修辞手法的角度揣测作者的写作意图。	1. 借助表格梳理重点事件，提高获取信息的能力。 2. 通过研读文本中呈现的荒诞内容，体会作者对英国政体的不屑与鄙夷，了解讽刺手法的具体应用，体会作者的忧世情怀。

阶段性检测

1.格列佛与"羚羊号"一起出海，船只失事，格列佛靠泅水在＿＿＿＿安全登陆。格列佛参观了皇宫，发现这个国家根据＿＿＿＿划分党派。又因为＿＿＿＿引起了与另一小人国布莱夫斯库的战争。

2.聚焦本卷相应文字，你觉得最具有讽刺性的是哪个内容？结合你所了解的英国历史，你认为作者是如何看待这种现象的？

◎ 进程二

任务推进

阅读规划	任务单	重点能力指向
范围：第二卷。 时间：3天阅读完毕。	1.结合本卷内容，试着比较"小人国"与"大人国"的不同。 |	小人国	大人国
风土人情		
治国方略		
隐喻讽刺		
……		| 2.重点研读第二卷第三章"皇宫辩论"、第六章"国王提问"和第七章"提议制作大炮"的内容。由此，你看到了一个怎样的大人国国王？	1.借助表格进行梳理和思考，培养分辨及筛选信息的能力。 2.通过大人国和小人国不同的比较，进一步认识"大人国国王"形象，体会作者对开明的君主专制政体的拥护。

阶段性检测

1.在皇宫里，格列佛受到了皇后的侏儒侍臣怎样的捉弄？请至少写出三件。

2.有人说，与格列佛所引以为傲的议会、法律、教会、财政制度相比，布罗卜丁奈格社会才真正显示出了它的健全理性，是欧洲启蒙主义者所向往的那种开明君主专制政体。结合本卷内容，从"大人国"的治国方略上，指出这种说法的合理性。

◎ **进程三**

任务推进

阅读规划	任务单	重点能力指向
范围：第三卷。 时间：3天阅读 完毕。	1. 梳理出格列佛在飞岛国的游历路线。 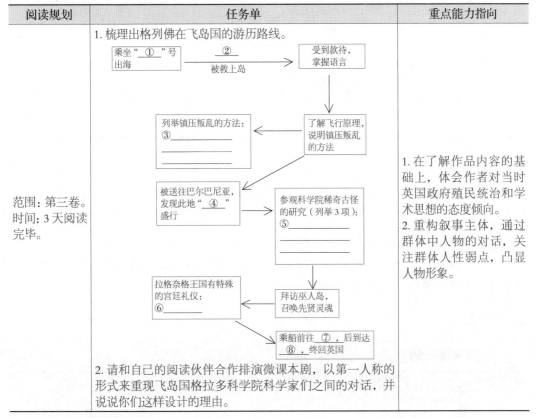 2. 请和自己的阅读伙伴合作排演微课本剧，以第一人称的形式来重现飞岛国格拉多科学院科学家们之间的对话，并说说你们这样设计的理由。	1. 在了解作品内容的基础上，体会作者对当时英国政府殖民统治和学术思想的态度倾向。 2. 重构叙事主体，通过群体中人物的对话，关注群体人性弱点，凸显人物形象。

阶段性检测

1. 格列佛来到飞岛国的属地巫人岛，通过召唤灵魂，他见到了哪些伟人？请至少列举3人。这让他对现代史产生了怎样的观感？

2. 科学院中的教授正在制造一种机器来改善人的思辨知识，并声称"如果用他的方法，即便是最无知的人，只要恰当付点学费，再出一点点体力，就可以不借助任何天才和能力，写出关于哲学、诗歌、政治、法律、数学和神学的书来"。有研究《格列佛游记》的学者认为，斯威夫特的描写看似荒谬可笑，但的确是当时英国社会"科学至上"的真实写照，当时科学凌驾于人性之上。对此，你有怎样的看法？

◎ 进程四

任务推进

阅读规划	任务单	重点能力指向
范围：第四卷。时间：3天阅读完毕。	1.格列佛不仅赞美慧骃国人的美德，同时也认可他们教育子女的方式。请你说说慧骃国人是怎么教育子女的？ 2.在了解慧骃国夫妻和睦、教子有方，对待同类友好热情、仁慈友爱等特点的同时，请你联系本书及初中阶段已阅读过的名著，说说其他各具特色的"理想国"。	1.通过对指定情节的阅读，提升查阅、筛选、概述信息的能力。 2.通过比照阅读，归纳类型化作品，强化文体意识。

阶段性检测

1.《格列佛游记》中刻画了一种长相像人的动物，名叫_____。它虽为人身，却不具人性，典型的性格特征是_____。相反的，我们能从马形动物"慧骃"对待子女及邻人的态度上，想到《礼记·礼运篇》中的句子_____，_____。

2.有人说，格列佛回到家后的种种表现，无不昭示着他已成为一个真正的"疯子"。你是否赞同这种说法？说说你的理由。

◎ 课型推进

◎ 阅读课规划

教学阶段	主要内容	教学资源	设计意图
导读课	1.观看电影《格列佛游记》中小人国战争的片段。 2.了解作家作品的相关知识点。 3.交流讨论：主人公游历四国的顺序能否调换？ 4.结合自己的阅读体验，创建思维导图，并做阅读推荐。	1.电影《格列佛游记》片段。 2.与作家、作品等信息有关的资料。	1.通过视听媒体刺激和小说地位价值的阐释，激发学生阅读《格列佛游记》的兴趣。 2.了解故事梗概，把握文体特征。
推进课	1.评析经典封面设计。 2.理解《格列佛游记》中的国王形象。 3.通过表格形式对"书中世界"和"现实世界"进行比照。	1.人物分析方法。 2.查阅的17、18世纪英国和欧洲的部分政治史料。	1.通过对比把握人物形象。 2.深化对政治寓言的理解，感受作者的忧世情怀，表达自我感受。
成果分享课	1.改变叙述主体，设计并排演微课本剧，体验不同角色的心理境况。 2.召开"格列佛是否疯了"的辩论赛，深入思考《格列佛游记》的意义和价值。	1.小说中小人国财政大臣、大人国侏儒和勒皮他科学家的相关文段内容。 2.辩论的形式和意义。	1.通过变式阅读的方式，体验角色，感受讽刺艺术的魅力。 2.深入思考《格列佛游记》对人生、社会的有益启示。

◎ 专题探究信息一览表

专题	探究指向	阅读策略	思维层次
对《格列佛游记》中"政治寓言"的探究	小说中的"世界"和"现实世界"比照的研究	1.结合时代背景,查阅相关史料,筛选出作品中的隐喻事实。 2.感受并理解作者运用反语、夸张、对比等讽刺艺术手段,寄托政治寓意和写作意图的方式。	查询、筛选、分类、比照、辨析

乘风破浪的格列佛

——《格列佛游记》导读课

【教学目标】

1.了解故事梗概,把握文体特征。

2.掌握相关文学常识,了解作品的文学地位。

3.激发阅读本部小说的兴趣。

【教学重点】

多种形式助推了解故事梗概。

【教学难点】

激发学生阅读兴趣。

【教学过程】

一、观影激趣

播放电影《格列佛游记》中小人国战争的视频片段,观察学生在观影时的神情表现,选择有"兴奋""激动""惊喜"等情绪的学生,在观看结束后让他们谈谈观影体验。

活动意图:通过视听刺激及学生交流,激发学生阅读小说的兴趣。

预设:

(1)有趣——小人国与小人国的战争。

(2)滑稽——战争竟然是因为吃鸡蛋先敲大头还是小头引发的。

(3)想象丰富——格列佛参与其中,凭一己之力拖回战舰。

二、作品信息接龙

将课前搜集的《格列佛游记》相关作品信息和资料,以小组为单位进行交流,并确定好在全班面前展示的内容。班级展示以"抢答接龙"的形式展开,要求后续的交流小组不得重复。每组推选一人作为记录员,将小组展示的内容简洁地记录在黑板上。

活动意图:让学生掌握相关的文学常识,了解作品的文学地位,激发学生阅读小说的兴趣。

预设：

（1）作家作品信息。

（2）作品创作背景。

（3）作品地位评价。

三、概述内容，制作思维导图

学生以小组为单位概述故事内容，每组认领《格列佛游记》的一个部分，要求小组在做好思维导图的基础上进行组内交流。确定好小组发言人，不拘形式做全班展示，其他小组认真倾听或观看，后做补充或提出意见、建议。

活动意图：了解故事梗概，丰富阅读体验。

小组以不同形式的思维导图展现"格列佛"的四段经历。

〔示例〕

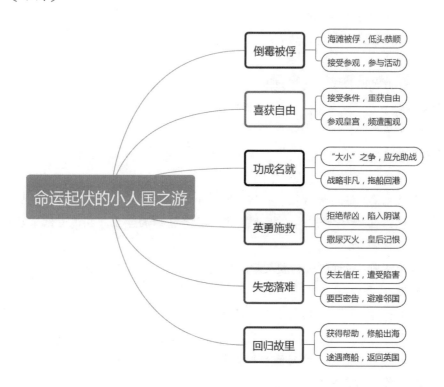

四、交流初读体验

以小组为单位，通过表格的形式交流阅读小说的初步体验，确定小组发言人做全班讨论。

体验感受	相关情节内容
(1)_____	第一次：_____，漂到利立浦特（小人国）。 第二次：不久，格列佛又随"冒险号"出海，不幸遇上风暴，船被刮到布罗卜丁奈格（大人国）。 第三次：一段时间后，格列佛又随"好望号"出海，但_____。格列佛侥幸逃脱。 第四次：格列佛回家后五个月，受聘为_____船长，再次乘船出海。途中水手叛变，他被放逐到_____。
(2)异国风光 _____	小人国_____选拔考核官员；大人国国王评价格列佛同伴为"_____"；_____进行着稀奇古怪的研究；慧骃是有智慧、有理性的马，而耶胡则是_____的奇特生物。
(3)_____ 准确犀利	因_____，引发了小人国之间的战争，实则影射了英法之争；勒皮他对巴尔尼巴比进行残酷镇压，隐喻了_____。大人国是作者对_____统治的倾向性表述；慧骃国则寄托了作者对人类文明发展的思考。

活动意图：深入思考作者的写作意图，初步了解讽刺小说的文体特征。

【课堂小结】

本次导读课借助作品价值、故事概述和思维导图等形式，激发同学们阅读作品的兴趣。《格列佛游记》拥有离奇的情节、深刻的寓意、奇异的科学幻想，是一本雅俗共赏、老少咸宜、亦庄亦谐的好书。它一出版，就出现了"从内阁会议厅到托儿所，到处都在读《格列佛游记》"的现象。《格列佛游记》是浪漫的，又是现实的；是冷峻的，又是暴烈的；是好笑的，又是悲悯的。掩卷之际，不知同学们的心湖之上泛着怎样的涟漪？希望你们能以书为船、以智慧为帆，驶向更加广阔的思想海洋！

【配套练习】

一、填空

1.英国讽刺文学大师_____（人名）以著名的《格列佛游记》和《一只桶的故事》等作品闻名于世。

2.《格列佛游记》讲述的是_____（国籍）船医格列佛因海难等原因流落到_____、_____、飞岛国和_____等地的经历。

3.格列佛在没有金钱、没有军队和警察的_____国向他的主人解释钱的用处，这个国家的人形动物"耶胡"是_____、_____的畜生。

4.格列佛在_____（国名）曾用两根特制的圆棍弹钢琴，国王、王后听了非常满意。

二、选择

1.下列关于《格列佛游记》的表述，错误的是（　　）。

A."耶胡"是《格列佛游记》中出现的一种人形动物，他是贪婪、嫉妒的象征。

B.《格列佛游记》中，格列佛躲在箱子里，不料箱子被老鹰叼走，于是他就从飞岛国直接来到了慧骃国。

C.格列佛是一名船医，他广闻博见，经历磨难，见识了不同国度的风土人情。

D.格列佛离开慧骃国后来到了新荷兰，却被当地土著人射伤，之后又被葡萄牙水手捉住，船长把他带回葡萄牙热情款待。

2.格列佛发现小人国用来选拔官员的方法是（　　　）。

A.拔河比赛　　B.跑步比赛　　C.跳远比赛　　D.绳技比赛

3.飞岛上的人对哪两门学科有很深的造诣（　　　）

A.语文和数学　　B.数学和美术　　C.音乐和美术　　D.数学和音乐

4.慧骃的两大美德是（　　　）。

A.友谊和谦虚　　B.仁慈和孝顺　　C.友谊和宽容　　D.友谊和仁慈

5.大人国的首都"洛布鲁格鲁德"的意思是（　　　）。

A.宇宙的骄傲　　B.伟大的国家　　C.富强繁荣　　D.宇宙之王

三、简答题

1.是什么原因使格列佛误入了小人国？

2.格列佛到达大人国后，遇到过哪些危险？请举出两例。

3.阅读下面的文字，回答问题。

当我这样做的时候，敌人向我放射了几千支箭，有许多射中了我的手和脸。这使我不但感到箭创的疼痛，工作也大大受到干扰，我最怕伤了眼睛，如果不是那时我忽然想到了应急的办法，难免弄得双目失明。

这是小说《格列佛游记》中的一段话。请问文中的"应急办法"是什么？请概括作答。

四、完成下表，做好推进课交流分享的准备

讽刺范畴	故　事	现　实	态　度
（1）	利立浦特 （2） 党和 （3） 党的争权夺利。	英国辉格党和托利党之争。	讽刺、不以为然
哲学文艺	荷马和亚里士多德不满后人对其作品的批注， （4） 承担了自己在自然哲学方面的过失。	从文艺复兴时期进入启蒙运动时期，推崇理性，文化艺术发展迅速。	（5）
科学发展	（6） 的科学家们进行着无数荒诞不经的科学研究。	（7）	保守、疑虑

讽刺范畴	故　事	现　实	态　度
（8）	小人国的宫廷斗争；　（9）　国王否定英国历史；勒皮他的教授接纳破译可疑文件的荒唐建议；"　（10）　"是最卑劣的生物。	文艺复兴后期，社会风气败坏，尔虞我诈、自私自利之风大盛。	尖锐讽刺
国家战争	小端派"利立浦特"和大端派"布莱夫斯库"之间的漫长战争。	（11）	（12）

故事与现实　政治寓言与忧世情怀

——《格列佛游记》推进课

【教学目标】

1. 评析封面设计，对比个性化阅读体验。

2. 发掘国王的差异性，对比人物形象。

3. 比照文本与现实，明晰政治寓言，体会作者的忧世情怀。

【教学重点】

发掘国王的差异性，把握人物形象。

【教学难点】

理解政治寓言，体会作者的忧世情怀。

【教学过程】

一、封面评析

出示多幅常见的《格列佛游记》封面图，请学生选择并思考：如果由你发行这部名著，你将选择哪一幅作为新书的封面呢？以小组为单位进行组内交流，并点评。

概述封面内容：＿＿＿＿＿＿＿＿＿＿＿＿＿＿＿＿＿＿＿＿＿＿＿＿。

我的评价：＿＿＿＿＿＿＿＿＿＿＿＿＿＿＿＿＿＿＿＿＿＿＿＿＿＿。

活动意图：在交流中对比不同个体的阅读体验，丰富对小说的认识。

二、国王猜猜猜

出示国王形象图片和相关文字描述，进行辨析连线，并阐明理由。以小组为单位进行组内交流阐释，并在全班分享讨论。

	一旦那座城市发生叛乱，卷入激烈的内斗，或者拒绝像平常一样忠心或缴纳贡奉，……就是让飞岛浮翔在这座城市及其周围土地的上空，使人们享受阳光和雨水的权利被剥夺，当地居民就会因此而遭受饥荒和疾病的侵袭……岛上还同时可以将大石头往下扔，把他们的房屋砸成粉碎，……A 让飞岛直接落到他们的头上，用这种方法将人和房屋一起统统毁灭。（旁批：_____）
	……规定凡在皇宫范围内小便者，一律以严重叛国罪论处。B 当事人格列佛公然违反该项法令，借口扑救皇后寝宫火灾，竟敢撒尿救火，居心叵测，忤逆不忠，形同恶魔。（旁批：_____）……皇帝陛下命其前往捕捉布莱夫斯库的残余船只，把这个国家变为我国的行省，专派总督管辖。亡命该国的大端派及该国不愿立即放弃大端邪说者，一律斩尽杀绝……
	我的主人（我以后就一直这么叫它）和它的子女们以及家中的仆人们都愿意教我。C 一头畜生竟有理性动物的各种表现，它们认为这实在是一种奇迹。（旁批：_____）每样东西我都是用手指着问它们叫什么名称，我一个人的时候就把这些名称记到自己的日记本里，发音不准确时，我就请家里的马多发几遍帮我纠正过来。这方面，有位当仆人的栗色小马随时都愿意为我效劳。
	国王对我描述的那些可怕的机器以及我提出的建议大为震惊。他很惊异，像我这么一只无能而卑贱的昆虫（这是他的说法），竟怀有如此非人道的念头……D 似乎我对自己所描绘的那些毁灭性的机器所造成的流血和破毁这样普通的结果丝毫都无动于衷。（旁批：_____）……他命令我，如果我还想保住一命，就不要再提这事了。

活动意图：发掘国王的差异性，再探作者寄寓的深刻思想。

三、故事与现实

以小组为单位交流导读课课后作业四，进而深入了解作者的"讽刺范畴"，认识其对该历史事实的"态度"。组内交流完善表格内容，继而进行班级分享和讨论。

讽刺范畴	故　事	现　实	态　度
（1）	利立浦特（2）党和（3）党的争权夺利。	英国辉格党和托利党之争。	讽刺、不以为然
哲学文艺	荷马和亚里士多德不满后人对其作品的批注,（4）承担了自己在自然哲学方面的过失。	从文艺复兴时期进入启蒙运动时期,推崇理性,文化艺术发展迅速。	（5）
科学发展	（6）的科学家们进行着无数荒诞不经的科学研究。	（7）	保守、疑虑
（8）	小人国的宫廷斗争;（9）国王否定英国历史;勒皮他的教授接纳破译可疑文件的荒唐建议;"（10）"是最卑劣的生物。	文艺复兴后期,社会风气败坏、尔虞我诈、自私自利之风大盛。	尖锐讽刺
国家战争	小端派"利立浦特"和大端派"布莱夫斯库"之间的漫长战争。	（11）	（12）

活动意图:在文本和历史之间建立联系,理解作者真实的写作意图。

【课堂小结】

本次阅读推进课借助作品封面评析、国王形象分析和表格明窝等形式,帮助同学们拓展个性化阅读,深入把握人物形象和体会作者的忧世情怀。特别是通过对四个国度四位国王的阐述,斯威夫特对英国的君主政体、议会政治、司法制度、财政、教育、军队、殖民地政策乃至名门贵族、社会风尚,都进行了辛辣讽刺。同学们也都在不同程度上对《格列佛游记》有了更深的理解,认识到在荒诞可笑的表象下面,是作者对人类社会的深刻思考!

【配套练习】

一、填空

1.《格列佛游记》用＿＿＿＿＿、＿＿＿＿＿（国名）来抨击英国18世纪的资本主义统治,颇具＿＿＿＿＿的色彩。

2.慧骃国中的人形动物"耶胡"邪恶、肮脏,作者借此辛辣讽刺了当时英国社会盛行的＿＿＿＿＿主义。

3.利立浦特通过＿＿＿＿＿选拔官员,以在＿＿＿＿＿爬来跳去的本领作为嘉奖的依据,这深刻揭露了英国政坛的＿＿＿＿＿问题,邀宠献媚而无实际才干者往往得以晋升。

二、简答题

1.格列佛经历了四次航行冒险。有人说,格列佛和《鲁滨逊漂流记》中的主人公"鲁滨逊"一样,具有不服输的韧性和敢于面对挑战的坚强。你认同这种说法吗? 为什么?

2.阅读下面的文字,回答问题

"我对它说我一定要尽力保全自己的性命；万一我能回到英国，我希望我能对自己的同类有所贡献。我要向人类宣扬著名的'慧骃'的好处，鼓励人类学习它们的美德。"

文段中的"我"鼓励人类学习"慧骃"的哪些"美德"？作者借此表明了怎样的人生理想？

三、微课本剧脚本编写题

阅读以下两段原文，任选一段编写微课本剧脚本，做好分享课展示的准备。

1.重臣们也常常奉命表演这一技艺……财政大臣佛林奈浦在拉直的绳子上跳舞，比全王国任何一位大臣至少要高出一英寸。我曾见他在一块固定在绳子上的木板上面一连翻了好几个跟斗，那绳子只有英国普通的包装线那么粗。……这种游戏常常会有意外事故发生……听说在我来到这地方一两年之前，佛林奈浦就因此差点儿跌死，要不是皇帝的一块座垫恰好在地上减轻了他跌落的力量，他的脖子是肯定折断了。（请设计财政大臣佛林奈浦向格列佛介绍其对"绳技"的看法。）

2.我记得有一次，我曾在国王面前替一个拐骗了主人一大笔钱的罪犯说情，那人奉主人之命去收款，随后竟携款潜逃。我对皇帝说，这只是一种背信弃义的行为，希望能减轻对他的量刑。皇帝觉得我荒谬到了极点，竟会将最能加重其罪行的理由提出来替他辩护。说真的，我当时无言以对，只好泛泛地回答说，也许是各国有各国不同的习俗吧。必须承认，我那时确实羞愧难当。（请还原此时小人国国王与格列佛之间的对话。）

我是谁
——《格列佛游记》成果分享课

【教学目标】

1.排演微课本剧，体验不同角色的心理境况，体会讽刺艺术的魅力。

2.开展主题辩论活动，深入思考小说的意义和价值。

3.分享阅读方法和成果。

【教学重点】

开展课本剧排演及主题辩论活动。

【教学难点】

重构叙事主体，理解小说价值。

【教学过程】

一、设计排演微课本剧

以小组为单位进行交流展示。

1.重臣们也常常奉命表演这一技艺……财政大臣佛林奈浦在拉直的绳子上跳舞,比全王国任何一位大臣至少要高出一英寸。我曾见他在一块固定在绳子上的木板上面一连翻了好几个跟斗,那绳子只有英国普通的包装线那么粗。……这种游戏常常会有意外事故发生……听说在我来到这地方一两年之前,佛林奈浦就因此差点儿跌死,要不是皇帝的一块座垫恰好在地上减轻了他跌落的力量,他的脖子是肯定折断了。(请设计财政大臣佛林奈浦向格列佛介绍其对"绳技"的看法。)

2.我记得有一次,我曾在国王面前替一个拐骗了主人一大笔钱的罪犯说情,那人奉主人之命去收款,随后竟携款潜逃。我对皇帝说,这只是一种背信弃义的行为,希望能减轻对他的量刑。皇帝觉得我荒谬到了极点,竟会将最能加重其罪行的理由提出来替他辩护。说真的,我当时无言以对,只好泛泛地回答说,也许是各国有各国不同的习俗吧。必须承认,我那时确实羞愧难当。(请还原此时小人国国王与格列佛之间的对话。)

评分标准:

综合得分	形象把握	语言神情	呈现效果
9—10分	深刻把握人物形象,对话设计符合人物定位,交流过程展现人物思想和性格特征。	熟悉交流内容,口齿清晰,节奏合理,神情动作符合人物形象。	根据情境,设计交流双方的台位,合理安排助演,整体配合默契,能给予观众反思或哲思。
6—8分	能够把握人物形象,对话设计符合人物身份,交流过程清晰流畅。	熟悉交流内容,口齿较为清晰,神情动作未能完全展现人物形象。	根据情境,能安排助演,整体配合较为默契,顺利完成情景模拟,能收获一定的现场效果。
5分及以下	人物形象把握欠缺,对话设计流于形式,交流不畅。	交流内容生疏,口齿不清,神情动作与人物形象较为不符。	根据情境,未能安排好角色任务,配合生疏,现场效果欠佳。

活动意图:体验不同角色的心理境况,体会讽刺艺术的魅力。

预设:

(1)小人国跳绳选官中财政大臣佛林奈浦向格列佛介绍其对"绳技"的看法。

〔示例1〕财政大臣看着绳上表演的钻营者们,眯缝着眼,表情露出些许害怕。他说(感慨地):"老兄啊!我每次奉命表演的时候,既想超过从前的自己,又想超过同时表演的人,拼命出演,也曾摔下来,伤得很重,今天想起来还是

有点后怕的。"格列佛看着他（惊讶地），想了想后重重地点了点头，表示认同。转过头的一刹那，他的嘴角嘲讽似的一扬，随即消失，继续和财政大臣一同观看绳上表演。

〔示例2〕财政大臣看着绳上表演的钻营者们，眯缝着眼，右边嘴角上翘，做出不屑一顾状。他说（自豪地）："这里数我最有真才实学，我总是比他们跳得至少要高一英寸呢！"格列佛转过头看着财政大臣，神色崇敬。财政大臣高傲地从鼻孔里"哼"了一声。

〔示例3〕财政大臣看着绳上表演的钻营者们，瞪大双眼，不时点头叫好。他回过头对格列佛说（骄傲地）："我们这里选拔官员是最公正、公平的，不像其他国家，我们靠的是实力。"格列佛扭头看着他，神色崇敬，并翘起大拇指，对着财政大臣重重地点了点头。

（2）小人国国王拒绝格列佛要求减轻"背信弃义"之徒量刑时的惩罚。

〔示例〕

格列佛（无所谓的神情）：国王大人，这个拐骗主人钱财的家伙不过是背信弃义罢了，尊贵的陛下您就不要和他计较了。

国王（惊呆状）：什么？我真不敢相信我的耳朵！在我们利立浦特，这真是荒谬至极的言论！如此罪大恶极的行为，你倒说说凭什么要给他减轻惩罚？

格列佛（诚恳）：尊贵的陛下，利立浦特裁判厅里的正义女神塑像右手拿一袋金子，袋口开着，左手持一柄宝剑，剑插在鞘中，这表示她喜欢奖赏而不是责罚啊！

国王（面色沉静，扬起嘴角）：亲爱的格列佛，确实如你所说，我国奖赏重于责罚。但对于欺诈，是绝对不能容忍的！因为诚信交易无时不在进行，减轻他一个，（音量陡然加重）就是纵容老奸巨猾之辈、流氓无赖之徒！欺诈之人需要立即被处死！

格列佛（内心独白）：我们的法律只有刑罚没有奖赏。赏罚并举，利立浦特的法律令人敬佩。如果我亲爱的祖国也能真正实行这一原则就好了……

二、"格列佛疯了吗？"辩论

出示辩论主题：最终回家与马为伴的格列佛是否疯了？

要求以小组为单位确立好辩题，自由组合，组成辩论的双方，由教师承担主持人的工作，组织辩论并维护好辩论的秩序。

活动意图：深入思考小说的意义和价值。

预设：

板书记录正反方核心观点。

反方核心观点	格列佛疯了：返回英国的他厌恶人类，甚至是自己的亲人，终日与马为伴。马毕竟不是慧骃，格列佛已经无法分清自己的真实意图，被对现实社会的不满所打败，精神分裂，已辨不清自己的生活伙伴了。作者借其表达对英国政体的失望。

VS

正方核心观点	格列佛没有疯：他明确地知道自己心中的真实所想，他追求慧骃的美德与制度。这是作者对现实社会不满的表达。

三、分享深切感悟

以小组为单位，从手法、主旨等方面分享阅读《格列佛游记》的感受和想法，形成小组核心感悟，做全班进行分享交流。

主旨或手法	感受和想法
奇异的想象	（1）
（2）	（3）
内心的"乌托邦"	（4）

活动意图：分享阅读体验和感悟，提高认识深度。

预设：

主旨或手法	感受和想法
奇异的想象	读了小说，我跟随着格列佛经历了有趣而复杂的旅程，见到了那些光怪陆离、荒诞不经的国度，格列佛奇异的想象令人折服，叹为观止。
辛辣的讽刺	读了这本小说，我学习到了一个新名词"政治寓言"。小说中讽刺手法的运用，指导着我将故事内容和当时的历史进行了比照罗列，发现了类似童话故事外衣下的作者的写作意图，那就是对英国社会的无情揭露和批判，而且这种揭露和批判是全方位的，涉及当时社会的各个方面，令人感慨万千。
内心的"乌托邦"	读了小说，我为作者内心的无奈而感伤。作者想要构建起精神上的"乌托邦"，但美好的事物总是不堪攀折、无法永固的。所以，没有找寻到"乌托邦"，最终回家的格列佛似乎"疯"了。不过，"乌托邦"的净土就这样留在了格列佛、作者和读者的心中，让我们正视现实和憧憬未来，有勇气面对现实，把握有痛感的当下，坚守心中的"乌托邦"，在人生的旅途上乘风破浪。

【课堂小结】

《格列佛游记》在同学们的阅读体验中呈现出了不同的风貌，有时它是童话故事，有时它是游览漫记，有时它是讽刺小说，它带给我们的阅读体验是多样的。通过本课的活动，相信同学们都能在原有的阅读基础上，更上一层楼，能更准确、更全面、更深入地看待这部小说，发掘它在情节构成、艺术表现、精神传扬等方面的魅力。其实，阅读任何一部名著都是这样一个由浅入深的过程，坚持自读、唤醒兴趣、深入体验。走好这一个过程，我们才能从一个窗口看到广阔的大海，从璀璨的群星窥得宇宙的浩瀚无边。

【配套练习】

一、填空

①"如果一只'耶胡'拥有大量这样贵重的东西，它就可以买到它所需要的一切，比方说，最漂亮的衣服、最华丽的房屋、大片的土地、最昂贵的酒和肉食，它还可以挑选最美的母'耶胡'。"

②"他们从青年时期就学习一门学问，即搬弄文字，设法证明白的是黑的，黑的是白的，你给他出多少钱，他就给你出多少力。"

上面两段话都是格列佛和＿＿＿＿＿＿之间的对话，第一段话是格列佛费了半天唇舌解释＿＿＿＿＿＿的用处时说的话，第二段话则是格列佛对英国＿＿＿＿＿（职业）的定义。童话色彩只是这部小说的表面特征，尖锐而深刻的＿＿＿＿＿才是这部小说的灵魂所在。

二、加批注

下面是格列佛向大人国国王介绍自己祖国的一段文字，请你为其中的A、B两句画线句做批注，并分享给小组成员。

他所受的教育使他成见极深，终于忍不住，问我是一个辉格党还是一个托利党。他接着转过身去对他的首相（首相手持一根白色权杖侍候在国王身后，那权杖差不多有"王权号"的主桅那么高）说，人类的尊严实在微不足道，像我这么点大的小昆虫都可以模仿。"不过，"他又说，"我敢保证 A 这些小东西倒也有他们的爵位和官衔呢。他们建造一些小窝小洞就当作房屋和城市了，他们装修打扮以炫人耳目，他们谈情说爱，他们打仗、争辩、欺诈、背叛。"（批注A：＿＿＿＿＿＿＿＿＿＿＿＿＿＿＿＿＿＿＿＿＿＿＿＿＿＿＿＿＿）他就这样滔滔不绝地一直说下去，把我气得脸一阵红一阵白。B 我那伟大祖国的文武百官都堪称霸主，它可使法国遭灾，它是欧洲的仲裁者，是美德、虔诚、荣誉和真理的中心，是全世界仰慕和感到骄傲的地方。（批注B：＿＿＿＿＿＿＿＿＿＿＿＿＿＿＿＿＿＿＿＿＿＿＿＿＿＿＿＿＿）这样一个伟大的国家，想不到竟如此不被放在眼里。

三、仿写

"一天晚饭的时候，我说的一句话把他惹恼了。这个坏家伙站在王后的椅子上，一把将我拦腰抓起来，扔进了盛满奶酪的银碗里，然后撒腿就跑掉了。当时我正要落座吃饭，根本没想到有人会害我，所以没有任何防备，便一头栽进碗里。幸亏我擅长游泳，不然可要吃大苦头了，后果也会不堪设想。"

上面这一片段是对格列佛在大人国的宫廷中受到王后的恩宠，王后的侏儒因此嫉妒格列佛并对其实施的报复行为的描写。请你仿照这段文字，通过动作和心理描写来展现侏儒的形象。

◈ 中考链接

真题 ❶

原题呈现（2018 年江苏徐州卷）

下列关于文学文化常识的表述，正确的一项是（　　）

A.《水浒传》是我国第一部歌颂农民起义的长篇章回体小说；《格列佛游记》中讲述利立浦特与邻国兵戎相见，是在影射当时英俄两国之间的连年战争；《昆虫记》除真实记录昆虫的生活外，还透过昆虫世界折射出人类社会。

B.《杨修之死》《香菱学诗》《狼》《范进中举》分别选自我国古典长篇小说《三国演义》《红楼梦》《聊斋志异》《儒林外史》，作者分别是施耐庵、曹雪芹、蒲松龄、吴敬梓。

C.古文标题中表明文体时，"序"一般是用以陈述创作主旨及经过的一种文体；"说"是一种说明文体；"表"是古代向帝王上书陈情言事的一种文体。

D.古时住宅旁常栽桑树、梓树，后人就用"桑梓"指家乡；"长河落日圆"中的"河"指黄河；"晋太元中"的"太元"是年号；《范文正公集》中的"文正"是谥号；"吴广为都尉"中的"都尉"是官名。

思维层次：低阶思维，考查掌握文学文化常识的情况。

阅读能力：此题考查的是对文学文化常识的识记程度。

命题特点及解题策略：将多个文学文化常识进行罗列阐述，学生需要对选项进行判断和辨析，最终可以判断出表述正确的是选项 D。本题涉及《格列佛游记》的内容中讲述利立浦特与邻国兵戎相见，是在影射当时英法两国之间的连年战争，而非"英俄两国之间"。文学文化常识的考查主要集中在作家信息、作品内容、文体知识等方面。重点记忆课本中涉及的和名著导读中列出的作品。平时注意积累，理出线索，形成体系。

参考答案：

D

真题 ❷

原题呈现（2018 年河南卷）

下面两张图片分别是两部名著中的插图，请任选一幅，简述与画面内容相关的故事情节。

①《鲁滨逊漂流记》

②《格列佛游记》

思维层次：低阶思维，考查对名著小说情节的识记和梳理。

阅读能力：完成此题，需要在对小说内容充分熟悉的基础上，明确关键节点，梳理出主要情节，牵连回忆次要情节、关键细节，以大带小，调动之前的阅读积累。

命题特点及解题策略：小说情节通常由一组或若干组具体的生活事件组成，统领于一条基本情节线索之下，包括许许多多的细节。故解答情节概述题时要抓住时间、地点、主要人物及事情的起因、经过、结果。概述时既不要具体描写，也不要加以分析和议论。不必要的情节或形容词可省略，力求故事完整、重点突出、细节真实、语言简洁。

参考答案：

格列佛随"羚羊号"出航南太平洋。不幸中途遇险，格列佛死里逃生，漂流到利立浦特王国（小人国），被小人捆住。利立浦特人用专车把体积巨大的格列佛运到都城献给国王。

真题 ❸

原题呈现（2019 浙江嘉兴卷）

阅读下面的文字，回答问题。

我还没走多远，就碰上了一只动物实实地挡在路上，并且一直向我走来。那丑八怪见到我，就做出种种鬼脸，两眼紧紧地盯着我，就像看一件它从未见到的东西。接着它向我靠拢过来更近了，不知是出于好奇还是想伤害我，一下抬起了前爪。我拔出腰刀，用刀背猛击了它一下……

上段文字中的"我"是谁？"我"在性格上有很多优点，请结合选文之外的内容，谈一谈"我"身上的一个优点。

思维层次：高阶思维，主要考查学生通过梳理相关事件对主要人物形象进行分析和理解的能力。

阅读能力：完成此题，需要学生熟识小说内容，梳理与主要人物相关的情节内容，进而对人物形象有深入的理解。

命题特点及解题策略：关于人物形象的理解与分析题，首先要对人物有一个总体的把握，再结合具体事件针对人物的外貌、语言、动作、心理等的描写作答。此外，名著中的人物往往具有复杂的性格，这就要求我们用辩证的眼光去分析。

参考答案：

"我"指格列佛

［示例1］爱憎分明——格列佛勇于帮助小人国抵抗外族入侵，但断然拒绝为小人国国王的侵略扩张政策效劳。

［示例2］善于反思进步——格列佛在大人国皇宫和皇家学者辩论，没想到他引以为豪的讲述会遭到国王的指责。他开始反思自己国家的种种弊端。

真题 ④

原题呈现（2017年江苏淮安卷）

格列佛曾到飞岛国的科学院参观，看到了很多奇特的研究，请简要说说作者写那些研究有何目的。

思维层次：高阶思维，考查学生把握内容主旨与艺术手法的能力。

阅读能力：完成此题，需要学生充分熟悉小说内容主旨，并在对小说语言和写法特色了然于胸的基础上作答。

命题特点及解题策略：欣赏小说的写作特色，一般是从语言和写法入手，紧扣作品主题或作者的感情倾向作答，有时需要联系自身的生活体验。本题考查这部小说的主要艺术特色——讽刺手法的运用。要结合相关情节，体会批判精神，关注作者对科技的态度，从而形成理解写作目的的基本思路。

参考答案：

格列佛在访问飞岛国的科学院时，发现科学家们正在进行各种可笑的研究：有的在埋头设计如何从黄瓜里提取阳光，有的想把粪便还原为食物等；在学校教育中，他们甚至准备取消词汇，以物示意。作者运用反语的手法，讽刺了那些脱离实际、脱离生产的"科学研究"（或科学家），表达了自己对当时英国社会自然科学快速发展的疑虑。

真题 ⑤

原题呈现（2018浙江杭州卷）

某校九年级同学在阅读《格列佛游记》时，认为作者关于"耶胡"的描述是对人类的丑化。对此。你该怎么反驳？

思维层次：高阶思维，考查对名著内容主旨、艺术手法和写作目的综合分析理解的能力。

阅读能力：完成此题，需要结合整本书阅读的经验，对考查内容进行变式转换。

命题特点及解题策略：解答综合类、创新类题目，要反复审题，透视其考查本质。

形式虽在变，但实质还是考查主要情节、人物形象、中心主旨、艺术手法等相关内容。本题借助辩论的形式，实质上是考查对名著内容主旨、艺术手法和写作目的的分析与理解。

参考答案：

［示例］斯威夫特对"耶胡"的描述，恰恰表达的是对人性真善美的追求！（观点）人形动物"耶胡"是邪恶、肮脏的畜生，它们面目可憎，行为举止反映了自身最野蛮和原始的欲望，它们不懂得克制，贪婪、无信、嫉妒。如"耶胡"钟爱石头，一连"几个整天"挖取，而且还要"成堆地埋藏"（内容）。作者借此讽刺了英国社会的拜金主义思潮及人类的伪善（艺术手法）。这不是对人类的丑化，反而是促使读者反思"假丑恶"，趋向"真善美"（写作目的）。

《简·爱》

推荐版本

作者：[英]夏洛蒂·勃朗特著，宋兆霖译

出版社：人民出版社

出版时间：2020年1月

作品梗概

简·爱的父母相继去世，她从小就被寄养在舅父母家里。舅母里德夫人很讨厌简·爱，舅父里德先生去世后，里德夫人更加憎厌简·爱，经常欺侮她，折磨她。后来在劳埃德先生的建议下，她被送进了洛伍德学校。

在洛伍德学校，简·爱受到了精神和肉体上的摧残。在时疫的侵袭下，她最好的朋友海伦因肺病而去世。后来谭波尔小姐离开了学校。最终，简·爱厌倦了洛伍德学校的生活，于是登广告谋求家庭教师的职业，桑菲尔德庄园的女管家聘用了她。

在担任家庭教师期间，简·爱发现她的主人性格忧郁、喜怒无常，后来两人又多次交谈，才互相有了改观。一天，简·爱在睡梦中被一种笑声惊醒，发现罗切斯特的房间着了火，简·爱叫醒他并帮助扑灭了火。罗切斯特和简·爱的感情日益深厚，但两人都没有表露。在一次家宴上，罗切斯特通过向英格拉姆小姐献殷勤来试探简·爱对自己的爱情。最终相爱的两人吐露心声，决定步入婚姻殿堂。

当婚礼在教堂进行时，突然出现的梅森指证：罗切斯特先生15年前已结婚，他的妻子就是那个疯女人。法律阻碍了他们的爱情，两人陷入深深的痛苦之中。简·爱经过激烈的思想斗争，最终决定离开罗切斯特。不久，简·爱得知去世的叔叔留给她一笔巨额遗产，简·爱毫不犹豫地将财产平分给了她的表兄妹。圣·约翰请求简·爱嫁给他，简·爱在理智地思考后拒绝了他。

怀着对罗切斯特的思念，简·爱回到桑菲尔德庄园，但那座宅子已成废墟，她通过打听得知疯女人放火后坠楼身亡，罗切斯特也受伤致残。简·爱在芬丁庄园找到了罗切斯特，再次相遇的缘分让他们的爱情更加浓烈，两人结了婚，幸福地生活在一起。

思维导图

情节发展图，小说的主要故事情节见图1。

人物关系图，简·爱在盖茨海德府、洛伍德学校、桑菲尔德庄园、沼泽山庄、芬丁庄园遇到的人物见图2。

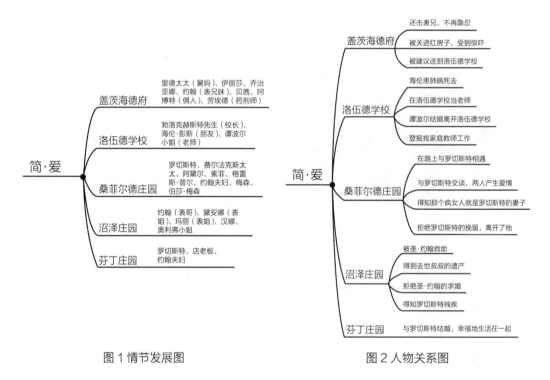

图1 情节发展图　　　　　　　　　图2 人物关系图

作者介绍

夏洛蒂·勃朗特，英国女作家。她与两个妹妹，即艾米莉·勃朗特和安妮·勃朗特，在英国文学史上有"勃朗特三姐妹"之称。

1816年，夏洛蒂出生于英国一个贫穷的乡村牧师家庭，排行老三，有两个姐姐、两个妹妹和一个弟弟。母亲早逝，8岁的夏洛蒂曾在寄宿学校求学，成年后一直担任学校教师及富贵人家的家庭教师。1847年，夏洛蒂·勃朗特出版长篇小说《简·爱》，轰动文坛。她将自己的生活经历和思想感情倾注在简·爱的形象中，再加上第一人称的叙事角度，仿佛作品里的简·爱就是生活中的夏洛蒂，因此《简·爱》是一部具有较强自传体色彩的长篇小说。她另有作品《维莱特》（1853）和《教师》（1857），这两部作品均根据其本人生活经历写成。

当时的英国，妇女社会地位低下，虽然经历了三次宪章运动，成千上万的工人和劳动群众参加争取自身权利的斗争，但是妇女在社会上的地位并没有得到改善，妇女没有获得自由的权利，男女地位仍旧不平等，妇女的情感世界更是被人践踏、戕害。夏洛蒂塑造了简·爱这一人物，反映了作者希望妇女摆脱压迫和歧视，实现平等和自由的强烈愿望与追求。

◎ 文学地位

英国作家萨克雷高度评价《简·爱》："一位伟大天才的杰作。"杰作中的主要形象——简·爱，是英国文学史上第一个对爱情、生活、社会及宗教都采取独立自主的积极进取态度和敢于斗争、敢于争取自由平等地位的女性形象，有其深远的历史意义。著名学者朱维评价《简·爱》——"《简·爱》描写了一个谦谨、坚强而有独立精神的女性的形象，在英国文学妇女画廊中独树一帜"。这正好印证了《简·爱》的崇高地位，它不仅是英国的，也是全世界的优秀作品。夏洛蒂笔下的简·爱与列夫·托尔斯泰笔下的安娜·卡列尼娜、雨果笔下的爱斯梅拉达等，共同组成世界文学中伟大的女性群像。

◎ 核心价值

◎ 核心知识

（一）女性主义的经典作品

《简·爱》是一部经典的女性主义作品，在英国文学史乃至世界文学史上都有着举足轻重的地位。这部作品站在女性的角度审视爱情和婚姻，提出并揭示了女性成长要面临的各种问题，着重阐述了女性的立场，有意识地描述了女性的独立和抗争，以及对平等的追求和向往，对男女地位的改变充满了决心和勇气，把女性解放提升到了一个新的高度。

（二）第一人称的叙事角度

《简·爱》是一部带有自传体色彩的小说，它采用第一人称"我"来展开叙述，包括童年自白中的"我"、成年讲述中的"我"和跨时空讲述中的"我"。

1.童年自白中的"我"

在简·爱幼年时期，"我"是用儿童的眼光去描述和感受周围世界的。运用第一人称将简·爱儿童时期内心的痛苦、无助真切地带到读者的情感中。

2.成年讲述中的"我"

在追忆往事的过程中，"我"以一个成年人的视角来看待小时候的故事。这一视角能够使叙述者从宏观的角度去看待和总结小时候发生的事，也使叙述形式更加饱满。

3.跨时空讲述中的"我"

在作品中，有时作者会称呼"读者"或"亲爱的读者"，这实现了从叙述向与读者的对话。这种跨时空的对话，使读者能够从不同的角度去看待同一件事情，最大程度地弥补在叙述过程中呈现出来的不真实性。

通过第一人称的叙事角度，叙述者把自己与主人公等同起来，以手写心，所以字里行间才会情真意切，感人肺腑。

（三）资料引用

"每一个民族的文学作品，都植根于它深厚的文化土壤。《简·爱》在叙事描写或人物对话中，经常涉及欧洲的历史、地理、文学、宗教等内容"，如《圣经》的引用、注释就多达几十处，体现了作者希望男女平等、人人都有追求幸福权利的新宗教文化理念。除此以外，作品还"常常引用古希腊神话、莎士比亚剧作等古代名著，偶尔使用法语、德语、意大利语等多国语言，这些都彰显了作者丰厚的人文素养，体现了小说特有的文化内涵"。

◎ 核心能力

（一）鉴赏突出的描写手法，解读人物和情节

1.细腻的心理描写

作者用细腻的心理描写来展现女主人公丰富复杂的内心世界。例如，往往通过人物激烈的矛盾冲突来描写心理。作者还往往通过不同人物对同一事情的不同态度，或同一人物对同一事情前后的不同态度来反映人物的心理状态。当简·爱从约翰口里得知她是巨额遗产继承人时，她沉默不语，面无喜色；但当简·爱从约翰那里得知他就是自己的表哥时，她欣喜若狂。作者通过这样的对比描写，展现出简·爱内心对亲情的渴望和珍爱。

2.丰富的景物描写

《简·爱》多处运用景物描写，不仅有自然景物的描写，还有虚幻景物的描写。自然风景的描写有的渲染人物悲哀伤感的情绪，有的表现主人公的欢欣愉悦，有的暗示了人物的发展命运。除了描写现实中的自然风景，作者还发挥想象描写主人公脑海中的虚幻景物，从而更好地表达他们的内在感受。通过景物描写，含蓄地反映女主人公的心路历程，使人物形象突出，推动故事发展。

（二）分析巧妙悬念，感受阅读期待

《简·爱》最明显的悬念就是爱情故事本身，例如：简·爱和罗切斯特的相见，打破了传统"英雄救美"的相识模式。他们一个身材瘦小、相貌平平，另一个严肃冷酷、性情多变。这些为简·爱与罗切斯特之间的爱情蒙上了一层神秘的面纱，让读者充满兴趣和期待。

（三）品味诗意语言，体会表达效果

《简·爱》这部作品中语言特点十分凸显，引人注目。它有时通过白描的手法平铺直叙出诗的意境，有时将普通的语言调整转换，形成诗歌的语言，从而更好地体现人物内心的情感。作者用诗情画意的语言来描述简·爱的内心，烘托出她的情绪。

（四）联系时代背景，理解独特形象

在夏洛蒂·勃朗特的创作时期，英国妇女依然处于从属、依附的地位。简·爱具有强烈的自尊心和反抗精神，又是个敢于追求自由、平等和拥有独立人格的女性，这集中体现在她对爱情的追求上。面对罗切斯特，虽然地位悬殊，她却敢于追求爱情，因为她坚信每个人在精神和人格上都是平等的。但当得知罗切斯特疯了的妻子还活着时，她拒绝了罗切斯特，因为她要的是一份有尊严的爱。简·爱这个独特的女性形象，在 19 世纪欧洲文学史上独树一帜，被后世视为现代女性的楷模。

◎ **核心策略**

（一）外化输出策略

外化输出是指在阅读过程中，以口头或书面的形式，把对文本的理解外显出来。以学生内化理解为基础，运用各种策略促进学生外化输出。只有将内化、外化相结合才能够促进理解的深入。例如通过为男女主人公的经典对话配音、课本剧表演、诗歌创作等活动，促进学生深度学习，加深学生对小说内容、情感等的理解把握。

（二）内容重构策略

摘取作品中某个人物或者某个事件的关键信息，将之组织在一起，相对完整地呈现人物形象，梳理事件发展的脉络，这种策略叫作内容重构。

如将简·爱和罗切斯特的爱情历程进行重构，可以重构出不同阶段两人的心理和关系的变化，会较好地理解简·爱和罗切斯特的爱情的内涵。除此以外，在探究人物形象时，与简·爱相关的情节可以重构提炼为面对逆境、友情、爱情、金钱四个方面。通过这一策略，能比较全面地分析、理解某一重要内容，在集中、精细地解读中，走向文本深处，获得新的体验和感受。

（三）联结策略

阅读本书，可以在"文本内""跨文本"和"联结生活体验"三个层次的联结阅读中获得真切、深刻的阅读感受。同为第一人称叙述的《简·爱》和《呼啸山庄》这两本书，可以进行跨文本的联结。例如，两者的叙述模式有许多不同。《简·爱》是单一叙述者，《呼啸山庄》是多重叙述者；《简·爱》采取了单层叙事结构，时间和空间一一对应，《呼啸山庄》采取了多维叙事结构，时间和空间交错。通过这一策略，分析、理解、评价等高阶思维能力得到培养、锻炼，从而开辟出一片新视野。

（四）跨界阅读策略

不同媒介对同一主题的呈现方式不同，也为我们的理解开辟了多条道路。例如，小说《简·爱》以第一人称"我"按照顺叙的方式讲述，用有温度的文字塑造了一个自我意识强烈、自尊、自爱、自强的女性形象。而电影中通过光线、图像、音乐、语言等符号进行人物形象的塑造和主题的表达。学生通过比较，可以体会不同的艺术形式在表现人物、设置情节方面的特点，立体化地品评人物，加深对原著的理解。不同的媒介呈现同一作品的"同"和"异"正是我们深入阅读的切入点，值得细细品味。

◎ 精神文化

（一）追求独立的女性意识

在追求爱情的过程里，简·爱主动大胆地向罗切斯特表白。虽然地位悬殊，她却敢于追求爱情，因为她坚信每个人在精神和人格上都是独立、平等的。当得知罗切斯特疯了的妻子还活着时，她拒绝了罗切斯特，因为她要的是一份有尊严的爱。

当代中学生要理解"独立"的真正含义，不是青春期肆无忌惮的叛逆，而是像简·爱一样，拥有强烈的自尊心，面对不正当的压迫要有反抗精神，敢于追求自由、平等，追求独立人格。

（二）追求人格的成熟与完善

失去父母而寄人篱下的生活造成简·爱性格上的缺陷：自卑、敏感、暴躁、孤僻。所幸简·爱也是倔强坚强的，她一直在不停地寻求出路。在洛伍德学校，她努力朝向海伦与谭波尔小姐所代表的阳光的一面。罗切斯特的出现，让她感受到与高尚的灵魂交流的快乐。简·爱实现了精神上的自我强健及对自己平凡生活的超越。简·爱最后毅然离开桑菲尔德庄园，是因为她要找到属于自己的完整的精神世界，韧性与智慧使她变得更加勇敢坚强。简·爱在不断地选择中走向自我的成熟完善。

初中不仅是学习文化知识的重要阶段，也是培养健全、美好人格的重要三年。只有不断自我修正、自我塑造，才能走向人格的成熟与完善。

（三）探究爱情内涵，思考爱情真谛

《简·爱》较之灰姑娘的故事有着全新的突破，简·爱"实在不算漂亮"，她身材矮小，其貌不扬，甚至性格也不够温顺；而男主人公罗切斯特除了出身名门、家财万贯这两点与灰姑娘故事模式中的"王子"相近，相貌和性格与"王子"也是相差甚远。他们产生的爱情保留了纯粹灵魂的交流，摒弃了悬殊的阶级、迥异的经历，而最终走向永恒，他们爱得真挚、爱得独立、爱得永恒，这样的爱情弥足珍贵。

⚙ 自主初读

◎ 阅读规划

阅读进程	阅读章节	阅读时间	阅读该部分感受最深的一点	阅读该部分最大的疑惑	自我评价（优、中、一般）	教师评价（优、中、一般）
进程一						
进程二						
进程三						
进程四						
进程五						
……						

⚙ 任务伴读

◎ 进程一

任务推进

阅读规划	任务单	重点能力指向
范围：第1—4章。时间：4天阅读完毕。	1.完成表格，分析"简·爱身边人物与童年简·爱的关系"，谈谈你的发现。 表格：人物分析——里德太太、约翰、贝茜、阿博特、劳埃德、勃洛克赫斯特先生；对简·爱的态度；简·爱的回应；探究发现 2.摘录两处心理描写，并做批注。	1.通过分析人物之间的关系，梳理该部分的主要内容，并引导学生分析、评价简·爱的性格特点。 2.通过给心理描写做批注，引导学生关注作品的主要艺术手法。

阶段性检测

1. 里德太太和勃洛克赫斯特先生谈完话后，她送给简·爱一本_____（书名），并嘱咐她祷告后再读，尤其注意"一个满口谎言、欺骗成性的淘气鬼"的部分。简·爱建议里德太太把这本书送给_____。

2. 被迫在芦苇荡放鸭子的杜小康是孤独的，被迫关在红房子里的简·爱是孤独的，他们孤独的内涵是否一样？请阐述理由。

◎ 进程二

任务推进

阅读规划	任务单	重点能力指向
范围：第5—10章。 时间：4天阅读完毕。	1.填写表格，分析海伦、谭波尔老师和简·爱的关系。 表格（人物/分析：海伦、谭波尔老师） 与简·爱之间的主要情节 结局 对简·爱的影响 2.摘录两处景物描写的语句，一处描写自然景物，一处描写虚幻景物，并做批注。	1.通过表格，分析海伦、谭波尔老师和简·爱的关系，感受她们对简·爱的积极影响。 2.通过给景物描写做批注，引导学生关注作品的主要艺术手法。

阶段性检测

1.简·爱在_____住了8年，又做了2年教师，认识的第一个朋友是海伦，最喜欢的老师是谭波尔老师。后来简·爱厌倦了这种生活，登广告谋求_____的职位。

2.在进程二的学习中，同学们选取了《简·爱》的部分内容，将其改编成课本剧。以下是课本剧的节选内容。

（简·爱被罚站之后）

简·爱：海伦，周围的人都不会跟一个撒谎的姑娘在一起，他们会鄙视我，不喜欢我。你干吗还跟我待在一起呢？

海伦：简，你错了！哪怕全世界的人都恨你，都认为你坏，只要你自己问心无愧，相信自己是无辜的，你就不会没有朋友了。

（谭波尔老师把简·爱、海伦领到她的房间去）

谭波尔："都过去了吗？有没有把你的悲伤全都哭掉？"

简·爱："我怕我永远哭不掉了！我是冤枉的。现在你、小姐，还有别的人，都会以为我是很坏了。"

谭波尔："你自己证明是个怎样的人，我们就会把你看成是个怎样的人。我的孩子，继续做个好姑娘吧，你会让我们满意的。"

……

请从神态、动作、语气这三个角度出发，为简·爱、海伦、谭波尔老师进行舞台设计，并说明这样设计的理由。

人物 / 角度	神态	动作	语气	设计的理由
简·爱				
海伦				
谭波尔老师				

◎ **进程三**

任务推进

阅读规划	任务单	重点能力指向
范围：第11—27章。 时间：12天阅读完毕。	1.填写表格，完成简·爱和罗切斯特爱情历程的专题探究。 （见下表） 2.找出该部分的一处悬念，并说说这样设置的妙处。	1.通过"简·爱和罗切斯特爱情历程的专题探究"，既梳理他们爱情发展的过程，又在整合分析中探究爱情的内涵，思考爱情的真谛。 2.通过找悬念，分析巧妙之处，较深入地赏析设置悬念这种艺术手法。

历程 \ 分析	典型情节	两人的心理	两人的关系	探究发现
初次相遇				从两人爱情历程的发展变化来看，我发现了：
深入交流				
渐生爱意				
试探与回应				
互表心意				
挽留与离开				

阶段性检测

1.完成以下思维导图，梳理简·爱的三次救助和伯莎的三次破坏的情节。

2.以简·爱的名义向罗切斯特写一封告别信，不少于100字。

◎ **进程四**

任务推进

阅读规划	任务单	重点能力指向
范围：第28—35章。 时间：10天阅读完毕。	1.请你用思维导图画出简·爱的心路历程。 2.比较圣·约翰对简·爱的感情与罗切斯特对简·爱的感情的不同之处。	1.通过画思维导图，体会简·爱心路历程的变化。 2.通过比较，思考圣·约翰和罗切斯特不同的爱情观。

阶段性检测

1.圣·约翰准备去＿＿＿＿＿当传教士，他教简·爱学习＿＿＿＿＿语，以便自己更快地学习。

2.简·爱在追求独立的女性意识的过程中，反抗了不同男性人物对她的压迫。这些男性依次是约翰·里德、勃洛克赫斯特校长、罗切斯特和圣·约翰，请从如何压迫和如何反抗这两个角度进行阐释。

◎ 进程五

任务推进

阅读规划	任务单	重点能力指向
范围：第36—38章。 时间：4天阅读完毕。	1. 摘录心理描写和景物描写的句子各两句。 2. 如果邀请简·爱为我们做一番演讲，你最想听到关于哪种主题的内容？请从以下三个主题中任选其一，并结合简·爱的经历和当下的实际，为她拟写一篇演讲稿（至少500字）。 A. 独立的女性意识 B. 人格的成熟与完善 C. 爱情的真谛	1. 通过摘录，让学生再次回顾这两种几乎贯穿全文的描写方式。 2. 通过演讲的方式，使学生能联系社会生活和个人经历，深入理解简·爱的精神品质，能给自身成长带来启发。

阶段性检测

1. 小说按照时间顺序写了主人公在五个地方的活动，这五个主要地方分别是：

_____、_____、_____、_____、_____。

2. 比较下列甲、乙两个语段，你觉得哪个更好？请说明理由。

【甲】

"那你要跟我待在一起？"

"当然——除非你反对。我要做你的邻居、你的护士、你的管家。我发觉你很孤独，我要跟你作伴——给你念书，陪你散步，坐在你身边，伺候你，做你的眼睛和双手。别再那么一副愁眉苦脸的样子了，我亲爱的主人，只要我活着，就不会撇下你孤孤单单一个人。"

【乙】

"那你要跟我待在一起？"

"当然——除非你反对。我要做你的邻居、护士和管家。我发觉你很孤独，我要跟你作伴——给你念书、散步，坐在你身边伺候你，做你的眼睛和双手。别再那么一副愁眉苦脸的样子了，我亲爱的主人，只要我活着，就不会撇下你孤孤单单一个人。"

◎ 课型推进

◎ 阅读课规划

教学阶段	主要内容	教学资源	设计意图
导读课	了解作家、作品内容、主要人物、主要故事情节及阅读小说的方法。	不同版本的《简·爱》原著、思维导图、阅读小贴士。	通过阅读指导，使学生形成对作品的阅读期待。
推进课1	结合相关语段，从多个角度探究简·爱的性格特点。	阅读中的推敲策略、联结策略，关于简·爱的不同角度的阅读材料。	掌握分析主要人物的方法，深化对人物思想的理解，能形成自己的感受与评价。

续表

教学阶段	主要内容	教学资源	设计意图
推进课2	通过梳理作品中有关简·爱爱情的段落,展开何为"爱情的真谛"的讨论,形成正确的爱情观。	故事背景材料、阅读小贴士、舒婷的《致橡树》。	在收集、梳理资料中对"爱情观"能有自己的理解,在探究分析中能形成正确的价值观。
推进课3	观看改编的不同版本的电影、话剧,欣赏表演,品鉴对白,小组分工合作,选择自己喜欢的场面,进行编排演出;精选男女主人公经典对白,进行配音表演。	不同版本的电影、话剧改编的表演剧本。	通过运用跨界阅读策略,比较影视作品与原著在情感和语言表达上的异同,加深对作品的理解。
成果分享课	举行"配音秀"等展示汇报表演,可以是男女对白,也可以是课本剧表演、情景剧表演等,鼓励学生通过多种方式展示自己的阅读收获。	1. 改编的课本剧; 2. 去掉原声的电影桥段; 3. 表演评价标准量表; 4. 学生成果分享的PPT。	通过学生的倾情表演,加深学生对作品的了解,感受主人公自尊、自强、自爱,追求平等、独立的性格特点;对爱情观能有自己正确的判断。

◎ 专题探究信息一览表

专题	探究指向	阅读策略	思维层次
专题1:探究简·爱的人物形象	探究人物形象、内容重组	比较策略、推敲策略、内容重组策略	分析、探究、比较、评价
专题2:思考爱的真谛	阅读文学作品后形成的体验感受与评价能力	信息收集筛选策略、比较策略、关联策略、整合策略	分析、比较、综合、评价、创造、质疑
专题3:欣赏与排演	对作品的理解能力及创造能力	跨界阅读策略、分析比较策略	分析、比较、综合、评价、创造

走进"现代女性小说的楷模"
——《简·爱》导读课

【教学目标】

1. 运用思维导图梳理地点转换及人物成长的过程,感知故事情节。

2. 初步了解阅读外国小说的方法。

【教学重点】

学会阅读外国小说的方法,感知故事情节。

【教学难点】

学会运用思维导图的方式梳理内容。

【教学过程】

一、我是挑选最佳版本的能手

在阅读小说时,碰到的最大问题就是版本多,我们可以查阅一些图书评论或专家推荐资料,选择好一些的版本来阅读。

那么如何在众多的翻译版本中挑选适合阅读的版本呢？

译文一

"可是路很远啊，先生。"

"没关系——像你这样有见识的姑娘总不会怕航行和路远吧。"

"不是怕航行，而是怕路远，再说，还有大海隔开了……隔开了英格兰，隔开了桑菲尔德，还有……"

"什么？"

"还有你，先生。"

（选自《简·爱》，商务印书馆，宋兆霖译）

译文二

"路很远，先生。"

"没关系——像你这样有见识的姑娘不见得会反对旅行和路远吧。"

"旅行倒没什么，就是路远；再说，还隔着海——"

"和什么隔着海，简？"

"和英格兰，和桑菲尔德，还和——"

"呃？"

"和你，先生。"

（选自《简·爱》，上海译文出版社，祝庆英译）

总结比较方法：

第一，了解对话是在怎样的情境下进行的；

第二，要关注译本的语言是否符合人物的性格特点。

二、我是疫情防控志愿者

随着新冠肺炎疫情的升级，英国确诊人数也越来越多，为控制疫情，英国启动了紧急防控计划，其中包括了人员管控措施。假如简·爱不幸被确诊为新型冠状病毒感染者，同学们是这次疫情防控的志愿者，请排查简·爱去过的地点和疑似的密切接触者，杜绝病毒传播。

完成思维导图，梳理简·爱去过哪些地方，身边有哪些密切接触者。

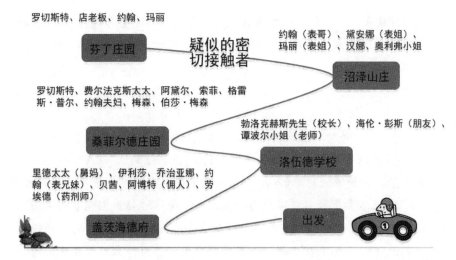

小结：通过这张思维导图，我们梳理了简·爱的经历，在盖茨海德府经历了苦难的童年，在洛伍德学校艰难地成长，在桑菲尔德庄园体验了爱情，在沼泽山庄和表兄妹相认，在芬丁庄园和男主人公重聚。发现了几个主要地方和简·爱的成长连接在一起的，这种结构叫"链式结构"。简·爱的心灵正是在一次次出走中成长、丰富起来的。

小贴士：地点的转换标志着情节的发展和人物的成长，这种关系被称为"链式结构"。

小结：阅读作品还可以通过关注目录和序言，了解小说的主要内容、写作背景、名家评论、作家经历等等，这样有助于我们更快地进入整本书开展阅读。

三、我来讲讲简·爱的故事

〔示例1〕"红房子的故事"。简·爱小时候寄宿在舅妈家。一天，表哥又欺负她，简·爱和他发生争执，舅妈袒护表哥，不分青红皂白地把她关进了红房子，在那里，简·爱因极度恐惧，幻想自己看见了舅舅的鬼魂，被吓晕了。

〔示例2〕"洛伍德往事"……

〔示例3〕"简罗初遇"……

〔示例4〕"婚礼风波"……

〔示例5〕"荒野呼喊"……

小结：简·爱的这些故事，表现了她对自由平等的追求，对幸福生活的渴望。

小贴士：提要式读书法，将最能表现中心的重点内容提炼出来，并以概括故事情节的方式呈现出来。

教师小结：

运用"讲故事"的方式，让学生将主要情节进行"过电影式的回放"，梳理作品的写作思路，形成整体印象，有趣、有用。同时也便于后面顺着这个切入点，逐步深入阅读名著。

【配套练习】

1.【甲】"我觉得大地在一阵一阵地震动，像有什么沉重的东西掉到了地上"……我惊恐到了极点，正要放声大叫时，（A）赶到了，（A）抓着了我的手，扶我下来。我紧紧地抱着（A），为又一次接触到坚实的大地而高兴得发狂。

【乙】"我跟总管算账，发现上两个星期中，居然给姑娘们吃了两次面包和点心。这是怎么回事？""这件事得由我负责，先生，"（B）回答，"早饭做坏了，学生们没法吃，我不敢让她们一直饿到中午。""为什么她或者任何人，还留着卷发？什么，在一个福音的慈善机构里，居然违反这里的一切清规戒律，公然梳起卷发来了？""她的头发是天然卷的。"（B）更是若无其事地回答。

【甲】【乙】两段文字分别选自_____的_____和_____的_____，两段文字都刻画了老师的形象，其中（A）是_____，（B）是_____。

2.《简·爱》中的简·爱、《钢铁是怎样炼成的》中的保尔、《骆驼祥子》中的祥子，均性格鲜明，个性突出，但结局各异。请选择其中的一个人物，概括其性格特征（限20字以内），并简要概述其结局（限30字以内）。

3.根据名著，回答下列问题。

人生路上，爱情是美好的，但也是扰人的。如果你的朋友遭遇到"感情与尊严"（或"爱情与婚姻"）的矛盾，你会如何运用《简·爱》中的人和事来开导他（她）？举作品中的例子说明。

4.罗切斯特先生的庄园桑菲尔德英文名是"Thornfield"，原意是"长着荆棘的地方"。评论家一般认为，简·爱在盖茨海德府度过了不幸的童年，在洛伍德学校经历了艰苦的岁月，而在桑菲尔德庄园期间却是幸福美好的，请你结合桑菲尔德的原意和简·爱的经历发表看法。

5.阅读下面名著的选段，完成下列小题。

我们婚后的头两年，罗切斯特先生的眼睛一直是瞎的。也许正因为这样，我们才如此亲近——才结合得如此紧密。因为那时我就是他的眼睛，正如现在依然还是他的右手一样。说实在的，我（像他常叫我的那样）就是他的眼珠。他通过我看大自然、看书。我也从来不知厌倦地替他仔细察看，用语言描述田野、树木、城镇、河流、云彩、阳光——描摹我们面前的景色、周围的天气——还用声音向他的耳朵传达了光线已无法向他的眼睛传达的印象。我永不厌倦地念书给他听，领他到他想去的地方，替他做他想做的事。在这种效劳中，我尽管感到有点儿悲哀，但却获得一种最为充分、最为强烈的乐趣——因为他要求我为他做事时，并没有感到痛苦羞愧，也没有感到沮丧屈辱。他是如此真心地爱我，因而他知道，在接受我的照料时，根本用不着勉强。他也感到我是如此深情地爱着他，我这样照料他就是满足我自己最愉快的愿望。

（1）上文选段的心理描写运用了第几人称？请简述这一人称的表达效果。

（2）这部小说距今有170多年了，在世界文坛上一直闪耀着独特的光芒。请结合你的阅读体验，谈谈小说中哪一点"独特的光芒"使你获取了成长的力量。

苔花如米小，也学牡丹开
——《简·爱》推进课1

【教学目标】

1. 把握作品中的主要人物形象。

2. 品析小说中的细节描写。

【教学重点】

体会小说语言，了解人物的性格特点。

【教学难点】

能运用阅读策略和方法阅读外国小说。

【教学过程】

一、我是评论员

全班共同阅读《简·爱》，并举行读书分享会，请同学们对简·爱这个灵魂人物发表自己的看法。如果你是其中的一员，请从不同的角度对简·爱进行评价。可以精读细节，运用策略探究人物形象的特点。

小贴士：运用阅读策略探究人物形象，可以理解人物复杂多样的性格，走进人物的内心世界。

运用联结策略可以是文本内的交互对照（简·爱在对待不同事物上的表现），也可以是跨文本的媒体阅读联结（比较阅读），还可以是文本与自己生活经验的联结。

运用推敲策略进行品读，推敲词语、句式、标点甚至语言的节奏，并结合具体语段，去细心揣摩人物的内心世界。

语段一：面对逆境

我宁愿做个弱者，这样就可以不走这条摆在眼前、要我受更多痛苦的可怕的路了。可是已变成暴君的良知却扼住了爱情的咽喉，辱骂她说，她这会儿还只是把她那漂亮的小脚刚刚伸进泥潭。他还起誓说，他定会用他那条铁臂，把她一直按进深不见底的痛苦深渊。

"那就快把我拉走！"我喊道，"让别人来帮帮我吧！"

"不，你得靠自己把自己拉走，谁也不会来帮你。你一定得自己挖掉自己的右眼，自己砍掉自己的右手，你的心将成为祭品，而由你作为祭司来把它一刀刺穿。"

——第二十七章

事件背景：简·爱在婚礼当天得知罗切斯特结过婚，妻子是被关在庄园中的疯女人时内心激烈的斗争。

点评：这一段运用心理描写写出了简·爱内心的痛苦，是妥协还是抗争，通过两种声音的对话逼真地将简·爱内心的矛盾展示出来，最终将一个敢于直视困难、坚强独立的女性形象呈现在我们的面前。

语段二：面对友情

我醒来的时候已经是白天，一阵异样的抖动把我弄醒了。我抬起头来，发现自己正躺在别人的怀抱里，那位护士抱着我，正穿过过道把我送回宿舍。我没有因为离开床位而受到责备，人们还有别的事儿要考虑。我提出的很多问题也没有得到解释。但一两天后我知道，谭波儿小姐在拂晓回房时，发现我躺在小床上，我的脸蛋紧贴着海伦·彭斯的肩膀，我的胳膊搂着她的脖子。我睡着了，而海伦——死了。

——第九章

点评：海伦得了斑疹伤寒死去，简·爱一直陪伴海伦到最后。安娜·昆德兰说过："一个懂你泪水的朋友，胜过一群只懂你笑容的朋友。"真正的朋友就是这样的，相互鼓励，生死相依，相互照应，在死亡面前毫不惧怕，作者运用对比的手法展示了简·爱对待朋友的真诚，以及简·爱与海伦之间真正的友谊。

语段三：面对爱情1

A："离开桑菲尔德我感到伤心。我爱桑菲尔德。我爱它，因为我在这儿过了一段——至少是短暂的一段——愉快而充实的生活。我没有受到歧视，我没有给吓得呆若木鸡，没有硬被限制在低下庸俗的人中间，没有被聪明、能干、高尚的人排斥在外。我能面对面地跟我所尊敬的人，我所喜爱的人——一个独特活泼、宽厚的心灵交谈。我认识了你，罗切斯特先生，想到非得永远离开你，这让我感到害怕和痛苦。我看出我非离开不可，可是这就像是我非死不可一样。"

B："你从哪儿看出非这样不可的呢？"他突然问道。

A："从哪儿？是你，先生，让我明明白白地看出的。"

B："在什么事情上？"

A："在英格拉姆小姐的事情上，在一位高贵漂亮的女人——你的新娘身上。"

B："我的新娘！什么新娘？我没有新娘！"

A：“可是你就会有的。”

B：“对——我就会有的！——我就会有的！”他咬紧牙关。

A：“那我就非走不可，你自己亲口说过的。”

B：“不，你非留下不可！我要为这发誓——这誓言我一定遵守。”

A：“我跟你说，我非走不可！”我有点儿生气地反驳道。

——第二十三章

语段背景：简·爱决定离开桑菲尔德之前与罗切斯特的真情告白。

运用推敲策略思考，你从真情告白中发现了什么。

小贴士：双重否定句是一种句式，即否定两次，表示肯定的意思。双重否定句的语气比肯定句更为强烈，起到不容置疑的进一步的肯定作用，起到了强调的效果。

点评：我们可以感受到简·爱坚定的自信心和坚强不屈的精神，她从不因为自己是一个地位低贱的家庭教师而感到自卑，她认为她和罗切斯特是平等的。不应该因为她是仆人，而得不到别人的尊重。也正因为她的正直、高尚、纯洁，心灵没有受到世俗社会的污染，使得罗切斯特才自惭形秽，同时对她肃然起敬，并深深地爱上了她。

语段四：面对爱情2

你认为我会留下来，成为一个对你来说无足轻重的人吗？你认为我只是一架机器——一架没有感情的机器？你认为我能忍受让人把我的一口面包从嘴里抢走，让人把我的一滴活命的水从杯里泼掉吗？你以为因为我穷、低微、不美、矮小，我就没有灵魂没有心吗？你想错了！——我的灵魂跟你的一样，我的心也跟你的完全一样！要是上帝赐予我一点美和一点财富，我就要让你感到难以离开我，就像我现在难以离开你一样，我现在跟你说话，并不是通过习俗、惯例，甚至不是通过凡人的肉体——而是我的精神在同你的精神说话：就像两个都经过了坟墓，我们站在上帝脚跟前，是平等的——因为我们是平等的。

——第二十三章

在这个语段中，运用推敲策略，你能看出简·爱怎样的心理？哪几个词需要重读？请同学们试着读读体会一下。

点评：三个“你认为”，比喻句“一架没有感情的机器”，“一样”“完全一样”，两个“平等”这些词语的重读，而反问句、排比句式、感叹句的运用，让我们感受简·爱在爱情面前——自尊自爱，追求平等。

小贴士：结合创作背景理解主旨思想。

她们受到过于严峻的束缚、过于绝对的停滞，会感到痛苦，正如男人感到的一样；而她们的享有较多特权的同类却说她们应该局限于做做布丁、织织袜子、弹弹钢琴、绣绣口袋，那她们也未免太心地狭窄了。如果她们超出习俗宣布女人所必需的范围，去做更多的事，学更多的东西，她们因而就谴责她们，嘲笑她们，那也未免太轻率了。

——第十二章

语段五：面对金钱

浏览第三十三章，下面简·爱说的话分别发生在什么情形之下？哪一句情感更激烈？从文中分别找出描写其背后丰富的内心世界的句子。

1. 我？富了吗？
2. 啊，我真高兴——我真高兴了！

1. 我？富了吗？

命运又翻出了一张新牌！读者啊，刹那间由穷变富，当然是件好事——是件大好事，但并不是一件一下子就让人理解因而能享受其乐趣的事。

何况，"遗产""遗赠"这类字眼，总是和"死亡""葬礼"这些字眼同时出现的。

这笔钱只是给了我，不是给我一个欢欢喜喜的家庭，而是给了我孤孤单单的一个人。

2. 啊，我真高兴——我真高兴了！

对一个孤苦伶仃的可怜人来说，这可真是一个了不起的重大发现啊！这真是一笔财富——一笔心灵的财富。

我可以、能够、应该、必须怎么怎么做，以及马上得怎么怎么做。我们不是四个人吗？两万英镑平分，正好每人五千——足够宽裕了。这样这笔财富就不再让我感到是种沉重的压力，它也不再仅仅是金钱的遗赠——而是生命、希望和欢乐的遗产了。

人物形象小结：

简·爱：人格独立、心灵强大，具有强烈的自尊心和反抗精神。对自己的命运、价值、地位有着独立的思考并努力把握，对自己的幸福和情感有着坚定的追求。

二、我是发现者

人们普遍认为《简·爱》是夏洛蒂·勃朗特"诗意的生平"的写照，是一部具有自传色彩的作品。

链接材料

　　夏洛蒂·勃朗特，英国女作家。她与两个妹妹，即艾米莉·勃朗特和安妮·勃朗特，分别同时出版了自己的作品《简·爱》《呼啸山庄》《艾格尼丝·格雷》，塑造了文学史上三个光彩夺目的女主人公形象，而她们同样也在世界文学史上留下了自己的名字——勃朗特三姐妹。夏洛蒂·勃朗特，于1816年生于英国北部约克郡豪渥斯的一个乡村牧师家庭。母亲早逝，8岁的夏洛蒂被送进一所专收神职人员孤女的慈善性机构——柯文桥女子寄宿学校。15岁时她进了伍勒小姐办的学校读书，几年后又在这个学校当教师。后来她曾做家庭教师，最终她投身于文学创作的道路。在1839年和1841年这两年里，陆续有人向夏洛蒂求婚：一次是她一个女友的哥哥，另一次是一位年轻的牧师。但是，这两次求婚都被她拒绝了，原因是她认为他们并不是真正地爱她，只是按传统要娶个妻子而已。

　　请从作品中概括简·爱与作者相似的经历。

　　（1）简·爱的父亲是个穷牧师，当她还在幼年时，父母就染病双双去世。

　　（2）舅母把简·爱视作眼中钉，并把她送进洛伍德学校。

　　（3）桑菲尔德庄园的女管家聘简·爱做女孩阿黛尔的家庭教师。

　　（4）简·爱拒绝圣·约翰的求婚，始终坚持追求心中的真爱。

　　将链接材料与简·爱的身世经历一对照，学生就能找到其中的相似点，明白作者的用意。

　　小结：这堂课我们运用了联结策略，借助链接材料完成了探究简·爱人物形象的任务，对简·爱有了较为全面的认识，这样探究人物形象的方法，我们还可以在不同的人物形象探究上运用。

【配套练习】

　　1.阅读《简·爱》中简·爱四次"离开"的情节，回答问题。

　　①简·爱离开洛伍德学校　　　②简·爱离开桑菲尔德庄园

　　③简·爱离开沼泽山庄　　　　④简·爱离开盖茨海德府的舅妈家

　　（1）按照情节发生的先后顺序，对简·爱的四次"离开"进行排序。

　　（2）请选择其中一次"离开"，简要分析简·爱"离开"的原因。

　　（3）简·爱的几次"离开"对你有哪些有益的启示？

　　2.阅读下面文段，回答问题。

　　（1）她反击道："我没有骗人，要是我是个骗子的话，我早就该告诉别人说'我爱你了'，但是我要声明，世上除了约翰之外，你是我最恨的人。把这本撒谎者的书拿去吧，拿去给你亲爱的乔治亚娜，她是个十足的撒谎者，而我并不是。"

这是简·爱对里德舅妈所说的话，发生了什么事情使简·爱这样说呢？由此可以看出简·爱什么样的性格特征呢？

（2）你以为因为我穷、低微、不美、矮小，我就没有灵魂没有心吗？你想错了！——我的灵魂跟你的一样，我的心也跟你的完全一样！

选文是简·爱在什么情况下说出来的话？这段话可以反映出简·爱具有什么样的品质？

3. 阅读下面的文字，回答问题。

我爱它，因为我在那里过着丰富、愉快的生活，至少过了短短的一个时期。我没有受到践踏。我没有被弄得僵化。我没有被埋在低劣的心灵中，没被排斥在同光明、活力和崇高的一切交往之外。我曾经面对面地同我所尊敬的人，同我所喜爱的人——同一个独特、活跃、宽广的心灵交谈过。我已经认识了你，A 先生；感到自己非从你这儿被永远拉走不可，真叫我害怕和痛苦。我看到非走不可这个必要性，就像看到非死不可这个必要性一样。

（选自《简·爱》）

这段话中的"它"指的是_____（地名），A 处的人物是指_____。从小说的情节看，简·爱产生"非走不可"的念头是因为_____，这表现了简·爱____的心理。

4. 下列关于《简·爱》的说法，表述错误的一项是（　　　）

A. 简·爱在里德太太家的地位，连使女都不如，她受尽了表兄、表姐妹的欺侮。一次她被约翰表哥发现在看书，表哥示意她到其跟前，却伸手打了她，简·爱反抗，却引来了里德舅妈，舅妈把简·爱关进了红房子。

B. 圣·约翰想要去印度传教，他让简·爱放弃德语改学印度斯坦语，并要娶简·爱。简·爱虽然知道圣·约翰真心爱她，但她爱的是罗切斯特，所以拒绝了圣·约翰的求婚。

C. 简·爱和表兄约翰针锋相对，舅母把她视作眼中钉，并把她和自己的孩子隔离开来，也加快了送简·爱去学校的脚步。她让简·爱和勃洛克赫斯特先生见面，希望把简·爱送进孤儿院，并说简·爱是个爱撒谎的孩子，请求老师对她严格要求。

D. 简·爱终于离开了盖茨海德府，怀着好奇与兴奋来到洛伍德学校。这里教规严苛，生活艰苦，院长是个冷酷的伪君子。他用种种办法从精神和肉体上摧残孤儿。简·爱吃不饱、穿不暖，受尽非人的折磨。

野百合也会有春天
——《简·爱》推进课2

【教学目标】

1. 讲述作品中的爱情故事，思考爱的真谛，树立正确的爱情观。

2. 品读简·爱与罗切斯特交往中表达情感的经典对白，总结提炼有关爱情真谛的关键词。

【教学重点】

品读经典语言，提炼有关爱情真谛的关键词。

【教学难点】

能思考爱的真谛，明白真正的爱情是怎样的。

【教学过程】

一、寻找爱情的真谛

请同学们探究简·爱的心路历程，结合作品谈谈什么是真正的爱情。

真谛一：爱得真挚

出示语段1："他态度随便，我也就不再痛苦地觉着拘束，他用来对待我的那种既正直又热诚的友好坦率使我想接近他。有时候我觉得他仿佛是我的亲人，而不是我的主人。"

对比阅读1：与简·爱有着鲜明对比的就是贵族小姐英格拉姆，在罗切斯特对她的试炼中，我们会发现英格拉姆接近罗切斯特纯粹是因为他的地位和金钱，可想而知，如果他们两个真的结婚了，双方一定彼此痛苦。

对比阅读2：简·爱拒绝她的表哥圣·约翰时就如此说道："我藐视你的爱情观念，我瞧不起你奉献的这种不真实的感情。"她相信如果和圣·约翰结婚，她以后内心一定痛苦，所以她追求真实的爱，摒弃不真实的爱，这是内心得到幸福感的有力保证。

真谛二：爱得独立

出示语段2：（当简·爱决定和罗切斯特结婚的时候，罗切斯特带着简·爱逛绸缎店、首饰铺时）简·爱说道："他给我买得越多，一种烦恼和屈辱的感觉就越使我脸上发热。"

"我不愿做你的赛莉纳·瓦伦。我要继续作为阿黛尔的家庭教师，我要凭这个来挣我的食宿，外加一年三十磅薪水。我要从这笔钱里开支我的衣着，你什么也不用给我，除了……"

真谛三：爱得永恒

当一场大火烧了一切，罗切斯特几乎一无所有并且成了一个残废的人时，获得意外财产的简·爱却回到了他身边，守住他。

出示语段3："到现在，我结婚已有十年了。我知道一心跟我在世上最爱的人在一起生活，为他而生活是怎么回事。我认为自己无比幸福——幸福到难以用语言形容，因为我完全是我丈夫的生命，正像他完全是我的生命一样。没有哪个女人比我更亲近丈夫，更完完全全是他的骨中的骨、肉中的肉了。我跟我的爱德华在一起，永远不会感到厌倦，正像我们俩各自对自己胸膛中那颗心的跳动永远不会疲倦一样，因而我们总是厮守在一起。"

探究任务：简·爱为何拥有这样的爱情观？

链接资料

十九世纪欧洲的婚恋状况

1. 是否嫁给一个家财殷实的人，对女人来说是利害攸关的大事。

2. 女性的容貌优劣，与男性的财产大小是相提并论的。

3. 法律和天主教教义规定，天主教徒不可以离婚。

简·爱这样一个相貌平平、身份卑微的女子，她爱上罗切斯特，是因为她认为爱情应该建立在精神平等的基础上，而不应取决于地位、财富和外貌。简·爱身上的这种对真正爱情的追求使她显得更加难能可贵。

小贴士：阅读是和作者、作品中的人物进行穿越式的对话，阅读本身就是一种探索过程。探究反思时，要对有价值的焦点问题畅所欲言，发表自己的看法，形成思维碰撞，在活动中享受阅读的喜悦。

二、理解简式爱情——野百合也有春天

1. 探讨简·爱的爱情观

选文1："我告诉你，我非走不可！"我回驳着，感情很有些冲动，"你难道认为，我会留下来甘愿做一个对你来说无足轻重的人？你以为我是一架机器？——一架没有感情的机器？能够容忍别人把一口面包从我嘴里抢走，把一滴生命之水从我杯子里泼掉？难道就因为我一贫如洗、默默无闻、长相平庸、个子瘦小，就没有灵魂，没有心肠了？——你不是想错了吗？我的心灵跟你一样丰富，我的心胸跟你一样充实！要是上帝赐予我一点姿色和足够的财富，我会使你同我现在一样难分难舍，我不是根据习俗、常规，甚至也不是血肉之躯同你说话，而是我的灵魂同你的灵魂在对话，就仿佛我们两人穿过坟墓，站在上帝脚下，彼此平等——本来就如此！"

2. 理解简·爱的出走

也许，简·爱的爱情就像舒婷笔下的那株木棉。

《致橡树》

我如果爱你——

绝不像攀援的凌霄花，

借你的高枝炫耀自己，

我如果爱你——

绝不学痴情的鸟儿,

为绿荫重复单调的歌曲,

......

你有你的铜枝铁干,

像刀,像剑,

也像戟,

我有我红硕的花朵,

像沉重的叹息,

又像英勇的火炬。

我们分担寒潮、风雷、霹雳;

我们共享雾霭、流岚、虹霓。

仿佛永远分离,

却又终身相依,

这才是伟大的爱情,

......

活动要求:

(1)以简·爱的口吻,完成依据《致橡树》改编的小诗《致罗切斯特》。

(2)以罗切斯特的口吻,他会对简·爱说什么?

(3)以费尔法克斯太太的口吻,她会对简·爱的出走说什么?

讨论:根据你自己的阅读体验,你如何看待简·爱的出走?

《致罗切斯特》

你有你的_____,我有我_____,我们分担_____、_____、_____,我们共享_____、_____、_____,仿佛_____,却又_____,这才是_____。

设计意图:此处,意为让学生将自己的感悟与自己的生活相对接,"与生活和解"。王荣生教授曾说,"阅读教学的一条重要的途径就是唤醒、补充学生的生活体验",此处就是文本与生活的对接。

【配套练习】

1.阅读下列名著选段,然后回答问题。

近处传来清晰的话语声:

"婚礼不能继续举行,我声明,确有障碍。"

......

我紧紧闭着双眼,还用双手蒙住。漩涡般的黑暗似乎围绕着我,思绪滚滚而来,如同浊乱的暗流。我将自己放弃、放松,不着一丝气力,仿佛躺在宽阔却干涸的大河的河床上，却听见远山中洪水爆发，分明感觉到激流即将涌来；但我不想爬起来，也没有气力逃跑：只是虚弱地躺在那儿，渴望就这样死去。只有一个念头，仍像有生命似的在我心头悸动，我想起了上帝，无声的祈祷由此而生。这些话在我黯淡无光的内心沉沉浮浮，似乎明明必须低声倾诉的话语，却无力表达。

"求你不要远离我，因为急难临近了，没有人帮助我。"它确实临近了，由于我不曾祈求上帝把它挡开——我没有合起双手，屈膝跪下，也没有开口祈求——它终于来了，那滚滚的洪流来势凶猛，一下子全倾泻在我的身上。我的人生孤寂、爱情已逝、希望幻灭、信念被摧毁，这整个想法犹如黑压压的庞然大物盘桓在我的头顶。那个痛苦的时刻，至今仍觉得不堪描述，真是"众水要淹没我。我深陷在淤泥中，没有立脚之地；我到了深水之中，大水漫过我身"。

（选自《简·爱》）

（1）结合原著，选文中一再强调的"急难"对于简·爱来说是指什么事？简·爱最终做出了怎样的选择？

（2）《简·爱》中的简·爱长相平庸，但灵魂高贵。请结合原著，写出体现她灵魂高贵的两件事。

2. 罗切斯特和圣·约翰都向简·爱求过婚，但简·爱最终却选择了罗切斯特，请简要分析原因。

3. 结合具体的内容，说明简·爱与英格拉姆小姐不同的爱情观。

4. 简·爱得知罗切斯特的处境非常艰难后，为什么她还会毫不犹豫地选择回到罗切斯特的身边并嫁给了他？你认为小说中表现的爱的真谛是什么？

一朵怒放的英伦玫瑰
——《简·爱》推进课3

【教学目标】

通过欣赏《简·爱》的影视作品，在与原著的对比欣赏中掌握人物的性格特征。

通过排练与表演，揣摩人物的心理，加深对原著的理解。

【教学重点】

运用阅读策略在对比阅读中掌握人物的性格特征。

【教学难点】

通过多种形式，体会人物心理，掌握写作方法。

【教学过程】

一、我是故事王——讲述简·爱"诗意的人生"

活动要求：

1. 概述你读完作品的感受。

2. 概述作品中最打动你的细节。

二、我是表演家——重现经典桥段

简·爱重返桑菲尔德庄园后与罗切斯特的那段对白非常经典，请同学们来表演并评价。

小结：简·爱为尊严而毅然离开，又因真爱而坚守内心，她的清香傲骨让我们的精神接受了一次洗礼！

三、我是大导演——走近坚韧的简·爱

剧组打算重新拍摄《简·爱》话剧，打算以"铿锵玫瑰——坚韧的简"作为拍摄主题，请你帮助选择素材，拍成剧幕。

第一幕：

地点：盖茨海德府早餐室

人物：简·爱、勃洛克赫斯特先生

要求：模仿人物语气

自主选择角色，读好人物对话，揣摩语气，演出人物性格，演出"我得保持健康，不要死掉"这句话背后的简·爱的感觉。

选文1：

"一个淘气孩子的模样最让人痛心"，他开始说，"尤其是不听话的小姑娘。你知道坏人死后到哪里去吗？"

"他们下地狱。"我的回答既现成又正统。

"地狱是什么地方？能告诉我吗？"

"是个火坑。"

"你愿意落到那个火坑里，永远被火烤吗？"

"不，先生。"

"那你必须怎样才能避免呢？"

我细细思忖了一会，终于做出了令人讨厌的回答："我得保持健康，不要死掉。"

第二幕：

地点：盖茨海德府早餐室

人物：简·爱、里德太太

要求：模拟人物神态

观看电影片段，填补空白处，补充对简·爱和里德太太的描写；对照原文的心理描写、神态描写，演出简·爱的心理和里德太太的神态变化。

选文2：

"……而你强加于我的这种惩罚，完全是因为你那可恶的孩子打了我，无缘无故把我打倒在地。我要把事情的经过原原本本地告诉每个问我的人，人们满以为你是个好女人，其实你很坏，心肠很狠。你自己才骗人呢！"

(看电影片段，补充描写文字)

原文为：

我还没有回答完，内心便已经开始感到舒畅和喜悦了，那是一种前所未有的奇怪的自由感和胜利感。无形的束缚似乎已被冲破，我争得了始料未及的自由。这种情感不是无故泛起的，因为里德太太看来慌了神，活儿从她的膝头滑落，她举起双手，身子前后摇晃着，甚至连脸也扭曲了，她仿佛要哭出来了。

第三幕：

地点：谭波儿小姐的寓所

人物：简·爱、谭波尔小姐、海伦

要求：揣摩人物心情

分角色演读；演好语段中划线的两句话，猜想简·爱当时的心情；说说简·爱身边有哪些使她温暖的人。

选文3：

"全都过去了吗？"她俯身瞧着我的脸问，"把伤心都哭光了？"

"恐怕我永远都做不到。"

"为什么？"

"因为我被冤枉了，小姐，你，还有所有其他人，都会认为我很坏。"

"孩子，我们会根据你的表现来看待你的。继续做个好姑娘，你会使我们满意的。"

"我会吗，谭波儿小姐？"

设计意图：来到了洛伍德学校的简·爱，虽然也遭遇了很多的不幸，然而她遇到了改变她性格的两位非常重要的人——海伦和谭波儿小姐。两人可以说是简·爱一生中给予温暖的两个人，此处，意在引导学生关注简·爱身边那些温暖之人对简·爱的关怀和对简·爱性格的重要影响。

四、我是制作人——感受简·爱生活的环境

《简·爱》已被拍成很多版本的电影，受到了世界各国人民的喜爱，但这些版本的电影的拍摄时间已经距今很久了，有个导演想重拍，请你担任制作人，就作品中重要的故事情节挑选场景，你能说出对应的故事情节及其特点吗？

【配套练习】

1. 阿黛尔说"果园中的大七叶树夜里遭到了雷劈，被劈去了一半"，在第二十五章中"它（七叶树）乌黑、裂开，树干从中间劈成两半，可怕地张开着口子。但它们可以合起来是一棵树——一棵死树，但却是一棵完整的死树"。想一想，小说为什么要多次描写七叶树？

2. 名著阅读。

下午某个时候，我抬起头来，向四周瞧了瞧，看见西沉的太阳正在墙上涂上金色的落日印记，我问道，"我该怎么办？"

我心灵的回答——"立即离开桑菲尔德"是那么及时，又那么可怕，我立即捂住了耳朵。我说，这些话我现在可受不了。"我不当爱德华·罗切斯特先生的新娘，是我痛苦中最小的一部分，"我断言，"我从一场美梦中醒来，发现全是竹篮打水一场空，这种恐惧我既能忍受，也能克服。不过要我义无反顾地马上离他而去却让我受不了，我不能这么做。"

但是，我内心的另一个声音却认为我能这样做，而且预言我应当这么做。我斟酌着这个决定，希望自己软弱些，以躲避已经为我铺下的可怕的痛苦道路。而良心已变成暴君，抓住激情的喉咙，嘲弄地告诉她，她那美丽的脚已经陷入了泥沼，还发誓要用铁臂把她推入深不可测的痛苦深渊。

（选自《简·爱》）

选段充斥着简·爱的心灵挣扎，从中可以看出简·爱是个怎样的人？结合名著内容，你觉得她打动你的地方是什么？

3. "火"本是自然现象，但在文学作品中经常被赋予生命。夏洛蒂·勃朗特的《简·爱》中几乎每一章节都有关于"火"的描写，使整部作品更加形象、生动，引人深思。艾青的长诗《火把》中"火把"贯穿了整个故事，在唐尼和李茵思想转变的过程中起着重要作用。请结合作品的相关情节，分别探讨"火"这个意象在《简·爱》和《火把》中的作用。

4. 循着简·爱的足迹，可以感受她为捍卫人格尊严、追求爱情而挣扎奋斗的历程。结合阅读积累，为下列四处分别选择相应的一项。

（1）盖茨海德府_____　　（2）桑菲尔德庄园_____

（3）沼泽山庄_____　　（4）芬丁庄园_____

A. "我挣脱了跟着我并想留住我的他。该轮到我处于支配地位了。我的力量在起作用，在发挥威力了。我告诉他什么也别再问，或是再发议论了。我希望他离开我。"

B. "我停住脚步，几乎屏住了呼吸，站立着看他——仔细打量他，而不让他看见，啊，他看不见我。这次突然相遇，巨大的喜悦已被痛苦所制约。"

C. "里德太太，你让我蒙受了可怕的精神创伤，但我应当原谅你，因为你并不明白自己干了些什么，明明是在割断我的心弦，却自以为不过是要根除我的恶习。"

D. "我经历着一次煎熬。一个可怕的时刻：充满着搏击、黑暗和燃烧！人世间再也没有人能期望像我这样被爱了。他那么爱我，而我又那么倾慕他，我必须摒弃爱情和偶像。"

苦难中坚守自我，爱情前不失尊严

——《简·爱》成果分享课

【教学目标】

1.激发学生阅读经典的兴趣，感悟经典的魅力。

2.通过合作交流，学会运用丰富的展示形式分享阅读收获。

【教学重点】

将自己的阅读成果外化，能多形式地分享阅读收获。

【教学难点】

培养良好的阅读态度和习惯，培养读后分享的习惯。

【教学过程】

永远有自己的主见，永远坚持自己的原则，听从内心的决断，该离开时，即便是死亡，也不愿意遵从别人的意愿。不接受没有爱情的婚姻。这就是我们从《简·爱》中读出的主人公的形象，今天我们将用自己的方式来展示我们的阅读成果。

一、情节梳理

小组合作，制作思维导图，或者列小提纲，完成故事情节的梳理。先在组内展示补充，再派代表在全班分享。

二、人物画廊

各小组挑选一个人物，进行人物形象展示，要求结合作品中的情节，对人物有一个完整的评价。

各大组分为三个小组，一组重点阅读简·爱的童年生活，二组重点阅读简·爱的成长经历，三组重点阅读简·爱的爱情经历，在这些内容中分别找到体现简·爱人格独立、精神平等及心灵自由的片段。学生先自主阅读，勾画相关片段并做批注，然后在全班交流。

三、感受分享

读完《简·爱》，对于小说的主人公，你有什么看法呢？谈谈你的感受。

先小组交流，后派代表制作PPT在全班交流。

四、展示汇报

全班分成六个小组，请各小组在课前选择感兴趣的故事情节进行艺术加工创作，并进行汇报表演。

表演形式：课本剧、话剧、对电影中经典的段落进行配音、诗歌创作、手抄报、读后感分享等等。

表演时准备好道具、服饰，并摄影录像。

各组上台表演，由学生、老师组成评委，进行评价。课后利用班级 QQ 群、钉钉群、微信群组成多元共评圈，对各组的表演进行投票，评选最佳表演奖。

作品表演评价标准表

剧本改编	分值	评分	舞台效果	分值	评分
正确理解小说的主题	10		舞台效果良好，场景与主题协调	10	
准确把握戏剧冲突，选取素材适宜	10		演技精湛，眼神、动作到位，有表现力	10	
对人物的个性和思想理解到位	10		感情充沛，表情丰富，自然大方	10	
注意到剧本的语言特点	10		吐字清晰，语言生动流畅，语速语调适当	10	
较好地设计舞台说明	10		与其他角色配合默契	10	

五、课后延伸

阅读艾米莉·勃朗特的《呼啸山庄》，同为第一人称叙述，比较两者在叙述模式上有何异同。

【配套练习】

1.《简·爱》已被拍成很多版本，受到了世界各国人民的喜爱，但这些版本的电影的拍摄时间距今已经很久了，有个导演想重拍，请你担任制作人，就作品中重要的故事情节挑选场景，你能说出对应的故事情节及其特点吗？

故事情节	选择场景	特点及效果
———— ———— ———— ———— ————	有时逢上好日子，天气甚至变得温暖舒适。枯黄的苗圃长出了一片新绿，一天比一天鲜嫩，使人仿佛觉得希望之神曾在夜间走过，每天清晨留下她愈来愈明亮的足迹。花朵从树叶丛中探出头来，有雪花莲、藏红花、紫色的报春花和金眼三色紫罗兰。每逢星期四下午（半假日），我们都出去散步，看到不少更加可爱的花朵，盛开在路边的篱笆下。 ——第九章	———— ———— ———— ———— ————

2.阅读下面的材料，回答问题。

【甲】

"简·爱！——简·爱！"他只知道这么叫唤着。

"我亲爱的主人，"我回答说，"我是简·爱，我终于找到你了——我回到你身边来。"

"真的是吗？——真的是有血有肉的简？我那活生生的简？"

"你已摸到了我，先生——你正搂着我，而且搂得紧紧的，我可不是像尸体那样冰冷，也不像空气那样虚无缥缈，是不是？"

"我活生生的宝贝！这的确是她的四肢，这的确是她的五官。不过我受了那么多苦以后，不可能有这么大的幸福。这是梦，是我夜里常做的那种梦，我梦见像现在这样又把她紧紧地搂在怀里，吻她——我觉得她是爱我的，相信她绝不会离开我。"

"从今天起，先生，我永远不会离开你了。"

（选自《简·爱》，商务印书馆，宋兆霖译）

【乙】

"简·爱！——简·爱！"罗切斯特激动得只能说出这几个字。

"罗切斯特，我是简·爱，我回来了！"

"我不是又在做梦吧？我做过很多这样的梦，梦见我的简回到我的身边。可是醒来后，她就像空气一样消失了，她不会再消失了吧？"

"不会了，先生，我要永远留在你身边，从今天起。"

（选自《简·爱》，吉林文史出版社，李勋译写）

（1）从简·爱离开罗切斯特到两人重逢这段时间内，她经历了很多事。下面的事件不发生在这一期间的是（　　　）

A.被舅妈关进红房子　　　　B.三天流浪和挨饿

C.获得叔叔的遗产　　　　　D.拒绝圣·约翰的求婚

（2）【甲】文选自全译本，【乙】文选自缩写本。请对比分析这两段文字，并结合你对《简·爱》整本书的理解，阐述全译本好在哪里。200字左右。

3.一本真正的好书教给我的远不止如何阅读它，我必须很快将它放在一边，然后按照它来生活，我始于阅读，终于行动。

——美国作家、哲学家梭罗

简而言之，"一本好书是用来思考人生的"。

思考：《简·爱》对我们的人生有哪些有益的启示？

4.《简·爱》中对《圣经》的引用、注释就多达几十处，"圣经式"的创作手法贯穿整部作品，请结合作品说说这种创作手法具体是如何体现的？

☉ 中考链接

真题 ❶

原题呈现（2018 年浙江嘉兴、舟山卷）

阅读名著	阅读策略	内容呈现	问题与理解
《简·爱》	关注叙事角度	____（1）____	问题:《简·爱》与其他常见小说的叙事角度不同，采用这样的叙事角度有何妙处? 我的理解:_____（2）_____

思维层次：高阶思维，主要考查学生对不同叙事角度带来的作用的理解。

阅读能力：完成此题，学生需要掌握不同叙事角度带来的作用。

命题特点及解题策略：试题考查的是叙事角度，体会第一人称叙事的好处。在解题时应与第三人称叙事角度进行比较，需结合文章具体的内容来解答。

参考答案：

（1）我转过嘴唇，吻了吻搁在我肩上的那只手。我深深地爱着他，深得我已不相信自己能说得清，深得已没有言语能够表达。

（2）小说常见的是用第三人称写，《简·爱》却采用第一人称的写法。这样写，一方面便于作者抒发情感，使小说亲切可感，更具真实性；另一方面，让读者从开篇到结尾都用简·爱的眼睛看，用简·爱的感觉去感受，情真意切，感同身受，更易走进她的内心世界。

真题 ❷

原题呈现（2019 年浙江绍兴卷）

小雅读到一句话："风可以吹起一张纸片，却吹不走一只蝴蝶，因为生命的本质，在于不服从。"由此，她联想到刚读完的几部作品——《西游记》《水浒传》《简·爱》，觉得它们都包含着作者对于"反叛或归驯"的思考，你认为呢？请从下列人物中选择一个，结合作品内容就"反叛或归驯"的角度谈谈你的看法。

孙悟空（《西游记》）　　林冲（《水浒传》）　　简·爱（《简·爱》）

我选（　　　　　）_____

思维层次：高阶思维，考查学生对作品主题及人物形象特点进行分析、比较、评价的能力。

阅读能力：完成此题，学生需要全面把握几部作品中人物形象的特点及对主题的理解。

命题特点及解题策略：本题考查的是将几部作品进行联读后对主题的理解能力，在解题时要注意比较作品主题的异同，能联系自己的生活体验与感悟来作答。

参考答案：

［示例］简·爱。简·爱自小生活在舅妈家，遭受种种虐待，虽然她年幼无助，但她勇于反抗恶毒

的表哥与舅妈。在孤儿学校，面对冷酷校长各种苛刻的管束与严厉的惩罚，她也没有屈服。成年以后，对罗切斯特的专横，她不妥协；对圣·约翰提出的无爱婚姻，她不接受。在简·爱的身上，从来就不存在因为各种力量的威逼而驯服的可能。她的独立、坚强与勇敢，使她最终能拥有自己的幸福。

真题 ③

原题呈现（2019 年浙江金华卷）

文学世界，万物有灵。下列作家笔下的哪种植物可以用来形容简·爱？请结合相关内容，简析两者的相似之处。

A. 白杨树（茅盾《白杨礼赞》）

B. 小桃树（贾平凹《一棵小桃树》）

C. 木棉树（舒婷《致橡树》）

思维层次：高阶思维，考查学生对人物性格特点进行分析、比较、评价、联想的能力。

阅读能力：完成此题，学生需要把握作品中的意象特点，并具备与主要的人物形象建立关联的联想能力。

命题特点及解题策略：本题考查的是学生对作品中人物形象特点的理解，以及人物与意象之间如何建立相关性，解题时要求学生能联系相关作品，了解运用意象进行托物言志背后的深层含意。

参考答案：

［示例 1］选 A 项。白杨树是普通的，但它不屈于恶劣的环境，力争上游，有坚强的意志和精神。这和简·爱的处境与抗争精神是相似的。简·爱从小失去父母，寄住在舅妈家，饱受欺凌，但她敢于反抗表哥的欺侮，后来又同冷酷、自傲的洛伍德学校校长抗争。她积极进取，后来成为家庭教师。简·爱说"我虽然卑微，但并不卑贱"，这与极普通而绝不平凡的白杨树是十分相似的。

［示例 2］选 B 项。小桃树生长在院子角落里，在逆境中成长，经历风雨仍然顽强生存，枝头上还长出花苞。这与简·爱的成长历程是相似的。简·爱从小失去父母，寄住在舅妈家，在盖茨海德府饱受欺凌，在洛伍德学校得到不公平的待遇，在桑菲尔德庄园经历坎坷的爱情，但她追求自己的梦想，依靠不懈奋斗，收获了人生的幸福。

［示例 3］选 C 项。诗中的木棉树始终保持独立的人格尊严，追求与橡树平等的地位，并与橡树共担风雨。这与简·爱的精神追求是极其相似的。简·爱始终渴求平等、自由的爱情，坚信每个人在精神和人格上都是平等的。她接受了罗切斯特的求婚，但当她得知罗切斯特有个疯妻子，并且还活着的时候，决然出走。而在罗切斯特遭遇厄运、一无所有的时候，她又回到他身边，与他共担风雨。

真题 ④

原题呈现（2020 年浙江湖州卷）

在名著推广活动中，一位同学为下面四部名著设计了演讲主题，其中不恰当的一项是（　　）

A.《昆虫记》: 拥有和自己斗争的勇气,才能登上艺术的顶峰。

B.《简·爱》: 你总要熬过一些苦难,方能尘埃落定,静待花开。

C.《红星照耀中国》: 你的热爱有多浓烈,你的祖国就有多美丽。

D.《海底两万里》: 即使是普通的探险,也伴随着对科学的关注。

思维层次: 高阶思维,考查学生在具体活动任务中对作品主题的正确理解和评价的能力。

阅读能力: 考查学生对多部作品主题思想的理解辨析能力。

命题特点及解题策略: 本题在考查时设置了具体的活动任务,即在演讲主题的活动中,考查对作品主题能否正确理解,在解题时,需正确把握几部作品的主题关键词。

参考答案:

A

真题 ❺

原题呈现(2020年浙江宁波卷)

根据下面的提示,从备选人物中任选一个,用他(她)的经历印证诗句。

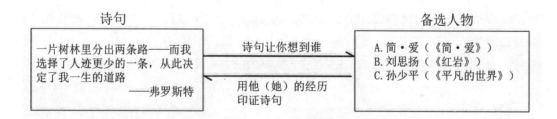

思维层次: 高阶思维,理解、关联、评价、迁移的能力。

阅读能力: 考查学生对多部作品重要情节的把握能力,以及能与课外相关主题材料建立关联的能力。

命题特点及解题策略: 注重考查学生能否在人物的生平经历、相关主题诗句之间建立关联、彼此印证,解题时需对人物形象、主要经历有全面的了解把握,能形成自己的阅读思考。

【参考答案】

[示例1]这句诗让我想到了简·爱。她小时候寄养在舅妈家,有一次与表哥发生冲突,原本逆来顺受的她选择了反抗,和表哥扭打,并指责护短的舅妈,这是她捍卫独立人格的起点。

[示例2]这句诗让我想到了刘思扬。他被捕入狱后,面对要么登报悔过,要么在狱中受尽折磨的选择,毫不犹豫地选择了后者,最终成长为一名坚定的无产阶级革命战士。

[示例3]这句诗让我想到了孙少平。他渴望独立地寻找自己的生活,宁愿选择去黄原当一个揽工小子,也不愿意留在农村和他的哥哥一起办砖窑,从此开启了他自尊自强、奋斗拼搏的人生之旅。

真题 ❻

原题呈现（2020年浙江嘉兴、舟山卷）

请阅读下列问题，任选一题作答。

（1）有人说，《简·爱》是一本纯粹讲述爱情的小说，你同意吗？简要陈述你的观点和理由。

（2）《水浒传》中的梁山好汉绝大多数是被逼上梁山的，但鲁智深上梁山并非出于他人迫害而是无路可走，这如何理解？

参考答案：

[示例1]不同意。小说主要强调了一个普通人也要自尊、自立、自强这样的主题，虽然作品主要写爱情故事，但目的是通过恋爱过程表现人物性格。小说写简·爱不漂亮，但是她的灵魂足够美丽：遇到欺凌她不软弱，遇到不公她不屈服，她喜欢与罗切斯特进行思想方面的争辩；发现罗切斯特有妻子后，她毅然决然地离开他，开始自己的新生活。爱情对于简·爱而言，固然非常重要，但是绝对没有占据她生命中最为重要的位置。于她而言，尊严至上，平等至上，自由至上，小说通过人物塑造，表达上述主题。

[示例2]与其他梁山好汉不同的是，鲁智深上梁山，是他面对社会不平、对弱小受欺压现象不满的结果，是他对社会生存状态的反抗。史进和李忠对金氏的哭诉表现漠然，只有鲁智深反应激烈，三拳打死了镇关西，自此开始了他"路见不平一声吼"的好汉之路。痛打周通、拼杀道人、帮助林冲，桩桩件件，皆是因其自身性格中有反抗不公的因子，是对社会不满和反抗的表现。

《契诃夫短篇小说选》

推荐版本

作者：[俄] 契诃夫著，姚锦镕译

出版社：人民出版社

出版时间：2020 年 4 月

作品梗概

　　《契诃夫短篇小说选》是安东·巴甫洛维奇·契诃夫创作的短篇小说集，包含了契诃夫创作的 23 篇中短篇小说。这些小说描绘了 19 世纪俄国社会的众生相：有展现社会底层平民的苦难生活，让人为他们的无奈处境掬一把同情之泪的，如《牡蛎》《苦恼》《万卡》等；有嘲讽下层官吏奴性十足的丑态，让人笑过之后心生怜悯之情的，如《钉子上》《小官吏之死》等；有刻画知识分子彷徨和摇摆的心理，让人不由得替他们寻找出路的，如《六号病房》《带阁楼的房子》等；有批判社会不合理制度和丑恶社会现象，让人思考的，如《变色龙》《普里希别耶夫中士》等；有关注女性的生存状态，让人见证她们的觉醒的，如《宝贝儿》《跳来跳去的女人》《未婚妻》等。

　　这些小说，内容大多截取了平凡的日常生活片段，如小学徒万卡给爷爷写信、老车夫姚纳丧子、新娘娜佳出门求学、小情侣约会等，但作者凭借精巧的艺术细节对生活和人物做出了真实的描绘和刻画，表达了对人性和生活本质的深刻洞察，也无情揭露了沙皇统治下不合理的社会制度和社会的丑恶现象。

◎ 思维导图

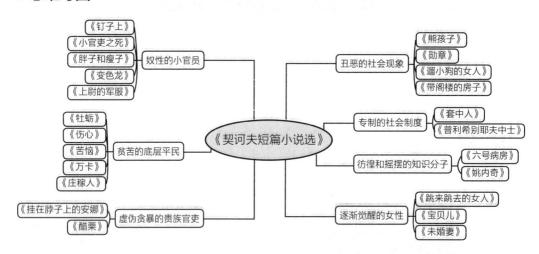

◎ 作者介绍

安东·巴甫洛维奇·契诃夫是 19 世纪末俄国伟大的批判现实主义作家、短篇小说巨匠、著名剧作家，被誉为"世界短篇小说之王"。

契诃夫于 1860 年 1 月 29 日诞生于罗斯托夫州塔甘罗格市。他出身于农奴之家，父亲开过一家小杂货铺，但经营惨淡。为了躲债，全家除了契诃夫都搬去莫斯科。契诃夫靠当家庭教师，在故乡完成中学学业。1879 年，契诃夫入莫斯科大学学医，之后边从医边从事文学创作。这些经历让他广泛接触到社会各阶层的人物，为他的文学创作提供了丰富的素材。

19 世纪 80 年代的俄国，反动阶级对书籍的检查空前严格，契诃夫为维持生计经常向风靡一时的庸俗无聊的幽默刊物投稿。他这时期的作品以趣事为主，但也有比较优秀的针砭时弊之作，如《小官吏之死》《变色龙》。1886 年 3 月，名作家格里戈罗维奇写信要他尊重自己的才华，他深受启发，开始严肃对待创作。1890 年 4 月至 12 月，契诃夫去沙皇政府安置苦役犯和流刑犯的库页岛游历与调查。此行让他对俄国的专制制度有了比较深刻的认识，他写出了名篇《六号病房》。19 世纪 90 年代和 20 世纪初期，俄国的解放运动进入了无产阶级革命的新阶段，契诃夫积极投入社会活动，他在这期间写的《带阁楼的房子》《套中人》等一系列作品，都影射出重大的社会问题。

契诃夫于 1904 年 7 月 15 日病逝，他一生共创作了 700 余篇短篇小说。

◎ 文学地位

在契诃夫登上文坛前，俄国文学以长篇小说见长，而契诃夫凭借他独特的创作风格为俄国短篇小说的繁荣奠定了坚实的基础，《契诃夫短篇小说选》的出现丰富了俄国的文学形式，也推动了俄国短篇小说的发展。

在小说表现上，《契诃夫短篇小说选》也颇有创新。契诃夫的幽默不仅继承了俄罗斯幽默的传统，而且创造性地发扬了这一表现手法。他的小说善于将辛辣的讽刺和善意的同情相结合，巧妙地批判俄国社会。就连列夫·托尔斯泰也如此评价契诃夫："我可以毫不谦逊、做作地说，在写作技巧方面，契诃夫已经超越了我。"

一部《契诃夫短篇小说选》就是一幅俄罗斯风俗画，在这些日常生活的片段中，契诃夫向世人展现了俄罗斯的全貌包括灵魂。苏联作家布尔加科夫这样评价契诃夫的作品："在契诃夫的作品里，鲜明地体现了俄罗斯式的对信仰的寻找，对生活之最高意义的苦苦追求，以及俄罗斯灵魂那痛苦不堪的忧虑和痛苦的良心"。所以，读《契诃夫短篇小说选》就是读俄罗斯。

◎ 核心价值

◎ 核心知识

（一）幽默小说

幽默小说是通俗小说的一种类型。为了迎合大众的兴趣爱好和接受心理，它选取现实生活中的喜剧事件为题材，一般以惹人发笑的愚蠢者或被人捉弄嘲笑的老实人等为主人公，通过对他们的弱点、缺点采用巧遇和误会的揶揄与嘲弄，以此来反映社会生活和寄托作者理想。

契诃夫的幽默是一种独特的、淡淡的冷幽默，在不经意间自然流露，却让人回味无穷。它首先不是单一表现喜或悲的，而是悲喜交错的。如《小官吏之死》中，小官吏为了个喷嚏而六次道歉，引人发笑，但其因此而忧惧丧命却令人心情沉重。其次，表现在客观冷静的叙述中。"契诃夫的幽默或采用叙述让人物直接讲故事，或采用故事套故事的方法由他人转述故事，总是极力冷静客观，不着笑的痕迹，不注意情节的、性格的幽默而注重事件细节的情趣、幽默，因而他的幽默常常是冷幽默。"再次，契诃夫的幽默具有深刻的社会意义。它的冷幽默在真实的基础上，主要通过对比、重复、夸张、细节描写等手法表现出来，达到调节辛酸无奈生活、启迪人们理性思考、揭露人性和社会沉疴的艺术效果。

（二）细节描写

细节描写的核心是"细"，是指抓住生活中细微而又具体的事物，用特写镜头把它放大，加以生动细致的描绘，它具体渗透在对人物、景物或场面的描写之中。

细节描写是为主题服务的。它在刻画人物性格，揭示人物内心世界，表现人物感情，暗示人物身份、处境等方面起到重要作用，它往往用极精彩的笔墨将人物的真善美和假丑恶和盘托出，让读者欣赏评价，使文章的描写更加细腻、丰富。细节要尽量真实典型、新颖独特、富有表现力，能起到以小见大的作用。"穿上雨鞋，带着雨伞，而且一定穿着暖和的棉大衣"，这是对别里科夫服饰的细节描写，揭示别里科夫种种有形的套子及自愿入套的心理和因循守旧的性格。这种独特的细节描写，显得幽默诙谐，令人忍俊不禁，给人留下了极为深刻的印象。

（三）小人物

文学作品中的小人物，一般是指人物设定平凡，没有什么背景的角色，他们往往因为无力把握现状和改变命运而显得孤独无助、渺小可怜，他们的生存之痛让人无言以对和无可奈何。小人物在 19 世纪俄国文学中占有重要地位。

契诃夫笔下的小人物群像，有贫穷困顿者，有精神彷徨孤独者，有农民、职员、小官员、马夫、学生、小孩、女人……这些无助的"小人物"在契诃夫笔下淋漓尽致地展现着生活的原始面目——阶层、欲望、善变、出走、出轨、交易……对于我们读者而言，值得我们崇拜和尊敬的是契诃夫敏锐的洞察力和艺术表现力，更重要的是体察这位作家的仁爱与悲悯情怀。他爱普通人，爱"小人物"，同情着他们的痛苦，原谅着他们的过错。

◎ 核心能力

（一）品味表现手法，解读人物形象

《契诃夫短篇小说选》展现了一个个与众不同的人物，描绘了一幅幅独具特色的众生相。在《万卡》《苦恼》中，他通过揣摩这些人物的心理活动，去体悟他们的心灵哀伤；在《变色龙》《小官吏之死》中，他运用讽刺手法，幽默诙谐地刻画出奴才相；在《牡蛎》《庄稼人》中，他用含蓄深沉的文字，来表现人民疾苦。他也惯于使用白描手法，不做任何评价，用表情、动作和语言来揭示人物的内心世界，如《伤心》一文中，格里戈里冒着暴风雪送昏迷妻子去看医生途中的心灵忏悔。有时一处景物描写看似与主题无关，但却起到了烘云托月的作用，如《带阁楼的房子》中，"我"与蜜修斯分手时的景物描写与初见时的景物描写进行对比，将"我"失去爱情的怅然充分渲染。

针对一大批出身不同、性格各异的人物，教师要引导学生在阅读过程中，做好指摘评论，品评不同的表现手法，解读不同的人物形象，能入乎其中，又出乎其外，得到丰富多样的阅读感受。

（二）辨识语言风格，品评表达效果

首先，契诃夫的短篇小说语言朴素中不乏生动，无论是在勾勒人物形象、描写自然景物方面，还是在描绘人物的心理活动方面，都体现出这一特点。在小说《未婚妻》中，契诃夫连形容词都很少使用，但其所描绘出来的初春美景却十分生动。

其次，含蓄却耐人寻味是他的另一语言风格。在《万卡》中，契诃夫并不直接表达自己的感情倾向和主观议论，而把这种主观倾向寓含于客观冷静的艺术描写之中，做到含而不露、耐人寻味。万卡的命运将会如何，对此契诃夫留给读者自己去思考。

再次，契诃夫主张语言要简洁而传神，这可从他的小说情节安排和用词上发现。例如《变色龙》一文仅两千多字，却刻画出了警官奥楚蔑洛夫在审案过程中的五次"变色"，讽刺效果极强。其中文首一句"盛满了没收来的醋栗"中的"满"字传递出了俄罗斯专制

的程度，表现力极强。

（三）联系时代背景，准确解读主题

了解写作背景，是准确理解文学作品主题的金钥匙。19世纪80年代的俄国，贵族地主掌握着国家政权，控制着大量土地。农民的物资贫乏，精神愚昧落后，广大农民仍然在饥饿线上挣扎。19世纪90年代到20世纪初期，解放运动进入无产阶级革命的新阶段，学生以及其他居民阶层中的民主精神渐趋活跃。契诃夫坚持现实主义传统，注重描写俄罗斯人民的日常生活，塑造具有典型性格的人物群像，借此真实反映出当时俄罗斯社会的状况。对沙皇统治下不合理的社会制度的揭露、对丑恶现象的嘲笑以及对贫苦人民的深切同情成为契诃夫小说中的三大主题。

学生在阅读过程中可以通过对典型人物、情节、社会环境的分析，与真实时代背景相结合，合理揣摩作品主题。

◎ **核心策略**

（一）组织批注

组织策略是读者将所阅读的信息加以组织，以有效保存信息的阅读策略。具体的组织策略一般有列提纲和画图表。例如《契诃夫短篇小说选》是由众多独立篇目构成的集子，学生容易混淆内容和忽略重点，教师可引导学生使用表格来明晰小说的情节发展过程，将前后情节或细节进行对照，以此促进深度阅读。

批注策略是指在阅读过程中，读者将自己的所思、所想、所感用文字或符号的形式记录在文中的阅读策略。为避免用"概念化""贴标签"的方式分析人物形象，教师要指导学生在阅读中捕捉、追问细节，用批注的形式记录阅读感受与思考，以此促进深度阅读。

（二）外化输出

外化输出是指在阅读过程中，以口头或书面的形式，把对文本的理解外显出来。以学生内化理解为基础，用各种策略促进学生外化输出，内化、外化相结合能够促进理解的深入。例如：通过将契诃夫笔下的故事设计成小剧本、设计宣传海报、表演，学生可以外化输出自己对文本的理解。在一系列外化输出的过程中，在与同伴的交流中，进一步加深对文本的理解，实现内化、外化、深化的立体化阅读过程，促进阅读效果的最优化。

（三）对照阅读

对照阅读指阅读主体能够将具有一定关联的人物对比参照，在相似中区分细微或本质的差别。对照阅读在阅读人物众多的小说时极为必要。

《契诃夫短篇小说选》中同类型的人物众多，同为小官吏，切尔维亚科夫的诚惶诚恐和奥楚蔑洛夫的见风使舵是不同的；同为医生，姚内奇的腐化庸俗和安德烈·叶菲梅奇·拉京的矛盾苦闷是不同的；同为觉醒中的女性，整天寻觅着英雄，直至丈夫死亡才清醒的奥莉加和凭借美貌进入上流社会的安娜也是不同的。

在阅读过程中，可以引导学生用摘录语段、品读文本、对照分析等方式，鉴赏能凸显人物性格的细节描写，分析人物性格。学生在阅读时，将书中众多人物形象进行对照，形成多角度、个性化的理解，进而掌握全方位品鉴和评价人物的方法。这一策略能够帮助学生在人物的共性特征中把握其个性特点。

◎ 精神文化

（一）培养关注时代的意识

与其说契诃夫是小说家，不如说他是日常生活的细心观察者，是时代现实的真切关怀者。他的短篇小说反映社会现实，描摹人生百态。它以细腻深情而不失幽默讽刺的笔触，向人们展示了一个有血有肉的俄国社会。阅读这些小说能让我们体察人性的弱点，见识社会的丑恶，认识社会制度对人的戕害。这对处在世界观、人生观、价值观形成阶段的中学生而言，意义是巨大的。

（二）培育悲天悯人的情怀

契诃夫在小说中以医生特有的视角和笔触展示了一幅幅生动的俄国画卷，虽然不是一个令人向往、富庶的俄国，却是一个有血有肉的社会。这些作品间接地表达了契诃夫对这个社会里各色人等的复杂感情：同情、关爱、愤懑、无助、温存与嘲弄并存。读这些小说，能开阔学生的视野，丰富学生的阅历，丰盈学生的情感。尤其是作者文字中蕴含的悲天悯人的情怀，嘲讽抨击的背后热爱这个世界的心，都在无形中塑造着学生的心灵。

（三）透视现实生活的真理

契诃夫的小说大多是从平淡无奇的日常生活中发掘出来的具有典型意义的人和事，作为现实生活的一面镜子，其揭示出黑暗社会的世态炎凉、人情冷漠和小人物孤苦无告的悲惨遭遇，揭露出重大的社会问题。阅读这些小说，能引导学生透视现实生活的真理，追寻生活的真善美，培养积极乐观的人生态度。

☙ 自主初读

◎ 阅读规划表

阅读进程	阅读章节	阅读时间	阅读该部分感受最深的一点	阅读该部分最大的疑惑	自我评价（优、中、一般）	教师评价（优、中、一般）
进程一						
进程二						
进程三						
进程四						
进程五						

阅读进程	阅读章节	阅读时间	阅读该部分感受最深的一点	阅读该部分最大的疑惑	自我评价（优、中、一般）	教师评价（优、中、一般）
进程六						
进程七						
……						

☉ 任务伴读

◎ 进程一

任务推进

进程一	阅读任务	重点能力指向
范围:《钉子上》《小官吏之死》《胖子和瘦子》《变色龙》。 时间:2天阅读完毕。	1. 初读后完成下面的读书笔记卡。 阅读篇目 ____ 主要人物 ____ 次要人物 ____ 小说情节　开端:____　发展:____　高潮:____　结局:____ 2. 契诃夫的语言简洁却具有张力,请结合文本说说你从"这么个窝囊废倒有位标致的老婆!""傻瓜才会交好运呢,大人!""咱们走吧!"中读出了人物各自怎样的心理感受。 3. 请梳理出切尔维亚科夫的六次道歉话语、将军的回答及切尔维亚科夫的心理变化,分析切尔维亚科夫的心理压力来源。 道歉次数／道歉话语／将军回答／切尔维亚科夫的心理／心理压力来源 第一次 第二次 第三次 第四次 第五次 第六次 4. 契诃夫的小说情节多反复,《胖子和瘦子》中瘦子前后的变脸,《钉子上》中斯特鲁奇科夫带着一群小官吏两次避开不同的上司对妻子的霸占,《变色龙》中奥楚蔑洛夫断案五次摇摆,《小官吏之死》中切尔维亚科夫六次道歉,请你结合文本论述"反复"写法在文中的作用。	1. 借助表格梳理小说情节,提高学生的概括能力。 2. 借助表格梳理人物心理、情绪的变化,提高学生提取信息的能力。 3. 对比人物语言,读出人物心理,读出人物处境。 4. 结合文本分析"反复"这种写法的作用。

阶段性检测

1.下列说法不正确的一项是（　　　）

A.斯特鲁奇科夫是个低级文官,虽然身份和地位不是很尊贵,但他生活得很快乐,因为他家里有一个温柔体贴而又漂亮的妻子。

B.《小官吏之死》中运用了反复和渐进深入的描述技巧,生动形象地表现了一个喷嚏对主人公的影响，也使人物的心理变化逐步显现。

C.在火车站刚遇到多年不见的老朋友胖子，瘦子不厌其烦地介绍自己的家庭、个人现在的情况。整个画面气氛亲切、热烈而又和谐。

D.《变色龙》中主人公奥楚蔑洛夫是一个趋炎附势、欺上瞒下的人。

2.如果斯特鲁奇科夫、切尔维亚科夫、瘦子、奥楚蔑洛夫就小说中事情发生的当天想发个朋友圈说说自己的心情，你觉得他们各自会说些什么呢？请写下来。

◎ 进程二

任务推进

进程二	阅读任务	重点能力指向
范围：《牡蛎》《伤心》《苦恼》《万卡》《庄稼人》。 时间：3天阅读完毕。	1.初读后完成下面的读书笔记卡。 | 阅读篇目	
主要人物	
次要人物	
小说情节	开端：_____ 发展：_____ 高潮：_____ 结局：_____ | 2.下图是《万卡》中的插图，你觉得这幅插图贴合文中万卡的形象吗？请评价。 3.契诃夫创作的许多小人物是"喋喋不休"的，你发现了哪些喋喋不休的小人物呢？请比较他们"喋喋不休"里的异同。 4.曹文轩在《樱桃园的凋零——读契诃夫》中写道："虽然他在叙述故事和表达情感时处处克制，但字里行间已分明沾满血与泪痕，这就让小说产生一种强烈的悲悯情怀。"请你结合其中一篇小说，谈谈你对这句话的理解。	1.通过朗读，感受契诃夫夸张而又自然的语言表现力。 2.通过评价插图来明晰万卡的形象，提高解释能力。 3.通过比较，深入理解底层平民处境的异同点。 4.通过结合文本解释，理解契诃夫的悲悯情怀。

阶段性检测

1.小说中的道具和环境描写在推动故事情节的发展、塑造人物形象、凸显文章主题、揭示人物命运、反映人物内心情感等方面起着不可忽视的作用。请写出下列小说中重要的道具或者环境。

《牡蛎》《伤心》《苦恼》《万卡》《庄稼人》

2.请选择上述小说中的一篇具体分析道具或者环境在小说中所起到的作用。

◎ **进程三**

任务推进

进程三	阅读任务	重点能力指向
范围:《熊孩子》《勋章》《醋栗》。 时间:2天阅读完毕。	1.契诃夫是个善用细节描写的高手,请品味下列细节描写。 | 出处	细节描写句	赏析 | |---|---|---| | 《熊孩子》 | "拉普金顿时脸孔通红,不吃片糕,反而啃起餐巾来了。" | | | 《勋章》 | "普斯佳科夫挺起了胸,抬起了头,搓起了手,进入厅内。" "他赶紧用右手捂住了勋章,弓起了背,给在座的人都鞠起了躬,却不伸出手去,一屁股坐到了一张空座位上……" | | | 《醋栗》 | "尼古拉·伊凡内奇眉飞色舞,足有一分钟默默地、泪汪汪地看着醋栗,他激动得说不出话来。" | | 2.这三篇文章都提到了人物的"幸福感"或者是"心满意足",请结合文本说说下列人物的"幸福感"或者"心满意足"的来源。 两位恋人 / 两位中学教师 / **幸福感** / 尼古拉·伊凡内奇 / 伊凡·伊凡内奇 3.阅读文本,结合生活实际,说说你的幸福观。	1.品味细节描写,提升语言理解力和赏析力。 2.通过解释,理解不同人物的幸福观。 3.通过比较,树立自己的幸福观。

阶段性检测

1.情节反转指的是事情朝相反方向发展。情节反转能激发读者的阅读兴趣,也能塑造人物形象和凸显小说主题。请概括《熊孩子》和《勋章》中的情节反转之处。

2.请论述《醋栗》中"醋栗"在文中的作用。

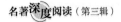

◎ 进程四

任务推进

进程四	阅读任务	重点能力指向
范围:《套中人》《普里希别耶夫中士》。 时间:2天阅读完毕。	1. 初读后完成下面的读书笔记卡。 阅读篇目 _____ 主要人物 _____ 次要人物 _____ 小说情节 开端: _____ 发展: _____ 高潮: _____ 结局: _____ 2. 精读，圈画别里科夫和普里希别耶夫中士分别有哪些"套子"?请结合文本，说说别里科夫死后、普里希别耶夫中士被拘禁后"套子"打破了吗? 套子的本质是什么? 3. 普里希别耶夫中士的形象与别里科夫有许多相似的地方，但也有一些不同点，请简要分析。 4. 朗读《套中人》的结尾部分，画出关键语句，并思考其含义。	1. 借助表格梳理小说情节，提高概括能力。 2. 通过朗读圈画，提取有效信息，分析人物形象的典型意义;领会作品用幽默讽刺手法来表现人物性格特点的方法。 3. 理解作品主题。

阶段性检测

1.阅读《套中人》经典片段，写一段赏析性的文字。

他只要出门，哪怕天气很好，也总要穿上套鞋，带着雨伞，而且一定穿上暖和的棉大衣。他的伞装在套子里，怀表装在灰色的鹿皮套子里，有时他掏出小折刀削铅笔，那把刀也装在一个小套子里。就是他的脸似乎也装在套子里，因为他总是把脸藏在竖起的衣领里。他戴墨镜，穿绒衣，耳朵里塞着棉花，每当他坐上出租马车，一定吩咐车夫支起车篷。总而言之，这个人永远有一种难以克制的愿望——把自己包在壳里，给自己做一个所谓的套子，使他可以与世隔绝，不受外界的影响。

2.契诃夫的作品有一种永恒的魅力，在100多年后的今天，我们重读这两篇小说，又会得到什么样的启示呢?

◎ **进程五**

任务推进

进程五	阅读任务	重点能力指向
范围:《六号病房》《姚内奇》《带阁楼的房子》。 时间:4 天阅读完毕。	1. 承接上一阅读任务,完成下面的读书笔记卡。 | 阅读篇目	
主要人物	
次要人物	
小说情节	开端:_____ 发展:_____ 高潮:_____ 结局:_____ | 2. 契诃夫笔下的知识分子,作为传统的背弃者、精神上的抗争者、新生活的探索者,是作者写作的一个重要方面,细读文本,圈画比较三位主要人物的心理发展过程及结局。 3. 精读"疯子"格罗莫夫和"健康人"拉京医生之间的争论,解读两个知识分子的悲剧,记录阅读感受。 4. 请分别分析三部作品的主题。	1. 关注作品中不同的知识分子形象及结局。 2. 剖析作品背后的有力控诉,揭露当时沙俄社会对人的青春、才能、幸福的毁灭。

阶段性检测

1. 请结合六号病房的内外环境描写,概括六号病房的特点。

2. 当社会存在不义时,一个有知识的人应该做何选择,姚内奇、丽达、拉京……他们有着怎样的人生选择和追求?请选择一位,结合文本加以阐述。

◎ **进程六**

任务推进

进程六	阅读任务	重点能力指向
范围:《上尉的军服》《脖子上的安娜》。 时间:2 天阅读完毕。	1. 承接上一阅读任务,完成下面的读书笔记卡。 | 阅读篇目	
主要人物	
次要人物	
小说情节	开端:_____ 发展:_____ 高潮:_____ 结局:_____ | 2. 圈画裁缝梅尔库洛夫对"大官""大人物""上等人"恭维的语言和动作,对"下等人""土包子"的表现,感受其虚荣、奴性的一面。 3. 契诃夫以精彩的细节描写突出了莫杰斯特为谋求利益不惜牺牲一切的丑恶嘴脸。请找出相关细节进行分析。	赏析作品淡淡的幽默与辛辣的讽刺相互交织的特点;理解作品主题。

阶段性检测

1. 结合《脖子上的安娜》,围绕具体事例,分析安娜从"人"变"庸人"的过程。

2. 阅读《上尉的军服》，结合梅尔库洛夫的语言动作描写，赏析作品淡淡的幽默与辛辣的讽刺相互交织的特点。

◎ **进程七**

任务推进

进程七	阅读任务	重点能力指向
范围:《宝贝儿》《未婚妻》《遛小狗的女人》《跳来跳去的女人》。时间: 6天阅读完毕。	1. 初读完成下面的读书笔记卡。 表格（姓名 | 家庭出身 | 社会地位 | 个性魅力 | 爱情婚姻观 | 幸与不幸） 2. 契诃夫说:"女人不该这样活着，女人应该有自己的独立人格，不能当男人的附庸。"在他这些作品中，哪些女性有着主体意识的觉醒？哪些女性作为反面教材存在？请结合内容各举一例分析。 3.《跳来跳去的女人》小说原题目是《伟大的人》，毋庸置疑，这个人是戴莫夫，被奥莉加及众人忽视的医学工作者。结合戴莫夫这一人物形象，分析真正的"伟人"、名流该有的样子。	1. 关注作者对人物细腻的描写。 2. 对比不同人物的表现，整理人物的相关材料，个性化地表达对人物的理解和评价。

表格具体内容：

姓名	家庭出身	社会地位	个性魅力	爱情婚姻观	幸与不幸

阶段性检测

1. 契诃夫笔下的女性形象主要有三种类型：备受男性和社会制度压迫的女性、甘愿沦为别人的附庸的女性、思想及行动开始觉醒的女性。试分析《未婚妻》中娜佳的女性形象类型。

2. 契诃夫笔下的哪位女性给你留下了深刻印象？请你给她写一封150字左右的信，表达你的想法。

⊙ 课型推进

◎ **阅读课规划**

教学阶段	主要内容	教学资源	设计意图
导读课	1. 初步认识契诃夫。 2. 了解《契诃夫短篇小说选》中主要篇目的主人公及发生的故事。 3. 浅析词句，把握人物的突出特点。 4. 推测人物的命运走向。	1.《契诃夫短篇小说选》相关的插图 2. 批注方法	通过猜作者，猜人物，猜命运，使学生了解作者的个性魅力、作品内容的精彩、作品词句的表现力及作品留下的想象空间，进而激发学生阅读这本书的兴趣。

教学阶段	主要内容	教学资源	设计意图
推进课	1. 为契诃夫笔下的小人物设计表情包。 2. 解读契诃夫式的冷幽默。 3. 为契诃夫笔下的人物寻找同类。	1. 表情包设计的知识 2. 契诃夫的人生经历	1. 通过为契诃夫笔下的小人物设计表情包，解读契诃夫式的冷幽默，学生在作品中能找到契诃夫运用的幽默、讽刺手法并品析，同时能发现契诃夫式幽默与讽刺手法的独特性及它们的艺术效果。 2. 为契诃夫笔下的人物寻找同类，引导学生勾连其他书籍和生活，以此深入理解小说人物及主题。
成果分享课	1. 展示小剧本宣传海报。 2. 展演小剧本。 3. 评价。 4. 颁奖。	1. 海报设计方法 2. 剧本知识	1. 内容重构，整体把握。 2. 通过表演，进一步加深对人物形象的认识。 3. 对本书的意义和价值有自己深入的理解和思考。

◎ **专题探究信息一览表**

专题	探究指向	阅读策略	思维层次
《契诃夫短篇小说选》中的冷幽默	探究发现契诃夫式冷幽默的特征及其艺术效果	1. 通过设计和解读表情包，理解契诃夫式的幽默和讽刺手法。 2. 通过探究和发现，了解契诃夫式冷幽默及其艺术效果。 3. 通过给人物寻找同类，深化对作品意义的认识。	理解、分析、评价、创造

小说人物猜猜猜

——《契诃夫短篇小说选》导读课

【教学目标】

1. 能够辨识人物，讲述故事情节。

2. 能够赏析典型词句，加深对人物的印象。

3. 结合社会环境，依据人物性格，推测人物命运。

【教学重点】

赏析典型词句，深化对人物的认识。

【教学难点】

结合社会环境，依据人物性格，推测人物命运。

一、导入

今天我们来认识一位作家，请根据对他的介绍，猜猜他是谁。

他曾说："当今俄国有两座不可企及的高峰：厄尔布鲁士山顶峰和我。"

他在拜访托尔斯泰之前，为穿一条什么样的裤子苦恼了一个小时。

?

他是最会撒娇卖萌的人！他给编辑写信说："如果已经开始排版，那么我来付排版费。否则我就投河，我就上吊……您想要怎么样……"

他还是最真实可爱的人！"你们二位都很少写作，真该使劲鞭打你们，左右开弓地鞭打。……一句话，我真想揍你们俩，但又不能揍，因为你们可都是达官显要啊！"

是不是要捂住下巴了？这还是我们认识的"世界短篇小说之王"吗？契诃夫的介绍不应该是这样的吗？（请同学介绍）契诃夫的确是俄国文学一座不可企及的高峰，今天我们就由他作品中的人物来聊开去。

二、猜人物说情节

契诃夫的小说描绘了19世纪俄国社会的众生相，创造了一大批令人过目不忘的人物，他们也成了插画师笔下的宠儿，现在我们来看图抢答"他（她）是谁？"再说说他（她）的故事吧。

作品人物插画	人物姓名	人物故事概括	故事情节特点发现
	警官奥楚蔑洛夫	警官奥楚蔑洛夫处理"狗咬人"案件。当知道狗的主人是将军家时就夸赞它，骂赫留金；得知狗不是将军家的时就骂狗，要替赫留金出头；最终得知狗是将军哥哥家的，就夸它是好狗，要收拾赫留金。	
多好吃啊			
阁下我真是太高兴了！达官贵人……			
请你原谅我 对不起…我可不希望那样 对不起！大…人，我是无意的，我可不是故意的…			

作品人物插画	人物姓名	人物故事概括	故事情节特点发现
我不伤心 要官运亨通了			

小结：契诃夫的小说没有情节上的大起大落，没有激烈的矛盾冲突，只是撷取一些生活化的场景，捕捉一些平凡人物的日常琐事，不动声色地写出来，通过人物的自我表演，表达对人性和生活本质的深刻洞察。

三、拷贝人物不走样

苏联文学的创始人高尔基说"契诃夫用一个字就足以创造一个形象，用一个句子就足以写成一篇短篇小说，一篇使人惊叹的短篇小说"，现在我们分成八个小组，每组选定《契诃夫短篇小说选》中的一篇作品细读，选择大家认为最能凸显人物形象的词或句子把它模仿着读出来，其他小组同学猜人物赏词句。

〔示例〕

一同学模仿切尔维亚科夫。切尔维亚科夫慌乱地拔腿就追，嘴里嘟哝："大人……请海涵，大人！"

一同学猜人物，解说精彩词句。

〔示例〕

在《小官吏之死》中切尔维亚科夫为了一个喷嚏六次去道歉，每次卑怯地喊"大人"，一口一声"大人"。在这个称呼中显露出小官吏是多么的自轻自贱，对上级官员诚惶诚恐，最后竟至于忧惧至死，令人过目难忘。

小结：契诃夫运用简洁、凝练的语言，或是抓住生活中细微而又具体的典型情节，或是重复典型话语，或是夸大某个形象特征，加以生动细致的描绘，在或幽默诙谐，或新颖独到中刻画出人物性格，表现出人物细微复杂的感情等，给人留下了极为深刻的印象。

四、猜人物命运走向

关于小官吏切尔维亚科夫的命运，契诃夫是指明了"回到家，制服也不脱，翻身倒在沙发上……一命呜呼了"，但更多的人物命运走向是没有明说的。例如《胖子和瘦子》中写道"一家三口又惊又喜"；《万卡》中写道"他怀着美好的愿望放下了一件心事，过了一个钟头，安心地睡熟了……在梦中他看见一个炉灶"；《遛小狗的女人》中写道"不过两个人心里都明白：离终点还十分遥远，最复杂、最坎坷的道路现在刚刚开始"。请小组合作选定本书中的一篇作品，结合社会环境，依据人物性格等猜测人物命运走向。

【课堂小结】

高尔基曾说"文学就是人学"，今天我们通过猜猜猜，对契诃夫笔下的人物及契诃夫塑造人物的方法有了粗略的了解。俄国文艺学家米尔斯基说："契诃夫式的人物全都一样，其构成均为同一素材，即'普通的人性材料'，契诃夫研究的是'普遍的人'，作为种类的人。"可见契诃夫笔下的人物绝不是"一个"，而是由这一个刻画出了这一类，接下来的阅读我们将往文本的更深处——写法、主题等迈进。

【配套练习】

1.《契诃夫短篇小说选》的作者是＿＿＿＿＿，国籍是＿＿＿＿＿，他被誉为"＿＿＿＿＿"。

2. 下列关于《契诃夫短篇小说选》的说法正确的一项是（　　　）

A. 小说描绘了19世纪俄国社会的众生相，其中有小人物的辛酸无奈，如姚纳；有贵族官吏的虚伪贪暴，如奥楚蔑洛夫；有下层官吏的奴颜婢膝、见风使舵，如普里希别耶夫中士；还有知识分子的彷徨与摇摆，如拉京。

B. 这些小说，没有情节上的大起大落，但有激烈的矛盾冲突，没有可读性。

C. 作者撷取一些生活化的场景，捕捉一些特殊人物的日常琐事，不动声色地写出来，通过人物的自我表演，表达对人性和生活本质的深刻洞察。

D. 作者就像一位充满悲悯情怀的智者，俯瞰着生活在俄国大地上的芸芸众生，感受着他们的痛苦与孤独，慨叹着他们的软弱与不幸。

3. 在"拷贝人物不走样"活动中，有个同学选择演绎《带阁楼的房子》中妈妈的语言——"说得对，丽达说得对，"母亲附和道，"这样不好。"请问你怎么理解这句话在文中出现了三次？

4. 对课堂上学生推测的人物命运走向，学生通过研读小说来论述它的合理性或者不合理性。

5. 假如今天，有个小官员在开会时打喷嚏，不小心将唾沫星子喷到了前座

大领导的头上，他会怎么想？怎么做呢？结果又会如何呢？请你发挥想象写一段话吧。（200字左右）

由契诃夫的幽默和讽刺手法说开去
——《契诃夫短篇小说选》推进课

【教学目标】

1. 通过设计和解读表情包，理解契诃夫的幽默和讽刺手法。

2. 通过探究和发现，了解契诃夫式的冷幽默及其艺术效果。

3. 通过给人物寻找同类，深化对作品意义的认识。

【教学重点】

1. 理解契诃夫的幽默和讽刺手法。

2. 了解契诃夫式的冷幽默及其艺术效果。

【教学难点】

通过给人物寻找同类，深化对作品意义的认识。

【教学过程】

作为俄国19世纪末期重要的小说家，契诃夫以意蕴深刻的幽默与讽刺，简洁质朴的描写与叙事风格，树立了独特的文学创作模式。他用精湛的幽默和讽刺手法，把生活和人物刻画得真切形象，或嘲弄官场，或调侃人生，或改良社会，亦庄亦谐，妙趣横生，令人忍俊不禁，思绪万千。今天我们就由他的幽默与讽刺手法说开去。

一、设计人物表情包

1. 经过前期的阅读，相信你已经发现了契诃夫作品中幽默与讽刺的效果来自于重复、夸张、对比、细节描写、白描等手法的运用。请小组合作，选定一个人物进行表情包设计，要求抓住幽默与讽刺的手法，凸显人物心理或性格。

> **知识卡片**
>
> 表情包：在移动互联网时代，人们以时下流行的明星、语录、动漫、影视截图为素材，配上一系列相匹配的文字，用以表达特定的情感。

〔示例〕

表情包设计：

表情包解说：

这个表情包中以小官员"我是无意的""我可不是故意的""我可不希望那样""请您原谅我……"的话的反复之中可以看出他因打喷嚏将唾沫星子喷到将军级文官头上后的诚惶诚恐，让人倍觉好笑之余也不由得对以他为代表的小官员处境感到同情，也见识到俄国沙皇专制统治的恐怖。

2. 小组间分享人物表情包。

二、解读契诃夫式的冷幽默

1. 探究契诃夫式冷幽默的特征

同学们设计的表情包里最突出的一个特点是幽默。契诃夫是个幽默小说家，他的幽默小说既继承了原来幽默小说的特点，选取现实生活中的喜剧事件为题材，以滑稽可笑的蠢材或乐于助人但不得好报的笨人等诸如此类的主人公，通过对他们的弱点和缺点、巧遇和误会的揶揄与嘲弄，反映生活的真实和作者的想法，又在此基础上有了新的创新。请同学们结合下列小说中选取的幽默之处，探究发现契诃夫式冷幽默的特点。

直等到晚上七点多钟，钉子上的负担已得以解除，他们才吃起了馅饼。可是馅饼已变得干瘪瘪的，菜汤冷冰冰的，鹅也烤焦了——总之，都让斯鲁奇科夫的前程彻底毁了！不过，大家吃得倒也有滋有味。

——《钉子上》

不过有一点他终于明白了：世道已经变了，他再也没法活下去了。他心情沉重、心灰意冷。他出了审讯室，只见一大群庄稼汉在一起，交头接耳。他出于习惯，禁不住挺直身子，双手紧贴裤缝，用那沙哑的嗓子，怒气冲冲地高声嚷道："老百姓，都给我散开！不得聚众！各自回家！"

——《普里希别耶夫中士》

那匹瘦马嚼着草料，听着，向它主人的手上呵气。

姚纳讲得入了迷，就把他心里的话统统对它说了……

——《苦恼》

哎呀，多可怕的半桶白酒！今天这个胖地主还拖着农民向地方行政长官控告他们的牲口祸害了他的庄稼，可是到了明天，遇上他隆重的命名日，他就赏给他们半桶白酒，他们喝了酒就高呼"乌拉"，喝醉了还给他叩头。

——《醋栗》

探究发现契诃夫式冷幽默的特点有哪些？

2. 探究契诃夫式冷幽默的艺术效果

请结合契诃夫的出身、人生经历、社会环境来探究他冷幽默的艺术效果并填入下面的圆圈中。

契诃夫出身于农奴之家，"压根儿没有童年"，成年后上大学当医生了也从未有过宽裕舒适的日子，不得不靠当家庭教师和业余撰稿来维持生活。而医生这份职业令他接触了社会各阶层及各色的人物，为他的创作积累了取之不尽的素材。

19世纪80年代的俄国，反动书刊检查制度空前严格，庸俗无聊的幽默刊物风靡一时。这一时期他的很多作品是无甚价值的笑料和趣事，但也有一些比较优秀的针砭时弊的作品。1886年3月，名作家格里戈罗维奇写信要他尊重自己的才华，他深受启发，开始严肃对待创作。随着声誉和地位的增高，他强烈意识到作为作家的社会责任，开始认真思索人生的目的和创作的意义。1890年4月至12月，契诃夫去沙皇政府安置苦役犯和流刑犯的库页岛游历与调查。此行让他对俄国的专制制度有了比较深刻的认识。19世纪90年代和20世纪初是契诃夫创作的全盛时期。当时俄国的解放运动进入了无产阶级革命的新阶段。契诃夫积极投入社会活动，在一系列作品中反映重大的社会问题。

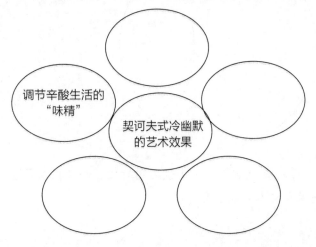

三、为人物寻找同类

看着这些人物表情包，是不是有种似曾相识的感觉，他们就在我们曾经阅读的书籍里，就在我们的生活中。现在我们来为他们寻找同类吧，说出这个同类身上发生的事情、他的性格特点及性格形成的原因。

〔示例〕胡屠户跟警官奥楚蔑洛夫相似。胡屠户也是趋炎附势的人，范进中举前，胡屠户称他为"烂忠厚没用的人"，说他是"尖嘴猴腮"；范进中举后胡屠户称他是"贤婿老爷"，说他"才学又高，品貌又好"。这种以官位、势力为评判标准的三观跟奥楚蔑洛夫如出一辙。这主要是中国封建社会的科举制度带来的危害。

【课堂小结】

艺术源于生活，又高于生活，契诃夫是一个生活的艺术家，他扎根于自己经历的现实生活，将生活精简提炼，融进作品，在作品中注重刻画人物的精神面貌，形成冷峻深沉的文风、客观含蓄的笔法，从而使他的幽默与讽刺艺术升华到改造国民性和探索民族出路的高度。时至今日，我们依然能在他的幽默和讽刺中看出社会和人性的脓包，他是当之无愧的医者。

【配套练习】

1. 在《契诃夫短篇小说选》中，作者对各个主人公饱含的情感各不相同，有些是在淡淡的幽默中隐含着悲悯，有些是在幽默中蕴含着辛辣讽刺，请给人物归类（各写三个）。

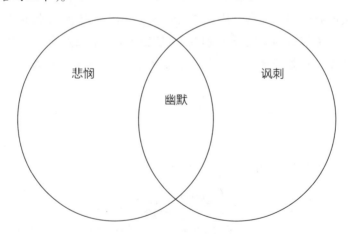

2. 《勋章》是一篇讽刺小说。小说运用对比、细节描写等艺术手法表现出讽刺效果。请结合文本完成下表。

描写对象	细节描写对比处		表达效果
戴着借来的勋章,发现同事前的普斯佳科夫和发现同事后的普斯佳科夫的行为	挺起了胸,抬起了头,搓起了手,进入厅内。		
露馅前后普斯佳科夫和塔拉姆布良的神态		普斯佳科夫得意地笑开了,高高兴兴,舒舒坦坦地坐了下来。 塔拉姆布良快活地点了点头,露出左边翻领后的三级安娜勋章。	
被迫露馅后勋章的色彩和普斯佳科夫的脸色	斯坦尼斯拉夫勋章和那根已被弄得皱巴巴的红丝带终于露出了真容,光彩夺目。		

3. 鲁迅说过,认识到社会黑暗而又无路可走的人比那些浑浑噩噩、缺少理智的人更为痛苦。你同意这句话吗?请结合《契诃夫短篇小说选》中的人物来解说。

4. 在"书香伴我成长"系列活动中,我们将展演根据《契诃夫短篇小说选》中的部分小说改编的课本剧。为此请完成以下两项任务:第一,参看示例改编剧本;第二,请在下框中为你们即将上演的课本剧设计一张宣传海报。

课本剧改编〔示例〕

变色龙

时间:白天里上午

地点:广场

人物:奥楚蔑洛夫、叶尔德林、赫留金、厨师、路人甲、群众

道具:玩具狗、红药水、筛子、酱油瓶

服装:奥楚蔑洛夫服装(门卫服)、叶尔德林服装(迷彩服)、厨师服装(围裙)、群众演员服装(便服)

第一幕

旁白(正经):某年某月某日,上午,四下里一片沉静,广场上一个人也没有,商店和饭馆的门无精打采地敞着,面对着上帝创造的这个世界,就跟许多饥饿的嘴巴一样;门口连一个乞丐也没有。可是……

(奥楚蔑洛夫大摇大摆地上,叶尔德林端着筛子上)

奥楚蔑洛夫(自白):我叫奥楚蔑洛夫,我有点与众不同,因为我……是奥楚蔑洛夫长官……我在巡街,可是这街上一个人也没有,幸亏刚才我还没收到一点醋栗了,否则真是白来一趟了。

叶尔德林:长官,这趟收获不少,没收的醋栗真是又酸又甜。

奥楚蔑洛夫：（摆出官架子）嗯。

叶尔德林：过一会儿，我再给您没收几瓶伏特加，请长官您喝一顿。

奥楚蔑洛夫：嗯，不过，不一定总是没收嘛，看中哪家酒馆，咱们去……

叶尔德林：对对对！只要咱们去查他，他不敢不好好招待。还是长官高明！

奥楚蔑洛夫：（斜眼看看他，点点头）嗯，不错，有长进！

叶尔德林：（一脸媚笑）是，一定跟长官好好学！

海报宣传框

展海报　演剧本
——《契诃夫短篇小说选》成果分享课

【教学目标】

1. 通过赏读小剧本宣传海报，加深理解小说内容。

2. 在表演和观演体验中，进一步感受契诃夫小说的艺术特点。

3. 对本书的意义和价值形成更深入的理解和思考。

【教学重点】

在活动中加深理解小说内容，进一步感受契诃夫小说的艺术特点。

【教学难点】

对本书的意义和价值形成更深入的理解和思考。

【教学过程】

一、小剧本宣传海报展

课前，每个小组都为自己排演的小剧本设计了一幅精美的宣传海报，让我们一起欣赏品评。

1. 根据下面的表格内容，各小组派代表解读为小剧本展演而设计的宣传海报。

海报名称	
中心主题	
结构色调	
风格亮点	
设计灵感	

2. 投票选出最佳宣传海报。

小贴士：海报构成四要素

（1）文字。文字具有说明作用，如果海报设计中没有文字，将无法准确地传递信息。

（2）图案。海报是视觉艺术，通过图案产生强烈的艺术效果，达到宣传的目的。

（3）色彩。不同色彩搭配，使海报整体产生不同的视觉效果。

（4）布局。调整海报的整体布局，突出主题。

3. 根据海报解说，投票选出你最想看的小剧本。

二、小剧本展演

将《契诃夫短篇小说选》中的故事呈现于舞台之上，让我们在自由想象和剧场条件制约之间，在现实与经典之间，探求通往契诃夫世界的独特路径。

按照投票结果，依次进行小剧本展演。

展演要求：

1. 以《契诃夫短篇小说选》为主，既忠实于原文，又可以在原文的基础上有所创新，内容要健康向上，演员为小组内成员。

2. 舞台背景、道具以简练、明快为主，不能过于复杂和铺张，如需要配乐，要自备设备。

3. 服装、道具要求自备，要符合时代特点。

展演顺序	剧本名称
1	
2	
3	
4	

三、参与评选活动

展演结束后，开展"校园最佳课本剧"评选活动。根据评分标准，请填写并提交下面的推荐表，为得票多者举办颁奖仪式。

评分标准：

1. 剧目编排有新意，能深刻地表现剧目主题。

2. 剧目表现形式有创新，表演过程流畅、紧凑、完整。

3. 表演者服装、道具、舞台、音乐、背景设计有特色，有利于表现主题。

4. 表演者精神饱满，有激情，声音洪亮，吐字清晰，语言有感染力。

类别	推荐理由
校园最佳课本剧改编奖	
校园最佳课本剧表演奖	

【课堂小结】

　　幽默的人，从契诃夫的作品中看到哀伤；哀伤的人，从契诃夫的作品中看到幽默。而契诃夫的目光，一直望进我们所有人的生活。今天的小剧本展演，让参演者切身感受到故事中人物的心情、命运的起伏跌宕，也让观演者获得更丰富的感悟和精神上的满足！

【配套练习】

　　1. 为了助力小剧本宣传，戏剧表演组找到了下面这样一幅宣传画，并获得了很高的点赞数，有人看到后这样评价：契诃夫没有直接描写姚纳的内心世界，但通过典型的细节，明白无误地传达了主人公的悲苦心境。你能结合文本及图片说说你对这句话的理解吗？

2.本节课的小剧本展演让大家意犹未尽，优秀的展演成果离不开完整而全面的阅读过程，请谈谈你在阅读《契诃夫短篇小说选》的时候，采用了哪些阅读方法。

3.回归书本，阅读相关章节，说说为什么我们不能仅仅通过观看戏剧表演这样轻松的方式走进《契诃夫短篇小说选》，而一定要阅读名著。

4.为了进一步推广名著阅读，针对今天的成果展示课，请大家拟写一则新闻，进行宣传报道，200字左右。

🌀 中考链接

真题 ❶

原题呈现（2018年湖北鄂州卷）

下列有关文学常识和名著阅读的表述，正确的一项是（　）

A.《简·爱》的作者是英国著名作家夏洛蒂·勃朗特，这部小说采用第一人称写法，让主人公倾诉自己的喜怒哀乐、人生理想和爱情故事。

B.鲁迅是我国现代文学史上著名的文学家。他在作品中塑造了很多著名的人物形象，其中藤野先生、闰土、孔乙己都是《呐喊》中的人物。

C.《威尼斯商人》《海底两万里》《变色龙》《范进中举》的作者分别是莎士比亚、凡尔纳、莫泊桑、吴敬梓。

D.汉语常用烽烟指代战争，汗青指代史册，桑梓指代家乡，婵娟指代月亮，令郎指代女儿。

思维层次：识记、理解。

阅读能力：识记作家作品及文学文化常识，了解作品的主要内容。

命题特点及解题策略：选择题，多种信息混合在一起。仔细阅读并圈画选项中的关键信息，跟脑海中存储的相关的知识相匹配，排除错误项。

参考答案：

A

真题 ❷

原题呈现（2019年浙江衢州卷）

从下列作品中选择一个人物，分析其讽刺意义。

A.方鸿渐（《围城》）　　　　　　B.林之洋（《镜花缘》）

C.周进（《儒林外史》）　　　　　D.别里科夫（《契诃夫短篇小说选》）

思维层次：综合、比较、评价、分析。

阅读能力：联结同类名著进行比较阅读，体会批判精神，关注讽刺艺术，形成理解人物形象的基本思路。

命题特点及解题策略：选择回答。可以选择自己熟悉的、有把握的名著，依据题干要求，结合具体情节，分析其讽刺意义。

参考答案：

[示例1]选A项。方鸿渐，他是旧中国一个精神无处安放的读书人，他有读书人清高的一面，却买了张假文凭当了"洋博士"，"荣归故里"，自欺欺人。作者用揶揄的笔调，讽刺了方鸿渐的虚荣，这个人物是现实生活中爱慕虚荣、思想空虚的伪知识分子的代表。

[示例2]选B项。林之洋，他在女儿国被迫入宫、缠足、穿耳洞，受尽折磨，作者借林之洋的遭遇，用悲喜杂糅的手法，讽刺男性审美标准对女性的野蛮压迫，批判了封建社会的男权思想，表达了对女性的尊重与同情。

[示例3]选C项。周进，他60岁依然是个童生，受尽嘲弄和冷遇，但仍执着科举，是一个备受压抑、苦苦挣扎的老书生形象。周进在贡院里又哭又笑，丑态百出，作者借这个人物讽刺汲汲于富贵者，批判了科举制度。

[示例4]选D项。别里科夫，他永远把自己藏在套子里，包得严严实实，他害怕一切新生事物和自由思想，只对政府的告示分外敏感，坚决拥护。作者用夸张的手法塑造了别里科夫胆小怕事、保守顽固的形象，对现实社会的保守势力进行了讽刺与批判。

模拟题 ①

有同学发现：读《红星照耀中国》就像从平面镜中看客观世界，读《昆虫记》就像从显微镜中看微观世界，读《契诃夫短篇小说选》就像从哈哈镜中看变形的世界。请从《红星照耀中国》《契诃夫短篇小说选》中任选一部，结合内容，参考示例，说说该同学为什么会有这样的发现。

[示例]读法布尔的《昆虫记》就像从显微镜中看微观世界。因为作者通过细节描写呈现出一个有趣的昆虫世界。例如，作者在记述蝉幼虫脱壳的过程时，细致地描写了蝉的动作，让读者看到了一个鲜为人知的昆虫世界。

思维层次：理解、综合、评价、创造。

阅读能力：对不同文体知识有明确的认知，善于对比提取显性信息，辅助理解，形成自己的见解。

命题特点及解题策略：参看示例，本题从文本特质入手，考查对名著内容的了解，对名著写法的鉴赏。答题时需要点明文本特质，并结合具体内容来分析。

参考答案：

[示例1]读《契诃夫短篇小说选》就像从哈哈镜中看变形的世界，因为作者用夸张手法表现出一个畸形的社会。例如，作者在叙述警官奥楚蔑洛夫处理"狗咬人事件"时，不厌其烦地描写了他的变化，让读者看到了他扭曲的灵魂，看到了当时黑暗腐败的社会。

[示例2]读《红星照耀中国》就像从平面镜中看客观世界。因为作者用纪实手法忠实地描绘了中国红色区域的真实情况。例如，作者深入根据地，经过大量访谈，客观记录了毛泽东青少年时期的经历，让人们了解了他成为共产党人的原因。

模拟题 ❷

高尔基曾说："契诃夫用一个字就足以创造一个形象，用一个句子就足以写成一篇短篇小说、一篇使人惊叹的短篇小说，这种小说钻进生活的深处和本质，如同螺钻钻进地心一样。"请你结合下列小说中的一篇，谈谈你对这句话的理解。

A.《套中人》

B.《苦恼》

C.《小官吏之死》

思维层次：理解句意，回忆文本内容，辨别关键词或关键句，做出合理解释。

阅读能力：对人物形象的把握能力，对关键词句的品味能力及对小说主题的解读能力。

命题特点及解题策略：结合文本内容具体解读高尔基的评价。解题时先是抓住评价中的关键词，然后结合名著的具体内容来解释这几个关键词。

参考答案：

[示例1]在《套中人》中，主人公别里科夫以遵守禁令为乐，并拒绝承认权利和自由，这些思想和行为，就如同把自己禁锢在"套子"里一样。契诃夫用一个"套子"，将别里科夫胆小怕事、顽固保守的"套中人"形象展现出来，体现作者对别里科夫之流的无情讽刺。

[示例2]在《苦恼》中，姚纳诉说他儿子这个星期死了的话多次出现。这些话里包含了他无尽的苦恼，想找人倾诉的强烈欲望。但无论是军人、享乐青年、仆人，甚至年轻车夫，都不在意，他最终只能向瘦马倾诉，由此表现了当时俄国社会人们的冷漠与麻木，小人物的孤独与痛苦。

[示例3]在《小官吏之死》中，切尔维亚科夫为了一个喷嚏六次去道歉，每次都卑怯地喊"大人"。在这个称呼中显露出小官吏的自轻自贱，对上级官员诚惶诚恐，最后竟忧惧至死。由此揭示了沙皇专制社会里小官吏十足的奴性。

模拟题 ❸

《骆驼祥子》中的祥子是一个人力车夫，《苦恼》中的姚纳也是一个车夫，请给这两个人物找一个共同的主题词，并结合文本进行阐述。

思维层次：回忆情节，分析形象，评价相似点，创造性理解。

阅读能力：了解情节，把握人物形象，比较阅读，形成合理评价并解说。

命题特点及解题策略：名著之间相互勾连。解题时需先分别回忆两篇小说中主要人物的性格、情节及主题，然后找到相似处，提炼关键词，再围绕关键词结合文本内容来具体阐述。

参考答案：

[示例1]主题词"苦难"。

《骆驼祥子》中的主人公祥子是老舍笔下一个被侮辱、被损害的下层劳动者形象，他遭遇三起三落，不断堕落，体现了社会最底层劳动者的苦难命运。他受限于金钱，困于此地，无能为力也没法抗争。

《苦恼》中的姚纳是一个在俄国大都市彼得堡赶车的老车夫，他身处社会底层，生活十分困苦，遭遇又很不幸，姚纳的妻子早已去世，又刚死了儿子，深沉的哀痛充塞着他的胸膛，他的身上体现了下层人民生活的苦难和不幸。

［示例2］主题词"孤独"。

祥子的一生是孤独奋斗的一生，祥子悲剧的产生，既有社会方面的客观原因，也有其自身的主观因素。诸多原因交织在一起，向我们展示了人力车夫祥子孤独奋斗的命运悲剧。

姚纳急欲找一个人倾吐自己的悲伤，却怎么也找不到。在一个大雪纷飞之夜，他一次又一次地向坐他马车的客人或遇见的普通人诉说，不是遭到侮辱就是遭到拒绝。在车水马龙的彼得堡，在川流不息的人流当中，竟然没有一个人愿意听他把话说完，姚纳最后只能向同自己相依为命的小母马去诉苦吐怨。

《我是猫》

☺ 推荐版本

作者：[日] 夏目漱石著，徐健雄译

出版社：人民教育出版社

出版时间：2018 年 10 月

☺ 作品梗概

　　小说别出心裁地由一只猫担任叙述者，由"猫眼看世界"。故事通过猫，以第一人称"我"的口吻讲述，没有完整的线索，把猫的所见所闻所感，用看似不经意的表述显示出来，鲜明地突出严肃的主题。

　　猫的主人叫苦沙弥，是一个中学教员，喜欢清静，常常在家用功。他兴趣广泛，却一事无成。主人常和自己的朋友们——"美学家"迷亭、"理学士"寒月、"艺术家"东风、"哲学家"独仙在一起谈古论今、嘲弄世俗、吟诗作文，故作风雅却又无聊至极。一天，资本家金田的老婆为女儿的婚事上门请苦沙弥帮忙。苦沙弥认为寒月会爱上金田家的小姐简直是笑话，又和迷亭一起把她嘲弄一番。从此，苦沙弥家招来了不少麻烦。先是车夫老婆传播流言蜚语又哄闹辱骂主人；后是主人的老同学铃木上门规劝要主人少惹事；再是落云馆里顽皮的中学生们被唆使在主人家门前喧哗吵闹，使主人肝火大旺。猫来到金田家，听到了金田夫妇的对话，知道这一切都是他们在整主人。

　　主人仍与迷亭、寒月等一班朋友聚会，在高谈阔论、嬉笑怒骂中攻击世道，痛斥资本家的可恶和侦探走狗们的可鄙。主人有个学生三平，要和金田小姐结婚了。他来邀请主人参加婚礼，主人断然拒绝。猫在主人家也觉得沉闷。"人类最后的命运不外乎自杀"，主人的说法大概不错，醉酒的猫想着，不慎掉进水缸后死去。

　　围绕金田小姐的婚事，作品有力地批判了资产者的骄横和拜金主义者的势利。金田老爷是靠高利贷起家的穷凶极恶、又贪又狠的大资本家，拥有大量的财产。他的"堂皇富丽的公馆"，与苦沙弥的"暗黑的洞窟"恰成鲜明对比。他发财致富的"秘诀"是"要精通三缺"，即缺义理、缺人情、缺廉耻。"鼻子、眼睛都盯在钞票上"，"只要能赚钱，什么事也干得出来"，把金钱看得比生命还重要。金田依仗自己的财势，成为社会上赫赫有名的人物。他财大气粗，仗势压人。主人公苦沙弥安贫、正直，教书十年与他素不相识，只是慢待了他的老婆，他便兴师动众三番四次进行打击，致使苦沙弥的身心受到严重摧残。铃木百般巴结金田，卑躬屈膝，趋炎附势，成为金田的暗探和说客，其原因也在于金钱。连猫都看出，"我现在明白了，使得世间一切事物运动的，确确实实是金钱。能够充分认识金钱的功用，并且能够发挥金钱的威力的，除了资本家诸君外，再没有其他的人物了"。作品对"鼻子、眼睛都盯在钞票上""只要能赚钱，什么事也干得出来"的缺义理、缺人情和缺廉耻的"最坏的人类"做了入木三分的批判。

通过猫的眼，苦沙弥的"执迷不悟"、寒月的不慕时尚、迷亭的玩世不恭、独仙的"大彻大悟"、铃木的自私势利等不同的品性都凸显出来了。"苦沙弥们"的嬉笑怒骂，蕴含着对拜金主义社会的嘲讽，对军警侦探等军国主义暴力的痛恨，表现了正直的知识分子们不愿与权贵同流合污的品质。与此同时，作品对"苦沙弥们"胸无大志、无所事事、孤芳自赏、故作风雅的缺点也加以批评和嘲笑，但这是一种"带有苦艾的余韵的"嬉笑怒骂，蕴含着作者本人的同情、苦闷和悲哀。作品成功塑造了日本明治时代不满社会现状，但又不能与百姓为伍的中下阶层知识分子群像。

同时，猫自己的世界也是小说不可或缺的部分。如写"神猫"吃年糕、捉老鼠、猫平时运动的场面等，另外小说还写到了其他几只猫，展现了一个丰富多彩的猫世界。最后，这只终其一生也没有学会逮老鼠的"神猫"因喝多了啤酒而掉进水缸里淹死，故事到此戛然而止。

◎ 思维导图

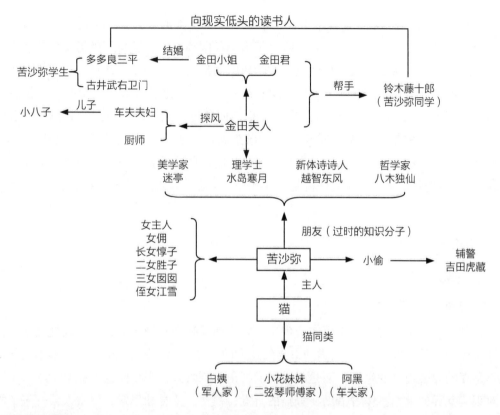

◎ 作者介绍

　　夏目漱石（1867—1916 年），日本近代作家，原名夏目金之助。漱石是其笔名，取自《晋书·孙楚传》，年轻时的孙楚想隐居，因而对其好友说"漱石枕流"。

　　夏目漱石在日本近代文学史上享有很高的地位，被称为"国民大作家"。纵观夏目漱石一生的创作，会发现他一直关心社会现实，认真思索人生，努力通过各种各样的典型形象反映生活，其中无一不触及日本明治社会的本质，比如对现实生活中的庸俗、丑恶现象，以及日本"现代文明"所带来的种种弊端做了尖锐的讽刺和深刻的批判，对利己主义进行了无情的鞭挞。对知识分子的生活、知识分子的内心矛盾及找不到出路的痛苦心情，尤为关注。其作品既具有浓厚的时代气息，更具有强烈的道德意识和对现实的深刻批判。

　　夏目漱石也是日本文学界公认的首屈一指的语言大师。他对东西方的文化均有很高的造诣，既是英文学者，又精擅俳句、汉诗和书法。他的语言精确，丰富多彩，富有表现力，常常把雅语、俗语、汉语、西语等混融于作品之中，成为叙述故事情节、刻画人物形象、描绘内心世界、反映现实生活、表达人生哲理的有力手段。

☺ 文学地位

夏目漱石的《我是猫》是日本近代文学史上一部优秀的、独具风格的长篇小说，也是世界文学名著之一。它把一股新风吹进了人物仅限小市民、题材不外男女恋情和人情纠葛的日本文坛，从而打破了自然主义文学风靡明治天下的局面，使近代日本批判现实主义文学得以继承和发扬，确立了夏目漱石在文学史上的地位。周作人曾说："鲁迅在日本时，一等到《我是猫》印本出即，陆续买读。"而鲁迅对此的评价为："夏目漱石的著作以想象丰富、文辞精美见称。"早年登在俳谐杂志《子规》上的《哥儿》《我是猫》诸篇，语调轻松洒脱，富于机智，是明治文坛上新江户艺术的主流，当世无与匹者。而日本文艺评论家伊藤整对《我是猫》的评价是："《我是猫》是日本文坛上一部空前绝后、与众不同的杰作。"

☺ 核心价值

◎ 核心知识

（一）批判现实主义小说

批判现实主义指的是注重事实或现实，客观地反映现实社会，更注重人性之恶，揭露社会黑暗，具有批判性。"以猫的口吻叙述人的世界"是小说最大的特点，本书创作意图不是真的要表现猫的生活，而是要借猫的视角来刻画人，来反映人的社会生活，来表达对现实世界的批判。作者借助一只猫的听觉、视觉、感觉和思维，以主人公——中学英语教师苦沙弥的日常起居为主线，穿插了邻居资本家金田企图嫁女不成，阴谋报复苦沙弥的矛盾冲突，嘲笑了明治时代知识分子空虚的精神生活，讥讽了他们自命清高却无所事事、不满现实却无力反抗、平庸无聊却贬斥世俗的矛盾性格，揭露了金田等资产阶级人物及其帮凶势利、粗鄙、凶残的本性。

（二）叙事角度

小说采用独特的视角——"猫眼看世界"。小说中的"我"是一只动物——猫，是虚构而独特的艺术形象，作者用拟人的手法把猫变成不仅具有动物的习性，而且还具有人的思想、观察力和理解力的生物。这只猫从出生不久到最后淹死，在苦沙弥家里生活了两年，小说所写的诙谐有趣的故事，都是它的所见所闻。

作者借猫之眼见人之所不见。猫用洞察一切的眼睛，清晰而冷静地审视着世相百态。在猫的视线里，荒唐与孤寂充斥着人类的一生，人类除了虚伪和自私，几乎一无所有。

作者用猫之口言人之所不能言。猫用自己的博学多识、深度思想、犀利语言，对人类社会的种种病态现象进行嘲讽批判，看似滑稽，却直击人心。

（三）自由松散的叙事结构

作者曾对《我是猫》的叙事结构有这样的自评："它像海参一样，不易分辨哪是它的头、哪是它的尾。因此随时随地即可把它截断，进行结束。"《我是猫》虽是小说，却不以单一的情节取胜，它没有完整的故事情节，反而是自由松散的叙事结构，"无头无尾"的结构实则包罗万象。这样的方式，反而充满了趣味性，在充实丰富的同时又能使读者感到乐趣，仿佛身临其境，感受着猫所在的主人一家生活的点滴。同时，小说不仅让读者充分感受到明治时期的社会精神风貌，也让读者深刻理解在当时的社会制度下，不同阶级、阶层、职业、性格的代表人物迸发出的思想意识。对人物形象与性格的塑造相辅相成。也因为这样自由松散的结构，读来也能感受到像读抒情的"写生文"（日本现代散文的一种文体）一般的美。

◎ 核心能力

（一）提取显性信息，组合内容要点

要把长篇小说读薄、读透，提取和组合信息的能力至关重要。《我是猫》的叙事结构比较松散，没有完整的故事情节贯穿始终，但是小说的人物是比较清晰的。所以《我是猫》中的人物信息属于显性信息，为了更好地分析人物，阅读过程中应对这些显性信息进行提取和组合。例如，引导学生为小说中的人物比如苦沙弥、迷亭等，绘制包含描写语句及描写方法、性格及心理、"猫"对其态度等内容的表格或思维导图，梳理组合这些重要内容，呈现自己的理解。这些活动可以提升学生提取显性信息并组合内容要点的能力，能为整本书的阅读打下良好的基础。

（二）品析小说中出众的讽刺和幽默艺术

作者继承了日本俳谐文学和西欧讽刺文学的传统，善于运用风趣幽默、辛辣讽刺的手法进行揭露和批判。作者在小说中大量采用夸张手法，对人物的个性特点进行巧妙的描述，并将社会现实和人物关系放大，进而达到讽刺效果。同时，反语手法的运用也加强了讽刺效果，特别是在日语语言中还有一种独特的反语修辞手法，就是把自谦语、敬语和礼貌语颠倒运用。作品《我是猫》中的猫不但博学多才、神通广大，而且聪明睿智，富有爱心、美德。但相比之下，明治时期的日本人在猫的眼中却过着纸醉金迷的肮脏生活，他们贪婪好斗又卑鄙龌龊。作者试图通过猫的所见所闻所感揭露明治时期日本人的丑陋嘴脸。在阅读过程中，通过摘录语段、圈点批注等方式，鉴赏文中引人发笑又引人深思的语段，引导学生了解文学作品中的讽刺艺术，让学生更进一步理解作品内涵，感受作者对社会问题的敏锐洞察力。

◎ 核心策略

（一）借助内容重构的专题探究

内容重构是指在阅读过程中，根据自己所需要解决的问题进行内容上的选择性阅

读，重新构建自己所需要的信息内容，以达成自己解决问题的目的。阅读《我是猫》时，可以进行专题探究，比如：对小说中叙事模式的探究、对知识分子形象的探究等。通过具体的专题对小说内容进行重构组织。学生可以通过重构，对内容进行剖析归类，调动学生对文本阅读的深入思考，内化成自己的思想体系，实现阅读行为的真实发生。

（二）建立联结的比较阅读

《我是猫》是一部带有幽默讽刺意味的现实主义小说，嬉笑怒骂间尽显犀利的批判。在我们初中课本里出现的阅读作品中，类似小说也有，比如《儒林外传》《围城》。这三部作品都反映了不同时代下的知识分子形象。因而，这三部作品之间有很多可以进行联结的比读点。在阅读过程中，要找到本小说与其他作品的同类点，建立联结，进行比较阅读，这样既可以开阔眼界，活跃思想，使认识更加充分、深刻，又可以看到差别，把握特点，提高鉴赏力。

（三）借助时代背景探读

文学作品和作家本人的生活思想及时代背景有着极为密切的关系，因而只有知其人、论其世，即了解作者的生活轨迹和写作的时代背景，才能客观正确地理解和把握文学作品的思想内容。

时代背景：当时的日本处于明治维新时期。一方面，资本主义思潮兴起，人们学习西方，寻找个性，呼唤自由，自我意识和市场观念形成大潮；另一方面，东方固有的价值观、文化观与风尚习俗，受到西方思想的影响。另外，甲午战争、日俄战争以后，日本对中俄两国的财富进行了疯狂掠夺，资本主义迅速发展，人们的价值观也发生了巨大的变化，拜金主义日益严重。

个人经历：夏目漱石曾留学英国，对西方国家的先进文明有着相应的了解。但其回国后发现，当时的日本社会与心中所想完全不同，所谓的民主和自由只是一个口号而已。现实与理想之间的差异使得夏目漱石内心充满了彷徨、愤恨和苦闷。

于是，夏目漱石为发泄多年郁愤而写成长篇小说《我是猫》，淋漓尽致地反映了20世纪初日本中小资产阶级的思想和生活，尖锐地揭露和批判了明治"文明开化"的资本主义社会。

引导学生读作品要有"知人论世"的意识，特别是现实主义讽刺作品，往往不止于文章表象，结合时代背景才能有更深刻的解读。

（四）跨界演绎阅读

跨界阅读既可指突破学科边界的学科互涉阅读，亦可指突破纸质媒介的综合阅读。《我是猫》中故事发生的场景比较集中，大部分发生在猫的主人苦沙弥的家中，很适合进行场景、人物的再现演绎。可以让学生选择自己最喜欢（讨厌）的片段，以这个片段为中心，进行课本剧的改编和表演。在阅读过程中引导学生进行跨界演绎阅读，让学生感受不同艺术形式下塑造的人物形象。

◎ **精神文化**

夏目漱石被日本学者誉为"伟大的人生教师"。在《我是猫》这部作品中，他不仅给我们展现了明治社会黑暗现实的绝妙讽刺画卷，同时在文中大量引用了古今东西方哲人达士的名言，让人审视生活，思考社会。

（一）社会责任感

《我是猫》创作的背景是日本明治维新时期，当时正值日本封建社会迅速解体，"西洋文明"正入侵时。在这个新旧交替的社会动荡时期，作者并不随波逐流，而是带着社会责任感审视社会。小说通过一只能说会道的猫的所见所闻来观察现实、批判现实。对封建知识分子与新兴资本家金田之类进行讽刺批判，对虚伪人生进行讽刺，对拜金主义盛行的社会进行抨击。不与社会同流合污，洁身自好是夏目漱石的理想，这体现了"天行健，君子以自强不息"的文化精髓。通过本书的阅读，培养学生的社会责任感，让学生能有不与世俗同流合污的批判精神。

（二）人生信条指南

在《我是猫》中，作者大量引用了古今东西方哲人达士的名言及作者借猫之口说出的自己的人生看法，使全书具有对人生的指导意义。这些蕴含哲理的语句，让人审视生活、思考人生，比如"倘若心怀浮华虚荣之念面对镜子，那它就是最好的煽动愚蠢之工具"，"心计便是不幸之根源"，"人，心计越重，烦恼也就越多"……阅读《我是猫》就像在阅读人生信条指南，"伟大的人生教师"通过一只猫的所言所思，给我们的人生指引解惑，学生会受益终身。

☺ **自主初读**

◎ **阅读规划**

阅读进程	阅读章节	阅读时间	阅读该部分感受最深的一点	阅读该部分最大的疑惑	自我评价（优、中、一般）	教师评价（优、中、一般）
进程一						
进程二						
进程三						
进程四						
……						

● 任务伴读

◎ 进程一

任务推进

阅读规划	任务单	重点能力指向
范围：第1—2章。 时间：7天阅读完毕。	1. 作品题目为《我是猫》，作品开篇第一句就是：在下，猫也。请根据第1—2章的阅读，设计一张猫的名片。 **名片** 姓名：_____ 出生地：_____ 主人：_____ 爱好：_____ 朋友：_____ 性格：_____ 家中地位：_____ …… 2. 阅读完第1—2章，你觉得这本书的叙述视角是谁？并阐述理由。	借助建立人物名片的方式，提高学生提取信息的能力；同时借助对问题的思考，让学生意识到本书独特的叙事视角。

阶段性检测

阅读语段，回答问题：

刹那间，本猫悟出了一条真理："天赐良机会让所有的动物做出它们本不愿做的事情来。"

值此万分苦恼之际，本猫于不知不觉之中领悟了第二条真理："所有的动物都可凭直觉来预测事物稳妥与否。"

原来本猫也能如此灵巧地站立啊——刚想到这里，第三条真理也蓦然地浮出了脑海："临危之际，能为平日之所不能为，此乃天佑之谓也。"

本猫体会到第四条真理——"所有的安乐都出现在艰难困苦之后。"

1. 请结合原著内容，简要叙述"猫"君在什么情况下，悟出了这四条真理。

2. 结合"猫"君的经历，你觉得这四条真理是否只适合猫？请选择其中一条真理，再结合自己的生活经验，进行具体阐述。

◎ 进程二

任务推进

阅读规划	任务单	重点能力指向
范围：第3—5章。 时间：7天阅读完毕。	1. 阅读第3—5章，概述每章的主要情节。 {章节 / 主要情节 表格：第3章、第4章、第5章} 2. 本作品是一部小说，小说的情节一般具有引人入胜、环环相扣、跌宕起伏的特点。根据上述情节概述，你认为这三章之间的情节是否具有连贯性？ 3. 第5章提到了维持社会稳定的一个阶层——警察，这里的警察给你留下了什么样的印象？	借助对每一章内容的概括，既可以提高学生对信息的概括和把握的能力，又可以通过问题，让学生关注到作品特殊的叙事结构。

任务单表格：

章节	主要情节
第3章	
第4章	
第5章	

阶段性检测

阅读语段，回答问题。

"你想想也就明白了，他家那么有钱，他女儿又长得那么漂亮，要找门当户对的也不难，是不是？寒月君自然也很了不起，可要说身份——谈论身份地位或许不太礼貌。——就说财产方面吧，谁都看得出是不般配的，是不是？既如此，他们做父母的还这么操心，甚至派我到你这儿来打听，为什么呢？还不是因为小姐本身对寒月君十分中意吗？"

……

"看你说的——也不全是这样的。当然了，要说品位，生意人是低了些的。可也得有'人为财死'的决心哟——要说钱这玩意儿可不是好对付的——我今天在某生意人那儿就听到了这样的话，说是要想赚钱，就必须会用'三不函数'——不讲道理、不讲情面、不要脸皮，就是这么个'三不'。"

1. 这两段对话选自于《我是猫》，请根据你的阅读经验，判断说话人物是＿＿＿＿＿＿。

2. 通过这段对话，你能看出他怎样的处世之道？

◎ 进程三

任务推进

阅读规划	任务单	重点能力指向
范围：第6—8章。 时间：7天阅读完毕。	1. 猫眼中的众生相。《我是猫》中生动地描写了许多有趣的人物。请在阅读第6—8章的过程中，完成下列表格。 表格： 2. 思考：以读后感的形式，谈一谈以上表格中你最喜欢（讨厌）的一个人。	1. 借助表格梳理文本中的情节、人物，提高学生提取信息的能力。 2. 借助读后感的撰写，提高学生外化输出的能力，实现阅读从内化到外化的突破，优化学生的阅读能力。

表格内容：

出场的人物	人物特点	猫对他的态度
迷亭		觉得有趣
	热爱知识，但却总做一些不切实际的实验	
苦沙弥		
……	……	……

阶段性检测

阅读语段，回答问题。

"既然大家都这么通情达理，事情就好办了。球嘛，飞来再多也没关系。只要来正门打个招呼也就是了。那么，这些学生我就移交给您，您将他们带回去吧。让您特意跑一趟，真是过意不去。"我家主人照例又来了一通虎头蛇尾的敷衍。伦理课老师则带着那帮来自丹波笹山的好汉回落云馆去了。本猫所谓的大事件，至此也就告一段落了。倘若有人要笑话说"这算什么大事件"，尽管笑话。这说明对于这种人来说，算不得大事件，仅此而已。本猫所记述的是我家主人的大事件，而非这些人的大事件。倘若有人要说说"前倨后恭，强弩之末"之类的风凉话，那就请记住：这就是我家主人的特色。同时还请记住：我家主人之所以还能成为滑稽文之题材，也正是由于他具有如此特色之故。若要说跟一个十四五岁的小孩子过不去简直是愚不可及，本猫也表示同意：确实愚不可及。正因为这样，大町桂月先生才揪住主人不放，说他"稚气未脱"。

1. 根据自己的阅读经验，简要叙述落云馆学生事件。

2. 结合阅读经验和本语段，试问"我"家主人在和落云馆学生的数次交锋中，是如何处理矛盾、解决问题的？"我"对此的态度是怎样的？

◎ 进程四

任务推进

阅读规划	任务单	重点能力指向
范围：第9—11章。时间：7天阅读完毕。	1.《我是猫》的语言犀利幽默，可以说"嬉笑怒骂皆成文章"。请在本周的阅读过程中，圈画出你认为可笑幽默的句子，并进行简要批注，思考作者是通过什么方法达到"可笑幽默"的效果的。2.请收集有关作者经历或相关时代背景的资料，思考作者创作《我是猫》的意图。	借助批注的方式，帮助学生感受作品独特的语言风格；同时，指导学生借助背景资料阅读作品，挖掘作品深意，培养其高阶思维。

阶段性检测

阅读语段，回答问题。

在此极度困苦之际，本猫寻思道：本猫之所以如此受罪，全在于本猫想要爬出缸去。可尽管想得厉害，事实上明摆着是爬不出去的。本猫的前腿长不足三寸，就算身子浮在水面上，然后再拼命地伸出爪子，可水缸的边沿依然是够不着的。既然爪子够不到水缸边沿，则不论本猫如何焦躁不安，如何抓挠折腾，粉身碎骨，花上一百年的时光也同样是出不去的。明明知道出不去还非要出去，这不是执迷不悟吗？明知道执迷不悟却还要不自量力，所以本猫才如此痛苦不堪、荒唐至极。这种自讨苦吃、自我残害的做法岂非愚蠢至极。

"算了吧。别'咯吱咯吱'地瞎折腾了。听天由命吧。"

一念至此，本猫便放松了前足、后腿、脑袋还有尾巴，一任它们遵从自然之力。

渐渐地，本猫觉得越来越舒服。已分不清受罪还是走运，也搞不懂是身在水中还是在客厅里。身在何处？所为何来？这一切又有什么相干呢？只觉得舒服惬意。不，就连舒服惬意也都感觉不到了。本猫将拽落日月星辰，捣碎天地万物，从而进入不可思议之平安境地。本猫死矣。死，而后得平安。非死，不得平安。阿弥陀佛。阿弥陀佛。善哉。善哉。

1.猫最后是淹死的，作者用了大量笔墨来写猫淹死前后的各种情况、行为和心理感受，你从以上节选语段中，感受到了一只怎么样的猫？

2.你如何理解文章结尾处"死，而后得平安。非死，不得平安"一句呢？

课型推进

◎ 阅读课规划

教学阶段	主要内容	教学资源	设计意图
导读课	1. 作品文学常识介绍。 2. "猫眼看世界"：人类的"事"和"人"。 3. "猫言猫语"：语言风格、主题探究。	1. 整本书阅读。 2. 作家和作品的相关简介。	1. 了解并识记《我是猫》作品的基本文学常识。 2. 感受作品独特的叙述视角，了解作品的内容和人物。 3. 感受作者幽默讽刺的语言风格，了解作品的批判现实主义特点。
推进课	1. 罗列出作品中的知识分子。 2. 挑选最精妙的人物描写细节、片段，选择最恰当的方式，设计一段人物课本剧的脚本，展现人物性格。 3. 联系时代背景，探究知识分子的形成因素。	人物分析方法。	1. 了解分析人物形象的具体方法。 2. 深化对人物思想的理解，表达自我感受。 3. 结合时代背景，更深刻地解读和理解作品的意义。
成果分享课	1. 举办课本剧的表演。 2. 撰写每个表演间的串词。 3. 深入思考《我是猫》给我们带来的现实意义。	1. 对具体片段的研讨和表演。 2. 撰写每个表演之间串词的方法。	1. 通过课本剧的表演，深入了解文中人物，感受作者辛辣的语言风格。 2. 深入思考《我是猫》对人生、社会的有益启示。

◎ 专题探究信息一览表

专题	探究指向	阅读策略	思维层次
《我是猫》中知识分子形象的探究	小说中以苦沙弥为代表的知识分子形象的研究	1. 借助作品内容的重构，筛选所需要的信息。 2. 通过编写人物的课本剧脚本的任务驱动学生的学习。 3. 结合时代背景阅读。	分析、比较、综合

我是这样一只猫

——《我是猫》导读课

【教学目标】

1. 了解并熟知《我是猫》的文学常识。

2. 感受作品独特的叙述视角，了解作品的内容和人物。

3. 感受作者幽默讽刺的语言风格，了解作品的批判现实主义特点。

【教学重点】

感知并了解《我是猫》的作品特点。

【教学难点】

了解作品独特的叙述视角、语言风格。

【课时安排】:

1 课时

【教学过程】

一、导入

请学生根据自己的认知，介绍《我是猫》的相关文学常识，可以从作品的作者、作品的内容等各方面做简要的介绍，通过集全班同学所知和老师的补充，完成对《我是猫》的相关文学常识的简要了解。

二、"猫眼"看世界

1. "猫眼"中的"事"

（1）请说说文中给你留下深刻印象的事件。

事件	印象深刻的原因	猫对此事的看法
主人苦沙弥专攻绘画。	苦沙弥根本不擅长绘画，还自以为是；把猫作为模特，猫却因尿意难忍走了，惹怒主人。猫的心理描写很有意思。	人类仗着自己的那点儿能耐，狂傲不堪。
新年主人收到贺年卡和寒月君的拜访。	①	②
③	④	取外号"鼻子"；作为女性，谈吐粗俗不堪。
……	……	……

〔示例〕

①猫君觉得自己名声稍有显露，可是主人苦沙弥却总是不明白，还瞎胡扯，猫表现出无奈。

②猫自觉自己不再是泛泛之猫；对主人的自以为是表示害臊。

③金田夫人拜访苦沙弥家。

④金田夫人趾高气扬的样子。印象最深刻的是文中通过猫眼对金田夫人的外貌描写。

（2）思考这些事件是否有一定的连贯性。（知识点：作品叙事的自由松散）

2. "猫眼"中的"人"

罗列文中出现的人，并根据自己的理解进行归类，说明理由。

〔示例 1〕

苦沙弥：遇事总爱大动肝火，愤愤不平，喜欢通过日记来讽刺社会，发泄内心愤懑；时常卖弄些英文俳句，自视清高却又没有过多的真才实学，兴趣虽然广泛，可惜只有三分钟的热度，一事无成。

美学家迷亭先生：油腔滑调、爱戏弄人，有猎奇的嗜好；编造出奢侈之物"橡面坊丸子"和"美味孔雀舌"，胡编失恋和打算上吊的经历；会吹谎的好手，扯谎时郑重其事；机敏多智，一有机会便嘲讽金田、铃木，使他们陷入窘态。

理学士寒月：一个标准的书呆子。所谓理学博士其实就是一个"磨球博士"，磨玻璃球反映了知识分子在消磨时光，他们的生活其实百无聊赖，他们有精力和时间，却并无学术创作可言。但是寒月不慕时尚，没做财主金田家的乘龙快婿。

艺术家东方君：号称醉心文学和美术，不失时机地在人前摆起他艺术家的谱，筹办的朗诵会好像并不怎么样，还有搞笑的高轮事件。

哲学家八木独仙：具备消极的精神修养观念，整天满口只有他自己懂得的禅啊道啊。

知识分子

以主人公苦沙弥为首的明治时期的知识分子，他们正直、善良，鄙视世俗、不与败坏的社会时尚同流合污。但他们也存在种种缺点，如自命清高、软弱、无所事事，以卖弄知识、嘲讽世俗来寻求精神的刺激，填补生活的空虚。

〔示例 2〕

其他人物分类参考角度：

知识分子：苦沙弥、寒月、迷亭、铃木藤十郎、多多良三平……

资产阶级

金田先生及家人：金田先生发财致富的"秘诀"是要精通"三缺"，即缺义理、缺人情、缺廉耻。把鼻子、眼睛都盯在钞票上，只要能赚钱，什么事也干得出来，把金钱看得比生命还重要。金田依仗自己的财势，成为了社会上赫赫有名的人物。他诡计多端，用钱收买狗腿子们；让人暗中窥视猫主人的一举一动，让学生折腾猫主人。以为钱可以办到一切，把钱视为权力的象征。

铃木藤十郎：本是知识分子，却成了金田老板的得力手下，为人世故圆滑、八面玲珑，喜欢察言观色。为人是非不分，在立身处世上却十分世故。

多多良三平：本是猫主人苦沙弥的学生，从事实业，从此沾染金钱的污秽，顺便娶了金田家的女儿。

拜金主义知识分子：铃木藤十郎、多多良三平……

苦沙弥家中人物：女佣、妻子、长女、二女、三女、侄女江雪……

资产阶级：金田先生、金田夫人、金田小姐……

苦沙弥的邻居：车夫夫妇、小八子……

苦沙弥学生：多多良三平、古井武右卫门……

巡警：吉田虎藏……

3. 活动

小辩论：请以"'猫眼'与'人眼'哪个更真实？"为辩题，结合《我是猫》的阅读感受，展开辩论。

正方："猫眼"更真实。

角　度	论　据
1. 猫的身份决定其可以去人不能去的地方，看到人所看不到的事物。	金田夫人拜访苦沙弥回去后，猫君先后两次潜入金田府邸，没有人会注意一只猫。猫所看到的和听到的都是金田先生一家及铃木藤十郎最真实的一面。
2. 因为是猫，所以没有掺杂复杂的人类情感，如虚情假意。	人与人之间的交往总是会戴上面具，比如铃木藤十郎、多多良三平，他们在面对苦沙弥的时候，表面上总是客客气气的，还有金田家暗地里让人窥视苦沙弥一家。这些人类表里不一的行为，在猫身上是没有的。猫君反而会一针见血地点出问题所在。比如落云馆学生欺负苦沙弥的事情，苦沙弥未必知道是怎么回事。
……	……

反方："人眼"更真实。

角　度	论　据
1. 作者只是借了猫君之口之眼，事实上反映的还是作者本人的思想。	世界上真的有这样一只有思想、博古通今的猫吗？当然没有。作者在文中只是借助了猫的眼睛和嘴巴，对社会进行揭露和批判，最终，这些还是作者这个人类用自己的眼睛和心所感受到和体悟到的。
2. 这是人的世界，每个人物所展现的性格无不是对这个社会的反映，这是最真实地反映了社会。	无论是苦沙弥像"牡蛎"一样生活、迷亭的圆滑恣意、寒月的古怪研究行为等，都展现了他们对当时社会的不满和愤懑。
……	……

三、猫言猫语

猫在这本书里就是一个主角的存在，它有思想、有观点、有心理、有语言，作者以猫的视角和口吻写下了很多好笑的猫言猫语，比如猫的一些评论性的语言等，给人留下了极其深刻的印象。

1. 请分享在阅读过程中，给你留下深刻印象的猫的语言并做批注。

〔示例〕

"咱家是猫。名字嘛……还没有。"——其自由者的地位就已奠定。

"倘若土地可以划分开来一坪一坪地出售其所有权，那我等呼吸的空气不也能分割成一立方尺一立方尺地零售了吗？既然空气不能分割零售，天空不能划分范围，那么土地的私有不也同样是不合理的吗？"——他很有自由平等的观念。

2. 在大家的批注分享中，尝试感受猫君的语言特点。

讽刺、辛辣、一针见血、嘲讽、幽默等。

【课堂小结】

《我是猫》是九年级的推荐阅读名著。在本节课中，我们需要了解并识记的知识点有：作品文学常识，小说的自由松散的叙事结构，小说以猫作为叙事主体、语言幽默辛辣、极具批判现实主义的风格。同时，针对这本书的阅读还可以有一个小小的建议，我们的作者被学者誉为"伟大的人生教师"，文中也有很多发人深省的语言，可以做一定的摘录。《我是猫》，颠覆了我们对猫固有的憨态可爱印象，给我们展现了一幅日本明治时期人世百态的画卷。

【配套练习】

1. 填空题

小说围绕_____的婚事引起的风波，以一位穷老师_____家的猫为主人公，通过_____的视角向读者展现了迷亭、寒月等知识分子及以_____为代表的资本家的生活面貌，对阴暗腐朽的社会和庸俗无聊的小说人物进行戏谑和讽刺，有力地揭露了资产阶级_____，批判了当时社会的_____风气。

2. 阅读短文，回答问题

看来主人家里是少有女客来访的。本猫正寻思着，那尖厉女声之拥有者已然进屋来了——两套穿在一起的绉纱礼服拖在榻榻米上"唰唰"作响。看她年龄，估计也就四十刚过吧。额头微秃，前发于发际线处如同河堤一般高高耸起，似乎将近三分之一左右的脸部都是朝向天空的。双眼以汤岛切通坂的坡度直线上吊，左右对峙着。而所谓"直线"云云，是形容其双眼比鲸鱼眼还细。然而，她的鼻子却大得出奇，简直就像是将别人的鼻子偷来后安在脸部正中一般。就好比将招魂社里巨大的石灯笼移到了一个只有三坪大小的院子里一般，尽管独得八面威风，却给人一种没着没落的感觉。该鼻子就是所谓鹰钩鼻，其造型先是尽力拔高，而中途似又有所反省而谦逊地收住了势头，再往前便迥异于最初的冲劲儿而往下垂落，呈一窥下方嘴唇之态。由于该鼻子太抢眼了，故而她在说话时，似乎不是嘴巴在说话，而是鼻子在说话。为了对那个"伟大"的鼻子表示敬意，本猫决定今后用"鼻子"一词来称呼该女士。

（1）上文中的女客是指_____，她来猫君主人家的目的是_____。

（2）对于这位女客的外貌描写，真是给人留下了深刻的印象，读来滑稽至极。作者是如何达到这样的效果的？他给我们展现了女客怎样的形象？

猫眼中的众生相之知识分子
——《我是猫》推进课2

【教学目标】

　　1. 能够结合具体情节，借助细节描写分析人物。

　　2. 能够把对人物的分析再输出，进行课本剧的小剧本编写。

　　3. 结合时代背景解读和理解作品，品析其意义。

【教学重点】

　　通过小剧本的编写，分析小说中的人物特点，并解读作品的时代意义。

【教学难点】

　　分析小说中人物的性格特点和作品的时代意义。

【课时安排】

　　2课时

【教学过程】

　　一、导入

　　课前通过思维导图罗列出《我是猫》中的知识分子群体，并且进行关于"印象最深刻的知识分子形象评选"活动，最终确定四个人物，引导学生深入分析这四个人物。

　　二、人物分析

　　展示相关人物的思维导图，介绍人物相关的故事情节。挑选其中最精妙的人物描写或场景描写，选择远景、近景或特写的拍摄方式，设计一段课本剧的脚本，展现人物性格。

　　〔示例〕

　　脚本人物：铃木藤十郎。

　　人物动作、神态、语言：

　　（铃木藤十郎端坐于金田先生对面，恭恭敬敬，面带谄媚）：原来如此。那个家伙以前还教过水岛君啊。——原来如此。能想到这条线，可谓是心思缜密啊。——原来如此。

　　（铃木低头哈腰地转向金田夫人，满脸堆笑）：嗯，跟苦沙弥说话自然是不得要领的——我跟他一起寄宿于人家读书时，他就是个拖泥带水、不干不脆的家伙——如此说来，您也十分为难吧。

　　（铃木用温和的声音和语气，十分乖巧地迎合着主人的调子）：他说了什么冒犯您的话了吗？他从前就是一副倔脾气——十年如一日地做着英语教师，会倔成什么样子，估计您也想象得出来吧。

　　（铃木一副鄙视苦沙弥的神情，说到激动处，嘴角不时露出嘲讽的笑意）：这真是岂有此理——当然了，一般来说，但凡人有了那么一点点儿学问就难免会目中无人，倘若再加上经济拮据，则穷酸之气就愈加浓烈了——世上这样的狂生还真不在少数哦。明明是自己无德无能，却浑然不知，一味地仇视家大业大之财阀——那种心态，就好像人家抢夺了他们的财产一般，真是令人惊诧莫名啊。啊哈哈哈。

第一位：苦沙弥

1. 学生展示思维导图，介绍人物相关故事情节。

2. 分小组发言，小组互相点评。

预设角度：

（1）写"天然居士"文章事件——才华不足，却也要硬撑完成写诗作品的创作过程。

（2）金田夫人到访——对资本主义保持冷漠和极低的敬畏态度。

（3）铃木君到访——表现出反感、冷淡的态度。

（4）处理落云馆学生事件——他的神情态度和他的处理方式形成了强烈的反差。

……

第二位：水岛寒月

1. 学生展示思维导图，介绍人物相关故事情节。

2. 分小组发言，小组互相点评。

预设角度：

（1）与苦沙弥聊吃香锅豁牙的事及扯些略显香艳的疯话——为后文传出和金田小姐有暧昧做铺垫。

（2）谈论最近论文近况——形而上的理学家，总是研究一些无用的事物。

（3）寒月磨玻璃——希望研究无用的事物，又有点固执。

……

第三位：迷亭

1. 学生展示思维导图，介绍人物相关故事情节。

2. 分小组发言，小组互相点评。

预设角度：

（1）与苦沙弥谈论画画的事情——满嘴胡说八道，以捉弄人为乐。

（2）与夫人说古罗马塔墩的国王的故事——能言善辩但也陷入理屈词穷的困境。

（3）和寒月君谈起金田夫人到访的事——人物的语言描写里充满了对金田夫人的嘲讽。

（4）金田夫人到访时戏弄金田夫人——装腔作势之态。

……

第四位：多多郎三平

1. 学生展示思维导图，介绍人物相关故事情节。

2. 分小组发言，小组互相点评。

预设角度：

（1）拜访苦沙弥家——谈论猫肉美味，谈论工资等表现出与主人一家的格格不入。

（2）炫耀自己成为金田家女婿，拎酒拜访苦沙弥——神态描写、语言描写展现出其内心无法掩盖的得意。

……

三、归纳人物性格，探究形成因素

（1）归纳人物性格。根据以上内容，归纳每个小组所对应的人物的性格特点，完成下列表格。

人物	性格特点
苦沙弥	
水岛寒月	
迷亭	
多多郎三平	

（2）探究人物性格的形成因素。收集与本书有关的作者经历、时代背景等资料，以小组为单位进行探讨：这些知识分子或清高，或势利，或反抗，或懦弱……他们这样的性格形成的原因是什么？

知识卡片

时代背景：当时的日本处于明治维新时期。一方面，资本主义思潮兴起，人们学习西方，寻找个性，呼唤自由，自我意识和市场观念形成大潮；另一方面，东方固有的价值观、文化观与风尚习俗，受到西方思想的影响。另外，甲午战争、日俄战争以后，日本对中俄两国的财富进行了疯狂掠夺，资本主义迅速发展，人们的价值观也发生了巨大的变化，拜金主义日益严重。

个人经历：夏目漱石曾留学英国，对西方国家的先进文明有相应的了解。但其回国后发现，当时的日本社会与其心中所想的完全不同，所谓的民主和自由只是一个口号而已。现实与理想之间的差异使得夏目漱石内心充满了彷徨、愤恨和苦闷。

于是，夏目漱石为发泄多年郁愤而写成长篇小说《我是猫》，淋漓尽致地反映了 20 世纪初，日本中小资产阶级的思想和生活，尖锐地揭露和批判了明治时期"文明开化"的资本主义社会。

要求：请在结合知识卡片内容的基础上，以"如果我是＿＿＿＿＿，这样的时代让我觉得＿＿＿＿＿＿＿＿"为句式，通过身份代入来剖析人物性格形成的原因。

〔示例〕如果我是苦沙弥，这样的时代让我觉得外面真的是在发生着翻天覆地的变化，我还是喜欢躲在自己的世界里。那些一天天把钱挂嘴上的，是不是想钱想疯了？一股子的铜臭味，还趾高气扬。所谓的西医，什么淀粉酶，也没治好我的胃病，那些所谓的西医，西方科学，也不过尔尔吧。

四、小结

知识分子群体应该是一个社会文化维稳、思想领先的群体，也往往是社会发展中最敏感最警觉的群体。作为知识分子代表的作者，其实也把自身对时代的困惑和想法融入作品中，带着自身强烈的社会责任感，用自己幽默的笔，去触及社会的现实。

五、课后作业

请以小组为单位，在完成课本剧的脚本编写后，进行课本剧的排练。

【配套练习】

请根据情境要求，完成相应的任务。

小轩看了《我是猫》后，发现作者擅长运用对话来展现人物，就想到是不是可以将其中的片段改编成舞台剧参加学校戏剧社的表演。于是就找到了几个志同道合的朋友，决定一起完成。

一、编写剧本

以下是小轩找的一个小片段，他尝试改编成剧本。请根据你的理解，帮助小轩在空白处填上相应的舞台指示，来体现人物的性格特点，帮助演员顺利理解人物及完成表演。

> 知识卡片
>
> 舞台指示：剧本中的舞台指示是以剧作者的口气来写的叙述性的文字说明。包括对剧情发生的时间、地点的交代，对剧中人物的形象特征、形体动作及内心活动的描述，对场景、气氛的说明，以及对布景、灯光、音响效果等方面的要求。

原文：

"……就这样内人特意去了那家伙那里打听……"

金田君的话语一如既往的粗暴蛮横。然而，蛮横则蛮横，却无丝毫险峻、厉害之处。可见他说出的话也同他的脸蛋儿一样，平淡无奇，大而无当。

"原来如此。那个家伙以前还教过水岛君啊。——原来如此。能想到这条线，可谓是心思缜密啊。——原来如此。"一口一个"原来如此"的，就是那位来客了。

"可去了以后依旧不得要领啊。"

"嗯，跟苦沙弥说话自然是不得要领的——我跟他一起寄宿于人家读书时，他就是个拖泥带水、不干不脆的家伙——如此说来，您也十分为难吧。"客人转向了"鼻子"夫人。

"不是什么为难不为难的事情，我跟你说，我活了这么一大把年纪，到人家家里去，还从来没有这么不招人待见过呢。""鼻子"说话时，照例喷吐着暴风般的鼻息。

改编：

十五铺席大小的客厅面朝三月阳春之大好光景门户洞开，金田夫妇与一位来客正谈得起劲儿。

金田君（　　　　　）：……就这样内人特意去了那家伙那里打听……

铃木藤十郎（　　　　　　　）：原来如此。那个家伙以前还教过水岛君啊。——原来如此。能想到这条线，可谓是心思缜密啊。——原来如此。

金田夫人（　　　　　　）：可去了以后依旧不得要领啊。

铃木藤十郎（　　　　　　　）：嗯，跟苦沙弥说话自然是不得要领的——我跟他一起寄宿于人家读书时，他就是个拖泥带水、不干不脆的家伙——如此说来，您也十分为难吧。

金田夫人（　　　　　　　）：不是什么为难不为难的事情，我跟你说，我活了这么一大把年纪，到人家家里去，还从来没有这么不招人待见过呢。

二、与演员交流

小嘉同学是饰演铃木藤十郎的演员，他看了小轩的剧本后，对这个人物的理解还是比较模糊，就和编剧小轩进行了交流。

小嘉：这个铃木也是学子出身，应该也是个知识分子，他在这里表现出来的又和苦沙弥他们这样的知识分子不一样，我在表演的时候，该如何把握呢？

小轩：_____

_____

_____

演绎猫眼世界
——《我是猫》成果分享课

【教学目标】

1. 通过课本剧的表演，深入了解文中人物，感受作者辛辣的语言风格。

2. 深入思考《我是猫》对人生的有益启示。

【教学重点与难点】

通过课本剧的表演，深入了解文中人物，感受作者辛辣的语言风格。

【课时安排】

2 课时

【教学过程】

一、导入

对于夏目漱石的《我是猫》，大家经过了一个月以上的阅读和学习，应该已收获满满，今天将会有四个小组分享他们的阅读成果——课本剧表演。这四个小组选取了阅读过程中非常有感触的片段，进行了课本剧的改编。它们分别为第一组《苦沙弥与落云馆学生交锋篇》、第二组《金田夫人拜访苦沙弥篇》、第三组《寒月君准备演讲篇》、第四组《多多郎三平提酒拜访苦沙弥篇》。

二、撰写整个表演的开场白、串词、结束语

一场完整的表演应该有开场白、节目之间的串词和结束语。四组同学分别领一个任务，任务分别为：开场白编写、串词编写、结束语编写、担任主持人。

要求：

1. 开场白、串词、结束语的编写一定要符合今天的课本剧表演主题，特别是串词部分，留意四个小组的表演内容，可根据一定的要求进行表演的排序。

2. 主持人可一人，也可两人。如两人，拿到开场白、串词和结束语后，可进行一定分工，要求口齿清楚，仪态大方。

三、课本剧的表演

根据主持人的报幕，四组同学依次进行表演。同时，其他三组同学给表演组同学打分，满分 10 分。

打分要求：

项　　目	要　　求	分值	得分
人物表现	符合故事发展及人物的性格；感情基调把握正确；感情流露自然，符合人物设置。	4	
仪态	落落大方、自然，能表现人物性格。	1	
故事表达	表演完整，语言流畅、清晰。	2	
剧本改编	在原有作品的基础上有合理的创作、改动。	0.5	
服装、道具	符合剧情、人物的设置。	1	
入场、谢幕	有新意。	0.5	
效果	有感染力，观众反应好。	1	

四、小组总结

1. 小组成员进行组内会议，与其他小组的成果进行比较，总结本小组的优势与不足。

2. 形成小组总结报告。

组别剧目	优　势	不　足	如何改进

五、分析《我是猫》里的人生指导作用

作者夏目漱石被很多学者誉为"伟大的人生教师"，作品中大量引用了古今东西方哲人达士的名言及作者借猫之口说出的自己对人生的看法，使全书极具人生指导意义。

请你选择自己喜欢的，或者对你有警醒作用的话语，做成小书签，送给自己。

〔示例〕

1. 所有的安乐都出现在艰难困苦之后。

2. 所谓上火，就是将普通人变得不普通，使有常识之人不按常识行事的玩意儿。

3. 天赐良机会让所有的动物做出它们本不愿做的事情来。

4. 如果人类能够脱离自我，那么在脱离的那一刻也就迷失了自我。

……

小结：

心有多大，舞台就有多大，它可以穿越国界，穿越时代。当书本中的一个个人物，通过我们的演绎，真实地呈现在大家面前时，我们其实就是在与一个个人物对话，与作者交流。让这些成为我们人生的经历，丰富我们的阅历。

【配套练习】

阅读完《我是猫》之后，班里同学开始自发地分享自己的阅读感想。对于"《我是猫》中我最喜欢（讨厌）的一个人"展开了讨论，以下是同学们的讨论过程，请在阅读过程中，根据每个人的观点态度，对对话缺失部分进行补充。

小优：我让你们猜一猜我喜欢的人物是谁吧！我喜欢的这个人语言上看上去挺不靠谱的，很浮夸，总是喜欢用语言去捉弄人、调侃人，特别喜欢跟人抬杠。但是我觉得他特别幽默，如果身边有这样一个朋友，应该也不太会无聊。你们猜这个人是谁？

扬扬：我猜是①＿＿＿＿＿＿＿＿。没想到你喜欢这样的人，我不是很喜欢他，到苦沙弥家，他都是来去自如，就像自己家一样。天热了，还没经主人同意，他就叫女佣给他倒水冲凉。真的是缺乏礼貌。

小优：那你喜欢哪个人物啊？

扬扬：相较来说，我喜欢寒月。虽然寒月总喜欢研究一些没用的东西，还喜欢没事聊一聊香艳的事情。但是他最后没和金田小姐走到一起，没变成铃木、三平一样的知识分子败类，我觉得也还好吧。

小芳：一说起那个多多郎三平，我真的有太多槽要吐。他应该是我不太喜欢的人吧，比铃木藤十郎还不喜欢。去拜访苦沙弥的时候，②_____；后来娶了金田小姐以后，③_____。

小优：对对对，就是他带来的酒，才害得我们的猫君喝醉了，掉进水缸死掉了，太可恶了。

英子：你们不觉得金田夫人也是蛮搞笑的吗？这个搞笑不是褒义词，她在拜访苦沙弥家的时候表现出来的样子，给人感觉她是一个④_____的人。

小嘉：其实文中的人，我倒真的没有喜欢的，包括猫的主人苦沙弥，他又懒又迂腐，⑤_____的人，被一群学生欺负，看着架势他像要反抗，结果⑥_____（简述情节），一副唯唯诺诺的样子，真的是看得我又气又急。我还是喜欢那只猫。

小优、扬扬、小芳、英子：对对对！我也是！我也是！

☞ 中考链接

原创题 ❶

阅读小语段，完成下列题目。

不多时，女佣进来说是寒月先生来访。这叫作寒月的家伙据说也是我家主人的旧门生，早毕业了，如今混得人模狗样的，比我家主人还阔些。不知何故，这家伙常来主人家玩儿。来了之后，净扯些有女人暗恋自己又似乎没有，这世道十分有趣又似乎穷极无聊之类不着边际的奇谈怪论。说完一大堆略显香艳的疯话和耸人听闻的怪话之后就拍拍屁股走人。

（1）以上内容选自《　　　　》，这是一部批判现实主义的小说，作者是_____。

（2）小说中描绘了不少和猫的主人苦沙弥交往的知识分子，比如以上文段中的寒月，除此之外，还有_____、_____等。

考查内容：小题（1）考查文学常识，包括作品名称、作者；小题（2）考查作品里的人物。

思维层次：识记、了解、归类。

阅读能力：内容记识，阅读过程中对相似人物的归类。

命题特点及解题策略：《我是猫》属于推荐性阅读书目，本题的命题主要关注识记类作品的文学常识和主要人物。解题策略重在对《我是猫》中的文学常识进行识记和对作品有相应的了解。

参考答案:

（1）《我是猫》 夏目漱石;（2）东风君 迷亭

原创题 ❷

左下图是名著《我是猫》的封面设计，为更好地向读者推荐此书，请你根据"知识卡片"撰写一段腰封推荐词（40字左右）。

> **知识卡片**
>
> "腰封"是包裹在图书封面的一条纸带，属于外部装饰物。腰封上一般会印上与该图书有关的宣传与推介性文字（可以包括该书内容、主题、影响或读者反馈等）。

阅读能力：对作品具有整体性的认识和了解，对于阅读作品本身的要求略低。

命题特点及解题策略：命题具有情境化的特点，是生活中的一个运用。考查学生对作品认识的外化输出能力。解题时，需要了解作品本身的特点，同时关注题目中知识卡片的提示，使自己的答题符合腰封的要求。

参考答案:

［示例］"猫眼看人生，悲喜皆不同"，翻开《我是猫》，翻开一个独特的视角，走进日本明治维新时代。

原创题 ❸

以下有关文学常识的说法不正确的一项是（　　　）

A.《我是猫》和《围城》都属于批判现实主义小说。

B.《儒林外史》中作者给我们展现了封建社会末期科举制度下的封建文人群像。

C.日本作家夏目漱石的《我是猫》，给我们展现了日本当时知识分子的群像，语言讽刺辛辣，借鉴了《儒林外史》的章回体形式。

D.《我是猫》《围城》《儒林外史》三个不同时代的作品，给我们展现了三个不同时代、两个不同国家的知识分子的形象，很具有比较性。

考查内容：对于《我是猫》《围城》《儒林外史》三部作品的了解。

阅读能力：虽然本题对于学生的阅读要求不高，更多的是对作品的整体了解，但是题目也给学生提出了建设性的阅读能力要求：在阅读一部作品的时候，可以和其他作品做一定的关联、比较，以此来提升阅读思维能力。

命题特点及解题策略：在解题过程中，关注容易混淆和误导性的概念，能够对每一个选项做出相应的判断。

参考答案：

C

原创题 ❹

《我是猫》中，苦沙弥总是和自己的朋友聚在一起，在家里畅谈古今。如果他们生活在现在，有自己的微信朋友圈，我想也一定很热闹。以下是苦沙弥在自己朋友圈发的一条感慨，你觉得他身边的人（夫人、迷亭、铃木藤十郎、猫，四选一）会有怎么样的留言？

留言：＿＿＿＿＿＿＿＿＿＿＿＿＿＿＿＿＿＿＿＿（人物）：＿＿＿＿＿＿＿＿＿＿＿＿＿＿＿

阅读能力：不仅需要在阅读过程中关注作品的情节、人物，自身还需要有对人物性格进行认识归纳的能力，能力层次是理解层次。

命题特点及解题策略：命题具有情境化，不仅考查学生对人物性格的理解，更考查学生能否有代入人物角色的能力。在解题的过程中，需要学生做到身份的转换。同时也要注意朋友圈留言的特点，一般比较简短，并能突出人物性格。

参考答案：

[示例]夫人：先生，刚才你的态度，确定会没事了吗？

迷亭：小兔崽子们的棒球，飞来的横祸哦！哈哈……

铃木藤十郎：这些学生对你做了什么啊？最近要小心哦！

猫：主人啊主人，你可要长点心眼呀！

原创题 ⑤

本学期，学校的文学社团一直在做一个公众号"阅读伴成长"，本周轮到 901 班的同学负责推送关于介绍《我是猫》这本书的推送文案，以下是他们暂定的两个题目，他们一直争论不休，请你帮忙为他们做一个选择，并说明你选择的理由。

（1）"撸猫大师"的经典之作 　　　　（2）猫眼观世界

阅读能力：对名著的阅读要求更趋向于对整本书的了解。

命题特点及解题策略：这是一道基于具体生活情境的题目，是选择微信公众号里的推文题目，所以在解题的时候，要注意题目的特点，推文题目要有吸引力，又要和作品相关。

参考答案：

［示例 1］我选"'撸猫大师'的经典之作"。理由：因为现在社会，撸猫也是一个流行词，"撸猫大师"四个字非常抓人眼球，而且《我是猫》也确实有作者自己生活的影子，也是作者夏目漱石的经典作品。

［示例 2］我选"猫眼观世界"。理由：《我是猫》最大的特色就是从猫的视角来写人类世界，所以这个题目本身就点明了作品的最大特色；同时猫眼中的世界是怎么样的呢？这也确实能引起读者的好奇，具有吸引力。

参考文献

[1] 周作人，鲁迅．现代日本小说集 [M]．北京：新星出版社，2006.

[2] 伊藤整．夏目漱石研究 [M]．东京：新潮社，昭和 33 年．

[3] 王新潮．有关《我是猫》的几点材料 [J]．外国文学研究，1979（02）．

[4] 李艳梅．夏目漱石笔下的知识分子 [J]．黑龙江教育学院学报，2003（02）．

[5] 胡雪．夏目漱石的生平、时代及其讽刺作品《我是猫》[J]．外国文学研究，1978（01）．

[6] 曲洁．夏目漱石《我是猫》的讽刺艺术探赜 [J]．齐齐哈尔师范高等专科学校学报，2016（05）．

[7] 夏目漱石．我是猫 [M]．徐健雄，译．北京：人民教育出版社，2018.

[8] 夏目漱石．我是猫 [M]．于雷，译．南京：译林出版社，2010.